魏纪二　世祖文皇帝下
黄初四年（癸卯、223年）

春，正月，曹真使张郃击破吴兵，遂夺据江陵中洲。

二月，诸葛亮至永安。

曹仁以步骑数万向濡须，先扬声欲东攻羡溪，朱桓分兵赴之；既行，仁以大军径进，桓闻之，追还羡溪兵，兵未到而仁奄至。时桓手下及所部兵在者才五千人，诸将业业各有惧心，桓喻之曰："凡两军交对，胜负在将，不在众寡。诸君闻曹仁用兵行师，孰与桓邪？兵法所以称'客倍而主人半'者，谓俱在平原无城隍之守，又谓士卒勇怯齐等故耳。今仁既非智勇，加其士卒甚怯，又千里步涉，人马罢困。桓与诸君共据高城，南临大江，北背山陵，以逸待劳，为主制客，此百战百胜之势，虽曹丕自来，尚不足忧，况仁等邪！"桓乃偃旗鼓，外示虚弱以诱致仁。仁遣其子泰攻濡须城，分遣将军常雕、王双等乘油船别袭中洲。中洲者，桓部曲妻子所在也。蒋济曰："贼据西岸，列船上流，而兵入洲中，是为自内地狱，危亡之道也。"仁不从，自将万人留橐皋，为泰等后援。桓遣别将击雕等而身自拒泰，泰烧营退；桓遂斩常雕，生虏王双，临陈杀溺死者千余人。

初，吕蒙病笃，吴王问曰："卿如不起，谁可代者？"蒙对曰："朱然胆守有余，愚以为可任。"朱然者，九真太守朱治姊子也；本姓施氏，治养以为子，时为昭武将军。蒙卒，吴王假然节，镇江陵。及曹真等围江陵，破孙盛，吴王遣诸葛瑾等将兵往解围，夏侯尚击却之。江陵中外断绝，城中兵多肿病，堪战者裁五千人。真等起土山，凿地道，立楼橹临城，弓矢雨注，将士皆失色；然晏如无恐意，方厉吏士，伺间隙攻破魏两屯。魏兵围然凡六月，江陵乏姚泰领兵备城北门，见外兵盛，城中人少，谷食且尽，惧不济，谋为内应，然觉而杀之。

时江水浅狭，夏侯尚欲乘船将步骑入渚中安屯，作浮桥，南北往来，议者多以为城必可拔。董昭上疏曰："武皇帝智勇过人，而用兵畏敌，不敢轻之若此也。夫兵好进恶退，常然之数。平地无险，犹尚艰难，就当深入，还道宜利，兵有进退，不可如意。今屯渚中，至深也；浮桥而济，至危也；一道而行，至狭也。三者，兵家所忌，而今行之。贼频攻桥，误有漏失，渚中精锐非魏之有，将转化为吴矣。臣私戚之，忘寝与食，而议者怡然不以为忧，岂不惑哉！加江水向长，一旦暴增，何以防御！就不破贼，尚当自完，奈何乘危，不以为惧！惟陛下察之。"帝即诏尚等促出。吴人两头并前，魏兵一道引去，不时得泄，仅而获济。吴将潘璋已作荻筏，欲以烧浮桥，会尚退而止。后旬日，江水大涨，帝谓董昭曰："君论此事，何其审也！"会天大疫，帝悉召诸军还。

三月，丙申，车驾还洛阳。

初，帝问贾诩曰："吾欲伐不从命以一天下，吴、蜀何先？"对曰："攻取者先兵权，建本者尚德化。陛下应期受禅，抚临率土，若绥之以文德而俟其变，则平之不难矣。吴、蜀虽蕞尔小国，依山阻水。刘备有雄才，诸葛亮善治国；孙权识虚实，陆议见兵势；据险守要，泛舟江湖，皆难卒谋也。用兵之道，先胜后战，量敌论将，故举无遗策。臣窃料群臣无备、权对，虽以天威临之，未见万全之势也。昔舜舞干戚而有苗服，臣以为当今宜先文后武。"帝不纳，军竟无功。

汉主病笃，命丞相亮辅太子，以尚书令李严为副。汉主谓亮曰："君才十倍曹丕，必能安国，终定大事。若嗣子可辅，辅之；如其不才，君可自取。"亮涕泣曰："臣敢不竭股肱之力，效忠贞之节，继之以死！"汉主又为诏敕太子曰："人五十不称夭，吾年已六十有余，何所复恨，但以卿兄弟为念耳。勉之，勉之！勿以恶小而为之，勿以善小而不为！惟贤惟德，可以服人。汝父德薄，不足效也。汝与丞相从事，事之如父。"夏，四月，癸巳，汉主殂于永安，谥曰昭烈。

丞相亮奉丧还成都，以李严为中都护，留镇永安。

五月，太子禅即位，时年十七。尊皇后曰皇太后，大赦，改元建兴。封丞相亮为武乡侯，领益州牧，政事无巨细，咸决于亮。亮乃约官职，修法制，发教与群下曰："夫参署者，集众思，广忠益也。若远小嫌，难相违覆，旷阙损矣。违覆而得中，犹弃敝蹻而获珠玉。然人心苦不能尽，惟徐元直处兹不惑。又，董幼宰参署七年，事有不至，至于十反，来相启告。苟能慕元直之十一，幼宰之勤渠，有忠于国，则亮可以少过矣。"又曰："昔初交州平，屡闻得失；后交元直，勤见启诲；前参事于幼宰，每言则尽，后从事于伟度，数有谏止。虽资性鄙暗，不能悉纳，然与此四子终始好合，亦足以明其不疑于直言也。"伟度者，亮主簿义阳胡济也。

亮尝自校簿书，主簿杨颙直入，谏曰："为治有体，上下不可相侵。请为明公以作家譬之：今有人，使奴执耕稼，婢典炊爨，鸡主司晨，犬主吠盗，牛负重载，马涉远路；私业无旷，所求皆足，雍容高枕，饮食而已。忽一旦尽欲以身亲其役，不复付任，劳其体力，为此碎务，形疲神困，终无一成。岂其智之不如奴婢鸡狗哉？失为家主之法也。是故古人称'坐而论道，谓之王公；作而行之，谓之士大夫。'故丙吉不问横道死人而忧牛喘，陈平不肯知钱谷之数，云'自有主者'，彼诚达于位分之体也。今明公为治，乃躬自校簿书，流汗终日，不亦劳乎！"亮谢之。及颙卒，亮垂泣三日。

六月，甲戌，任城威王彰卒。

甲申，魏寿肃侯贾诩卒。

大水。

吴贺齐袭蕲春，虏太守晋宗以归。

初，益州郡耆帅雍闿杀太守正昂，因士燮以求附于吴，又执太守成都张裔以与吴，吴以闿为永昌太守。永昌功曹吕凯、府丞王伉，率吏士闭境拒守，闿不能进，使郡人孟获诱扇诸夷，诸夷皆从之；牂柯太守朱褒、越嶲夷王高定皆叛应闿。诸葛亮以新遭大丧，皆抚而不讨，务农殖谷，闭关息民，民安食足而后用之。

秋，八月，丁卯，以廷尉钟繇为太尉，治书执法高柔代为廷尉。是时三公无事，又希与朝政，柔上疏曰："公辅之臣，皆国之栋梁，民所具瞻；而置之三事，不使知政，遂各偃息养高，鲜有进纳，诚非朝廷崇用大臣之义，大臣献可替否之谓也。古者刑政有疑，辄议于槐、棘之下。自今之后，朝有疑议及刑狱大事，宜数以咨访三公。三公朝朔、望之日，又可特延入讲论得失，博尽事情，庶有补起天听，光益大化。"帝嘉纳焉。

汉尚书义阳邓芝言于诸葛亮曰："今主上幼弱，初即尊位，宜遣大使重申吴好。"亮曰："吾思之久矣，未得其人耳，今日始得之。"芝问："其人为谁？"亮曰："即使君也。"乃遣芝以中郎将修好于吴。冬，十月，芝至吴，时吴王犹未与魏绝，狐疑，不时见芝。芝乃自表请见曰："臣今来，亦欲为吴，非但为蜀也。"吴王见之，曰："孤诚愿与蜀和亲，然恐蜀主幼弱，国小势逼，为魏所乘，不自保全耳。"芝对曰："吴、蜀二国，四州之地。大王命世之英，诸葛亮亦一时之杰也。蜀有重险之固，吴有三江之阻。合此二长，共为唇齿，进可并兼天下，退可鼎足而立，此理之自然也。大王今若委质于魏，魏必上望大王之入朝，下求太子之内侍，若不从命，则奉辞伐叛，蜀亦顺流见可而进，如此，江南之地非复大王之有也。"吴王默然良久曰："君言是也。"遂绝魏，专与汉连和。

是岁，汉主立妃张氏为皇后。

诸葛亮像，图出自明·天然撰《历代人物像赞》

【译文】

黄初四年（癸卯、223年）

春，正月，曹真派张郃击败吴国军队，占领了江陵中洲。

二月，诸葛亮抵达永安。

曹仁派步骑几万人向濡须前进，而且先扬言想要往东去攻击羡溪，吴将朱桓分兵前往阻挡，兵已派出，曹仁派大军直接进攻。朱桓得知这消息，连忙追回往羡溪的军队，可是大军未还，而曹仁军队已到。当时朱桓的手下只有5000人，诸将都十分害怕，因此朱桓告诉他们说："凡是两军交战，胜败全在将领，并不在于人多少。诸位听说曹仁和我朱桓谁比较会用兵呢？兵法尽管说'客倍而主人半'的道理，那是指在平原作战又无城可守，或者是指两军的士卒，勇敢恐惧相等罢了。如今曹仁既然不是智勇的将领，而他的士卒又十分胆小，再加千里步行，人乏马困。我和诸位共同据守着高大的城垣，南有大江，北靠山岭，我们安闲，敌人劳苦，以地主制服来客，这是百战百胜的形势，就算曹丕亲自来,也没什么可怕的,何况曹仁了!"朱桓命令把旗卸下停止击鼓,对外显弱,引诱曹仁来攻。曹仁指令儿子曹泰攻打濡须城,另派将军常雕、王双等乘油船进攻中洲。中洲地方,是朱桓部下妻子们住的地方。蒋济向曹仁建议说:"敌人据守西岸,船排列在上流,我军进到中洲,是自入地狱,是死路呀!"曹仁不听蒋济的意见,自己率1万多人留守橐皋,作为曹泰等的后援。朱桓派别的将领攻打常雕等,自己亲身攻击曹泰。曹泰军营燃烧后退去,朱桓于是杀掉常雕,俘虏王双,在阵前曹军被杀死的和淹死的有1000多人。

　　起初,吕蒙病重,吴王去问候说:"卿如不起,谁可代之呢?"吕蒙回答说:"朱然胆量过人且有操守,愚认为可以任用他。"朱然这个人,是九真太守朱治的姐姐的儿子;原本姓施,朱治把他当作自己的儿子养大,当时在做昭武将军。吕蒙去世后,吴王用朱然持节做使臣,镇守江陵。待到曹真等围攻江陵,打败孙盛,吴王派遣诸葛瑾等率兵去解围,夏侯尚把他们打退了。江陵和外界断绝,城内的战士都患肿病,还能够作战的人只有5000多。曹真等堆土山,挖地道,搭高架,把箭射进城中,守城官兵非常恐惧;朱然觉得和平常一样,一点不害怕,并勉励官兵,趁敌人的间隙,攻下魏兵两个地方。魏国的军队围攻朱然已经6个多月,江陵令姚泰率兵防守北门,见城外的敌人多,城内的守军少,粮食也快吃完了,唯恐城难以守住,想替敌人做内应,被朱然知道了,马上把姚泰杀死。

　　当时长江的水浅又窄,夏侯尚欲把船在沙洲中间排成浮桥,步骑能够南北往来,大家议论这样就能把城攻下。董昭上疏建议说:"武皇帝智慧过人,在世时用兵还常抱着怕敌人的心理,不敢轻率这样做。那么用兵作战,前进容易,后退困难,这是必然的道理。平地没有险阻,进兵就要考虑到后退。如今屯兵沙洲中,江水太深;想靠浮桥攻击敌人,这是十分危险的;只一条道路行进,太窄了。以上三项都是兵家的大忌。倘若照那样做,敌人连续攻我浮桥,难免会有些失误,到那时沙洲上的精锐魏军,恐怕要成为吴国所有了。臣私下为这事十分忧愁,睡不着觉也吃不下饭,可是议论的人,却高高兴兴毫不以为忧,那不是太使人疑惑了吗?再说长江上的水,并不正常,一旦水涨,又如何防备呢?就是不攻击敌人,也应该做个自己完整的打算,为什么快要有危险,还不害怕呢!希望皇帝能详细考虑这件事。"皇帝马上下诏书命夏侯尚赶快撤出。吴国人两头并进,魏国军队一条道路撤退,几乎拥塞不通,算是获得撤出。吴国的将领潘璋，本来已做好荻筏，想要去烧浮桥，后看到夏侯尚退出去了，才停止火攻计划。10多天后，长江的水大涨，皇帝对董昭说："先生论断这件事，真是太准确了！"以后没多久，就闹大瘟疫，皇帝才命令诸军统统退回。

三月，丙申日（初八），皇帝归还洛阳。

起初，皇帝问贾诩说："我欲讨伐天下不听从命令的人，吴国和蜀国，应该先讨伐哪个。"贾诩回答："靠攻击夺取的人先掌握兵权，要建王位的人肯定先崇尚德化。皇帝已顺应天时接受禅让，安抚全国上下，倘若用文德来感召，等待他们气质变化，平定就不会太难了。吴国、蜀国都是依山靠水很小的国家。不过刘备有雄才大略，诸葛亮又极会治国；孙权知道自己的虚实，陆逊又极会用兵；他们有的据守险要，有的靠江湖阻隔，都不太容易攻下。按用兵的方法来说：先胜而后决战，量敌而后论将，没有一定的遗策。臣下认为，群臣里边，还没有可以和刘备、孙权相对抗的人，就是皇帝亲自率兵出征，也不见得能完全获胜。从前虞舜用干戚舞曾经使有苗来降服，因此臣觉得现在形势，适合使用先文后武的策略。"皇帝不采纳贾诩的说法，用兵以来，并无什么功绩。

汉主的病十分严重，因此命令诸葛亮辅佐太子，用尚书令李严做副辅佐。汉主对诸葛亮说："先生的才能胜过曹丕十倍，一定能够使国家安定，完成建国大业。倘若太子可以辅佐就辅佐他，如果他不成才，先生就可以自己取代他的位置。"诸葛亮马上掉泪说："臣怎敢不尽全力，效忠国家，保守节操，一直至死呢！"汉主又留诏书给太子说："人到50岁死，就不能够称为夭寿了，我如今已经60多岁了，还有什么遗憾呢！只是不放心你们兄弟而已，希望你们自我勉励，不要认为小恶就去做，也不要认为小善就不去做。只有贤德，才能够让人信服。你的父亲道德微薄，不值得你们效法。你们和丞相一起做事，理应把丞相当作父亲一样看待。"

夏，四月，癸巳日，汉主在永安去世，享年63岁，谥号为昭烈。丞相诸葛亮奉丧回成都，用李严做中都护，留在永安镇守。

五月，太子刘禅登皇帝位，当时仅17岁。尊称皇后为皇太后，大赦，改年号为建兴。封丞相诸葛亮武乡侯，领益州牧，政事不论大小，都由诸葛亮决定。诸葛亮因此约定官职，修整法制，发教令和群下说："做参署的人，要能集众人的思想，广守忠益。倘若对小事不反复审核，那将会有很大的损失了。反复审核，倘若得到益处，那就像丢掉破鞋获得珠玉一样。然而人都粗心恐怕不能够做到，只有徐庶做事反复审核不会疑惑。还有董和在参署7年，凡事不能决定，必反复审核10次，才来告诉。倘若各位能学到徐庶十分之一和董和的勤奋，都尽忠心于国事，那么我诸葛亮的过失就能够减少了。"又补充说："过去初交崔州平的时候，颇有所得；后来交到徐庶常受到他的开导和教诲；先前和参事董和在一起，所谈都尽职；此后跟从事胡伟度相处，多次有直言劝我。我尽管生性愚鲁，不能够全面学习他们的长处，可是和他们四位在一起，始终和睦相好，也可以知道我不会怀疑直言了。"伟度这个人，就是诸葛亮的主簿义阳胡济！

诸葛亮曾经自校簿书，主簿杨颙就直接到他办公室建议说："做事应有个规矩，上下不能够相互越权，要各尽职守。现今就以一个家庭来比喻：有个主人，派他的奴仆去耕田，要他的婢女去煮饭，用公鸡来管时刻，用狗来防窃盗，以牛来负重载，凭马来行远路；私产没有旷废，所需求的都十分充足，雍容富贵，高枕无忧，每天只是吃饭而已。忽然有一天，他都想亲自去做，不再用别人了，结果体力也劳苦，事务也琐碎，精神很疲惫，还都没有做好。难道他的智力不如奴婢、鸡、狗吗？因为他失掉主人应该做的事了。因此古人说'坐下来论道理，是王公的事；起来去实行，是士大夫的事'。从前丙吉遇见道路旁死的人不去问候，可是看到牛喘不息却去询问，由于他是主管调和阴阳的官员；陈平不知道国内有多少钱、多少粮，却说：'有人负责主管。'由于他只负责相位的事。如今丞相您做事，却亲自去校起簿书来，整日汗流浃背，不是太劳苦了吗？"诸葛亮十分感谢他，等到杨颙去世的时候，诸葛亮哭了3天。

六月，甲戌日（十七日），任城威王曹彰去世。

甲申日（二十七日）魏寿肃侯贾诩去世。

大水。

吴国贺齐攻击蕲春，俘虏太守晋宗（吴将，叛降魏）回来。

起初，益州郡一位土豪雍闿斩杀了太守正昂，因士燮以求归附于吴国，后来又把太守成都张裔抓去送给吴国，吴国就用雍闿做永昌太守。永昌的功曹吕凯、府丞王伉率领官兵闭关拒守，雍闿无法进城，因此派郡人孟获去诱惑煽动诸夷，诸夷竟然都来跟从他；牂柯太守朱褒、越嶲夷王高定也都叛变，来跟从雍闿。诸葛亮觉得国家刚遭到汉主大丧，都只安抚他们，却不去征讨；专注农业生产，闭关休养生息，等到人民安定，衣食充足后，再运用他们去征战。

秋，八月，丁卯日（十一日），用廷尉钟繇做太尉，治书执法高柔代理廷尉。这个时候三公并没有什么事，又很少参与朝政，高柔上疏说："三公是辅政大臣，是国家的栋梁，是老百姓所瞻望的对象，如今的三公，不命他们管理政事，因此都各偃卧以自安，很少有进言，实在不是朝里用三公的道理，大臣是用来进献可或不可的意见。古代行政上有疑难的时候，往往在三槐、九棘下讨论。从现代开始，朝里的疑难要议论，有刑狱大事要决定，应该多去询问三公。三公在每月初一、十五上朝，又可在这时间外，特别延请进朝议论得失，广博的详知各种事情，差不多足以弥补在上的听闻，以光大您的德政和教化。"皇帝非常称赏并采纳此建议。

汉尚书义阳邓芝对诸葛亮说："如今主上幼弱，又初即帝位，应派遣大使到吴国重修旧好。"诸葛亮说："我想这事很久了，就是找不到前往的人，今天才开始得到了。"邓芝问："那个人是谁呢？"诸葛亮说："就是您呀！"因此派遣邓芝以中郎将的身份去向吴国修好。冬，十月，邓芝到达吴国，那时吴王还没有和魏国断交，对这事十分怀疑，不愿见邓芝。于是邓芝上表请见说："臣现今来此，是为了吴，不是为了蜀呀！"吴王见邓芝说："我实在愿意跟蜀建立邦交，只是怕蜀主幼弱，国土小又被形势所逼，被魏国趁机攻击，反不能够自保。"邓芝回答说："吴、蜀两国，荆、扬、梁、益四州，是大王统治下的好地方，诸葛亮也是当世的英杰。蜀有许多险要地方能够固守，吴有吴松、钱塘、浦阳三江能够阻挡，合这两种长处，共为唇齿之交，进可以兼并天下，退也可以三分鼎立，这道理是非常自然的。大王现在倘若派质子到魏国，魏国又命令大王去入朝，太子做内侍，倘若不从命，就会用讨伐叛变的理由，来攻打贵国，到那时，蜀汉也会派遣大军顺流而下，攻击贵国，这样形形下，恐怕长江以南的土地，就不再是大王的了。"吴王沉想很久才说："先生说的是对的。"因此跟魏国断交，专跟蜀汉联合。

这一年，汉主刘禅，立张飞的女儿张氏妃做皇后。

魏纪七　邵陵厉公中
正始九年（戊辰、248 年）

夏，四月，以司空高柔为司徒，光禄大夫徐邈为司空。邈叹曰："三公论道之官，无其人则缺，岂可以老病忝之哉！"遂固辞不受。

五月，汉费祎出屯汉中，自蒋琬及祎，虽身居于外，庆赏刑威，皆遥先谘断，然后乃行。祎雅性谦素，当国功名，略与琬比。

大将军爽，骄奢无度，饮食衣服，拟于乘舆；尚方珍玩，充牣其家；又私取先帝才人以为伎乐。作窟室，绮疏四周，数与其党何晏等纵酒其中。弟羲深以为忧，数涕泣谏止之，爽不听。爽兄弟数俱出游，司农沛国桓范谓曰："总万机，典禁兵，不宜交出，若有闭城门，谁复内入者？"爽曰："谁敢尔邪？"

初，清河、平原争界，八年不能决。冀州刺史孙礼请天府所藏烈祖封平原时图以决之；爽信清河之诉，云图不可用，礼上疏自辨，辞颇刚切。爽大怒，劾礼怨望，结刑五岁。久之复为并州刺史，往见太傅懿，有忿色而无言。懿曰："卿得并州少邪？恚理分界失分乎？"礼曰："何明公言之乖也！礼虽不德，岂以官位往事为意邪？本谓明公齐踪伊、吕，匡辅魏室，上报明帝之托，下建万世之勋。今社稷将危，天下凶凶，此礼之所以不悦也！"因涕泣横流。懿曰："且止，忍不可忍！"

冬，河南尹李胜出为荆州刺史，过辞太傅懿。懿令两婢侍。持衣，衣落；指口言渴，婢进粥，懿不持杯而饮，粥皆流出沾胸。胜曰："众情谓明公旧风发动，何意尊体乃尔！"懿使声气才

司马懿像

属，说："年老枕疾，死在旦夕。君当屈并州，并州近胡，好为之备！恐不复相见，以子师、昭兄弟为托。"胜曰："当还忝本州，非并州。"懿乃错乱其辞曰："君方到并州？"胜复曰："当忝荆州。"懿曰："年老意荒，不解君言。今还为本州，盛德壮烈，好建功勋！"胜退，告爽曰："司马公尸居余气，形神已离，不足虑矣。"他日，又向爽等垂泣曰："太傅病不可复济，令人怆然！"故爽等不复设备。

【译文】

正始九年（戊辰、248年）

夏，四月，司空高柔做了司徒，光禄大夫徐邈做了司空。徐邈长叹着说："三公是论道的重官，没有那样的人就要空出来，怎么可以用个老病的人来充位呢！"于是坚决辞谢，不肯出任。

五月，汉费祎出兵屯驻汉中，自蒋琬到费祎，虽身在朝廷之外，但是朝中的庆功行赏，立威刑罚，都要从遥远的地方，用书信函商请求决断，然后才执行。费祎性情高雅，朴素谦虚，担当国家大任，功名差不多可以和蒋琬相比。

大将军曹爽，骄奢淫逸到极点，饮食衣服都很侈华，和皇帝一样，皇帝的宝物，都填满了他的家。又擅自娶先帝的才人，作为妓乐。挖掘地下室，四周都雕刻上花纹，常和他的同党何晏等在里面饮酒作乐。他的弟弟曹义深感忧虑，几次流着眼泪劝告他，曹爽就是不肯听。曹爽兄弟常常一起出外游玩，司农沛国桓范对他说："你总理万机，又典禁兵，不可兄弟一起出去，如果有人关上城门，谁还能再进来泥？"曹爽说："谁敢这样做呢！"

清河、平原两地争疆域，8年不能解决。冀州刺史孙礼请求拿出天府所收藏的烈祖封平原的地图来解决双方的纠纷。曹爽相信清河的诉讼，说地图并不可靠。孙礼上奏章自辩，言辞非常强硬。曹爽大怒，弹劾孙礼说他怨望，判他到5年入狱。没有多久，又让他做并州刺史。他去见太傅司马懿，虽然表面上有些愤怒，但是却没有说话。司马懿说："先生是不是嫌并州小呢！还是在为分界那件事恼怒呢？"孙礼说："怎么明公的话这样乖戾呢！孙礼虽然没有才德，也不至于会把官位和往事耿耿于怀！本来想明公可以和伊尹、吕尚相比，可以匡正和辅佐魏国，对上可以报答明皇帝的重托，对下也可以建万世的勋业。现在国家将有危险，天下形势险恶，这是我孙礼所不高兴的原因！"说完了就痛哭流涕。司马懿说："请暂且止住哭声，要能忍不可忍的事！"

冬，河南尹李胜出任荆州刺史，临行前向太傅司马懿告别。司马懿命两个婢女扶着他，拿衣服给他，竟没有接住而掉在地上。指着又表示口渴了，婢女拿来稀粥，司马懿不接杯而饮，粥都流在胸前。李胜说："大家都说明公旧有的风湿病复发，没料到如此严重呀！"司马懿勉强才说出几句话："我已经老了，又常病在床上，大概不久于人世了。先生应当屈就并州。并州接近胡人，应该好好防备呀！恐怕我们不能再相见了，我的儿子司马师、司马昭兄弟俩托付给你照顾。"李胜说："将任职在我的故乡荆州，不是并州。"司马懿于是用错乱的话说："先生不是刚到并州吗？"李胜又说："是任职到荆州。"司马懿说："年老意乱了，不懂得先生的话，现在回到故乡，可以好好地建功立业啊！"李胜回去后，把以上的事告诉曹爽说："司马懿先生快要断气了，神志已经不清，不值得让我们忧虑。"过了几天，又向曹爽等哭着说："太傅司马懿的病已经无力挽救了，真让人悲伤啊！"所以曹爽等不再对司马懿有所提防。

魏纪十　元皇帝下
景元三年（壬午、262年）

秋，八月，乙酉，吴主立皇后朱氏，朱公主之女也。戊子，立子𩅦为太子。

汉大将军姜维将出军，右车骑将军廖化曰："兵不戢，必自焚，伯约之谓也，智不出敌而力小于寇，用之无厌，将何以存？"冬，十月，维入寇洮阳，邓艾与战于侯和，破之，维退住沓中。初，维以羁旅依汉，身受重任，兴兵累年，功绩不立。黄皓用事于中，与右大将军阎宇亲善，阴欲废维树宇。维知之，言于汉主曰："皓奸巧专恣，将败国家，请杀之！"汉主曰："皓趋走小臣耳，往董允每切齿，吾常恨之，君何足介意？"维见皓枝附叶连，惧于失言，逊辞而出。汉主敕皓诣维陈谢。维由是自疑惧，返自洮阳，因求种麦沓中，不敢归成都。

吴主在会稽，兴遇之厚；左将军张布尝为会稽王左右督将，故吴主即位，二人皆贵宠用事；布典宫省，兴关军国，以佞巧更相表里，吴人失望。

吴主喜读书，欲与博士祭酒韦昭、博士盛冲讲论，张布以昭、冲切直，恐其入侍，言己阴过，固谏止之。吴主曰："孤之涉学，群书略遍，但欲与昭等讲习旧闻，亦何所损？君特当恐昭等道臣下奸慝，故不欲令入耳。如此之事，孤已自备之，不须昭等然后乃解也。"布皇恐陈谢，且言惧妨政事，吴主曰："王务、学业，其流各异，不相妨也，此无所为非，而君以为不宜，是以孤有所及耳。不图君今日在事更行此于孤也，良甚不取！"布拜表叩头。吴主曰："聊相开悟耳，何至叩头乎？如君之忠诚，远近所知，吾今日之巍巍，皆君之功也。诗云：'靡不有初，鲜克有终。'终之实难，君其终之。"然吴主恐布疑惧，卒如布德，废其讲业，不复使昭等入。

谯郡嵇康，文辞壮丽，好言老、庄而尚奇任侠，与陈留阮籍、籍兄子咸、河内山涛、河南向秀、琅邪王戎、沛国刘伶特相友善，号竹林七贤。皆崇尚虚无，轻蔑礼法，纵酒昏酣，遗落世事。

阮籍为步兵校尉，其母卒，籍方与人围棋，对者求止，籍留与决赌。既而饮酒三斗，举声一号，吐血数升，毁瘠骨立。居丧，饮酒无异平日。司隶校尉何曾恶之，面质籍于司马昭座曰："卿，纵情、背礼、败俗之人，今忠贤执政，综核名实，若卿之曹，不可长也！"因谓昭曰："公方以孝治天下，而听阮籍以重哀饮酒食肉于公座，何以训人？宜摈之四裔，无令污染华夏。"昭爱籍才，常拥护之。曾，夔之子也。

阮咸素幸姑婢；姑将婢去，咸方对客，遽借客马追之，累骑而还。

刘伶嗜酒，常乘鹿车，携一壶酒，使人荷锸随之，曰："死便埋我。"当时士大夫皆以为贤，争慕效之，谓之放达。

锺会方有宠于司马昭，闻嵇康名而造之，康箕踞而锻，不为之礼。会将去，康曰："何所闻而来，何所见而去？"会曰："闻所闻而来，见所见而去！"遂深衔之。

山涛为吏部郎，举康自代；康与涛书，自说不堪流俗，而非薄汤、武。昭闻而怒之。康与东平吕安亲善，安兄巽诬安不孝，康为证其不然。会因谮"康尝欲助毌丘俭，且安、康有盛名于世，而言论放荡，害时礼教，宜因此除之。"昭遂杀安及康。康尝诣隐者汲郡孙登，登曰："子才多识寡，难乎免于今之世矣！"

司马昭患姜维数为寇，官骑路遗求为刺客入蜀，从事中郎荀勖曰："明公为天下宰，宜杖正义以伐违贰，而以刺客除贼，非所以刑于四海也。"昭善之。勖，爽之曾孙也。

昭欲大举伐汉，朝臣多以为不可，独司隶校尉钟会劝之。昭谕众曰："自定寿春以来，息役六年，治兵缮甲以拟二虏。今吴地广大而下湿，攻之用功差难，不如先定巴蜀，三年之后，因顺流之势，水陆并进，此灭虢取虞之势也。计蜀战士九万，居守成都及备他境不下四万，然则余众不过五万。今绊姜维于沓中，使不得东顾，直指骆谷，出其空虚之地以袭汉中，以刘禅之暗，而边城外破，士女内震，其亡可知也。"乃以钟会为镇西将军，都督关中。征西将军邓艾以为蜀未有衅，屡陈异议；昭使主簿师纂为艾司马以谕之，艾乃奉命。

姜维表汉主："闻钟会治兵关中，欲规进取，宜并遣左右车骑张翼、廖化，督诸军分护阳安关口及阴平之桥头，以防未然。"黄皓信巫鬼，谓敌终不自致，启汉主寝其事，群臣莫知。

【译文】
景元三年（壬午、262年）

秋，八月，乙酉日（十六日），吴主立皇后朱氏，即朱公主的女儿。戊子日（十九日），立儿子孙𩃎做太子。

汉大将军姜维准备出兵，右车骑将军廖化说："军队不严整，必定是自取灭亡，说的就是姜维呀。智慧不及敌人，兵力又比对方少，不停地用兵，国家怎能保全呢！"冬，十月，姜维再次进攻洮阳，邓艾在侯和和他激战，姜维被打败，退回到沓中。原先，姜维本来是一个四海漂泊的人，自从归依蜀汉后，不久就被授予重任，几年来不停出兵，却没有一点功绩。黄皓在朝内专权，和右大将军阎宇很好，密谋想要废掉姜维，立阎宇为大将军。姜维听说以后，对汉主说："黄皓这人奸巧专横，将来会败坏国家，请赶快把他除掉吧！"汉主说："黄皓不过是朝里指使的一个小臣罢了！以前董允在世的时候，就常切齿痛恨他，我也很讨厌他，先生何必为这点小事动怒呢！"姜维看出黄皓在汉主身边耳目众多，恐怕会失言，就很谦恭地告辞了。汉主命令黄皓到姜维府上去道歉。姜维因此更加狐疑，回到洮阳后，就请求在沓中种麦，不敢再回成都。

吴主孙休正在做会稽王，濮阳兴对待吴主非常优厚。左将军张布曾经做过会稽王的左右督将。所以吴主即位后，两人都很受宠而专权。张布掌管宫中和朝廷内的事，濮阳兴就管理军国大事，用花言巧语哄骗互为表里，吴国人因此大失所望。

吴主爱好读书，想和博士祭酒韦昭、博士盛冲谈论，张布因为韦昭、盛冲非常耿直，恐怕入朝接近吴主，会说出自己的丑事，因此坚决主张不让他二人进宫。吴主说："我喜欢读书，所涉猎的学术，群书都大略看过一遍，只是想要和韦昭等讨论读过的书籍，这有什么关系呢！先生只怕韦昭等说出你们的阴私，所以才不准他们入宫。像这样的事情，我早已有准备，不用等听到韦昭等的话，才可以了解大家的行为。"张布听了很害怕，连忙谢罪，并且说是因为怕妨碍到国家大政，所以才不让韦昭等进宫。吴主说："国家大政和学术是两样不同的事，不会相互妨碍的，这没有什么不当，但是先生却认为不妥，所以认为我有其他目的。没有料想到先生今天掌权以后却这样对待我，实在不是我所希望的。"张布道歉叩头，吴主又说："我只是让你开通一点而已！何必叩头呢！先生忠心耿耿，远近闻名。我今天能高高在上，全是先生的功劳呀！《诗经·大雅·荡篇》说：'诚信忠厚，开始很容易，但少有能坚持到最后的。'可见有始有终很难，先生应该善始善终！"吴主恐怕张布担心，最后还是顺从张布的意思，废弃讲学这件事，不再让韦昭等入宫。

谯郡嵇康，文辞华丽，喜欢评论老子、庄子的学说，又崇尚奇异，行侠仗义，和陈留阮籍、阮籍哥哥的儿子阮咸、河内山涛、河南向秀、琅邪王戎、沛国刘伶都有深交，号称为竹林七贤。他们都崇尚虚无，轻视礼法，饮酒过度，不问世事。

阮籍做步兵校尉时，他的母亲去世了，阮籍正在和别人下围棋，对方因为他的母亲去世了，不好意思再下棋作乐，于是请求停止下棋，但是阮籍却强留别人要决胜负。接着喝了两斗酒，高声号哭，吐出来几升血，身体立刻消瘦得像具骨架在立着一样。阮籍替母亲守丧的时候，饮酒还像平日一样。司隶校尉何曾，非常厌恶他。在司马昭的座前，就当面责问阮籍说："先生是纵情、背礼、败俗的人，现在是忠诚贤德的人在执政，正要考核一个人的名和实是否相符，像先生这样的人，是不可以放纵的！"何曾接着又对司马昭说："先生正在用孝义来治理天下，却任凭阮籍在母亲去世的重丧礼仪下，不但不哀痛，反而在先生的面前饮酒食肉，这样先生怎么还可以教导别人呢！应该把阮籍送到边疆去，不要让他玷污了华夏的良好风俗。"司马昭器重阮籍的才华，常常护着他，不肯责怪他。

阮咸向来喜爱他姑母的侍女，他姑母认为不合礼法，就把侍女送走了。这时阮咸正在和客人谈话，听到了这件事后，就急忙借了客人的马去追赶，终于追上了，把那个婢女搂住，俩人骑一匹马回来。

刘伶最爱喝酒，常常乘坐鹿拉的车子，带着一大壶酒，还派人背着铁铲子跟随，还对随从的人说："我死到哪里，就把我埋到哪里。"当时的士大夫还都说他很贤能，争着效仿，并且说这才是不为事物所拘束的豁达。

阮籍像

钟会正受司马昭宠爱的时候，听说嵇康很有名望，就前去拜访他。嵇康正好叉开双腿坐着，在打铁，也不招待钟会。钟会快回去的时候，嵇康问："听到什么声望才来，见到什么东西而离去。"钟会回答："听到所听到的就来了，见到所见到的就离开了。"于是钟会非常记恨嵇康。

山涛做吏部郎的时候，想推举嵇康来接替自己的职务。嵇康回信给山涛，说不能担当凡俗的事，并且批评轻视汤、武。司马昭听到这件事，对嵇康感到非常恼怒。嵇康和东平吕安交情很好，吕安的哥哥吕巽诬告吕安不孝顺，嵇康替吕安做证人，说并非那样不孝。钟会就在司马昭跟前说嵇康的坏话："嵇康曾经想要协助毌丘俭造反，而且吕安、嵇康在社会上很有名望，但是言论却很狂妄，会伤害风俗，扰乱教化，不如早些把他们杀掉。"司马昭于是杀死吕安和嵇康。嵇康曾经去拜访过隐逸的人汲郡孙登，孙登说："先生才多识寡，恐怕不能好好的生活在这世上了。"

司马昭担心姜维常常出兵攻击，官骑路遗请求做刺客进入蜀地，刺杀姜维。从事中郎荀勖说："贤明的人做天下的君主，应该依仗正义，去讨伐叛贼，如果用刺客去杀掉对方首领，这不是统治天下的良好方法。"司马昭同意了这条建议。

司马昭想要大举征讨蜀汉，朝里的许多大臣都认为不可行，只有司隶校尉钟会同意这件事，并且劝司马昭马上出兵。司马昭告诉大家说："自从平定寿春以来，已经6年没有再作战了，整顿军队，修理盔甲，准备去攻击吴蜀两个敌人。现在吴国土地广阔，又多河流湿地，攻击起来比较困难，不如先攻下巴蜀，等3年以后，从上游顺流而下，水陆双管齐下，这就是古代灭虢国、取虞国的形势了。计算一下蜀汉的兵士，也只有9万人而已，防守成都和各边境也要4万多人，剩下可以和我们抵抗的也只有5万人罢了。现在在沓中牵制姜维，使他不能对东边增援，我们出兵直向骆谷，从他们空虚的地方，去袭击汉中。像刘禅这样昏庸的人，如果边城被攻破，朝内的官兵和宫女们就会大乱，灭亡是一定的了。"于是派钟会做镇西将军，都督关中。征西将军邓艾以为蜀汉没有动兵挑衅，还找不出还击的理由，不可轻举妄动，所以屡次陈述不同的意见。司马昭派遣主簿师纂做邓艾的司马，把上项状况分析给邓艾听，邓艾于是遵命而行。

姜维奏请汉主说："听说钟会在关中招兵买马，想要向我进攻。我们应该同时派遣左右车骑将军张翼和廖化，督率各军分别防守阳安关口和阴平的桥头，以防备敌人突然偷袭。"黄皓听信巫术神鬼，说敌人一定不会来的，告诉汉主安然享乐不要管这件事，群臣也都不知道魏国将要出兵。

四　年（癸未、263年）

春，二月，复命司马昭进爵位如前；又辞不受。

吴交趾太守孙谞贪暴，为百姓所患；会吴主遣察战邓荀至交趾，荀擅调孔爵三十头送建业，民惮远役，因谋作乱。夏，五月，郡吏吕兴等杀谞及荀，遣使来请太守及兵，九真、日南皆应之。

诏诸军大举伐汉，遣征西将军邓艾督三万余人自狄道趣甘松，沓中，以连缀姜维；雍州刺史诸葛绪督三万余人自祁山趣武街桥头，绝维归路。钟会统十余万众分从斜谷、骆谷、子午谷趣汉中。以廷尉卫瓘持节监艾、会军事，行镇西军司。瑾，觊之子也。

会过幽州刺史王雄之孙戎，问："计将安出？"戎曰："道家有言，'为而不恃。'非成功难，保之难也。"或以问参相国军事平原刘寔曰："钟、邓其平蜀乎？"寔曰："破蜀必矣，而皆不还。"客问其故，寔笑而不答。

秋，八月，军发洛阳，大赉将士，陈师誓众。将军邓敦谓蜀未可讨，司马昭斩以徇。

汉人闻魏兵且至，乃遣廖化将兵诣沓中为姜维继援，张翼、董厥等诣阳安关口为诸围外助。大赦，改元炎兴。敕诸围皆不得战，退保汉、乐二城，城中各有兵五千人。翼、厥北至阴平，闻诸葛绪将向建威，留住月余待之。钟会率诸军平行至汉中。九月，钟会使前将军李辅统万人围王含于乐城，护军荀恺围蒋斌于汉城。会径过西趣阳安口，遣人祭诸葛亮墓。

初，汉武兴督蒋舒在事无称，汉朝令人代之，使助将军傅佥守关口，舒由是恨。钟会使护军胡烈为前锋，攻关口。舒率其众迎降胡烈，烈乘虚袭城，佥格斗而死。佥，肜之子也。钟会闻关口已下，长驱而前，大得库藏积谷。

维闻钟会诸军已入汉中，引兵还。欣等追蹑于强川口，大战，维败走。闻诸葛绪已塞道屯桥头，乃从孔函谷入北道，欲出绪后；绪闻之，却还三十里。维入北道三十余里，闻绪军却，寻还，从桥头过，绪趣截维，较一日不及。维遂还至阴平，合集士众，欲赴关城；闻其已破，退趣白水，遇廖化、张翼、董厥等，合兵守剑阁以拒会。

安国元侯高柔卒。

冬，十月，汉人告急于吴。甲申，吴主使大将军丁奉督诸军向寿春；将军留平就施绩于南郡，议兵所向；将军丁封、孙异如沔中以救汉。

诏以征蜀诸将献捷交至，复命大将军昭进位，爵赐一如前诏，昭乃受命。

昭辟任城魏舒为相国参军。初，舒少时迟钝，不为乡亲所重，从叔父吏部郎衡，有名当世，亦不知之，使守水碓，每叹曰："舒堪数百户长，我愿毕矣！"舒亦不以介意，不为皎厉之事。唯太原王乂谓舒曰："卿终当为台辅。"常振其匮乏，舒受而不辞。年四十余，郡举上计掾，察孝廉。宗党以舒无学业，劝令不就，可以为高。舒曰："若试而不中，其负在我，安可虚窃不就之高以为己荣乎？"于是自课，百日习一经，因而对策升第，累迁后将军钟毓长史。毓每与参佐射，舒常为画筹而已；后遇朋人不足，以舒满数，舒容范闲雅，发无不中；举坐愕然，莫有敌者。毓叹而谢曰："吾之不足以尽卿才，有如此射矣，岂一事哉？"及为相国参军，府朝碎务，未尝见是非；至于废兴大事，众人莫能断者，舒徐为筹之，多出众议之表。昭深器重之。

邓艾进至阴平，简选精锐，欲与诸葛绪自江油趣成都。绪以本受节度邀姜维，西行非本诏，遂引军向白水，与钟会合。会欲专军势，密白绪畏不懦不进，槛车征还，军悉属会。

姜维列营守险，会攻之，不能克；粮道险远，军食乏，欲引还。邓艾上言："贼已摧折，宜遂乘之，若从阴平由邪径经汉德阳亭趣涪，出剑阁西百里，去成都三百余里，奇兵冲其腹心，出其不意，剑阁之守必还赴涪，则会方轨而进，剑阁之军不还，则应涪之兵寡矣。"遂自阴平行无人之地七百余里，凿山通道，造作桥阁。山谷高深，至为艰险，又粮运将匮，濒于危殆，艾以毡自裹，推转而下。将士皆攀木缘崖，鱼贯而进。先登至江油，蜀守将马邈降。诸葛瞻督诸军拒艾，至涪，停住不进。尚书郎黄崇，权之子也，屡劝瞻宜速行据险，无令敌得入平地，瞻犹豫未纳；崇再三言之，至于流涕，瞻不能从。艾遂长驱而前，击破瞻前锋，瞻退住绵竹。艾以书诱瞻曰："若降者，必表为琅邪王。"瞻怒，斩艾使，列陈以待艾。艾遣子惠唐亭侯忠出其右，司马师纂等出其左。忠、纂战不利，并引还，曰："贼未可击！"艾怒曰："存亡之分，在此一举，何不可之有？"叱忠、纂等，将斩之。忠、纂驰还更战，大破，斩瞻及黄崇。瞻子尚叹曰："父子荷国重恩，不早斩黄皓，使败国殄民，用生何为？"策马冒陈而死。

汉人不意魏兵卒至，不为城守调度；闻艾已入平土，百姓扰扰，皆迸山泽，不可禁制。汉主使群臣会议，或以蜀之与吴，本为与国，宜可奔吴；或以为南中七郡，阻险斗绝，易以自守，宜可奔南。光禄大夫谯周以为："自古以来，无寄他国为天子者，今若入吴国，亦当臣服。且治政不殊，则大能吞小，此数之自然也。由此言之，则魏能并吴，吴不能并魏明矣。等为称臣，为小孰与为大，再辱之耻何与一辱？且若欲奔南，则当早为之计，然后可果；今大敌已近，祸败将及，群小之心，无一可保，恐发足之日，其变不测，何至南之有乎？"或曰："今艾已不远，恐不受降，如之何？"周曰："方今东吴未宾，事势不得不受，受之不得不礼。若陛下降魏，魏不裂土以封陛下者，周请身诣京都，以古义争之。"众人皆从周议。汉主犹欲入南，狐疑未决。周上疏曰："南方远夷之地，平常无所供为，犹数反叛，自丞相亮以兵威逼之，穷乃率从。今若至南，外当拒敌，内供服御，费用张广，他无所取，耗损诸夷，其叛必矣！"汉主乃遣侍中张绍等奉玺绶以降于艾。北地王谌怒曰："若理穷力屈，祸败将及，便当父子君臣背城一战，同死社稷，以见先帝可也，奈何降乎！"汉主不听。是日，谌哭于昭烈之庙，先杀妻子而后自杀。

张绍等见邓艾于雒，艾大喜，报书褒纳。汉主遣太仆蒋显别敕姜维使降钟会，又遣尚书郎李虎送士民簿于艾，户二十八万，口九十四万，甲士十万二千，吏四万人。艾至成都城北，汉主率太子诸王及群臣六十余人，面缚舆榇诣军门。艾持节解缚焚榇，延请相见；检御将士，无得虏略，绥纳降附，使复旧业；辄依邓禹故事，承制拜汉主禅行骠骑将军，太子奉车、诸王驸马都尉，汉群司各随高下拜为王官，或领艾官属；以师纂领益州刺史，陇西太守牵弘等领蜀中诸郡。艾闻黄皓奸险，收闭，将杀之，皓赂艾左右，卒以得免。

姜维等闻诸葛瞻败，未知汉主所向，乃引军东入于巴。钟会进军至涪，遣胡烈等追维。维至郪，得汉主敕命，乃令兵悉放仗，送节传于胡烈，自从东道与廖化、张翼、董厥等同诣会降。将士咸怒，拔刀斫石。于是诸郡县围守皆被汉主敕罢兵降。钟会厚待姜维等，皆权还其印绶节盖。

吴人闻蜀已亡，乃罢丁奉等兵。吴中书丞吴郡华核诣宫门上表曰："伏闻成都不守，臣主播越，社稷倾覆，失委附之土，弃贡献之国。臣以草芥，窃怀不宁，陛下圣仁，恩泽远抚，卒闻如此，必垂哀悼。臣不胜忡怅之情，谨拜表以闻！"

魏之伐蜀也，吴人或谓襄阳张悌曰："司马氏得政以来，大难屡作，百姓未服，今又劳力远征，败于不暇，何以能克！"悌曰："不然。曹操虽功盖中夏，民畏其威而不怀其德也。丕、睿承之，刑繁役重，东西驱驰，无有宁岁。司马懿父子累有大功，除其烦苛而布其平惠，为之谋主而救其疾苦，民心归之亦已久矣。故淮南三叛，而腹心不扰；曹髦之死，四方不动。任贤使能，各尽其心，其本根固矣，奸计立矣。今蜀阉宦专朝，国无政令，而玩戎黩武，民劳卒敝，竞于外利，不修守备。彼强弱不同，智算亦胜，因危而伐，殆无不克。噫！彼之得志，我之忧也。"吴人笑其言，至是乃服。

吴人以武陵五溪夷与蜀接界，蜀亡，惧其叛乱，乃以越骑校尉钟离牧领武陵太守。魏已遣汉葭县长郭纯试守武陵太守，率涪陵民入迁陵界，屯于赤沙，诱动诸夷进攻酉阳，郡中震惧。牧问朝吏曰："西蜀倾覆，边境见侵，何以御之？"皆对曰："今二县山险，诸夷阻兵，不可以军惊扰，惊扰则诸夷盘结；宜以渐安，可遣恩信吏宣教慰劳。"牧曰："不灰。外境内侵，诳诱人民，当及其根柢未深而扑取之，此救火贵速之势也。"敕外趣严。抚夷将军高尚谓牧曰："昔潘太常督兵五万，然后讨五溪夷。是时刘氏连和，诸夷率化。今既无往日之援，而郭纯已据迁陵，而明府欲以三千兵深入，尚未见其利也。"牧曰："非常之事，何得循旧？"即帅所领，晨夜进道，缘山险行垂二千里，斩恶民怀异心者魁帅百余人，及其支党凡千余级。纯等散走，五溪皆平。

邓艾在成都，颇自矜伐，谓蜀士大夫："诸君赖遭艾，故得有今日耳，如遇吴汉之徒，已殄灭矣。"艾以书言于晋公昭曰："兵有先声而后实者，今因平蜀之势以乘吴，吴人震恐，席卷之时也。然大举之后，将士疲劳，不可便用，且徐缓之。留陇右兵二万人、蜀兵二万人，煮盐兴冶，为军农要用。并作舟船，豫为顺流之事。然后发使告以利害，吴必归化，可不征而定也。今宜厚刘禅以致孙休，封禅为扶风王，锡其资财，供其左右。郡有董卓坞，为之宫舍，爵其子为公侯，食郡内县，以显归命之宠；开广陵、城阳以待吴人，则畏威怀德，望风而从矣！"昭使监军卫瓘喻艾："事当须报，不宜辄行。"艾重言曰："衔命征行，奉指授之策，元恶既服，至于承制拜假，以安初附，谓合权宜。今蜀举众归命，地尽南海，东接吴、会，宜早镇定。若待国命，往复道途，延引日月。《春秋》之义，'大夫出疆，有可以安社稷、利国家，专之可也。'今吴未宾，势与蜀连，不可拘常，以失事机。《兵法》：'进不求名，退不避罪。'艾虽无古人之节，终不自嫌以损国家计也！"

钟会内有异志，姜维知之，欲搆成扰乱，乃说会曰："闻君自淮南已来，算无遗策，晋道克昌，皆君之力。今复定蜀，威德振世，民高其功，主畏其谋，欲以此安归乎？何不法陶朱公泛舟绝迹，全功保身邪？"会曰："君言远矣，我不能行。且为今之道，或未尽于此也。"维曰："其他则君智力之所能，无烦于老夫矣。"由是情好欢甚，出则同舆，坐则同席。会因邓艾承制专事，乃与卫瓘密白艾有反状。会善效人书，于剑阁要艾章表、白事，皆易其言，令辞指悖傲，多自矜伐；又毁晋公昭报书，手作以疑之。

【译文】

四 年（癸未、263年）

春，正月，又像以往那样诏命司马昭晋爵位，司马昭又坚决辞掉没有接受。

吴国交趾太守孙谞贪婪暴虐，当地百姓都认为是一害。有一次，吴主派遣察战邓荀到交趾。邓荀到达后，擅自调集30只孔雀要送到建业，百姓因怕路途太远，不愿意去送，因此谋划反叛。夏，五月，郡吏吕兴等杀死孙谞和邓荀，派遣使者到建业请求另派太守及士兵，九真、日南也都起来响应。

皇帝下诏，命令各军大举攻伐蜀汉，派征西将军邓艾督率3万多人自狄道进兵甘松、沓中，以拖住姜维的军队。雍州刺史诸葛绪督率3万多人从祁山进兵武街桥头，以截断姜维回兵成都的道路。钟会统领10万大军分别从斜谷、骆谷、子午谷进兵汉中。任命廷尉卫瓘（卫瓘是卫觊的儿子。）代表皇帝持节监督邓艾、钟会的行为，行镇西军司。

钟会去拜访幽州刺史王雄的孙子王戎，问："有什么计策可以灭蜀？"王戎说："道家有句话说：'做事不要自恃其能。'这不是因为成功困难，而是因为保守困难。"有的人拿这件事询问参相国军事平原刘寔说："钟会、邓艾能灭掉蜀汉吗？"刘寔说："肯定能把蜀汉灭亡，但是两个人都回不来了。"客人追问是什么原因，刘寔笑了笑，不再作声了。

秋，八月，大军从洛阳出发，大肆犒赏将士，众军集合

司马昭像

起来训话。将军邓敦说蜀汉不该讨伐，司马昭马上将他斩首示众。

汉人听说魏兵再来攻击，就派遣廖化率兵到沓中支援姜维，张翼、董厥等到阳安关口做各营垒的外助。大赦天下，改年号为炎兴。命令各营垒不许出战，退守汉城和乐城，城中各有兵士5000人。张翼、董厥向北到阴平，听说诸葛绪将要率兵前往建威，留下来住了1个多月等他。钟会率各军平平安安到达汉中。九月，钟会派前将军李辅统领1万多人在乐城包围王含，护军荀恺在汉城围住蒋斌。钟会直接向西前往阳安口，派人去诸葛亮的坟墓祭奠。

当初，汉武兴督蒋舒在任时，办事平庸，没有什么可称道的，于是汉主派人取代他，用助将军傅佥防守关口，蒋舒因此对傅佥很愤恨。钟会派护军胡烈做先锋，攻打关口。蒋舒率领他的部下去迎接胡烈，投降魏军。胡烈乘虚攻进城中，傅佥亲自参加战斗，终于战死。（傅佥是傅彤的儿子。）钟会听说关口已经攻克，就长驱直入，得到许多囤积的粮食。

姜维听说钟会的军队已经都进到汉中，就率兵赶回成都，杨欣等率军紧追到强川口，经过一番激战，姜维战败逃走。听说诸葛绪已驻扎在桥头堵塞住道路，于是从孔函谷进入北道，想从诸葛绪军队后面逃出。诸葛绪了解了姜维的意图后，就退军30多里。姜维进入北道30多里，听到诸葛绪退军，就急忙退回，从桥头通过，等到诸葛绪发觉急忙进兵阻截时，姜维已在一天前通过此地。姜维回到阴平召集了一些士众，想要赶赴关城，听说城已被攻破了，就退往白水，在途中遇到廖化、张翼、董厥等，合兵驻守剑阁，以抵抗钟会。

安国元侯高柔故世了。

冬，十月，汉人向吴国告急，请求援助。甲申日（十月无此日），吴主派遣大将军丁奉督率大军进兵寿春，将军留平在南郡接近施绩，商议进兵计划。将军丁封、孙异赶赴沔中去救蜀汉。

皇帝认为征蜀汉的各将领的捷报频传，于是再次命大将军司马昭加官晋级，赏赐官爵和先前的一样，司马昭这次才接受诏命。

司马昭派任城魏舒做相国参军。当初，魏舒小的时候，做事很迟钝，不被乡里的亲戚朋友所重视，他的堂叔吏部郎魏衡，在当时很有声望，也不知道这个侄儿很有才能，派他去看守水碓，还常常叹息说："魏舒如果能管好几百个户长，我的心愿就了了！"魏舒听到这话，也不介意，也不暴露自己的才能。只有太原王乂对魏舒说："先生必定会担任到三公宰相的职位。"常常接济他，魏舒都愿意接受竟不推却。魏舒40多岁的时候，郡里举荐他为上计掾，察孝廉。大家都认为魏舒没有学问，劝魏舒不要去就职，还可以有清高的名声。魏舒说："如果去甄试，不能得中，那么怪在我才能不够，怎么可以为一些空虚的名声，不追求更高的荣誉呢！"于是积极准备功课，100天温习经书一经，因此对策升等，一直晋升到后将军钟毓的长史。钟毓每次和参军及官佐举行射仪，魏舒只是在一旁帮忙策划而已。后来有一次参佐人数不足，就请魏舒凑数，轮到魏舒射箭的时候，他轻轻松松，从从容容，没有一箭不中的，在全座的人都大为吃惊，没有一人能及。钟毓叹息而道歉说："我不能使先生尽量发挥才能，就如这次射箭一样，岂止这一件事情呢！"等到他做了相国参军，朝里和相府的大小琐事，没有一点处理不好的。至于应该兴举的，应该革新的国家大事，许多人都无法决断，魏舒从容地筹划，都会超出大家的料想。因此，深得司马昭的器重。

邓艾进兵到阴平，挑选出一部分精锐的士卒，准备和诸葛绪从江油直接进兵成都。诸葛绪认为本来是奉命引诱姜维，向西进军并非原先的诏命，于是率军向白水进军，与钟会的兵会合在一起。钟会想要独揽军权，秘密报告说诸葛绪畏惧敌人竟然不敢进军，于是把诸葛绪关在槛车中运回朝里，这样所有大军，都由钟会指挥。

姜维摆开阵势，防守住险要地区。钟会屡次攻击不能攻下。运粮的道路又险又远，军队粮食匮乏，想要率军退回。邓艾建议说："现在敌人已遭受重创，我军应该趁机进攻。如果从阴平邪径经过汉德阳亭直向涪县，那儿距离剑阁以西100里，距离成都300多里。我们出奇兵攻打敌人的要害，出其不意，猛烈攻击，剑阁的守军，必定很快退回涪县，那时钟会就可以并排着车马通过剑阁了。剑阁的兵不能回去，这样接应涪县的兵就少了。"邓艾于是率军从阴平行军通过荒野地区700多里，一路逢山开道，遇水搭桥，经过高山深谷，非常危险，再加上粮草匮乏，真是危险艰难极了。邓艾用毡把自己裹起来，滚下山去，其他将士都攀缘着树木山石，鱼贯而进。刚登到江油，蜀守将马邈就投降了。诸葛瞻率军抵抗邓艾，到达涪县的时候，停军不前。尚书郎黄崇，是黄权的儿子，一直劝诸葛瞻要快一点进军占据险要地势，不要让魏兵进到平地来，但是诸葛瞻优柔寡断，没有采纳建议。黄崇再三劝说，甚至哭起来，诸葛瞻就是不听。邓艾于是长驱直入，击破了诸葛瞻的前锋，诸葛瞻退守绵竹。邓艾用书信诱降诸葛瞻说:"如果先生来投降,必定奉请皇上推荐先生为琅邪王。"诸葛瞻大怒,把邓艾派来的使者杀了,摆开阵势等待邓艾。邓艾派他的儿子惠唐亭侯邓忠攻击蜀军的右方,司马师纂等攻击蜀军的左边。邓忠、师纂攻不上去,想要退回来,说:"蜀汉的军队太强,不可硬攻呀!"邓艾愤怒地说:"生存死亡,就在此一战,怎么说攻不下来呢!"叱骂邓忠、师纂,将要杀死他们。邓忠、师纂率兵再次上前战斗,大败蜀军,杀死诸葛瞻、黄崇等。诸葛瞻的儿子诸葛尚感叹说:"我们父子蒙受朝廷的大恩,朝里不早把黄皓杀死,以致使国家灭亡,老百姓遭受疾苦,我活着还有什么用呢!"快马加鞭,冲向敌人大战而死。

　　汉人没有料到魏兵从天而降,守城的士卒都来不及调度。听说邓艾已进到平地,百姓大乱,大家都争着到山谷里去躲避,下令也没有人听从。汉主召集群臣商议,有的认为蜀和吴是有邦交的国家,不如先投奔吴国;有的认为南方有七郡,形势险要可以防守,应该向南逃跑。光禄大夫谯周认为:"自古以来,没有寄在其他国家的天子,如果投奔吴国,也是要当臣民。而且行政措施如果相似,那么大国就容易并吞小国,这是自然的道理。由此看来,魏国能吞并吴国,吴国不能吞并魏国了。同样都是称臣,向小国称臣,就不如向大国称臣。受辱两次,就不如受辱一次。而且想要往南逃跑,应该早作准备,然后再决定。现在大敌已经接近,祸败马上就到了,一群奸诈小人,没有一个可靠,恐怕出发南行的第一天,就可能会叛乱,怎么能到达南方呢!"有的说:"现在邓艾已经离我都城不远,恐怕不会接受投降,那又怎么办呢?"谯周说:"现在东吴还没被魏攻下,我们投降,他不能不接受,要接受就要对我们以礼相待。如果皇帝降魏,魏国不给皇帝封地,我谯周要亲到京都洛阳,引用古时大义,向魏帝争取。"众人都赞成谯周的意见。汉主仍然想往南方撤退,心中正犹豫不决,谯周再次上奏章说:"南方是边远夷族生活的地方,平常不上贡,又不出力协助政府,而且还多次叛变。自从丞相诸葛亮用兵威逼他们,他们穷途末路,这才服从我们。现在如果向南去,对外要抵抗敌人,对内要供奉上下官员的服御,费用增加许多,其他地区不能够征收,必定要消耗这些夷族,那么夷族必定会叛变的。"汉主听了,认为分析得很对,就派遣侍中张绍等,捧着玺绶向邓艾投降。北地王刘谌恼怒地说:"如果理穷力屈,祸败将要到来,就应当君臣父子背城一战,与国家共存亡,好到阴间去见先帝,为什么要投降呢！"汉主不听他儿子的话。那天刘谌在昭烈帝的宗庙里痛哭流涕，哭罢之后，先杀死妻子儿女而后自杀。

张绍等在雒县见到邓艾，邓艾听到蜀汉要归降，很高兴，于是回信告诉汉主接受他的投降并褒奖一番。汉主派遣太仆蒋显带着另外一个命令给姜维，让他向钟会投降。又派遣尚书郎李虎把士民簿册送给邓艾，总共有二十八万户，九十四万人口，士卒十万零二千人，官员四万人。邓艾到达成都城北，汉主率太子和各王及群臣六十多人，各自绑起手来，抬着棺木来到邓艾的军营。邓艾手持魏王的符节把汉主的捆绑解开，又把棺木烧掉，宴请相见，明令自己的将士，不可随意掳掠，接纳蜀汉归降，使各业恢复正常，每每依照邓禹的旧例，承制拜汉主刘禅做骠骑将军、太子奉车、诸王驸马都尉，汉主的诸官员各按高下封做王的属官，或在邓艾属下就职。用师纂做益州刺史，陇西太守牵弘等掌理蜀中各郡，邓艾听说黄皓为人很奸诈，想要把他关起来然后杀掉，但是邓艾的手下却早已收到黄皓的贿赂，所以黄皓得免一死。

姜维等听到诸葛瞻战败，但是不知道汉主的去向，于是率他的军队向东进入巴中。钟会进军到涪县，派遣胡烈等追击姜维，姜维到达郪县，接到汉主让他投降的命令，于是让士卒都放下武器，把节符送给胡烈要投降，自己从东道和廖化、张翼、董厥等一起向钟会投降。汉将士都很愤怒，有的拔出刀来砍石头。于是各郡县守卫的将领，都接到汉主的命令罢兵投降。钟会厚待姜维等，都暂时把他的印绶符节交还。

吴人听说蜀汉已经灭亡，于是丁奉等停止出兵。吴中书丞吴郡华核亲自进宫去上奏章说："臣听说成都已经陷落，蜀的臣主迁徙，国家颠覆，失去了可以委附的土地，丢掉了可以贡献的国家。臣虽然是一个无足轻重的草芥之人，但是也觉得于心不安，陛下非常圣明，恩泽遍及各地，突然听到蜀汉灭亡的事，一定会感到非常悲哀。臣不能承受忧郁的情感，谨以这奏章，禀报皇帝知道。"

魏国要讨蜀汉的时候，吴人有的告诉襄阳张悌说："司马昭父兄得掌管魏国大政以来，先后有王凌、毌丘俭、诸葛诞等起兵表示不服，百姓大多心怀怨言，现在又劳民伤财的远征，失败都来不及了，还能胜利吗？"张悌说："并非像大家说得那样。曹操虽然功盖天下，但是老百姓畏惧他的威严，并不是怀念他的道德。后来曹丕、曹睿承继下来，滥施刑罚，兵役劳役又多，不是西边出兵，就是东边征战，老百姓几乎没有一年安定。司马懿父子屡次有大功，除掉百姓的苛捐杂税，广施给人民恩惠，为了众民的生存，不断减轻大众的疾苦，民心所向由来已久了。所以淮南有三次叛乱，朝里却没有一丝混乱。曹髦那次攻打皇宫，而致死亡，各地也没有受到震动。能任用贤能，各尽所能，这是根本早已稳固，奸计已经立下了。现在蜀汉宦官专政，国家没有长远的计划，却穷兵黩武，使百姓痛苦，将士疲惫，向外争利，却不注意防守。他们强弱悬殊，谋略也超过他们，趁蜀之难之时出兵讨伐，那有不胜的道理呢！唉！司马氏掌权以后，我国就值得担忧了。"吴国人都讥笑张悌所说的话，等到事后真的应了这话，大家心中才佩服张悌。

吴人认为武陵五溪夷和蜀相邻，蜀灭亡后，恐怕他们会发生叛乱，于是派越骑校尉钟离牧领武陵太守。魏已命令汉葭县长郭纯试守武陵太守，率领涪陵郡的人民进入武陵郡的迁陵县界，驻扎在赤沙，引诱各少数民族部落进攻西阳，郡中惊惶不安。钟离牧问朝吏说："西蜀已经灭亡，边境也遭到侵犯，我们应该如何防守啊？"大家都说："现在二县嵩山险峻，诸夷的兵又都据守要塞，不能派军队去惊扰他们。如果去扰乱，诸夷将会更团结防守。应该让他们慢慢安定下来，可先派遣对诸夷有过恩惠的官吏去教化抚慰他们。"钟离牧说："外境内侵，欺骗引诱人民，就该在他根基不稳的时候消灭掉他，这如同救火，贵在快速呀！"于是命令马上准备装具，以便发兵。抚夷将军高尚对钟离牧说："当初太常潘濬率兵五万，然后才征讨五溪夷，当时与蜀汉和睦相处，诸夷接受教化。现在既然没有像以前那样的增援，而且郭纯已经据守了迁陵，而先生想用三千多的兵力，直插敌境，还看不出有什么优势呀。"钟离牧说："特殊情况，怎能效仿以前的例子呢！"立刻率领部下，昼夜兼程，攀缘山险行走将近两千里，杀掉为非作歹的百姓和不安心的首领一百多人及他们的党羽一千多。郭纯等溃逃，五溪地区于是就平定了。

邓艾在成都，非常狂妄自大，他对蜀地的士大夫说："诸位有幸碰到我邓艾，所以得有今天的幸福啊。要是遇到像吴汉一类的人，不是被遣送到其他地方，就是被杀死了。"邓艾写信告诉晋公司马昭说："用兵有先用声势压倒敌人，紧接着再用实在的兵力攻击！现在以平蜀的情势，去攻打吴国，吴国人必定惊惧，这是席卷天下的时机。话虽这么说，但是经过一场大战之后，将士们都疲惫不堪，不能马上出兵，应该稍事休息，再攻击吴国。先留在陇右兵力二万人,蜀地兵力二万人,让他煮盐炼钢,作为军民之用。并且制造船只,准备顺流而下攻击吴国。然后派遣使者,去劝说吴国,说明这形势的利害,吴国必定会归降我们。可以不靠征伐,就把吴国平定了。现在可以好好待刘禅,用来引诱孙休投诚,先封刘禅做扶风王,赐他些钱财,提供他有左右人使唤。郡内有董卓坞,可以作为他的官舍,封他的儿子做公侯,享受扶风郡内一县的俸禄,来显示他归顺得到的宠爱。开放广陵、城阳以优待吴人,那么吴将畏威怀德,就会轻易顺从了。"司马昭派遣监军卫瓘告诉邓

邓艾像

艾说:"凡事都应该先奏请,不可以自己随便做主。"邓艾又上表说:"奉皇上之命征伐,遵照指示计划,只要元凶已经服顺,至于遵从前人的制度,授予降敌官职,只是安定初附从人的心理,是一种权宜的行为。现在蜀地全部归顺,地方几乎到达南海,东边也接到吴、会,应该早些安定下来。如果等候皇帝的命令,往返途中,要拖延很久。《春秋公羊传》有言:'大夫出征到边疆,只要有可以安定百姓,有利于国家的情形,就可以做主行事。'现在吴国还没有攻下,他们的形势是和蜀相连的,不可以按常规去做,那样会错过良机。《兵法》上说:'为将的责任,必须明察,进不是为求功名,退也不是逃避罪责,只有以人格为保证。'邓艾虽然不能像古人那样守节,但也不会让国家受损失呀!"

钟会内心怀有其他志向,姜维已经看出来了,于是想设计把他扰乱,就对钟会说:"听说先生从淮南以来,算起来没有一点过失的,晋公的道德能兴盛,都是先生的功劳。现在又把蜀平定,威德震惊天下,百姓都仰慕先生的功高,主上也害怕先生的计谋,在这样的情况下,先生要如何自处呢!为什么不学习当初陶朱公泛舟绝迹,保存自己的生命呢!"钟会说:"您考虑的太遥远了,我不能实行。而且就目前看来,或许并不像那样。"姜维说:"其他的事是先生智

力所能料到的，就不必老夫多说了。"由于姜维这次建议，两人交情非常好，出去时同乘一辆车，回来时两人同起同坐。钟会因为邓艾承前人事例负责处理蜀人投降事宜，于是和卫瓘密告邓艾有反叛的迹象。钟会擅长模仿别人的笔迹，在剑阁强要邓艾使者所送的章表和给晋公的信，都改变其中的语句，把语气都写得很傲慢，又增加了自吹的话；又毁掉了晋公司马昭的回信，亲手伪造来使邓艾起疑心。

晋纪三　世祖武皇帝中
太康元年（庚子、280年）

春，正月，吴大赦

杜预向江陵，王浑出横江，攻吴镇、戍，所向皆克。二月，戊午，王浚、唐彬击破丹阳监盛纪。吴人于江碛要害之处，并以铁锁横截之；又作铁锥，长丈余，暗置江中，以逆拒舟舰。浚作大筏数十，方百余步，缚草为人，被甲持仗，令善水者以筏先行，遇铁锥，锥辄著筏而去。又作大炬，长十余丈，大数十围，灌以麻油，在船前，遇锁，然烛烧之，须臾，融液断绝，于是船无所碍。庚申，浚克西陵，杀吴都督留宪等。壬戌，克荆门、夷道二城，杀夷道监陆晏。杜预遣牙门周旨等帅奇兵八百泛舟夜渡江，袭乐乡，多张旗帜，起火巴山。吴都督孙歆惧，与江陵督伍延书曰："北来诸军，乃飞渡江也。"旨等伏兵乐乡城外，歆遣军出拒王浚，大败而还。旨等发兵随歆军而入，歆不觉，直至帐下，房歆而还。乙丑，王浚击杀吴水军都督陆景。杜预进攻江陵，甲戌，克之，斩伍延。于是沅、湘以南，接于交、广，州郡皆望风送印绶。预杖节称诏而绥抚之。凡所斩获吴都督、监军十四，牙门、郡守百二十余人。胡奋克江安。

乙亥，诏："王濬、唐彬既定巴丘，与胡奋、王戎共平夏口、武昌，顺流长骛，直造秣陵。杜预当镇静零、桂，怀辑衡阳。大兵既过，荆州南境，固当传檄而定。预等各分兵以益浚、彬，太尉充移屯项。"

王戎遣参军襄阳罗尚、南阳刘乔将兵与王浚合攻武昌，吴江夏太守刘朗、督武昌诸军虞昺皆降。昺，翻之子也。

杜预与众会议，或曰："百年之寇，未可尽克，方春水生，难以久驻，宜俟来冬，更为大举。"预曰："昔乐毅藉济西一战以并强齐。今兵威已振，譬如破竹，数节之后，皆迎刃而解，无复著手处也。"遂指授群帅方略，经造建业。

吴主闻王浑南下，使丞相张悌督丹阳太守沈莹、护军孙震，副军师诸葛靓帅众三万渡江逆战。至牛渚，沈莹曰："晋治水军于蜀久矣，上流诸军，素无戒备，名将皆死，幼少当任，恐不能御也。晋之水军必至于此，宜畜众力以待其来，与之一战，若幸而胜之，江西自清。今渡江与晋大军战，不幸而败，则大事去矣！"悌曰："吴之将亡，贤愚所知，非今日也。吾恐蜀兵至此，众心骇惧，不可复整。及今渡江，犹可决战。若其败丧，同死社稷，无所复恨。若其克捷，北敌奔走，兵势万倍，便当乘胜南上，逆之中道，不忧不破也。若如子计，恐士众散尽，坐待敌到，群臣俱降，无一人死难者，不亦辱乎？"

三月，悌等济江，围浑部将城阳都尉张乔于杨荷；乔众才七千，闭栅请降。诸葛靓欲屠之，悌曰："强敌在前，不宜先事其小；且杀降不详。"靓曰："此属以救兵未至，力少不敌，故且伪降以缓我，非真伏也。若舍之而前，必为后患。"悌不从，抚之而进。悌与扬州刺史汝南周浚，结陈相对，沈莹帅丹阳锐卒、刀楯五千，三冲晋兵，不动。莹引退，其众乱，将军薛胜、蒋班因其乱而乘之，吴兵以次奔溃，将帅不能止，张乔自后击之，大败吴兵于版桥。诸葛靓帅数百人遁去。使过迎张悌，悌不肯去，靓自往牵之曰："存亡自有大数，非卿一人所支，奈何故自取死？"悌垂涕曰："仲思，今日是我死日也！且我为儿童时，便为卿家丞相所识拔，常恐不得其死，负名贤知顾。今以身徇社稷，复何道邪？"靓再三牵之，不动，乃流泪放去，行百余步，顾之，已为晋兵所杀，并斩孙震、沈莹等七千八百级，吴人大震。

初，诏书使王浚下建平，受杜预节度，至建业，受王浑节度。预至江陵，谓诸将曰："若浚得建平，则顺流长驱，威名已著，不宜令受制于我；若不能克，则无缘得施节度。"浚至西陵，预与之书曰："足下既摧其西藩，便当径取建业，讨累世之逋寇，释吴人于涂炭，振旅还都，迹旷世一事也！"浚大悦，表呈预书。及张悌败死，扬州别驾何恽谓周浚曰："张悌举全吴精兵殄灭于此，吴之朝野莫不震慑。今王龙骧既破武昌，乘胜东下，所向辄克，土崩之势见矣。谓宜速引兵渡江,直指建业,大军猝至,夺其胆气,可不战禽也!"浚善其谋,使白王浑。恽曰:"浑暗于事机,而欲慎已免咎,必不我从。"浚固使白之,浑果曰:"受诏但令屯江北以抗吴军,不使轻进,贵州虽武,岂能独平江东乎?今者违命,胜不足多,若其不胜,为罪已重。且诏令龙骧受我节度,但当具君舟楫,一时俱济耳。"恽曰:"龙骧克万里之寇,以既成之功来受节度,未之闻也。且明公为上将,见可而进,岂得一一须诏令乎!今乘此渡江,十全必克,何疑何虑而淹留不进?此鄂州上下所以恨恨也。"浑不听。

王浚自武昌顺流径趣建业;吴主遣游击将军张象帅舟师万人御之,象众望旗而降。浚兵甲满江,旌旗烛天,威势甚盛,吴人大惧。

吴主之嬖臣岑昏,以倾险谀佞,致位九列,好兴功役,为众患苦。及晋兵将至,殿中亲兵数百人叩头请于吴主曰:"北军日近而兵不举刃,陛下将如之何?"吴主曰:"何故?"对曰:"正坐岑昏耳。"吴主独言:"若尔,当以奴谢百姓!"众因曰:"唯!"遂并起收昏;吴主骆驿追止,已屠之矣。

陶浚将讨郭马,至武昌,闻晋兵大入,引兵东还。至建业,吴主引见,问水军消息,对曰:"蜀船皆小,今得二万兵,乘大船以战,自足破之。"于是合众,授浚节钺。明日当发,其夜,众悉逃溃。

时王浑、王浚及琅邪王伷皆临近境,吴司徒何植、建威将军孙晏悉送印节诣浑降。吴主用光禄勋薛莹、中书令胡冲等计,分遣使者奉书于浑、浚、伷以请降。又遗其群臣书,深自咎责,且曰:"今大晋平治四海,是英俊展节之秋,勿以移朝改朔,用损厥志。"使者先送玺绶于琅邪王伷。壬寅,王浚舟师过三山,王浑遣信要浚暂过论事,浚举帆直指建业,报曰:"风利,不得泊也。"是日,浚戎卒八万,方舟百里,鼓噪入于石头。吴主晧面缚舆榇,诣军门降。浚解缚焚榇,延请相见。收其图籍,克州四,郡四十三,户五十二万三千,兵二十三万。

朝廷闻吴已平,群臣皆贺上寿,帝执爵流涕曰:"此羊太傅之功也。"骠骑将军孙秀不贺,南向流涕曰:"昔讨逆弱冠以一校尉创业,今后主举江南而弃之,宗庙山陵,于此为墟,悠悠苍天,此何人哉!"

吴之未下也,大臣皆以为未可轻进,独张华坚执以为必克。贾充上表称:"吴地未可悉定,方夏,江、淮下湿,疾疫必起,宜召诸军还,以为后图,虽腰斩张华不足以谢天下。"帝曰："此是吾意，华但与吾同耳。"荀勖复奏，宜如充表，帝不从。杜预闻充奏乞罢兵，驰表固争，使至轘辕而吴已降。充惭惧，诣阙请罪，帝抚而不问。

夏，四月，甲申，诏赐孙晧爵归命侯。

乙酉，大赦，改元。大酺五日。遣使者分诣荆、扬抚慰，吴牧、守已下皆不更易；除其苛政，悉从简易。

王濬之东下也，吴城戍皆望风款附，独建平太守吾彦婴城不下，闻吴亡，乃降。帝以彦为金城太守。

琅邪王伷遣使送孙晧及其宗族诣洛阳。五月，丁亥朔，晧至，与其太子瑾等泥头面缚，诣东阳门，诏遣谒者解其缚，赐衣服、车乘、田三十顷，岁给钱谷、绵绢甚厚。拜瑾为中郎，诸子为王者皆为郎中。吴之旧望，随才擢叙。孙氏将吏渡江者复十年，百姓复二十年。

庚寅，帝临轩，大会文武有位及四方使者，国子学生皆预焉。引见归命侯晧及吴降人。晧登殿稽颡。帝谓晧曰："朕设此座以待卿久矣。"晧曰："臣于南方，亦设此座以待陛下。"贾充谓晧曰："闻君在南方凿人目，剥人面皮，此何等刑也？"晧曰："人臣有弑其君及奸回不忠者，则加此刑耳。"充默然甚愧，而晧颜色无怍。

帝从容问散骑常侍薛莹，孙晧所以亡。对曰："晧昵近小人，刑罚放滥，大臣诸将，人不自保，此其所以亡也。"他日，又问吾彦，对曰："吴主英俊，宰辅贤明。"帝笑曰："若是，何故亡？"彦曰："天禄永终，历数有属，故为陛下禽耳。"帝善之。

王濬之入建业也，其明日，王浑乃济江，以濬不待己至，先受孙晧降，意甚愧忿，将攻濬，何攀劝濬送晧与浑，由是事得解。何恽以浑与濬争功，与周浚笺曰：《书》贵克让，《易》大谦光。浚得笺，即谏止浑。浑不纳，表濬违诏不受节度，诬以罪状。浑子济，尚常山公主，宗党强盛。有司奏请槛车征濬，帝弗许，但以诏书责让濬以不从浑命，违制昧利。濬上书自理曰："前被诏书，令臣直造秣陵，又令受太尉充节度。臣以十五日至三山，见浑军在北岸，遣书邀臣；臣水军风发，径造贼城，无缘回船过浑。臣以日中至秣陵，暮乃被浑所下当受节度之符，欲令臣明十六日悉将所领还围石头，又索蜀兵及镇南诸军人名定见。臣以为晧已来降，无缘空围石头；又，兵人定见，不可仓猝得就。皆非当今之急，不可承用，非敢忽弃明制也。晧众叛亲离，匹夫独坐，雀鼠贪生，苟乞一活耳；而江北诸军不知虚实，浚缚取，自为小误。臣至便得，更见怨恚，并云'守贼百日，而令他人得之。'臣以为事君之道，苟利社稷，死生以之。若其顾嫌疑以避咎责，此是人臣不忠之利，实非明主社稷之福也！"浑又腾周浚书云："浚军得吴宝物。"又云："浚牙门将李高放火烧晧伪宫。"浚复表曰："臣孤根独立，结恨强宗。夫犯上干主，其罪可救；乖忤贵臣，祸在不测。伪中郎将孔摅说：去二月武昌失守，水军行至，晧按行石头还，左右人皆跳刀大呼云：'要当为陛下一死战决之。'晧意大喜，意必能然，便尽出金宝以赐与之。小人无状，得便持走。晧惧，乃图降首。降使适去，左右劫夺财物，略取妻妾，放火烧宫。晧逃身窜首，恐不脱死。臣至，遣参军主者救断其火耳。周浚先入晧宫，浑又先登晧舟，臣之入观，皆在其后。晧宫之中，乃无席可坐，若有遗宝，则浚与浑先得之矣。浚等云臣屯聚蜀人，不时送晧，欲有反状。又恐动吴人，言臣皆当诛杀，取其妻子，冀其作乱，得骋私忿。谋反大逆，尚以见加，其余谤嗜，故其宜耳，今年平吴，诚为大庆；于臣之身，更受咎累。"浚至京师，有司奏浚违诏，大不敬，请付廷尉科罪。诏不许。又奏浚赦后烧贼船百三十五艘，辄敕付廷尉禁推。诏勿推。

浑、浚争功不已，帝命守廷尉广陵刘颂校其事，以浑为上功，浚为中功。帝以颂折法失理，左迁京兆太守。

庚辰，增贾充邑八千户；以王浚为辅国大将军，封襄阳县侯；杜预为当阳县侯；王戎为安丰县侯；封琅邪王伷二子为亭侯；增京陵侯王浑邑八千户，进爵为公；尚书关内侯张华进封广武县侯，增邑万户；荀勖以专典诏命功，封一子为亭侯；其余诸将及公卿以下，赏赐各有差。帝以平吴功，策告羊祜庙，乃封其夫人夏侯氏为万岁乡君，食邑五千户。

王浚自以功大，而为浑父子及党与所挫抑，每进见，陈其攻伐之劳及见枉之状，或不胜忿愤，径出不辞；帝每容恕之。益州护军范通谓浚曰："卿功则美矣，然恨所以居美者未尽善也。卿旋旆之日，角巾私第，口不言平吴之事；若有问者，辄曰：'圣人之德，群帅之力，老夫何力之有？'此蔺生所以屈廉颇也，王浑能无愧乎？"浚曰："吾始惩邓艾之事，惧祸及身，不得无言；其终不能遣诸胸中，是吾褊也。"时人咸以浚功重报轻，为之愤邑；博士秦秀等并上表讼浚之屈，帝乃迁浚镇军大将军。王浑尝诣浚，浚严设备卫，然后见之。

杜预还襄阳,以为天下虽安,忘战必危,乃勤于讲武,申严戍守。又引滍、淯水以浸田万余顷,开扬口通零、桂之漕,公私赖之。预身不跨马,射不穿札,而用兵制胜,诸将莫及。预在镇,数饷遗洛中贵要,或问其故,预曰:"吾但恐为害,不求益也。"

王浑迁征东大将军,复镇寿阳。

冬,十月,前将军青州刺史淮南胡威卒。威为尚书,尝谏时政之宽。帝曰:"尚书郎以下,吾无所假借。"威曰:"臣之所陈,岂在丞、郎、令史,正谓如臣等辈,始可以肃化明法耳!"

王濬像

是岁,以司隶所统郡置司州,凡州十九,郡国二百七十三,户二百四十五万九千八百四十。

诏曰:"昔自汉末,四海分崩,刺史内亲民事,外领兵马。今天下为一,当韬戢干戈,刺史分职,皆如汉氏故事;悉去州郡兵,大郡置武吏百人,小郡五十人。"交州牧陶璜上言:"交、广东西数千里,不宾属者六万余户,至于服从官役,才五千余家。二州唇齿,唯兵是镇。又,宁州诸夷,接据上流,水陆并通,州兵未宜约损,以示单虚。"仆射山涛亦言"不宜去州郡武备";帝不听。及永宁以后,盗贼群起,州郡无备,不能禽制,天下遂大乱,如涛所言。然其后刺史复兼兵民之政,州镇愈重矣。

【译文】

太康元年 (庚子、280 年)

春,正月,吴国大赦。

杜预指向江陵,王浑从横江发兵,攻击吴国城镇、军营,所到的地方没有不胜利的。二月，戊午日（初一），王浚、唐彬击败丹阳监盛纪。吴国人在长江沙渚上重要的地方，用铁链连接起来，横断江面；又建造铁锥，10尺多长，暗地里放置在长江中，来阻挠舟舰。王浚建造几十只大竹排，宽100多步，缚上草人，身穿盔甲，手握兵器，命令擅长游泳的士兵坐着竹排先行，遇到铁锥，铁锥就附着在竹排上流走了；又制作大火炬，长10多丈，大数十围，浇灌麻油，放置在船前，遇到铁链，就点着火炬烧铁链，过了片刻，铁链烧断了，于是行船毫无阻碍。庚申日（初三），王浚攻下西陵，杀了吴国都督留宪等人，壬戌日（初五），攻下荆门、夷道二城，杀死夷道监陆晏。杜预发派牙门周旨等人，率领800奇兵，乘着夜色，坐船渡过长江，偷袭乐乡，插上很多旗帜，在巴山烧起火来。吴国都督孙歆害怕了，给江陵督伍延的信说："北方来的各路军马，居然飞渡过长江。"周旨等人埋伏在乐乡城外，孙歆调遣军队出城抵抗王浚，战败回城。周旨等伏兵随着孙歆军队进城，孙歆没有觉察，伏兵直到军帐下，俘虏孙歆回来。乙丑日（初八），王浚攻杀吴国水军都督陆景。杜预进攻江陵，甲戌日（十七日），攻下城池，杀了伍延。于是沅、湘以南，直到交、广，各州郡都望风投降，交出印信。杜预秉持符节，口称王命来抚慰他们。总共斩获吴国都督、监军14人，牙门、郡守120多人。胡奋攻下江安。

乙亥日（十八日），诏书："王浚、唐彬已经平定巴丘，和胡奋、王戎一齐平定夏口、武昌，顺江而下，长驱直入，一直打到秣陵。杜预应当镇守零、桂，安抚衡阳。大军路过后，荆州南方，固然用檄令就可平定。杜预等人各自分兵，来增加王浚、唐彬的力量，太尉贾充移兵驻扎项县。"

王戎派遣参军襄阳人罗尚、南阳人刘乔，率领军队和王浚一起攻打武昌，吴国江夏太守刘朗、都督武昌诸军的虞翿都投降了。虞翿，是虞翻的儿子。

杜预和众将领开会商议，有人说："有百年历史的敌人，是不能全面攻下的；现在正是春天水位下降的时候，很难长久驻军，应该等到冬天，再大举进兵。"杜预说："以前乐毅借着济西的一战，由此并吞强大的齐国；现在军威已经振兴，比如剖开竹子，剖开几节以后，其他就迎刃而解了，不必要再下手了。"于是指示各将帅作战战略，一直到达建业。

吴国君主听说王浑南下，命令丞相张悌指挥丹阳太守沈莹、护军孙震、副军师诸葛靓，带领3万军队，渡过长江迎战。到了牛渚，沈莹说："晋国在蜀训练水军已经很长时间了，我们上流的部队，一向没有戒备，名将都已死去，幼小的王侯担当大任，恐怕不能抵抗。晋国水军一定会到这个地方来。应该积累众人战斗力，来等待他们的来临，和他们一战，如果侥幸能够胜利，长江西面自然能够廓清了。现在渡过长江和晋国大军开战，不幸失败了，那么国家大事就完了。"张悌说："吴国即将灭亡，不论贤愚都知道的，并不是在今天才知道的。我担心蜀兵到了这里，众人心中惧怕，不能再整军了。趁着现在渡江，还可以和他们决战。如果战败而亡，就是一同为国家牺牲，也不会感到遗憾。如果能够胜利，北方敌人逃跑了，军队声势万倍，便可以乘胜南下，在中途迎敌，不必忧愁不能破敌了。如果按照你的计划，恐怕军队都逃散了，坐待敌人到来，君臣一齐投降，没有一人为国牺牲，这不是很令人羞辱的吗！"

三月，张悌等人渡过长江，在杨荷包围王浑部将城阳都尉张乔；张乔才7000人，关闭栅门要求投降。诸葛靓要杀了他们，张悌说："在前面有更强的敌人，不应该先做小事；并且杀死投降的人是不吉祥的。"诸葛靓说："这些人由于救兵未到，力小不敌，因此假装投降来阻缓我们的前进，不是真正心服。如果舍弃他们而前进，一定会成为以后的祸害。"张悌不听从，安抚他们，然后进军。张悌和扬州刺史汝南人周浚摆好阵势，互相对峙，沈莹率领5000丹阳精锐士兵、拿着大刀盾牌、接连三次冲向晋兵阵地，不能动摇，沈莹退兵，军士秩序混乱。晋军将军薛胜、蒋班，乘着他们的混乱，乘机攻击，吴兵阵地依次崩溃，将帅也不能阻挡，张乔从后面攻击，在版桥大败吴国军队。诸葛靓率领几百人逃走，派人前往迎接张悌。张悌不愿离去，诸葛靓亲自前去拉着说："存亡自有天数，不是你一个人支持得了的，为什么要有意寻死呢！"张悌流着泪说："仲思！今天是我死期！并且我在孩童的时候，就被你家丞相赏识，常常担心不能死得其所，辜负了贤人的了解和照顾，今天亲身为国家牺牲，又有什么好说的呢！"诸葛靓再三劝止，都不动，于是流着泪放开他离去，走了100多步，回头一看，已经被晋兵杀死了，同时割下孙震、沈莹等7800人的首级，吴国人大受震动。

起初，诏命王浚攻下建平后，要受杜预的节制；到了建业，要受王浑的节制。杜预到了江陵，对各将领说："要是王浚能到建平，就顺江而下，长驱直入，声望已经显耀了，不应该使他受我的节制；如果不能攻克，就没有机会节制了。"王浚到了西陵，杜预给他的信说："足下已经毁坏了他们西边的屏障，就应该直接攻取建业，讨伐历代剩漏的敌人。解脱吴国人的困苦，然后整治部队，回到京师，也是人间少有的大事业！"王浚大为欢喜，上表呈献杜预的书信。等到张悌战败身死，扬州别驾何恽对周浚说："张悌统率吴国全部精锐部队，在这里被消灭，吴国朝野没有不震惊的。王龙骧已经攻破武昌，乘胜东下，所到的地方都获胜了，吴国瓦解的形势已经显现出来了。我以为应该赶快领兵渡过长江，直向建业，大军忽然来临，可以夺去他们的胆量气魄，能够不必作战就擒获敌人。"周浚认为计划很好，要派人告诉王浑；何恽说："王浑不明究竟，却只想谨慎小心，求免罪过，一定不会听从我们的。"周浚坚持要派人告诉王浑。王浑果然说："受到的诏令只是要使我们屯兵长江北岸，来抵抗吴国军队，不要我们贸然前进，你们州中军队虽然英武，又怎么能独自平定江东呢！现在违背命令，胜了，不值得称道；如果不能战胜，造成的罪过就大了。并且诏书命令龙骧将军接受我的节制，只要准备好你的舟船，同时一起渡江就是了。"何恽说："龙骧将军战胜万里的敌人，以已经完成的功业来接受节制，是从来没有听说过的。并且明公作为上将，看到可以进军就进军，那里能够一一等待诏令呢！如今乘着这时渡江，有十足胜利的把握，有什么可疑、有什么顾虑停留不进呢！这是鄱州上上下下失望不满的原因了。"王浑不听从。

王浚从武昌顺流直向建业；吴国君主派遣游击将军张象带领一万水军抵御，张象的军队望见旗帜就投降了。王浚兵甲满布长江，旌旗映亮天空，声势十分浩大，吴国人大为恐惧。

吴国君主嬖幸的臣子岑昏，因为阴险奸诈、善进谗言，所以做到九卿的官职，喜欢兴起劳作和使众人痛苦的事。等到晋兵即将来临，殿中数百亲近的人，叩头请求吴国君主说："北军一天天逼近，可是军队都不愿作战，陛下怎么办？"吴国君主说："什么原因？"回答说："只是怪罪岑昏而已。"吴国君主只好说："要是这样，要这奴才向百姓请罪。"众人因而说："是！"于是一同关押岑昏；尽管吴国君主派遣使者络绎不绝地去阻止，他已经被杀掉了。

陶浚将要征讨郭马，到了武昌，听到晋军大举进入吴国，领军回到东边。到了建业，吴国君主接见，打听水军消息，回答说："西蜀船只都小，现在要是得到2万军队，乘坐大船作战，自然足以打败他们。"于是集合民众，授予符节斧钺，明日将要出发。这天晚上，民众全部逃走了。

当时王浑、王浚和琅邪王司马伷都临近国境，吴国司徒何值、建威将军孙晏，全都进献印信符节，前往王浑军前投降。吴国君主用光禄勋薛莹、中书令胡冲等人的计策，分别打发使者送信给王浑、王浚、司马伷，要求投降。又给群臣书信，深深责备自己，并且说："现在大晋平定天下，正是英秀人才展露气节的时期，不要因为改朝换代，损伤了心志。"使者先把印玺赠给琅邪王司马伷。壬寅日（十五日），王浚舟师路经三山，王浑派遣使者送信，要王浚暂且过去讨论事情，王浚扯起风帆，直往建业，回报说："风太大，船停不下来。"这日，王浚8万兵士，浮船百里，喧哗着直入石头城，吴国君主孙皓双手反绑、车载棺木，前去军门投降。王浚解除束缚、焚烧棺木，请进相见。收取吴国地图户籍，征服4个州、43个郡、52万3千户、23万士兵。

朝廷听说已经平定吴国，群臣都恭贺祝福，皇帝握着酒杯，流着眼泪说："这都是羊太傅的功劳。"骠骑将军孙秀不去庆贺，向南流着眼泪说："以前讨逆将军以一个校尉的官职开创事业，如今后主抛弃了整个江南，宗庙陵墓，从此成了废墟，茫茫青天，他究竟是什么样的人啊！"

吴国还未攻下的时候，大臣都认为不可以轻率进兵，只有张华坚持，以为一定能胜。贾充呈上表章，称："吴国不能全部平定，正当夏季，江、淮地区地势低洼潮湿，一定会发生瘟疫，应该召令各军回国，日后再作计划。即使腰斩张华，也不足向天下请罪。"皇帝说："这是我的意思，张华只是和我的心意相同罢了。"荀勖又上奏，应该听从贾充的呈奏，皇帝不听。杜预听说贾充上奏，乞求退兵；紧急上表，坚持争取进军，使者经过辕辕山，吴国已经投降，贾充羞惭难当，前往宫中请罪，皇帝安慰他，不再问罪。

夏，四月，甲申日（二十八日），下诏赐孙皓爵位为归命侯。

乙酉日（二十九日），大赦天下，改年号为太康。饮酒聚会，大欢五日。派遣使者分别前往荆、扬，抚慰人民，吴国牧、守已下，都不更换；除去严令苛政，一切都依照简易的法规。

王浚的东下，吴国守城的官员都依风声归降，只有建平太守吾彦坚守城池，攻不下来。听到吴国亡了，才投降，皇帝让吾彦做金城太守。

琅邪王司马伷派使者护送孙皓和他的宗族到洛阳。五月，丁亥朔日（初一），孙皓到了，和他的太子孙瑾等人，双手反绑，叩首到地，到了东阳门。下诏派遣谒者解除他们的捆缚，赐给衣服、车乘、30顷田地，每年供给粮谷金钱、布帛丝绢，十分厚重。孙瑾任命为中郎，各个儿子以前为王的，都做了郎中。吴国昔日有名望的人，依照才能，顺序拔擢。孙氏渡过长江的将吏，免除十年的徭役，百姓免除20年的徭役。

庚寅日（初四），皇帝驾临正殿，大会文武百官和四方使者，国子监学生也都参与了。接见归命侯孙皓和吴国投降的人。孙皓登殿叩头，皇帝告诉孙皓说："朕安排这个座位等待你已经很久了。"孙皓说："臣下在南方也安排了这样的座位等待陛下。"贾充对孙皓说："听说你在南方，挖人眼睛，剥人脸皮，这是哪一等级的刑法？"孙皓说："臣子对杀害他的国君和奸邪不忠的，就施行这种刑法。"贾充哑口无言，十分羞愧，可是孙皓却面无愧色。

皇帝态度从容地问散骑常侍薛莹，孙皓亡国的缘故。回答说："孙皓亲昵小人，滥施刑罚，大臣将领，人人不能自保，这就是亡国的原因了。"他日，又问吾彦，回答说："吴国君主英明，宰相贤能。"皇帝笑着说："要是这样，什么原因会亡国呢？"吾彦说："上天禄位，永久终了，天道也另有归属，所以被陛下擒得罢了。"皇帝认为回答得极妙。

王濬的军队攻入建业，第二天，王浑才渡过长江，因为王濬不等候自己到来，先接受了孙皓的投降，心中十分羞愧愤怒，想要攻打王濬。何攀劝王濬把孙皓送给王浑，这样事情才能够解决。何恽因为王浑和王濬争功，给周浚写信，周浚得信，就进谏阻止王浑，王浑不接纳；上表说王濬违背诏令，不接受节制，谎告犯罪的情形。王浑的儿子王济娶了常山公主，亲戚党羽强大。官员上奏，恳请以犯罪囚车召回王濬，皇帝不答应，只是以诏书责备王濬不听从王浑的命令、见利忘义，因而违背王命。王濬上书自行陈述理由说："前次接受诏令，命令臣下直往秣陵，又命令接受太尉贾充的调遣。臣下在十五日到了三山，见到王浑的军队在北岸，派人送信邀请臣下；臣下水军乘着风疾，直到敌城，没有理由调转船头拜访王浑。臣下在中午到了秣陵，傍晚才接到王浑所下应受调遣的命令，想要命令臣下十六日率领军队回头包围石头城，又向臣下

孙皓像

索要蜀兵和镇南各军作战军人名册；臣下认为：孙皓已经来投降了，没有理由再白费力气包围石头城；军人名册，不可能仓促间造得成，都不是眼前的首要的事情，不可奉行，并不是敢忽视圣明的命令。孙皓众叛亲离，势单力孤，如同鼠雀贪生，只希望求得自己的性命罢了。可是江北各军，不知敌人虚实，不能早日前往捉住他，这是他们自己造成小误差；臣下到了便捉到了，更被他们嫉恨，并且说：我们看守敌人看守了100日，却被别人擒获了。臣下私下里一向认为：奉事国君的态度，只要是对国家有利，不论个人生死都要去做。如果为了顾及个人嫌疑来逃避罪责，这是臣子们为私利不尽忠职守的做法，而不是圣明君主和国家的福祥。"王浑又抄录周浚的信说："王浚军队获得了吴国的宝物。"又说："王浚牙门将李高放火烧毁孙皓伪宫殿。"王浚又上表说："臣下孤自独立，和强大宗族结下了怨恨。要是冒犯君主，罪过还有挽救的机会；违背了权贵大臣，祸事就难预料了。伪中郎将孔摅说：在二月时，武昌陷落，水军将要到临，孙皓巡行石头城回来，左右亲近都握着兵器跳跃、大声喊叫着说：'一定要替陛下决一死战。'孙皓心中大喜，以为一定能够这样做，便拿出全部金银财宝赏赐给他们，小人行为恶劣，得到财宝就逃走了。孙皓害怕，才计划投降。安排投降的使者刚刚离开，左右亲近抢劫财物，掠夺妻妾，放火烧毁宫殿。孙皓到处逃窜，唯恐不能免死。臣下到了后，不过派遣参军主事的人熄了大火罢了。周浚先进入孙皓的宫殿，王浑又先登上孙皓的舟船，臣下的进入观看，都在他们的后面。孙皓宫中，竟然没有座位可坐，如果有遗留的宝物，那么周浚和王浑先获得了。周浚等人说臣下聚集蜀郡人，不及时送上孙皓，有想要造反的样子。又惊恐骚乱吴国人，说是臣下都要杀戮他们，捕取他们的妻子，希望他们作乱，得以满足个人的私欲。谋反叛逆的大罪，尚且可以被他们加在身上，其他恶言诽谤，所以也就是应该的了。今年平定吴国，实在是国家最值得庆贺的事；对于臣下本身，却受到不少罪咎。"王浚到了京城，官员上奏："王浚违背诏令，是大不敬的罪，请交付廷尉判罪。"下诏不允许。又进奏王浚在颁下赦免令后，烧毁敌船135艘，可即命令交付廷尉囚禁推问；下诏不必推问。

　　王浑、王浚不停的争功，皇帝命令守廷尉广陵人刘颂比较他们的功劳，以王浑为上功，王浚为中功。皇帝因为刘颂决断刑法不公平，降职为京兆太守。

　　庚辰日（五月无此日），增加贾充食邑8000户；封王浚做辅国大将军，封为襄阳县侯；杜预为当阳县侯；王戎为安丰县侯；封琅邪王司马伷二个儿子为亭侯；增加京陵侯王浑食邑8000户，进封爵位为公；尚书关内侯张华进封为广武县侯，增加食邑1万户；荀勖因为专心主理诏命的功绩，封他一个儿子为亭侯；其余各将领和公卿以下的官吏，赏赐各有等别。皇帝以平定吴国的事功，用简策祭告羊祜庙，于是封他的夫人夏侯氏为万岁乡君，食邑5000户。

王浚自己以为功劳大，却被王浑父子和他们的党羽所压抑，有时不能忍受心中忿懑的情绪，冒出不逊的言辞，皇帝每次都宽容他。益州护军范通对王浚说："阁下的功业是很美好了，但遗憾的是占有美好功业的态度并不能尽善尽美。假如阁下领军回朝的时候，便服家居，口中不谈论平吴的事情；如果有人问到，就说：'这是圣明君主的德行，各位将帅的力量，老夫那里出了什么力呢！'这就是蔺相如所以折屈服廉颇的原因了，王浑听了能不羞愧吗？"王浚说："我开始的时候，要阻止像邓艾私情不能上达的事，害怕祸事的降临，不能不进言；到了后来，心中不能忘怀，是我的褊狭了。"当时人都以为王浚功劳大、报偿轻，替他怨怼不平；博士秦秀等人同时呈上奏章，争辩王浚的冤屈，皇帝于是迁升王浚为镇东大将军。王浑曾经拜访王浚，王浚设置严密守卫，然后才见他。

杜预回到襄阳，以为天下虽然太平，忘了战事训练，一定会遭受危险，于是勤勉地讲求武事，申令严加守卫。又导引滍水、淯水的河水，灌溉一万多顷田地，开通扬口到零、桂的漕运，公私都仰赖他的建设。杜预本身不骑马，射箭不穿甲胄，但是用兵求胜，各将领都不能企及。杜预在镇守时，屡次赠送礼品给洛中显要，有人探问缘故，杜预说："我只是害怕受祸害，不想求得什么好处。"

王浑迁升为征东大将军，又镇守寿阳。

冬，十月，前将军青州刺史淮南人胡威去世。胡威做尚书时，曾经进谏当时政治的宽松，皇帝说："尚书郎以下，我不会宽容的。"胡威说："臣下的陈述，哪里是在丞、郎、令史呢！正是说如臣下等类的官职，才可以整饬教化、修复法令！"

这年，以司隶所管的郡县设置司州，天下总共有19州，173个郡国，245万9千8百40户。

下诏说："从汉朝末年开始，天下分裂，刺史在内要亲自治理民事，在外要统领兵马；现在天下统一，应当收敛军事，刺史分职，都要按照汉代旧例。除去所有州郡军队，大郡设立武吏100人，小郡50人。"交州牧陶璜上言："交、广东西几千里，不归降的有6万多户，至于服从官府的，才五千多家。二州唇齿依存，只有军队才能防守。又宁州各夷族，接连交、广上流，水陆都能交通，州兵不应当减少，以此来明示国防的薄弱空虚。"仆射山涛也进言："不应该除去州郡的武装。"皇帝不听从。等到永宁以后，盗贼群起，州郡没有防备，不能制压，天下于是大乱，正如山涛的进言；于但是以后刺史又兼领军、民的政事，州镇的权力更重大了。

卷九十一至卷一二〇

晋纪十六　显宗成皇帝
咸和六年（辛卯、331年）

春，正月，赵刘征复寇娄县，掠武进，郗鉴击却之。

三月，壬戌朔，日有食之。

夏，赵主勒如邺，将营新宫；廷尉上党续咸苦谏，勒怒，欲斩之。中书令徐光曰："咸言不可用，亦当容之，奈何一旦以直言斩列卿乎？"勒叹曰："为人君，不得自专如是乎？匹夫家赀满百匹，犹欲市宅，况富有四海乎！此宫终当营之，且敕停作，以成吾直臣之气。"因赐咸绢百匹，稻百斛。又诏公卿以下举贤良方正，仍令举人得更相荐引，以广求贤之路。起明堂、辟雍、灵台于襄国城西。

秋，七月，成大将军寿攻阴平、武都，杨难敌降之。

九月，赵主勒复营邺宫；以洛阳为南都，置行台。

冬，蒸祭太庙，诏归胙于司徒导，且命无下拜；导辞疾不敢当。初，帝即位冲幼，每见导必拜；与导手诏则云"惶恐言"，中书作诏则曰"敬问"。有司议："元会日，帝应敬导不？"博士郭熙、杜援议，以为："礼无拜臣之文，谓宜除敬。"侍中冯怀议，以为："天子临辟雍，拜三老，况先帝师傅？谓宜尽敬。"侍中荀奕议，以为："三朝之首，宜明君臣之体，则不应敬；若他日小会，自可尽礼。"诏从之。奕，组之子也。

慕容廆遣使与太尉陶侃笺，劝以兴兵北伐，共清中原。僚属宋该等共议，以"廆立功一隅，位卑任重，等差无别，不足以镇华、夷，宜表请进廆官爵。"参军韩恒驳曰："夫立功者患信义不著，不患名位不高。桓、文有匡复之功，不先求礼命以令诸侯。宜缮甲兵，除群凶，功成之后，九锡自至，比于邀君以求宠,不亦荣乎?"廆不悦,出恒为新昌令。于是东夷校尉封抽等疏上侃府,请封廆为燕王,行大将军事。侃复书曰:"夫功成进爵,古之成制也。车骑虽未能为官摧勒,然忠义竭诚;今腾笺上听,可不、迟速,当在天台也。"

【译文】

咸和六年 （辛卯、331 年）

春,正月,赵刘征又来侵袭娄县,抢劫取了武进地方的财物,郗鉴击退了他。

三月初一,日蚀。

夏,赵主勒往邺,将要营建新宫。廷尉上党人续咸苦苦谏劝,勒发怒,要杀他。中书令徐光说:"咸的进言不可以采用,也应当收容他,怎么可以因直言劝谏突然斩杀列卿呢?"勒叹口气说:"做国君的人,是如此不能自专啊!一个平常的人家里资产满100匹,还可以买一栋房子,何况是富甲天下呢?这座宫殿终久应当营建,暂且下令停建,以成全我耿直忠臣的气节。"就赐给续咸100匹绢,100斛稻。又诏公卿以下每年推举贤良方正,仍旧教举人可以再互相荐引,以增广求纳贤人之路。在襄国城西建造明堂、辟雍和灵台。

秋,七月,大成大将军李寿攻打阴平、武都,杨难敌投降。

九月,赵主石勒又营建邺宫;以洛阳为南都,设置行台。

冬,用蒸祭祭祀,诏把祭福的肉送给司徒王导,而且让他不用跪拜;导托病辞谢,不敢直接接受。起初,皇帝即位的时候,年纪幼小,每一次见导,一定拜,给导手诏,则说"惶恐言",中书作诏,则说"敬问"。有司提议:"元旦朝会那一天,皇帝是否应该拜王导?"博士郭熙、杜援建议,以为:"按礼没有国君拜臣的仪节,认为应该除去拜礼。"侍中冯怀建议,以为:"天子驾临太庙,拜三老,何况是先帝的师傅?认为应该尽拜王导的礼节。"侍中荀奕建议,以为:"元旦是三朝之首（所谓三朝,是岁之朝、月之朝、日之朝）,应该分请君臣的礼节,则不应该拜;像其他日子的朝会,自然可以尽拜导的礼仪。"诏听从了他的建议。荀奕,是荀组的儿子。

慕容廆派使者给太尉陶侃书札,劝他发兵北伐,共同清除中原。僚属宋该等共同建议,以"廆立功一隅,地位低下,责任却重,等差没有分别,不足以镇守华、夷，应该上奏表请求进封廆的官爵"。参军韩恒驳斥说："立功的人怕的是信义不卓著，不怕名位不高。齐桓公、晋文公有匡救复兴国家的功劳，并没有先求礼任命以号令天下诸侯。应该治理军队，除去群凶，功成以后，各种赏赐自然会有。比向国君求得宠信，不是更光荣吗？"廆心里不高兴，调恒出去做新昌县令。于是东夷校尉封抽等上奏疏侃府，请求封廆为燕王，做大将军事。侃回信说："建立功劳，进封爵位，这是古代已定的制度。车骑（元帝加封廆车骑将军）虽然还没有能够替天子摧毁石勒，然而忠义竭诚；现在将你的书札传给皇上，至于你所请求晋爵的事情，或可或否，或快或慢，决定则在朝廷。"

李寿墓志

晋纪十七　显宗成皇帝
咸和九年（甲午、334年）

春，正月，赵改元延熙。

诏以郭权为镇西将军、雍州刺史。

仇池王杨难敌卒，子毅立，自称龙骧将军、左贤王、下辨公；以叔公坚头之子盘为冠军将军、右贤王、河池公，遣使来称藩。

二月，丁卯，诏遣耿访、王丰赍印绶授张骏大将军、都督陕西·雍·秦·凉州诸军事。自是每岁使者不绝。

段辽遣兵袭徒河，不克，复遣其弟兰与慕容翰共攻柳城，柳城都尉石琮、城大慕舆埿并力拒守，兰等不克而退。辽怒，切责兰等，必令拔之。休息二旬，复益兵来攻。士皆重袍蒙楯，作飞梯，四面俱进，昼夜不息。琮、垔拒守弥固，杀伤千余人，卒不能拔。慕容皝遣慕容汗及司马封奕等共救之。皝戒汗曰："贼气锐，勿与争锋。"汗性骁果，以千余骑为前锋，直进。封奕止之，汗不从。与兰遇于牛尾谷，汗兵大败，死者太半；奕整阵力战，故得不没。

兰欲乘胜穷追，慕容翰恐遂灭其国，止之曰："夫为将当务慎重，审己量敌，非万全不可动。今虽挫其偏师，未能屈其大势。皝多权诈，好为潜伏，若悉国中之众自将以拒我，我悬军深入，众寡不敌，此危道也。且受命之日，正求此捷；若违命贪进，万一取败，功名俱丧，何以返面？"兰曰："此已成擒，无有余理，卿正虑遂灭卿国耳！今千年在东，若进而得志，吾将迎之以为国嗣，终不负卿，使宗庙不祀也。"千年者，慕容仁小字也。翰曰："吾投身相依，无复还理；国之存亡，于我何有？但欲为大国之计，且相为惜功名耳。"乃命所部欲独还，兰不得已而从之。

长沙桓公陶侃，晚年深以满盈自惧，不预朝权，屡欲告老归国，佐吏等苦留之。六月，侃疾笃，上表逊位。遣左长史殷羡奉送所假节、麾、幢、曲盖、侍中貂蝉、太尉章、荆、江、雍、梁、交、广、益、宁八州刺史印传、棨戟；军资、器仗、牛马、舟船，皆有定簿，封印仓库，侃自加管钥。以后事付右司马王愆期，加督护统领文武。甲寅，舆车出，临津就船，将归长沙，顾谓愆期曰："老子婆娑，正坐诸君！"乙卯，薨于樊溪。侃在军四十一年，明毅善断，识察纤密，人不能欺；自南陵迄于白帝，数千里中，路不拾遗。及薨，尚书梅陶与亲人曹识书曰："陶公机神明鉴似魏武，忠顺勤劳似孔明，陆抗诸人不能及也。"谢安每言："陶公虽用法而恒得法外意。"安，鲲之从子也。

成主雄生疡于头。身素多金创，及病，旧痕皆脓溃，诸子皆恶而远之；独太子班昼夜侍侧，不脱衣冠，亲为吮脓。雄召大将军建宁王寿受遗诏辅政。丁卯，雄卒，太子政即位。以建宁王寿录尚书事，政事皆委于寿及司徒何点、尚书王瑰，班居中行丧礼，一无所预。

辛未，加平西将军庾亮征西将军、假节、都督江、荆、豫、益、梁、雍六州诸军事、领江、豫、荆三州刺史，镇武昌。亮辟殷浩为记室参军。浩，羡之子也，与豫章太守褚裒、丹阳丞杜乂，皆以识度清远，善谈《老》《易》，擅名江东，而浩尤为风流所宗。裒，䂮之孙；乂，锡之子也。桓彝尝谓裒曰："季野有皮里《春秋》。"言其外无臧否而内有褒贬也。"谢安曰："裒虽不言，而四时之气亦备矣。"

成主雄子之车骑将军越屯江阳，奔丧至成都。以太子班非雄所生，意不服，与其弟安东将军期谋作乱。班弟玝劝班遣越还江阳。以期为梁州刺史，镇葭萌。班以未葬，不忍遣，推心待之，无所疑间，遣玝出屯于涪。冬，十月，癸亥朔，越因班夜哭，杀之于殡宫，并杀班兄领军将军都；矫太后任氏令，罪状班而废之。

初，期母冉氏贱，任氏母养之。期多才艺，有令名；及班死，众欲立越，越奉期而立之。甲子，期即皇帝位。谥班曰戾太子。以越为相国，封建宁王；加大将军寿大都督，徙封汉王；皆录尚书事。

赵主弘自赍玺绶诣魏宫，请禅位于丞相虎。虎曰："帝王大业，天下自当有议，何为自论此邪？"弘流涕还宫，谓太后程氏曰："先帝种真无复遗矣！"于是尚书奏："魏台请依唐、虞禅让故事。"虎曰："弘愚暗，居丧无礼，便当废之，何禅让也？"十一月，虎遣郭殷入宫，废弘为海阳王。弘安步就车，容色自若，谓群臣曰："庸昧不堪纂承大统，夫复何言？"群臣莫不流涕，宫人恸哭。群臣诣魏台劝进，虎曰："皇帝者盛德之号，非所敢当，且可称居摄赵天王。"幽弘及太后程氏、秦王宏、南阳王恢于崇训宫，寻皆杀之。

西羌大都督姚弋仲称疾不贺，虎累召之，乃至。正色谓虎曰："弋仲常谓天王命世英雄，奈何所臂受托而返夺之邪？"虎曰："吾岂乐此哉？顾海阳年少，恐不能了家事，故代之耳。"心虽不平，然察其诚实，亦不之罪。

虎以夔安为侍中、太尉、守尚书令，郭殷为司空，韩晞为尚书左仆射，魏郡申钟为侍中，郎闿为光禄大夫，王波为中书令。文武封拜各有差。虎行如信都，复还襄国。

慕容皝讨辽东，甲申，至襄平。辽东人王岌密信请降。师进，入城，翟楷、庞鉴单骑走，居就、新昌等县皆降。皝欲悉坑辽东民，高诩谏曰："辽东之叛，实非本图，直畏仁凶威，不得不从。今元恶犹存，始克此诚，遽加夷灭，则未下之城，无归善之路矣。"皝乃止。分徙辽东大姓于棘城。以杜群为辽东相，安辑遗民。

十二月，赵徐州从事兰陵朱纵斩刺史郭祥，以彭城来降，赵将王朗攻之，纵奔淮南。

慕容仁遣兵袭新昌，督护新兴王寓击走之，遂徙新昌入襄平。

【译文】

九　年（甲午、334年）

春，正月，赵改年号为延熙。

诏派郭权做镇西将军、雍州刺史。

仇池王杨难敌去世，子杨毅即位，自称龙骧将军、左贤王、下辨公；派叔父坚头的儿子盘做冠军将军、右贤王、河池公，派使者前来晋称藩。

二月，二十三日，诏派耿访、王丰带着印绶授给张骏大将军、督促陕西、雍、秦、凉州诸军事。从此每年使者络绎不绝。

段辽派兵袭击徒河，没有成功，又派他的弟弟兰和慕容翰共同进攻柳城，柳城都尉石琮、城主慕舆埿合力防守，兰等人不能攻取而退下。辽发怒，严厉地责备兰等，教他们一定要攻打下。休息了20天，又增加了兵力来攻打。士兵们都穿着很厚的战袍，蒙着盾，作云梯从四面同时进攻，昼夜不停。琮和埿防守得更加严密，杀伤1000多人，始终不能攻占。慕容皝派慕容汗和司马封奕等一同去救援。皝告诫汗说："贼人的气势锐猛，不要和他们争锋。"汗的性情骁勇无敌，派1000多骑兵做前锋，直接进攻。封奕阻止他，汗不听。和兰在牛尾谷遇战，汗的士兵大败，死的有一大半；奕整顿军阵拼命作战，才没有全军覆没。

兰想要乘胜追击，慕容翰恐怕就此覆灭他的国家，阻止他说："凡是做将领的应当以慎重为重，审查自己，估测敌人，不是有万全之计不可以行动。现在虽然打败了他们的部分军队，还不能挫伤他们整个的大势。皝诡计多端，喜欢埋伏，假若亲自领全国的兵众来抵抗我们，我们孤军深入他们的境土，众寡不相当，这是很危险的事情。而且承受君命的时候，只是求得这一次的胜利；假使违背命令，贪功求进，万一失败，功劳名誉都要丧失，还有什么脸面回去？"兰说："这已经是要擒获了，没有其他的理由，你只不过忧虑就要灭掉你的国家罢了！现在千年在东边，假若进攻而能达到目的，我将要迎接他做你们国家的嗣君，终究不会辜负你，使你们的宗庙断绝祭祀。"千年，是慕容仁的小字。翰说："我投靠你，没有再回去的道理；国家的存亡，和我有什么关系？

只想替大国谋划，而且为你爱惜功名罢了。"就命令自己所带领的兵众单独返回，兰不得已就跟着他一同返回。

长沙桓公陶侃，年老的时候，很怕自己的功劳大、地位高，会招来灾难，就不再过问朝廷的事情，曾经好几次想告老回到长沙国，都被他的部下苦苦地挽留住了。六月，侃的病加重，上奏表要求退休。朝廷派左长史殷羡奉送他所有的假节、大将旌旗、幡幢、曲柄伞盖、侍中貂蝉、大尉印章、荆、江、雍、梁、交、广、益、宁8个州刺史的印传、棨戟；凡军用物资、各种兵器、牛马舟船等，都有一定的登录簿籍，封印在仓库里，侃亲自加上锁。把后事交给右司马王愆期，加封他督护统领文武官员。十二日，他坐着车子出衙门，到渡口上船，准备回到长沙去，回头对王愆期说："你看我这样东倒西歪，殚精竭虑，都是你们一再挽留害了我了。"十三日，死在樊溪。陶侃在军队里41年，圣明果敢，善于判断，观察事物细密周全，谁也欺骗不了他。在他管辖的区域内，从安徽的南陵到四川的白帝城，方圆数千里内，都非常的安定，甚至东西掉在地上都没有人拾走。他去世以后，尚书梅陶在给他所亲信者曹识的信里说："陶公机英明鉴似魏武，忠顺勤劳似孔明，陆抗诸人不能赶得上。"谢安每一次都说："陶公虽用法而恒得法外之意。"谢安，是谢鲲的侄子。

大成主李雄头上长疮，身上平常又有很多刀、箭的伤口，等到生病的时候，旧的疤痕都生脓溃烂，他的几个儿子都嫌弃得远远走开，只有太子班白天夜晚都在旁边侍候，不脱衣帽，亲自替他吮吸血脓。雄召见大将军建宁王李寿接受遗诏辅助政事。二十五日，雄去世，太子班即位。派建宁王寿录尚书事，政治大事全委托寿和司徒何点、尚书王环，班居宫中恭行丧礼，一切都不过问。

二十九日，加封平西将军庾亮

陶侃像

为征西将军、假节、督管江、荆、豫、益、梁、雍六州诸军事，兼任江、豫、荆三州刺史，镇守武昌。亮征召殷浩做记室参军。殷浩，是殷羡的儿子，和豫章太守褚裒、丹阳丞杜乂，都因为器识风度高雅远大，能够谈论《老子》和《易经》，闻名江东，而浩更是为风流名士所敬慕。褚裒，是褚䂮的孙子；杜乂，是杜锡的儿子。桓彝曾经对褚裒说："季野有皮里《春秋》。"（褚裒，字季野。）是说他外表上没有善恶的分别，而心里面却能褒善贬恶。谢安说："裒虽然不说，然而四时的气象也都知道了。"

大成主李雄的儿子车骑将军李越驻兵江阳，前来成都奔丧。因为太子班不是李雄亲生的儿子，心里不驯服，和他的弟弟安东将军图谋作乱。班的弟弟玝劝班派越回到江阳，派期做梁州刺史，镇守葭萌。班因为雄还没有安葬，不忍心遣去，很真诚地对待他们，没有任何的怀疑和嫌隙，派玝出去驻扎在涪。冬，十月，癸亥朔日，越趁着班夜里哭泣，就在停丧的宫中把他杀死，并且也杀了班的哥哥领军将军都；假借太后任氏的命令，定班的罪状而废掉他。

开始，李期的母亲冉氏卑微，任母扶养他。期聪慧，有好的名声；等到班死了以后，众人想要立越，越则奉立期。二十四日，期即皇帝位。给班的谥号是戾太子。派越做相国，封为建宁王；加封大将军李寿为大都督，徙封汉王；皆录尚书事。

赵主弘自己送玉玺印绶到丞相石虎所居住的魏宫，请求把帝位让给他。石虎说："帝王大业，天下自当有人评论，为什么要自己评论这个呢？"弘流着眼泪回到宫里，对太后程氏说："先帝的种子真的不再有留下来的了。"于是尚书进谏："魏台请求依照唐尧、虞舜禅让帝位的旧事。"虎说："弘愚钝，守丧期间不守礼节，便应该废掉，何必禅让呢？"十一月，虎派郭殷进宫，废弘做海阳王。弘安步上车，脸色镇定如常，对群臣们说："平庸愚昧不能够继承大统，又有什么话可说！"群臣没有不流下眼泪的，宫人哭得更是伤心。群臣前往魏台劝虎进帝位，虎说："皇帝是盛德的名号，不是我所敢承当的，暂且可称居摄赵天王。"把弘和太后程氏、秦王宏、南阳王恢软禁在崇训宫，不久，全部都杀掉了。

西羌大都督姚弋仲假借有病，不来道贺，虎好几次召见他，才来。面色严正地对虎说："弋仲常常认为大王是名高一世的英雄，为什么亲自受托而反夺取呢？"虎说："我那里喜欢这样呢？但是海阳王年少，恐怕不能完成家事，所以代理他罢了。"石虎心里虽然不高兴，然而看他诚实，也就没有怪罪他。

石虎派夔安做侍中、太尉、兼领尚书令，郭殷做司空，韩晞做尚书左仆射，魏郡人申钟做侍中，郎闿做光禄大夫，王波做中书令。文武官员的封爵各有差别。虎前往信都，再回到襄国（虎以谶文"天子当从东北来"，所以如此）。

慕容皝讨伐辽东，十五日，到达襄平。辽东人王岌秘密写信给他请求归降，军队前进，进入城内，翟楷和庞鉴单独骑马逃走，居就和新昌等县相继投降。皝想要把辽东的居民全部埋杀，主诩劝他说："辽东的叛乱，实在不是他们本来的意愿，只不过是畏惧慕容仁的凶暴淫威，不能够不服从。现在大恶还存在，才攻取这个城，就急速地加以诛灭，那么，没有攻占的城池，不是没有归善的道路可走了吗？"皝才停止。把辽东的大姓分别迁移到棘城。派杜群做辽东相，安抚其余的人。

十二月，赵的徐州从事兰陵人朱纵杀刺史郭祥，以彭城来投降，赵的大将王朗前去攻打，纵就逃到淮南。

慕容仁派军队袭击新昌，督护新兴人王祺击走了他们，就把新昌的吏民迁入襄平。

咸康元年（乙未、335年）

春，正月，庚午朔，帝加元服。大赦，改元。

成、赵皆大赦，成改元玉恒，赵改元建武。

司徒导以羸疾，不堪朝会，三月，乙酉，帝幸其府，与群臣宴于内室，拜导并拜其妻曹氏。侍中孔坦密表切谏，以为帝初加元服，动宜顾礼，帝从之。坦又以帝委政于导，从容言曰："陛下春秋已长，圣敬日跻，宜博纳朝臣，咨诹善道。"导闻而恶之，出坦为廷尉。坦不得意，以疾去职。

丹阳尹桓景，为人诌巧，导亲爱之。会荧惑守南斗经旬，导谓领军将军陶回曰："斗，扬州之分，吾当逊位以厌天谴。"回曰："公以明德作辅，而与桓景造膝，使荧惑何以退舍？"导深愧之。

导辟太原王濛为掾，王述为中兵属。述，昶之曾孙也。濛不修小廉，而以清约见称。与沛国刘惔齐名，友善。惔常称濛性至通而自然有节。濛曰："刘君知我，胜我自知。"当时称风流者，以惔、濛为首。述性沈静，每坐客辩论蜂起，而述处之恬如也。年三十，尚未知名，人谓之痴。导以门地辟之。既见，唯问在东米价，述张目不答。导曰："王掾不痴，人何言痴也？"尝见导每发言，一坐莫不赞美，述正色曰："人非尧、舜，何得每事尽善？"导改容谢之。

赵王虎南游，临江而还。有游骑十余至历阳，历阳太守袁耽表上之，不言骑多少。朝廷震惧，司徒导请出讨之。夏，四月，加导大司马，假黄钺、都督征讨诸军事。癸丑，帝观兵广莫门，分命诸将救历阳及慈湖、牛渚、芜湖；司空郗鉴使广陵相陈光将兵入卫京师。俄闻赵骑至少，又已去，戊午，解严，王导解大司马。袁耽坐轻妄免官。

秋，七月，慕容皝立子俊为世子。

九月，赵王虎迁都于邺，大赦。

初，赵主勒以天竺僧佛图澄豫言成败，数有验，敬事之。及虎即位，奉之弥谨，衣以绫锦，乘以雕辇。朝会之日，太子、诸公扶翼上殿，主者唱"大和尚"，众坐皆起。使司空李农旦夕问起居，太子、诸公五日一朝。国人化之，率多事佛，澄之所在，无敢向其方面涕唾者。争造寺庙，削发出家。虎以其真伪杂糅，或避赋役为奸究，乃下诏问中书曰："佛，国家所奉，里闾小人无爵秩者，应事佛不？"著作郎王度等议曰："王者祭祀，典礼具存。佛，外国之神，非天子诸华所应祠奉。汉氏初传其道，唯听西域之立寺都邑以奉之，汉人皆不得出家；魏世亦然。今宜禁公卿以下毋得诣寺烧香、礼拜；其赵人为沙门者，皆返初服。"虎诏曰："朕生自边鄙，忝君诸夏，至于飨祀，应从本俗。其夷、赵百姓乐事佛者，特听之。"

成太子班之舅罗演，与汉王相天水上官澹谋杀成主期，立班子。事觉，期杀演、澹及班母罗氏。

期自以得志，轻诸旧臣，信任尚书令景骞、尚书姚华、田褒、中常侍许涪等，刑赏大政，皆决于数人，希复关公卿。褒无他才，尝劝成主雄立期为太子，故有宠。由是纪纲隳紊，雄业始衰。

是岁，明帝母建安君荀氏卒。荀氏在禁中，尊重同于太后；诏赠豫章郡君。

初，张轨及二子寔、茂，虽保据河右，而军旅之事无岁无之。及张骏嗣位，境内渐平。骏勤修庶政，总御文武，咸得其用，民富兵强，远近称之，以为贤君。骏遣将杨宣伐龟兹、鄯善，于是西域诸国焉耆、于寘之属，皆诣姑臧朝贡。骏于姑臧南作五殿，官属皆称臣。

骏有兼秦、雍之志，遣参军麹护上书疏，以为："勒、雄既死，虎、期继逆，兆庶离主，渐冉经世；先老消落，后生不识，慕恋之心，日远日忘。乞敕司空鉴、征西亮等泛舟江、沔，首尾齐举。"

【译文】

咸康元年 （乙未、335年）

春，正月，初一，皇帝加冕。大赦天下，改年号为咸康。

大成、赵都大赦境内，大成改年号为玉恒，赵改年号为建武。

司徒王导因为羸弱多病，不能够上朝集会。三月十七日，皇帝亲自到他的家里，和群臣们在内室饮宴，拜导并拜他的妻子曹氏。侍中孔坦秘密上表诚恳劝谏，认为皇帝刚加冕，行动应该顾及礼节，皇帝采纳了他的意见。坦又因为帝把政事委托给导，从容不迫地对皇帝说："陛下年纪已大，圣明礼敬一天天增进，应该广博地纳收朝廷的大臣，向他们询问治国安民的大道。"导听说了就讨厌他，调他出去做廷尉，孔坦因为不得意，就借病辞职。

丹阳尹桓景，做人花言巧语。王导亲近他，喜欢他。刚好荧惑神守在南斗六星十天，导对领军将军陶回说："斗，是属于扬州，我应当退位以受上天的惩罚。"回说："公因为盛德光明辅助幼主，而竟然和桓景这种人亲近，使荧惑怎么会退去？"导深深为这件事羞愧。

王导征召太原人王濛做掾，王述做中兵属。王述，是王昶的曾孙，王濛不修小节，而以清正简约被称誉。和沛国人刘惔齐名，相互和好。惔常常称赞濛性情通达而自然知有礼节。濛说："刘君了解我，胜过我自己。"当时被称为潇洒风流的人物，以惔、濛为第一。述性情稳重，每当在座的宾客辩论四起的时候，而述处在其中不说话。年三十，还没有名声，人说他痴。导因为门望关系征召他。见了他以后，只问他在东边时的米价（述从东吴到建康），述张着眼睛不回答。导说："王述不痴，人怎么说他痴呢？"每一次看到导都在发表言论，在座的人没有不赞美他的，述严正了脸色说："人不是尧、舜，如何能够每件事都好呢？"导改变了脸色向他道歉。

赵王虎南游，到了江边就回去了。有游玩的骑兵十几个到了历阳，历阳太守袁耽上表说明，却没有说骑兵有多少。朝廷听到了这个消息，非常害怕，司徒王导派出军队征讨。夏，四月，加封导为大司马、假黄钺、都督征讨诸军事。十六日，皇帝观兵广莫门，分别命令诸位将领援助协阳，并防守慈湖、牛渚和芜湖；司空郗鉴派广陵相陈光率领军队入卫京师。不久，听说赵的骑兵很少，又已经走了。二十一日，解除了戒严，王导解除了大司马的职务。袁耽因轻率妄奏，被罢免了官职。

王导像

秋，七月，慕容皝立他的儿子慕容俊做世子。

九月，赵王石虎迁都于邺城，广赦境内。

起初，赵主石勒因为天竺的和尚佛图澄预言成败，屡次都有验证，就敬事他。等到石虎即皇帝位，敬事他尤其谨慎，给他穿华贵的衣服，坐雕花的大车。上朝集会的日子，太子、诸公左右扶着他上殿，掌朝仪的人高声唱"大和尚"，在座的众臣都站起来。派司空李农早晚去侍奉，太子、诸公5天一朝拜。国人受到感化，大多数都信奉佛，凡是澄所在的地方，没有人敢向他那一方擤鼻涕和吐口水的。大家争着建造寺庙，削去头发出家当和尚。虎因为他们真的出家和假的出家杂在一起，有的是逃避赋税或犯法作乱，就下诏书问中书说："佛，是国家所敬奉，乡里街巷中的小人没有爵位官职，应该奉事佛吗？"著作郎王度等人评论说："王者祭祀，典礼都存在。佛，是外国的神，不是天子诸华所应该敬奉的。汉氏最早传进他们的教义，只准西域人在都邑建立寺院以尊奉佛，汉人都不可出家。魏的时候也是如此。现在应该阻止公卿以下的人禁止他们到寺里烧香、礼拜；那些做和尚的赵人，都要再穿上没有出家以前的衣服。"虎下诏说："我生长在边鄙，很侥幸地做诸夏的君主，至于拜神祭祀，应该顺从我们本来的习俗，那些乐意礼佛的夷、赵百姓们，特别允准他们。"

大成太子班的舅父罗演和汉王相、天水人上官澹预谋杀害大成王李期，立班的儿子。事情败露，李期杀了演、澹和班的母亲罗氏。

李期自以为得志，看不起那些老臣，信任尚书令景骞、尚书姚华和田褒、中常侍许涪等人，刑罚赏赐的大政，都由他们几个人决定，很少再照顾其他的公卿。褒没有其他的才干，曾经劝大成主李雄立李期为太子，所以得到宠信。从此国家纲纪败坏紊乱，李雄的霸业开始衰败。

这一年，明帝的母亲建安君荀氏去世。荀氏在宫中，所受的敬奉和太后相同；诏令颁赠豫章郡君。

起初，张轨和他的二个儿子寔、茂，虽然据守河右，然而战争的事情没有一年没有。等到张骏即位，境内渐渐安定。骏努力地修治各种政事，总领文武官吏，都能得到适当的重用，民生富裕，军队强大，远近称誉，认为是能干的国君。骏派大将杨宣讨伐龟兹、鄯善，于是西域诸国焉耆、于阗之属，都前往姑臧朝贡。骏在姑臧南建造五殿，官属都称臣。

张骏有兼并秦、雍二州的野心，派参军麹护上奏疏，以为："石勒、李雄既然已经死了，石虎、李期继续叛乱，人民离开主君，业已渐渐经过一世；先老凋落，后生不知，仰慕恋念的心意，一天天远离，一天天忘记。请求下诏派遣司空郗鉴、征西庾亮等泛舟长江和沔水，一个在京口，一个在武昌同时举兵，首尾相应。"

二　年（丙申、336年）

春，正月，辛巳，彗星见于奎、娄。

慕容皝将讨慕容仁，司马高诩曰："仁叛弃君亲，民神共怒；前此海未尝冻，自仁反以来，连年冻者三矣。且仁专备陆道，天其或者欲使吾乘海冰以袭之也。"皝从之。群僚皆言涉冰危事，不若从陆道。皝曰："吾计已决，敢沮者斩！"

壬午，皝帅其弟军师将军评等自昌黎东，践冰而进，凡三百余里。至历林口，舍辎重，轻兵趣平郭。去城七里，候骑以告仁，仁狼狈出战。张英之俘二使也，仁恨不穷追；及皝至，仁以为皝复遣偏师轻出寇抄，不知皝自来，谓左右曰："今兹当不使其匹马得返矣！"乙未，仁悉众陈于城之西北。慕容军帅所部降于皝，仁众沮动；皝从而纵击，大破之。仁走，其帐下皆叛，遂擒之。皝先为斩其帐下之叛者，然后赐仁死。

辛亥，帝临轩，遣使备六礼逆故当阳侯杜乂女陵阳为皇后，大赦；群臣毕贺。

前廷尉孔坦卒。坦疾笃，庾冰省之，流涕。坦慨然曰："大丈夫将终，不问以济国安民之术，乃为儿女子相泣邪？"冰深谢之。

赵王虎作太武殿于襄国，作东、西宫于邺，十二月，皆成。太武殿基高二丈八尺，纵六十五步，广七十五步，瓷以文石。下穿伏室，置卫士五百人。以漆灌瓦，金珰、银楹、珠帘、玉壁，穷极工巧。殿上施白玉床、流苏帐，为金莲华以冠帐顶。又作九殿于显阳殿后，选士民之女以实之，服珠玉、被绮縠者万余人。教宫人占星气、马步射。置女太史，杂伎工巧，皆与外同。以女骑千人为卤簿，皆著紫纶巾，熟锦袴，金银镂带，五文织成靴，执羽仪，鸣鼓吹，游宴以自随。于是赵大旱，金一斤直粟二斗，百姓嗷然；而虎用兵不息，百役并兴。使牙门张弥徙洛阳钟虡、九龙、翁仲、铜驼、飞廉于邺，载以四轮缠辋车，辙广四尺，深二尺。一钟没于河，募浮没三百人入河，系以竹绠，用牛百头，鹿栌引之，乃出。造万斛之舟以济之。既至邺，虎大悦，为之赦二岁刑，赉百官谷帛，赐民爵一级。又用尚方令解飞之言，于邺南投石于河，以作飞桥，功费数千万亿，桥竟不成，役夫饥甚，乃止。使令长帅民入山泽采橡及鱼以佐食，复为权豪所夺，民无所得。

【译文】

二　年（丙申、336年）

春，正月，十八日，彗星出现在奎、娄二星之间。

慕容皝将要讨伐慕容仁，司马高诩说："仁叛弃君亲，引起人民和神灵的愤怒。从前这个海不曾结冰，自从仁反叛以来，一连结冰了3年。而且仁专门防备陆路，天或许是要我们乘着海水结冰前去攻击他。"皝听从了他的意见。

群僚们都说涉水是危险的事情，不如从陆路前去。皝说："我的计划已经决定，敢来阻止的人就斩杀！"

十九日，皝率领他弟弟的军师将军评等从昌黎以东踏冰前进，共有300多里。到了历林口，丢弃载衣物、器械、仪仗等的车子，轻兵赶往平郭。离城7里的时候，伺望敌人的骑兵把这个消息告诉了仁，仁狼狈出城迎战。张英俘虏段氏、宇文氏使者的时候，仁心里虽恨而未加以穷追；等到皝到来，仁以为皝又是派了部分军队轻出侵扰抄袭，不知道皝亲自到来，对左右的人说："这一次当不使他1匹马能够回去！"乙未日，仁全部的兵众排阵于城的西北。慕容军率领所属的部众向慕容皝投降，仁的兵众停止了行动，皝就大举地攻击，打败了仁。仁逃走，他的帐下都叛变，于是就被擒获。皝先替仁斩杀他帐下那些反叛的人，然后赐仁死。

十九日，皇帝御临平台，派遣使者准备六礼迎接故当阳侯杜乂的女儿陵阳做皇后，大赦天下，群臣们全部来道贺。

前廷尉孔坦去世。坦在病重的时候，庾冰来探视，流下了眼泪。坦感叹地说："大丈夫将死，不询问治国安民之道，却为儿女的私情相哭泣吗！"冰深深地向他请罪。

赵王石虎在襄国建造太武殿，在邺城建造东、西二宫。十二月，都落成了。太武殿基高2丈8尺，长65步，宽75步，用文石建筑，下有地窖，置有卫士500人。用漆灌注瓦，椽头用金装饰，柱楹用银装饰，珍珠的帘子，玉石的墙壁，极为精妙。殿上的设备有白玉床、流苏帐，帐顶上装饰着精制的金莲花。又在显阳殿后建筑九殿，选拔士民的女子孩住在里面，佩戴着珠玉，穿着绫罗绸缎的有1万多人。教导宫人研究测候占验星象的学问和骑在马上射箭的方法。设置女太史，各种杂伎工巧，使后庭的女官制度，都和外朝相同。派女骑士1000人做卤簿（天子外出的车驾次第法叫卤簿。）都戴着紫色的纶巾，穿着精致的锦裤，金银雕镂的带子，五彩织成的靴子，手拿着羽仪，演奏着军乐，跟随着皇帝游宴。此时，赵国大旱，金1斤只能买2斗的粟，百姓哀愁叫苦；而石虎战伐不止，各种赋税劳役同时发起。派牙门张弥把洛阳的钟虡、九龙、翁仲、铜驼、飞廉等钟都迁移到邺，用四轮缠辒车载运，车轮碾过的车辙，宽有4尺，深有2尺。有一座钟掉在河里，就招收了在水中能浮游水面又能潜水的人300名，潜入河中，用竹篾编成大索绑住，用牛100头，用滑轮牵引它，才拖出来，制造可以装载万斛的大船载运它。运到了邺，石虎非常高兴，因此赦免二年刑，赐给文武百官谷帛，赐给人民爵位一级。又采纳尚方令解飞的建议，在邺城内投掷石头到河中，以便建筑飞桥，功费数千万亿，桥最终没有造成，役夫们非常饥饿，才算停止。派令长率领人民进入深山大泽采橡子及捕鱼以配饭吃，又被有权有势的人夺去，人民一无所得。

三　年（丁酉、337）

春，正月，庚辰，赵太保夔安等文武五百余人入上尊号，庭燎油灌下盘，死者二十余人；赵王虎恶之，腰斩成公段。

国子祭酒袁瓌、太常冯怀，以江左寖安，请兴学校，帝从之。辛卯，立太学，征集生徒。而士大夫习尚老、庄，儒术终不振。

赵太子邃素骁勇，赵王虎爱之。常谓群臣曰："司马氏父子兄弟自相残灭，故使朕得至此；如朕有杀阿铁理否？"既而邃骄淫残忍，好妆饰美姬，斩其首，洗血置盘上，与宾客传观之，又烹其肉共食之。河间公宣、乐安公韬皆有宠于虎，邃疾之如雠。虎荒耽酒色，喜怒无常。使邃省可尚书奏事，每有所关白，虎恚曰："此小事，何足白也？"时或不闻，又恚曰："何以不白？"诮责答棰，月至再三。邃私谓中庶子李颜等曰："官家难称，吾欲行冒顿之事，卿从我乎？"颜等伏不敢对。秋，七月，邃称疾不视事，潜帅宫臣文武五百余骑饮于李颜别舍，因谓颜等曰："我欲至冀州杀河间公，有不从者斩！"行数里，骑皆逃散。颜叩头固谏，邃亦昏醉而归。其母郑氏闻之，私遣中人诮让邃，邃怒，杀之。佛图澄谓虎曰："陛下不宜数往东宫。"虎将视邃疾，思澄言而还；既而瞋目大言曰："我为天下主，父子不相信乎？"乃命所亲信女尚书往察之。邃呼前与语，因抽剑击之。虎怒，收李颜等诘问，颜具言其状，杀颜等三十余人。幽邃于东宫，既而赦之，引见太武东堂；邃朝而不谢，俄顷即出。虎使谓之曰："太子应朝中宫，岂可遽去？"邃径出，不顾。虎大怒，废邃为庶人。其夜，杀邃及其妃张氏，并男女二十六人同埋于一棺；诛其宫臣支党二百余人；废郑后为东海太妃。立其子宣为天王皇太子，宣母杜昭仪为天王皇后。

九月，镇军左长史封奕等劝慕容皝称燕王；皝从之。于是备置群司，以封奕为国相。

段辽数侵赵边，燕王皝遣扬烈将军宋回称藩于赵，乞师以讨辽，自请尽帅国中之众以会之，并以其弟宁远将军汗为质。赵王虎大悦，厚加慰答，辞其质，遣还；密期以明年。

是岁，赵将李穆纳拓跋翳槐于大宁，其故部落多归之。代王纥那奔燕，国人复奉翳槐为代王，翳槐城盛乐而居之。

仇池氏王杨毅族兄初，袭杀毅，并有其众，自立为仇池公，称臣于赵。

【译文】

三　年（丁酉、337年）

大烛的油灌注下盘，死了20多人，赵王石虎很厌恶，就腰斩了成公段。

国子祭酒袁瓌、太常冯怀，因为江左慢慢安定，请求兴办学校，皇帝听从了他们的意见。初四，设立太学，召集学生。然而士大夫们学习而且崇尚老子、庄子的学说，儒家的学术始终不能振兴。

赵太子石邃一向勇敢，赵王虎很宠爱他，常常对群臣们说："司马氏父子兄弟自相残杀，所以使我能够有今天的地位；像我有杀死阿铁（邃小字阿铁）的道理吗？"不久，邃骄傲淫荡，残忍无道，喜欢把妆饰美丽的姬妾，斩下她的头，洗去血放在盘子上，和宾客们相传着观赏，又烹煮她的肉一同吃下。河间公宣、乐安公韬都被虎所宠爱，邃痛恨他们像仇敌一样。虎荒废政事，沉于酒色，喜怒无常。使邃批示尚书事，每一次有所关照和告知，虎就愤怒地说："这是小事，那里值得告知！"有时候不奏知他，又会愤怒地说："为什么不告知我？"责骂答打，每个月有二三次。邃私下对中庶子李颜说："天子很难称他的意，我想要做冒顿杀他的父亲头曼单于自立的事情，你听从我吗？"颜等伏在地上，不敢回答。秋，七月，邃假装有病，不理政事，暗地里率领宫中文武臣子500多骑到李颜的别舍饮宴，因而对颜等人说："我想要到冀州杀河间公，有不跟从我的人杀头。"走了数里，骑马的都逃走了。颜叩头再三劝谏，邃也沉醉而回。他的母亲郑氏听说，私下派遣宦者去责备邃；邃发怒，杀了宦者。佛图澄对虎说："陛下不适宜常往东宫。"虎将要去探望邃的病，想到澄的话就回来；不久，张大着眼睛大声地说："我是天下主，父子之间不能相信吗？"就命他所亲信的女尚书前去察看实情。邃叫她到面前来和她说话，由此就抽出剑刺死了她。石虎发怒，抓获了李颜等人质问。颜说明全部的情形，杀死颜等30多人。把邃幽禁在东宫，不久就放了他，在太武东堂接见他，邃朝拜而不谢罪，不久即出来。虎派使者对他说："太子应该朝拜中宫，那里可以即刻离去？"邃一直出去，不再回头。虎大怒，废邃为平民。在那一天夜里，杀了邃和他的妃子张氏，

李穆像

以及男女26人同埋在一口棺木里；诛杀他的宫臣支党200多人；废郑后为东海太妃。立他的儿子宣为天王皇太子，宣的母亲杜昭仪为天王皇后。

九月，镇军左长史封奕等劝慕容皝称燕王，皝听从了他们的意见。于是设置各种官吏，派封奕做国相。

段辽多次侵犯赵的边界，燕王皝派遣扬烈将军宋回向赵称藩，请求出兵讨伐辽，自己请求率领国中所有的兵众和赵兵相会合，并且派他的弟弟宁远将军汗去做人质，赵王虎非常高兴，厚加慰劳和答礼，辞谢了人质，送他回去，秘密约定明年一起去讨伐辽。

这一年，赵的大将李穆送拓跋翳槐回大宁，他的旧部落多数都来归顺。代王纥那逃到燕，国人又奉事翳槐，翳槐修筑盛乐城以居住。

仇池氏王杨毅的族兄初，袭杀了毅，合并他的部众，自立为仇池公，向赵称臣。

晋纪十九　孝宗穆皇帝上之上
永和元年（乙巳、345 年）

　　虎好猎，晚岁，体重不能跨马，乃造猎车千乘，刻期校猎。自灵昌津南至荥阳东极阳都为猎场，使御史监察，其中禽兽，有犯者罪至大辟。民有美女、佳牛马，御史求之不得，皆诬以犯兽，论死百余人。发诸州二十六万人修洛阳宫。发百姓牛二万头配朔州牧官。增置女官二十四等，东宫十二等，公侯七十余国皆九等，大发民女三万余人，料为三等以配之；太子、诸公私令采发者又将万人。郡县务求美色，多强夺人妻，杀其夫及夫自杀者三千余人。至邺，虎临轩简第，以使者为能，封侯者十二人。荆楚、扬、徐之民流叛略尽；守令坐不能绥怀，下狱诛者五十余人。金紫光禄大夫逯明因侍切谏，虎大怒，使龙腾拉杀之。

　　燕王皝以牛假贫民，使佃苑中，税其什之八，自有牛者税其七。记室参军封裕上书谏，以为："古者什一而税，天下之中正也。降及魏、晋，仁政衰薄，假官田官牛者不过税其什六，自有牛者中分之，犹不能其七八也。自永嘉以来，海内荡析，武宣王绥之以德，华夷之民，万里辐凑，襁负而归之者，若赤子之归父母，是以户口十倍于旧，无田者什有三四。及殿下继统，南摧强赵，东兼高句丽，北取宇文，拓地三千里，增民十万户；是宜悉罢苑囿以赋新民，无牛者官赐之牛，不当更收重税也。且以殿下之民用殿下之牛，牛非殿下之有，将何在哉？如此，则戎旗南指之日，民谁不箪食壶浆以迎王师，石虎谁与处矣？川渎沟渠有废塞者，皆应通利，旱则灌溉，潦则疏泄。一夫耕，或受之饥，况游食数万，何以得家给人足乎？今官司猥多，虚费廪禄，苟才不周用，皆宜澄汰。工商末利，宜立常员。学生三年无成，徒塞英俊之路，皆当归之于农。殿下圣德宽明，博采刍荛，参军王宪、大夫刘明并以言事忤旨，主者处以大辟，殿下虽恕其死，犹免官禁锢。夫求谏诤而罪直言，是犹适越而北行，必不获其所志矣。右长史宋该等阿媚苟容，轻劾谏士，己无骨鲠，嫉人有之，掩蔽耳目，不忠之甚者也。"皝乃下令，称："览封记室之谏，孤实惧焉。国以民为本，民以谷为命，可悉罢苑囿以给民之无田者。实贫者,官与之牛;力有余愿得官牛者,并依魏、晋旧法。沟渎各有益者,令以时修治。今戎事方兴,勋伐既多,官未可减,俟中原平壹,徐更议之。"工商、学生皆当裁择。夫人臣关言于人主,至难也,虽有狂妄,当择其善者而从之。王宪、刘明,虽罪应废黜,亦由孤之无大量也,可悉复本官,仍居谏司。封生謇謇,深得王臣之体,其赐钱五万。宣示内外,有欲陈孤过者,不拘贵贱,勿有所讳!皝雅好文学,常亲临庠序讲授,考校学徒至千余人,颇有妄滥者,故封裕及之。

诏徵卫将军褚裒,欲以为扬州刺史、录尚书事。吏部尚书刘遐、长史王胡之说裒曰:"会稽王令德雅望,国之周公也,足下宜以大政授之。"裒乃固辞,归藩。壬戌,以会稽王昱为抚军大将军、录尚六条事。

昱清虚寡欲,尤善玄言,常以刘惔、王濛及颍川韩伯为谈客,又辟郗超为抚军掾,谢万为从事中郎。超,鉴之孙也,少卓荦不羁。父愔,简默冲退而啬于财,积钱至数千万,尝开库任超所取;超散施亲故,一日都尽。万,安之弟也,清旷秀迈,亦有时名。

燕有黑龙、白龙见于龙山,交首游戏,解角而去。燕王皝亲祀以太牢,赦其境内,命所居新宫曰和龙。

都亭肃侯庾翼疽发于背,表子爰之行辅国将军、荆州刺史,委以后任;司马义阳朱焘为南蛮校慰,以千人守巴陵。秋,七月,庚午,卒。

翼部将干瓒等作乱,杀冠军将军曹据。朱焘与安西长史江虨、建武司马毛穆之、将军袁真共诛之。虨,统之子也。

八月,豫州刺史路永叛奔赵,赵王虎使永屯寿春。

庾翼既卒,朝议皆以诸庾世在西藩,人情所安,宜依翼所请,以庾爰之代其任。何充曰:"荆楚,国之西门,户口百万,北带强胡,西邻劲蜀,地势险阻,周旋万里;得人则中原可定,失人则社稷可忧,陆抗所谓'存则吴存,亡则吴亡'者也,岂可以白面少年当之哉?桓温英略过人,有文武器干,西夏之任,无出温者。"议者又曰:"庾爰之肯避温乎?如今阻兵,耻惧不浅。"充曰:"温足以制之,诸君勿忧。"

丹杨尹刘惔每奇温才,然知其有不臣之志,谓会稽王昱曰:"温不可使居形胜之地,其位号常宜抑之。"劝昱自镇上流,以己为军司,昱不听;又请自行,亦不听。

庚辰，以徐州刺史桓温为安西将军、持节、都督荆、司、雍、益、梁、宁六州诸军事，领护南蛮校尉、荆州刺史，爱之果不敢争。又以刘惔监沔中诸军事，领义成太守，代庾方之。徙方之、爱之于豫章。

桓温尝乘雪欲猎，先过刘惔，惔见其装束甚严，谓之曰："老贼欲持此何为？"温笑曰："我不为此，卿安得坐谈乎？"

汉主势之弟大将军广，以势无子，求为太弟；势不许。马当、解思明谏曰："陛下兄弟不多，若复有所废，将益孤危。"固请许之。势疑其与广有谋，收当、思明斩之，夷其三族。遣太保李奕袭广于涪城，贬广为临邛侯，广自杀。思明被收，叹曰："国之不亡，以我数人在也，今其殆矣！"言笑自若而死。恩明有智略，敢谏诤；马当素得人心；及其死，士民无不哀之。

冬，十月，燕王皝使慕容恪攻高句丽，拔南苏，置戍而还。

十二月，张骏伐焉耆。降之。是岁，骏分武威等十一郡为凉州，以世子重华为刺史；分兴晋等八郡为河州，以宁戎校尉张瓘为刺史；分敦煌等三郡及西域都护三营为沙州，以西胡校尉杨宣为刺史。骏自称大都督、大将军、假凉王，督摄三州；治置祭酒、郎中、大夫、舍人、谒者等官，官号皆仿天朝而微变其名；车服旌旗拟于王者。

赵王虎以冠军将军姚弋中为持节、十郡六夷大都督、冠军大将军。弋仲清俭鲠直，不治威仪，言无畏避，虎甚重之。

【译文】

永和元年（乙巳、345年）

石虎喜欢打猎，晚年的时候，因体胖不能骑马，就造了猎车一千辆，定期进行射猎。从灵昌津南到荥阳，东尽阳都，作为猎场，派御史监督视察。如果有人侵犯猎场中的禽兽，罪过甚至于可以判处死刑。百姓有美女、好牛马，御史要求而求不到的，都能以侵犯禽兽的名义诬告，因此被判决死刑的有100多人。派遣诸州26万人修建洛阳宫。派百姓2万头牛配给朔州牧官。增设女官24等，东宫12等，公侯70多国都是九等，大派民女3万多人，被分成三等配给他们；太子、诸公私自教人取派的又将近1万人。郡县专门寻求美色，多强夺人家的妻子，杀死他们的丈夫和丈夫自杀的有3000多人。到了邺，石虎登上平台分别次第，认为使者能干，被封为侯的有12人。荆楚、扬、徐等地的百姓，多数流亡叛离而去；守令们坐不能安心，下狱被杀的有50多人。金紫光禄大夫逯明借着侍见而剀切地劝谏，石虎大发脾气，教龙腾中郎拖出去杀了。

　　燕王慕容皝把牛借给贫穷的百姓，让他们在养禽兽的地方耕种，抽取百分之八十的税，自己有牛的抽取百分之七十的税。记室参军封裕上书劝止，认为："古时候抽取百分之十的税，是天下最合于中正的方法。到了魏、晋，仁政衰微，假借官田官牛的不过抽取百分之六十的税，自己有牛的平分，还没有抽取百分之七八十。从永嘉（晋怀帝年号）以来，天下分崩离析，武宣王（慕容皝谥武宣王），用仁德安抚人民，无论是华夷的人民，都不远万里前来归附，那些背负着幼儿来归附的，就如同小孩子归附父母一样，所以户口比以前增加了10倍，没有田地的有百分之三四十。等到殿下承继了大统，南方摧败了强大的赵，东方兼并了高句丽，北方征服了宇文氏，开辟国土3000里，增加人民10万户；因此应该废去苑囿以交给新归顺的百姓，没有牛的官方赐给他们牛，不应该再收重税。并且殿下的百姓用殿下的牛，牛不是殿下所有，将要到那里去找呢？可以这样，那么军旗南指进攻南方的时候，百姓必定会用筐盛好了饭菜，用壶装满了酒浆，拿来迎接殿下的军队，哪一个要和石虎共定天下？河川沟渠有废置和堵塞的，都应当把它疏通和利用，天旱的时候可以灌溉，发洪水的时候可以疏泄。一个人不耕种，或许就有人受到饥饿，况且是游手闲食的人有好几万，如何可以家家充裕、人人富足呢？现在百官众多，耗费国家俸禄，假若才干不能够担任职务，都应当淘汰。工商小利，应当设置常员管理。学生3年没有成就，唯有堵塞了英才上进的机会，都应当把他们归于农夫。殿下圣德，宽厚明智，广泛地明察而采纳各方的意见，参军王宪、大夫刘明都由于说明政事的得失忤逆了旨意，那时主持判决他们案件的人，判他们死刑。殿下虽然宽恕他们的死罪，还免去了他们的官职，截断了他们做官求进的道路。要寻求忠臣的谏诤，却降罪言论正直的人，就如同要去越反而向北行一样，必定不能获得他所希望的心愿。右史宋该等人阿谀谄媚，苟且求容，随便弹劾谏诤的人士，自己没有刚正的言论，却嫉恨别人，掩蔽殿下的耳目，是最不忠心的表现。"皝于是下令，说："阅览了封记室的谏书，我实在是害怕。国家以百姓为根本，百姓以谷子为生命，可以废除苑囿给那些没有田地的百姓。十分贫穷的，官方给他们牛；力量有多余而希望得到官牛的，都依照魏、晋的旧法。有用的沟渠，派人按时整修疏通。现在兵戎之事，刚刚开始，想建功立业的人一定很多。官吏不可以减少，等到中原平定统一的时候，再慢慢地议论。工商人士和学生都应该裁减和选择。人臣禀告国君的言论，十分地困难，虽然有轻率不合理的地方，也应该选择那些有利于国事的而遵照实行。王宪、刘明的受惩罚，也因为我的气量不大，可以全部恢复他们本来的官位，仍旧担任谏诤的职务。封先生忠心耿耿，深切了解王臣的大体，赐给他5万钱。向朝廷内外宣布明示，只要想要说明我的过失的人，不管是显贵贫贱，不要有任何的忌讳。"皝平时喜欢文学，常常亲自到学校中讲授，考试的学徒有1000多人，许多不够资格的，因此封裕才谈到这件事。

诏召卫将军褚裒，想要派他做扬州刺史、录尚书事。吏部尚书刘遐、长史王胡之劝裒说："会稽王有美德，有声望，而且是国家的周公，你应当把朝政大权交给他。"裒就再三推辞，回到藩地。壬戌日（正月没有这天），派会稽王司马昱做抚远大将军，录尚书六条事。

司马昱清静无野心，特别是喜欢道家深远的言论，常常以刘惔、王濛和颍川人韩伯为交谈的客人，又召郗超做抚军掾，谢万做从事中郎。郗超，乃郗鉴之子，年少的时候就气质高雅而有才华，但却豪迈超逸而不受羁束。父亲郗愔，简约静默，谦虚淡泊，而对于钱财却很吝啬，储积的钱多达数千万，以前打开钱库任超取拿；超拿来分别施给亲戚朋友，一天都散完了。谢万，是谢安的弟弟，清静旷达，豪迈俊秀，在当时也有名声。

燕有黑龙和白龙同时出现在龙山，他们交头游戏，脱角而去。燕王慕容皝亲自用牛羊猪三牲祭祀，赦免他的境内，命名他所住的新宅叫和龙。

都亭肃侯庾翼背上长了痈疮，上表举荐他的儿子庾爰之兼辅国将军、荆州刺史，代替自己的任务；司马义阳人朱焘做南蛮校尉，交给他1000人驻守巴陵。秋，七月，庚午日（农历初三），去世。

庾翼部下的将领干瓒等作乱，杀死了冠军将军曹据。朱焘和安西长史江虨、建武司马毛穆之、将军袁真合杀他。江虨，是江统的儿子。

八月，豫州刺史路永叛变而逃到赵，赵王石虎使路永在寿春驻守。

庾翼死了以后，朝廷的议论都以为诸庾世代都防守西方的边界，民心安于他们的治理，应当依照庾翼的请求，派庾爰之代替他的职务。何充说："荆楚，是国家西方的门户，百姓有一百万，北边连着国势强大的胡人，西方接着武力雄厚的蜀，山川形势险要阻塞，能够周旋于万里之内；用人得当则中原可以平定，用人失当则国家就要有难，正是陆抗所说'存则吴存，亡则吴亡'的意思，哪能派白面少年去担任呢？桓温英勇谋略超过常人，是文武全才，防守西夏的入侵任务，桓温是最好的人选。"议论的人又说："庾帅之肯避开桓温吗？假如阻止军队，将是国家之耻，并且也非常可怕。"何充说："桓温足能够制服他，诸位不必忧虑。"

丹杨尹刘惔经常称赞桓温有奇特的才干，但是知道他有不肯效忠朝廷的心志，对会稽王司马昱说："不能使桓温处在山川地势险要的地方，他的官位封号常常应当压抑。"劝司马昱亲自镇守上流，派自己做军司，司马昱不采纳；又请求自己前往，他也不肯听。

庚辰日（十三日），派徐州刺史桓温做安西将军、持节、都督荆、司、雍、益、梁、宁六州诸军事、领护南蛮校尉、荆州刺史，庾爱之果然不敢和他相斗。又派刘惔监沔中诸军事，兼义成太守，代替庾方之。迁徙方之、爱之到豫章。

桓温有一次乘着下雪想出去打猎，先去拜访刘惔。刘惔看到他严整装束，问他说："老贼你这样子要做什么？"桓温笑着说："我如果不这样子，你那里能够安坐谈玄呢？"

汉主李势的弟弟大将军李广，由于李势没有儿子，请求做太弟；李势不准许。马当、解思明谏劝说："陛下兄弟不多，如果再有所废，将会更加孤独危弱。"再次请求势准许。势怀疑他们和广有阴谋，捉拿了马当和解思明而把他们杀死，并诛灭他们的三族。派太保李奕在涪城袭击广，贬李广为临邛侯，李广自杀。思明被捕的时候，叹息着说："国家没有灭亡的原因，是因为我们几个人在，现在恐怕危险了。"像往常一样地谈笑而死。思明有智慧，有谋略，敢直言谏诤；马当一直能得到人民的信服；在他们死的时候，士民没有不为他们哀悼的。

冬天，十月，燕王慕容皝派慕容恪进攻高句丽，侵占了南苏，在那儿安置军队防守而后回来。

十二月，张骏攻打焉耆，焉耆投降。就在这一年，骏分武威、武兴、西平、张掖、酒泉、建康、西郡、湟河、晋兴、须武、安故11郡合成凉州，派世子重华做刺史；分兴晋、金城、武始、南安、永晋、大厦、武成、汉中8

个郡合成河州，派宁戎校尉张瓘做刺史；分敦煌、晋昌等3个郡（《晋志》只有此二郡）和西域都护三营合成沙州，派遣西胡校尉杨宣做刺史。张骏自称大都督、大将军、假凉王，督率代理三州，开始摆设祭酒、郎中、大夫、舍人、谒者等官吏，官号都效仿天朝而稍微改一下名称；车服旌旗比拟于王者派头。

赵王石虎派冠军将军姚弋仲做持节、十郡大都督、冠军大将军。弋仲清廉俭约并且为人正直，不重视自己的容貌和举动，发言的时候，毫无畏惧和避讳，石虎十分尊重他。

李广像

晋纪二十一　孝宗穆皇帝
永和八年（壬子、352年）

春，正月，辛卯，日有食之。

秦丞相雄等请秦王健正尊号，依汉、晋之旧，不必效石氏之初。健从之，即皇帝位，大赦。诸公皆进爵为王。且言单于所以统一百蛮，非天子所宜领，以授太子苌。

司马勋既还汉中，杜洪、张琚屯宜秋。洪自以右族轻琚，琚遂杀洪，自立为秦王，改元建昌。

刘显攻常山，魏主闵留大将军蒋干使辅太子智守邺，自将八千骑救之。显大司马清河王宁以枣强降魏。闵击显，败之，追奔至襄国。显大将军曹伏驹开门纳闵，闵杀显及其公卿已下百余人，焚襄国宫室，迁其民于邺。赵汝阴王琨以其妻妾来奔，斩于建康市，石氏遂绝。

尚书左丞孔严言于殷浩曰："比来众情，良可寒心，不知使君当何以镇之。愚谓宜明受任之方，韩、彭专征伐，萧、曹守管籥，内外之任，各有攸司；深思廉、蔺屈身之义，平、勃交欢之谋，令穆然无间，然后可以保大定功也。观近日降附之徒，皆人面兽心，贪而无亲，恐难以义感也。"浩不从。严，愉之从子也。

浩上疏请北出许、洛，诏许之，以安西将军谢尚、北中郎将荀羡为督统，进屯寿春。谢尚不能抚尉张遇，遇怒，据许昌叛，使其将上官恩据洛阳，乐弘攻督护戴施于仓垣，浩军不能进。三月，命荀羡镇淮阴，寻加监青州诸军事，又领兖州刺史，镇下邳。

乙巳，燕王俊还蓟，稍徙军中文武兵民家属于蓟。

姚弋仲有子四十二人，及病，谓诸子曰："石氏待吾厚，吾本欲为之尽力。今石氏已灭，中原无主；我死，汝亟自归于晋，当固执臣节，无为不义也！"

襄遂帅众归晋，送其五弟为质。诏襄屯谯城。襄单骑渡淮，见谢尚于寿春。尚闻其名，命去仗卫，幅巾待之，欢若平生。襄博学，善谈论，江东人士皆重之。

魏主闵既克襄国，因游食常山、中山诸郡。赵立义将军段勤聚胡、羯万余人保据绎幕，自称赵帝。夏，四月，甲子，燕王俊遣慕容恪等击魏，慕容霸等击勤。

闵军于安喜，慕容恪引兵从之。闵趣常山，恪追之，丙子，及于魏昌之廉台。闵与燕兵十战，燕兵皆不胜。闵素有勇名，所将兵精锐，燕人惮之。慕容恪巡陈，谓将士曰："冉闵勇而无谋，一夫敌耳！其士卒饥疲，甲兵虽精，其实难用，不足破也！"闵以所将多步卒，而燕皆骑兵，引兵将趣林中。恪参军高开曰："吾骑兵利平地，若闵得入林，不可复制。宜亟遣轻骑邀之，既合而阳走，诱致平地，然后可击也。"恪从之。魏兵还就平地，恪分军为三部，谓诸将曰："闵性轻锐，又自以众少，必致死于我。我厚集中军之阵以待之，俟其合战，卿等从旁击之，无不克矣。"乃择鲜卑善射者五千人，以铁锁连其马，为方陈而前。闵所乘骏马曰朱龙，日行千里。闵左操两刃矛，右执钩戟，斩首三百余级。望见大幢，知其为中军，直冲之；燕两军从旁夹击，大破之。围闵数重，闵溃围东走二十余里，朱龙忽毙，为燕兵所执。送于龙城，斩之。

慕容霸军至绎幕，段勤与弟思聪举城降。

甲午，俊遣慕容评及中尉侯龛帅精骑万人攻邺。癸巳，至邺，魏蒋干及太子智闭城拒守，城外皆降于燕，刘宁及弟崇帅胡骑三千奔晋阳。

秦以张遇为征东大将军、豫州牧。

五月，秦主健攻张琚于宜秋，斩之。

邺中大饥，人相食，故赵时宫人被食略尽。蒋干使侍中缪嵩、詹事刘猗奉表请降，且求救于谢尚。庚寅，燕王俊遣广威将军慕容军、殿中将军慕舆根、右司马皇甫真等帅步骑二万助慕容评攻邺。

辛卯，燕人斩冉闵于龙城。会大旱、蝗，燕王俊谓闵为祟，遣使祀之，谥曰悼武天王。

初，谢尚使戴施据枋头，施闻蒋干求救。六月，施帅壮士百余人入邺，助守三台，干以为然，出玺付之。施宣言使督护何融迎粮，阴令怀玺送于枋头。谢尚自枋头迎传国玺至建康，百僚毕贺。

甲申，秦主健还长安。

谢尚、姚襄共攻张遇于许昌。秦主健遣丞相东海王雄、卫大将军平昌王菁略地关东，帅步骑二万救之。丁亥，战于颍水之诫桥，尚等大败，死者万五千人。尚奔还淮南，襄弃辎重，送尚于芍陂；尚悉以后事付襄。殷浩闻尚败，退屯寿春。秋，七月，秦丞相雄徙张遇及陈、颍、许、洛之民五万余户于关中，以右卫将军杨群为豫州刺史，镇许昌。谢尚降号建威将军。

殷浩之北伐也，中军将军王羲之以书止之，不听。既而无功，复谋再举。羲之遗浩书曰："今以区区江左，天下寒心，固已久矣，力争武功，非所当作。自顷处内外之任者，未有深谋远虑，而疲竭根本，各从所志，竟无一功可论，遂令天下将有土崩之势；任其事者，岂得辞四海之责哉？今军破于外，资竭于内，保淮之志，非所复及，莫若还保长江，督将各复旧镇；自长江以外，羁縻而已。引咎责躬，更为善治，省其赋役，与民更始，庶可以救倒悬之急也！使君起于布衣，任天下之重，当董统之任，而败丧至此，恐阖朝群贤未有与人分其谤者。若犹以前事为未工，故复求之分外，宇宙虽广，自容何所？此愚智所不解也。"又与会稽王昱笺曰："为人臣谁不愿尊其主，比隆前世；况遇难得之运哉？顾力有所不及，岂可不权轻重而处之也！今虽有可喜之会，内求诸己，而所忧乃重于所喜。功未可期，遗黎歼尽，劳役无时，徵求日重，以区区吴、越经纬天下十分之九，不亡何待？而不度德量力，不弊不已，此封内所痛心叹悼而莫敢吐诚者也。'往者不可谏，来者犹可追。'愿殿下更垂三思，先为不可胜之基，须根立势举，谋之未晚。若不改行，恐麋鹿之游，将不止林薮而已！愿殿下暂废虚远之怀，以救倒悬之急，可谓以亡为存，转祸为福也。"不从。

九月，浩屯泗口，遣河南太守戴施据石门，荥阳太守刘遯戍仓垣。浩以军兴，罢遣太学生徒，学校由此遂废。

冬，十月，谢尚遣冠军将军王侠攻许昌，克之，秦豫州刺史杨群退屯弘农。徵尚为给事中，戍石头。

丁卯，燕王俊还蓟。

故赵将拥兵据州郡者，各遣使降燕；燕王俊以王擢为益州刺史，夔逸为秦州刺史。

燕群僚共上尊号于燕王俊，俊许之。十一月，丁卯，始置百官，以国相封奕为太尉，左长史阳骛为尚书令，右司马皇甫真为尚书左仆射，典书令张悕为右仆射；其余文武，拜授有差。戊辰，俊即皇帝位，大赦；自谓获传国玺，改元元玺。追尊武宣王为高祖武宣皇帝，文明王为太祖文明皇帝。时晋使适至燕，俊谓曰："汝还白汝天子，我承人乏，为中国所推，已为帝矣！"改司州为中州；建留台于龙都。以玄菟太守乙逸为尚书，专委留务。

【译文】

永和八年（壬子、352年）

春，农历一月，辛卯日（农历初一），日蚀。

秦丞相苻雄等请求秦王健正定尊号，依照汉、晋的旧事，直接即位为皇帝，不要效法石氏，开始的时候先称天王，然后再即皇帝位。苻健听从了他们的建议，即皇帝位，大赦境内。诸公都进封爵位为王。而且苻雄等说单于是统一百蛮的首领，天子不应该兼领单于，应该授予太子苻苌。

司马勋回到汉中以后，杜洪和张琚屯驻宜秋。杜洪自认为是高族而轻视张琚，张琚就杀了洪，立自己为秦王，改年号为建昌。

刘显攻打常山，魏主冉闵留下大将军蒋干使他辅助太子智驻守邺都，亲自率领八千名骑兵去救援常山。刘显的大司马清河人王宁以枣强县投降了魏。冉闵去攻击显，击败了他，一直追到襄国。刘显的大将军曹伏驹打开城门接冉闵进去，冉闵杀了刘显和他的公卿以下100多人，焚烧了襄国的宫室，把这里的百姓迁徙到邺都。赵的汝阴王石琨带着他的妻妾来晋投降，在建康市被斩，石氏就断后了。

尚书左丞孔严向殷浩建议说："近来，民众的情绪，实在教人寒心，不知道你要用什么方法镇抚他们。我以为应该分明各人承受的不同职务，像在汉朝的时候，韩信、彭越专门从事征讨的武略，萧何、曹参则专门做丞相掌握朝政，内外的职责，各有专门的官吏担任。我经常深思廉颇和蔺相如能够秉持屈身为国的大义，陈平和周勃能够亲密地计谋国事，使民众相互之间和睦而团结，然后可以保卫皇室，必定成功。观察近日来投降归附的人，全是人面兽心，贪暴而不亲切，唯恐很难用大义感化他们。"殷浩不听从他的建议。孔严是孔愉的侄子。

浩上疏请求向北讨伐许昌和洛阳，皇上下诏许可，派安西将军谢尚、北中郎将荀羡做督统，进兵而在寿春驻扎。谢尚不能抚慰张遇，遇发脾气，占据武昌发动叛乱，命他的将领上官恩占据了洛阳，乐弘到仓垣攻打督护戴施，使殷浩的军队不能挺进。三月，命荀羡镇守淮阴，不久加封他监青州诸军事，兼兖州刺史，镇守下邳。

乙巳日（十五日），燕王俊回到蓟城，渐渐把军中文武兵民的家属转移到蓟城。

姚弋仲有儿子42个，等到他生病的时候，对他的儿子们说："石氏对待我很优厚，我原本想替他尽力。现在石氏已经灭亡了，中原没有君主。我死了以后，你们赶快自动归顺于晋，应该坚守臣子的节操，不要做不合义理的事情。"

姚襄和秦兵会战，失败了。

姚襄于是就率领众人归顺了晋，送去他的5个弟弟做人质。诏命襄驻扎谯城。襄一个人骑着马渡过淮水，到寿春拜见谢尚。谢尚听到他的名字，就命令撤去兵仗和侍卫，没有戴帽子，只用全幅的头巾束着头以接待他，兴奋得像见到平素的老朋友。姚襄学问渊博，善于谈论，江东的人士都敬重他。

魏主冉闵攻下了襄国以后，因而到常山、中山诸郡游说。赵的立义将军段勤聚集了胡人、羯人1万多名，据守在绎幕，自称为赵帝。夏，四月，甲子日（农历初五），燕王俊派遣慕容恪等攻击魏，慕容霸等攻击勤。

冉闵驻兵安喜，慕容恪带兵跟着他。闵赶到常山，恪追赶他，到了魏昌的廉台。闵和燕10次交战，燕兵全部失败。闵一向以勇敢闻名，所统率的士兵精锐，燕人害怕他。慕容恪巡视阵地，对将士们说："冉闵勇敢而没有计谋，仅仅可以对抗1个人罢了！他的士兵们饥饿疲劳，兵器虽然锋利，其实很难使用，必定能够打败他们！"冉闵由于他所率领的步兵多，而燕都是骑兵，将要带领军队前往林中。慕容恪的参军高开说："我们的骑兵在平地作战便利，如果闵能够进入树林，就不容易再控制了。应该赶快派遣轻便的骑兵截住他，会合了以后向南走，再诱使他到平地，然后可以攻击。"恪听从了他的建议。魏兵来到了平地，恪把军队分为三部分，对诸位将领们说："闵的性情轻率而猛锐，又自认兵少，肯定和我们死拼。我们集中兵力严阵以待，等到他们和我们中军开战的时候，你们左右两军从两旁夹击他们，不可能不战胜的。"就选拔鲜卑族擅长射击的人5000名，用铁锁连接着他们所骑的马，组成方阵前进。闵所骑的骏马叫朱龙，一天可以走1000里。闵左手持两刃矛，右手持钩戟，冲杀燕兵，斩杀了300多人。闵遥望军中的大旗，知道他们是中军，就直冲向前；燕的另外两军从两旁夹击，大败闵军。包围闵的军队有好几圈，闵突破包围向东逃走20多里，朱龙突然死了，被燕兵捉住。送到龙城。

慕容霸的军队到了绎幕，段勤和他的弟弟思聪倾城投降。

甲申日（二十五日），慕容俊派遣慕容评和中尉侯龛统率精锐的骑兵1万人攻打邺都。癸巳日（四月没有这天），到了邺都，魏蒋干和太子冉智闵邺城固守，城外军队都投降了燕，刘宁和他的弟弟刘崇率胡族的骑兵3000人逃到晋阳。

秦派张遇做征东大将军、豫州牧。

五月，秦主苻健到宜秋讨伐张琚，斩杀了他。

邺中大饥荒，人吃人，原来赵时的宫人几乎都被吃掉了。蒋干派侍中缪嵩、詹事刘猗向晋室上表请求投降，而且向谢尚请求救援。庚寅日（农历初二），燕王慕容俊派遣广威将军慕容军、殿中将军慕舆根、右司马皇甫真等统率步兵和骑兵二万人，协助慕容评攻打邺都。

辛卯日（农历初三），燕人在龙城斩了冉闵。刚好遇到大旱和蝗虫为灾，燕王俊以为冉闵是神祸，就派遣使者祭祀他，谥号叫悼武天王。

初始，谢尚派戴施据守枋头，施听说蒋干来求救，就从仓垣迁至棘津驻扎，留下蒋干的使者求他拿出传国的玉玺。

甲申日（二十六日），秦主苻健从宜秋回到长安。

谢尚和姚襄共同到许昌攻击张遇。秦主苻健派遣丞相东海王苻雄、卫大将军平昌王苻菁巡行关东，率领步兵骑兵共2万人前去援救。丁亥日（二十九日），在颍水的诫桥会战，谢尚等大败，战死的有1万5千人。谢尚逃回淮南，襄放弃了载运仪仗、器械等的车辆，送尚送到芍陂；谢尚把以后的事情全都托付给襄。殷浩听说谢尚失败，就撤退而驻扎在寿春。秋，七月，秦丞相苻雄把张遇和陈、颍、许、洛等地的百姓5万户迁徙到关中，派右卫将军杨群做豫州刺史，镇守许昌。谢尚降号为建威将军。

殷浩北伐的时候，中军将军王羲之写信劝止他，他不接受。后来没有成功，又计划再一次举兵。羲之写信给殷浩说："现在仅有小小的江左，天下人都恐怕不能自保，由来已经很久了，竭力争取军事的功劳，不是你应当做的。最近处理朝廷内外政事的人，没有作深远的考虑，而疲敝空虚了根本，各随自己的心愿去做，竟然一点功劳也没有，使得天下将有分崩离析的趋势；担任这个职务的你，那里可以推辞天下混乱的责任？现在外面的军队打败仗，府库里面的财货消耗尽，保卫淮水的夙愿，不是你能够达到的，还不如回来保卫长江，使都督将领们各人回到原来镇守的地方，长江以外，仅仅是累赘而已。你应引咎自责，更要好好治理，减轻人民的田赋和徭役，帮助人民重新开始，可能可以解救困苦和危急。你出身平民，肩挑天下的重任，担当统帅的大任，而今已经到这种地步，恐怕朝内所有的贤臣，都不可以

王羲之像

分担你所受的诽谤。假若你还以为以前所做的不够，所以又向职责以外去追求，宇宙虽然广大，什么地方可以接受你呢？这是愚笨的人和智慧的人都不能明白的。"

又在给会稽王昱的书信里面说："当臣子的人，哪一个不愿意尊奉自己的国君，使国势比前代更强盛；况且是遇到难得的机运呢？可是，力量不能做到的地方，那里可以不权衡轻重而妥善处理。现在虽然有值得高兴的机会，然而向内探求一下自己，所担忧的竟比所高兴的多。成功不可以预期，遗民歼灭殆尽，劳役没有固定的时间，征收的田赋日益加重，利用小小的吴、越地方，图谋天下的 90%，不灭亡又等待什么呢？不能度德量力，不失败不停止，这是国内的人所以痛心叹息而不敢说出的想法。'过去的不可以再谏止了，未来的还能追及。'希望你能再三思考，先建立敌人不能战胜的根基，等到根基稳固势力造成，再作谋划也不算晚。如果不这么做，恐怕麋鹿的游息，将不限于林薮之中而已。希望你能暂且放下清虚玄远的心怀，以解救困苦的危机，可以说是利用失败求生存，转变灾祸为幸福了。"殷浩没有同意。

九月，浩屯兵泗口，派遣河南太守戴施据守石门，荥阳太守刘遁据守仓垣。浩由于军事兴起，遣散了太学的学生，学校从此就荒废了。

冬，十月，谢尚派遣冠军将军王侠进攻许昌，攻下了。秦豫州刺史杨群退守弘农。朝廷召谢尚做给事中，戍守石头。

丁卯日（十一日），燕王慕容俊回到蓟城。

从前赵的将领拥兵占据州郡的，各自派遣使者向燕投降；燕王俊派王擢做益州刺史，夔逸做秦州刺史。

燕的僚属们共同上尊号给燕王俊，俊同意了。十一月，丁卯日（十二日），才设立百官，派国相封奕做太尉，左长史阳骛做尚书令，右司马皇甫真做尚书左仆射，典书令张悕做右仆射；其余的文武官吏，任命各有差别。戊辰日（十三日），慕容俊即皇帝位，大赦境内；自称得到了传国的玉玺，更改年号为元玺。追尊武宣王为高祖武宣皇帝，文明王为太祖文明皇帝。此时，晋朝的使臣恰好到达燕，慕容俊对他说："你回去告知你的天子，此时人才缺乏，我被中原的士民推崇，已经即位做皇帝了。"改司州为中州；在龙都大兴留台。派玄菟太守乙逸做尚书，委托他专门负责留台的事务。

晋纪二十四　海西公下
太和四年（己巳、369年）

春，三月，大司马温请与徐、兖二州刺史郗愔、江州刺史桓冲、豫州刺史袁真等伐燕。初，愔在北府，温常云："京口酒可饮，兵可用。"深不欲愔居之；而愔暗于事机，乃遗温笺，欲共奖王室，请督所部出河上。愔子超为温参军，取视，寸寸毁裂，更作愔笺，自陈非将帅才，不堪军旅，老病，乞闲地自养，劝温并领己所统。温得笺大喜，即转愔冠军将军、会稽刺史，温自领徐、兖二州刺史。夏，四月，庚戌，温帅步骑五万发姑孰。

甲子，燕主暐立皇后可足浑氏，太后从弟尚书令豫章公翼之女也。

大司马温自兖州伐燕。郗超曰："道远，汴水又浅，恐漕运难通。"温不从。六月，辛丑，温至金乡，天旱，水道绝，温使冠军将军毛虎生凿巨野三百里，引汶水会于清水。虎生，宝之子也。温引舟自清水入河，舳舻数百里。郗超曰："清水入河，难以通运。若寇不战，运道又绝，因敌为资，复无所得，此危道也。不若尽举见众直趋邺城，彼畏公威名，必望风逃溃，北归辽、碣。若能出战，则事可立决。若欲城邺而守之，则当此盛夏，难为功力，百姓布野，尽为官有，易水以南必交臂请命矣。但恐明公以此计轻锐，胜负难必，欲务持重，则莫若顿兵河、济，控引漕运，俟资储充备，至来夏乃进兵；虽如赊迟，然期于成功而已。舍此二策而连军北上，进不速决，退必愆乏。贼因此势以日月相引，渐及秋冬，水更涩滞。且北土早寒，三军裘褐者少，恐于时所忧，非独无食而已。"温又不从。

温遣建威将军檀玄攻湖陆，拔之，获燕宁东将军慕容忠。燕主暐以下邳王厉为征讨大都督，帅步骑二万逆战于黄墟，厉兵大败，单马奔还。高平太守徐翻举郡来降。前锋邓遐、朱序败燕将傅颜于林渚。暐复遣乐安王臧统诸军拒温，臧不能抗；乃遣散骑常侍李凤求救于秦。

秋，七月，温屯武阳，燕故兖州刺史孙元帅其族党起兵应温。温至枋头。暐及太傅评大惧，谋奔和龙。吴王垂曰："臣请击之；若其不捷，走未晚也。"暐乃以垂代乐安王臧为使持节、南讨大都督，帅征南将军范阳王德等众五万以拒温。垂表司徒左长史申胤、黄门侍郎封孚、尚书郎悉罗腾皆从军。胤，钟之子；孚，放之子也。

昨又遣散骑侍郎乐嵩请救于秦，许赂以虎牢以西之地。秦王坚引群臣议于东堂，皆曰："昔桓温伐我，至灞上，燕不救我；今温伐燕，我何救焉？且燕不称藩于我，我何为救之！"王猛密言于坚曰："燕虽强大，慕容评非温敌也。若温举山东，进屯洛邑，收幽、冀之兵，引并、豫之粟，观兵崤、渑，则陛下大事去矣。今不如与燕合兵以退温；温退，燕亦病矣，然后我承其弊而取之，不亦善乎？"坚从之。八月，遣将军苟池、洛州刺史邓羌帅步骑二万以救燕，自出洛阳，军至颍川；又遣散骑侍郎姜抚报使于燕。以王猛为尚书令。

太子太傅封孚问于申胤曰："温众强士整，乘流直进，今大军徒逡巡高岸，兵不接刃，未见克殄之理，事将何如？"胤曰："以温今日声势，似能有为，然在吾观之，必无成功。何则？晋室衰弱，温专制其国，晋之朝臣未必皆与之同心。故温之得志，众所不愿也，必将乖阻以败其事。又，温骄而恃众，怯于应变。大众深入，值可乘之会，反更逍遥中流，不出赴利，欲望持久，坐取全胜；若粮廪愆悬，情见势屈，必不战自败，此自然之数。"

温以燕降人段思为乡导，悉罗腾与温战，生擒思；温使故赵将李述徇赵、魏，腾又与虎贲中郎将染干津击斩之，温军夺气。

初，温使豫州刺史袁真攻谯、梁，开石门以通水运，真克谯、梁而不能开石门，水运路塞。

九月，燕范阳王德帅骑一万、兰台治书侍御史刘当帅骑五千屯石门，豫州刺史李邦帅州兵五千断温粮道。当，佩之子也。德使将军慕容宙帅骑一千为前锋，与晋兵遇，宙曰："晋人轻剽，怯于陷敌，勇于乘退，宜设饵以钓之。"乃使二百骑挑战，分余骑为三伏。挑战者兵未交而走，晋兵追之，宙帅伏以击之，晋兵死者甚众。

温战数不利，粮储复竭，又闻秦兵将至，丙申，焚舟，弃辎重、铠仗，自陆道奔还。以毛虎生督东燕等四郡诸军事，领东燕太守。

温自东燕出仓垣，凿井而饮，行七百余里。燕之诸将争欲追之，吴王垂曰："不可。温初退惶恐，必严设警备，简精锐为后拒，击之未必得志，不如缓之。彼幸吾未至，必昼夜疾趋，俟其士众力尽气衰，然后击之，无不克矣。"乃帅八千骑徐行蹑其后。温果兼道而进。数日，垂告诸将曰："温可击矣。"乃急追之，及温于襄邑。范阳王德先帅劲骑四千伏于襄邑东涧中，与垂夹击温，大破之，斩首三万级。秦苟池邀击温于谯，又破之，死者复以万计。孙元遂据武阳以拒燕，燕左卫将军孟高讨擒之。

冬，十月，己巳，大司马温收散卒，屯于山阳。温深耻丧败，乃归罪于袁真，奏免真为庶人；又免冠军将军邓遐官。真以温诬己，不服，表温罪状；朝廷不报。真遂据寿春叛，降燕。

燕、秦既结好，使者数往来。燕散骑侍郎郝晷、给事黄门侍郎梁琛相继如秦。晷与王猛有旧，猛接以平生，问以东方之事。晷见燕政不修而秦大治，知燕将亡，阴欲自托于猛，颇泄其实。

琛至长安，秦王坚方畋于万年，欲引见琛，琛曰："秦使至燕，燕之君臣朝服备礼，洒扫宫庭，然后敢见。今秦王欲野见之，使臣不敢闻命！"尚书郎辛劲谓琛曰："宾客入境，惟主人所以处之，君焉得专制其礼？且天子称乘舆，所至曰行在所，何常居之有？又，《春秋》亦有遇礼，何为而不可？"琛曰："晋室不纲，灵祚归德，二方承运，俱受明命。而桓温猖狂，窥我王略，燕危秦孤，势不独立，是以秦主同恤时患，要结好援，东朝君臣，引领西望，愧其不竞，以为邻忧，西使之辱，敬待有加。今强寇既退，交聘方始，谓宜崇礼笃义以固二国之欢；若忽慢使臣，是卑燕也，岂修好之义乎？夫天子以四海为家，故行曰乘舆，止曰行在。今寓县分裂，天光分曜，安得以乘舆、行在为言哉？礼，不期而见曰遇；盖因事权行，其礼简略，岂平居容与之所为哉？客使单行，诚势屈于主人；然苟不以礼，亦不敢从也。"坚乃为之设行宫，百僚陪泣，然后延客，如燕朝之仪。

事毕，坚与之私宴，问："东朝各臣为谁？"琛曰："太傅上庸王评，明德茂亲，光辅王室；车骑大将军吴王垂，雄略冠世，折冲御侮；其余或以文进，或以武用，官皆称职，野无遗贤。"

琛从兄奕为秦尚书郎，坚使典客馆琛于奕舍。琛曰："昔诸葛瑾为吴聘蜀，与诸葛亮惟公朝相见，退无私面，余窃慕之。今使之即安私室，所不敢也。"乃不果馆。奕数来就邸舍，与琛卧起，间问琛东国事。琛曰："今二方分据，兄弟并蒙荣宠，论其本心，各有所在。琛欲言东国之美，恐非西国之所欲闻；欲言其恶，又非使之所得论也。兄何用问为？"

坚使太子延琛相见。秦人欲使琛拜太子，先讽之曰："邻国之君，犹其君也；邻国之储君，亦何以异乎？"琛曰："天子之子视元士，欲其由贱以登贵也。尚不敢臣其父之臣，况它国之臣乎？苟无纯敬，则礼有往来，情岂忘恭，但恐降屈为烦耳。"乃不果拜。

王猛劝坚留琛，坚不许。

吴王垂自襄邑还邺，威名益振，太傅评愈忌之。垂奏："所募将士忘身立效，将军孙盖等摧锋陷陈，应蒙殊赏。"评皆抑而不行。垂数以为言，与评廷争，怨隙愈深。太后可足浑氏素恶垂，毁其战功，与评密谋诛之。太宰恪之子楷及垂舅兰建知之，以告垂曰："先发制人，但除评及乐安王臧，余无能为也。"垂曰：骨肉相残而首乱于国，吾有死而已，不忍为也。主上暗弱，委任太傅，一旦祸发，疾于骇机，今欲保族全身，不失大义，莫若逃之龙城，逊辞谢罪，以待主上之察，若周公之居东，庶几可以感寤而得还，此幸之大者也。如其不然，则内抚燕、代，外怀群夷，守肥如之险以自保，亦其次也。垂曰："善"！

十一月，辛亥朔，垂请畋于大陆，因微服出邺，将趋龙城；至邯郸，少子麟，素不为垂所爱，逃还告状，垂左右多亡叛。太傅评白燕主㒞，遣西平公强帅精骑追之，及于范阳。遂自洛阳与段夫人、世子令、令弟宝、农、隆、兄子楷、舅兰建、郎中令高弼俱奔秦，留妃可足浑氏于邺。乙泉戍主吴归追及于阌乡，世子令击之而退。

初，秦王坚闻太宰恪卒，阴有图燕之志，惮垂威名，不敢发。及闻垂至，大喜，郊迎，执手曰："天生贤杰，必相与共成大功，此自然之数也。要当与卿共定天下，告成岱宗，然后还卿本邦，世封幽州，使卿去国不失为子之孝，归朕不失事君之忠，不亦美乎？"垂谢曰："羁旅之臣，免罪为幸；本邦之荣，非所敢望！"坚复爱世子令及慕容楷之才，皆厚礼之。赏赐巨万，每进见，属目观之。关中士民素闻垂父子名，皆向慕之。王猛言于坚曰："慕容垂父子，譬如龙虎，非可驯之物，若借以风云，将不可复制，不如早除之。"坚曰："吾方收揽英雄以清四海，奈何杀之？且其始来，吾已推诚纳之矣；匹夫犹不弃言，况万乘乎？"乃以垂为冠军将军，封宾徒侯，楷为积弩将军。

琛言于太傅评曰："秦人日阅军旅，多聚粮于陕东；以琛观之，为和必不能久。今吴王又往归之，秦必有窥燕之谋，宜早为之备。"评曰："秦主何如人？"琛曰："明而善断。"问王猛，曰："名不虚得"。评皆不以为然。琛又以告燕主暐，暐亦不然之。以告皇甫真，真深忧之，上疏言：选将益兵，以防未然。暐召太傅评谋之，评曰："秦国小力弱，恃我为援，且苻坚庶几善道，终不肯纳叛臣之言，绝二国之好；不宜轻自惊扰以启寇心。"卒不为备。

秦遣黄门郎石越聘于燕，太傅评示之以奢，欲以夸燕之富盛。高泰及太傅参军河间刘靖言于评曰："越言诞而视远，非求好也，乃观衅也。宜耀兵以示之，用折其谋。今乃示之以奢，益为其所轻矣。"评不从。泰遂谢病归。

是时太后可足浑氏侵挠国政，太傅评贪昧无厌，货赂上流，官非才举，群下怨愤。尚书左丞申绍上疏，以为："谓宜精择守宰，并官省职，存恤兵家，使公私两遂，节抑浮靡，爱惜用度，赏必当功，罚必当罪。如此，则温、猛可枭，二方可取，岂特保境安民而已哉！又，索头什翼犍疲病昏悖，虽乏贡御，无能为患，而劳兵远戍，有损无益。不若移于并土，控制西河，南坚壶关，北重晋阳，西寇来则拒守，过则断后，犹愈于成孤城守无用之地也。"疏奏，不省。

辛丑，丞相昱与大司马温会涂中，以谋后举；以温世子熙为豫州刺史、假节。

初，燕人许割虎牢以西赂秦；晋兵既退，燕人悔之，谓秦人曰："行人失辞。有国有家者，分灾救患，理之常也。"秦王坚大怒，遣辅国将军王猛、建威将军梁成、洛州刺史邓羌帅步骑三万伐燕。十二月，进攻洛阳。

大司马温发徐、兖州民筑广陵城，徙镇之。时征役既频，加之疫疠，死者什四五，百姓嗟怨。秘书监太原孙盛作《晋春秋》，直书时事。大司马温见之，怒，谓盛子曰："枋头诚为失利，何至乃如尊君所言！若此史遂行，自是关君门户事！"其子遽拜谢，请改之。时盛年老家居，性方严，有轨度，子孙虽斑白，待之愈峻。至是诸子乃共号泣稽颡，请为百口切计。盛大怒，不许，诸子遂私改之。盛先已写别本，传至外国。及孝武帝购求异书，得之于辽东人，与见本不同，遂两存之。

【译文】

太和四年 （己巳、369年）

春，三月，大司马桓温请求和徐、兖二州刺史郗愔、江州刺史桓冲、豫州刺史袁真等一起去讨伐燕。那时候，愔在北府，桓温经常说："京口的酒可以喝，兵可以用。"很不想让郗愔驻守在那里；而愔不明白事情的真相，就写了一封书信给温，想要和他共同辅佐天子，请允许他督导所率领的军队出征于黄河之上。愔的儿子超是温的参军，看过书信，就把它撕得粉碎，而重新写一封愔给温的书信，说自己不是将才，不能够胜任军旅的事情，而且年老多病，请求改授闲散的职务，以度残年，劝温率领自己所领导的军队。温接到书信非常高兴，立刻调愔为冠军将军、会稽内史。温亲自兼管徐、兖二州刺史的职务。夏，四月，庚戌日（初一），温率5万人从姑孰出发。

桓温像

甲子日（十五日），燕主慕容暐立皇后可足浑氏，她是太后的堂弟尚书令、豫章公翼的女儿。

大司马桓温从兖州去进攻燕。郗超说：道路遥远，汴水又浅，由水路转运粮食很难通行。温不听从。六月，辛丑日，温到达金乡县，天气干旱，水路断绝，温命冠军将军毛虎生，在巨野开凿河道300多里，疏引汶水汇流到清水。虎生，是毛宝的儿子。温率水军从清水进入黄河，船只前后相接，一共有几百里长；郗超说："从清水进入大河，都是逆流，很难通行和运输。假若敌人不交战，运输的道路又断绝，要凭借敌人，取得资粮，这是一条危险的道路。不如率领现在所有的兵众，直接进攻邺城，他们害怕你的威势和声名，必定闻风逃亡溃散，回到北方辽、碣（《晋书·郗超传》称幽、朔）之地。如果能够出城应战，那么，胜败马上就可以决定。假若想要紧闭邺城而固守，那么，当此炎热的夏天，很难能够尽力而获得成功，散布在田野之间的百姓，能够全部为你所有，易水以南的地方，也一定反手束缚向你祈求以保全生命了。但是恐怕你以为这个计划轻率迅疾，胜败很难估计，想务必保持慎重，就不如使军队驻守在黄河和济水一带，控制水路，等到物资和粮食储存得已经充足，到了来年的夏天再进兵，虽在时间上好像是长远和缓慢，然而期望能成功就可以了。舍弃了这二种策略，而要联合军队，大举北上，进攻的时候，无法快速地决定胜败，撤退的时候，必定会有差错。贼人借着这个形势拖延时间，慢慢地到了秋天和冬天，河水更是不通畅。而且北方天气早寒，三军将士们能保暖的衣服又少，恐怕在那个时候，所担心的不仅是没有食物而已。"温又不愿听从。

桓温派建威将军檀玄进攻湖陆，攻取了，俘虏了燕的宁东将军慕容忠。燕主慕容㬂派下邳王慕容厉做讨伐大都督，率领2万人，到黄墟迎战，慕容厉的兵卒被打得大败，他自己单独骑着马逃回来。高平太守徐翻率全郡来投降。前锋邓遐、朱序在林渚击败了燕的将领傅颜。㬂又派乐安王慕容臧统率诸路军队去抗击桓温，臧不能敌，就派遣散骑常侍李凤向秦救援。

秋，七月，桓温驻守武阳，燕前兖州刺史孙元率领他的宗族和同党，进攻响应温，温到了枋头。㬂和太傅慕容评非常害怕，计划逃到和龙。吴王慕容垂说："我愿意去迎战他们。假若不能够胜利，再逃走也不迟。"㬂就派垂代替乐安王臧为使持节、南讨大都督，带领征南将军范阳王慕容德等兵众5万人以抗击桓温。垂上奏表推荐司徒左长史申胤、黄门侍郎封孚、尚书郎悉罗腾一起跟随军队前去。申胤是申钟的儿子；封孚是封放的儿子。

㬂又派散骑侍郎乐嵩到秦请求援救，许诺把虎牢以西的地方送给他们。秦王苻坚招集群臣在东堂商议，大家都说："从前桓温进攻我们，到了灞上，燕不来救我们；现在桓温攻打燕，我们为什么去救他？而且燕不向我们臣服，我们为什么要去救他？"王猛秘密地向苻坚建议说："燕的国势虽然强大，慕容评却不是桓温的对手。如果温攻取了太行山以东，进军而守住洛邑，召集幽州、冀州的军队，在崤谷、渑池一带地方，炫耀他的兵威，那么，陛下想一统天下的大事就完成了。现在不如和燕的军队联合起来以击退温；温退了以后，燕也疲倦了，然后我们接着他的疲弊去攻取他，不是更好吗？"坚采纳了他的建议。八月，坚派遣将军苟池、洛州刺史邓羌率领步兵和骑兵共2万人去救燕，从洛阳出发，驻守在颍川；又让遣散骑侍郎姜抚担任使者到燕报知。任命王猛担任尚书令。

太子太傅封孚向申胤问道："桓温的兵众强盛，士卒整齐，可以沿着河流，一直进攻，现在大军只是退却在高岸，兵士不交战，没有对我们克服消灭的理由，事情的结果如何呢？"胤说："凭着温今天的声名和势力，好像是能够有所作为，然而在我观察他，一定不能成功。为什么呢？晋室衰弱，温专制他的国家，晋朝廷的大臣们，不一定都和他同心协力，所以温的战胜得志，不是众人所愿，必定将要乖异妨阻以破坏他的事业。同时，温骄傲而依赖众人，弱于随机应变。大军深入敌人的国境，正是可利用的良机，反而却在中流一带停滞，不出兵以利用有利的时机，想要盼望能维持长久，等待取得全面的胜利；如果运送的米粮过期不到而断绝，则实情显露，气势衰竭，一定不用交战就自己失败，这是一定的道理。"

桓温派投降的燕人段思做向导带路，悉罗腾和温相战的时候，活捉了思。温命前赵的将领李述巡查而宣令赵、魏一带的地方，腾又联合虎贲中郎将染干津攻击他而诛灭了他；桓温的军队因此丧失了士气。

刚开始，温命豫州刺史袁真进攻谯郡和梁国，冲开石门以疏通水路，真攻占了谯郡和梁国，但是不能冲开石门，水上运输的路线便被阻塞。

九月，燕范阳王慕容德率骑兵一万人、兰台侍御史刘当率骑兵5000人驻扎在石门，豫州刺史李眯率领5000人隔断温运输兵粮的路线。刘当，是刘佩的儿子。德命将军慕容宙率领骑兵1000人担任前锋，和晋朝的军队相遇，宙说："晋人轻浮急躁，在敌人进攻时，怯于冲陷敌阵，但在敌人退却时，却勇于乘机追逐，所以应该设置利益以引诱他们。"就命200名骑兵去向他们挑战，分其余的骑兵在三处埋伏。挑战的骑兵还没有和晋兵干戈相接就立刻逃走，晋兵便从后面追击他们，宙率领埋伏的骑兵袭击，晋兵死得很多。

桓温的军队和燕兵交战，多次不能得到胜利，储存的兵粮又已竭尽，而且听说秦军将要到达，丙申日（十九日），丢弃了器械、材料、铠甲以及器仗等，从陆路逃回去。让毛虎生督东燕等四郡诸军事，兼任东燕太守。

桓温从东燕出发到仓垣，开凿水井以饮用，共走了700多里。燕的众将领们争着想要乘胜去追击他，吴王慕容垂说："不可以，温开始撤退的时候，心里恐惧，必定严密地设置警戒，选择精锐的兵士，在后面阻击追击的敌人。我们去追击他们不一定能够取胜，不如稍后再追。他们庆幸我们没有追击，必定不分昼夜地急速赶路，等到他们士兵力气衰竭的时候，然后我们再去追击，没有不胜利的！"就率领8000名骑兵慢慢地跟踪在他们后面。温果然日夜加倍赶路。过了几天以后,垂对众将领们说:"可以追击了。"就急速地去追击,等温到达襄邑的时候,范阳王德首先率领精锐的骑兵4000人埋伏在襄邑以东的山涧中,和垂前后夹击桓温,大败温,斩下了首级3万个。秦的苟池在谯郡截击桓温,又一次把桓温打败了,死亡的又有2万多人。孙元就固守武阳以抵御燕的兵士,燕左卫将军孟高讨伐他并且捉住了他。

冬,十月,己巳日(二十二日),大司马桓温集结散亡的兵士,驻扎在山阳。温深以失败为耻辱,就把罪过归于袁真,上奏章免去真的官职;又免去了冠军将军邓遐的官职。真认为温冤枉自己,心里不服,上奏表说明桓温的罪状,朝廷不回答他。袁真就占据寿春反叛而投降了燕。

燕、秦交好以后,使者经常往来。燕的散骑侍郎郝晷、给事黄门侍郎梁琛陆续来到秦。晷和王猛有故交,猛就以平生故旧之谊接待他,问他东方的形势。晷看到燕的政治不修明,而秦却治理得非常好,暗中想要自己托付于王猛,于是就泄露了不少燕国的实情。

梁琛到了长安,秦王苻坚恰好在万年打猎,想要征召琛来这儿见他,梁琛说:"秦的使者到了燕,燕的君臣穿着上朝的礼服,准备好一切的礼仪,然后才敢接见。如今秦王想要在田野中见我,我不敢听从。"尚书郎辛劲对梁琛说:"宾客进入我国的国境,只能由主人来安置,你那里能够专自制定进见的礼仪?并且,天子所乘坐的车子叫做乘舆,所到的地方称为行在,那里有一定的居处?再说,《春秋》也记载着不先约定日期而相会的遇礼,为什么不行呢?"琛说:"晋室朝纲不振,神明的福祚,归德于我们燕、秦,我们燕、秦二方,承蒙天运,都接受了神明的命令。但是桓温恣纵狂妄,窥视我们的疆域,如果燕国遭到危险,秦国便陷入孤立,在形势上无法单独而存在,所以秦主和我们共同担忧时代的祸患,并结为友好而相互援助。燕国的君臣,向西眺望,惭愧自己的不强大,让邻国替我们担忧,所以当秦国的使者莅临敝国的时候,我们诚挚地招待,胜过普通的礼仪。现在强大的敌人已经败退,我们两国的交往刚刚开始,我认为应该崇尚礼节,笃厚道义,以稳固两国的密切交往;如果疏忽怠慢了使臣,就是轻视燕国,那里是修好的道理呢?天子是以天下为家,所以出外坐的车子叫做乘舆,停留的地方叫做行在。但是现在天下分裂,日月星辰分别照耀,怎么能够用乘舆、行在来称呼呢?礼所说的不约定日期而相见叫做遇;那是因为事情的需要权宜而行,它的礼节简略,那里是平常从容之时所遵行的呢？异国的使者，人数较少，确实在权势上比不上主人；但是假若不依照礼节进见，也不敢从命。"苻坚就为他设置了所停留的宫殿，文武百官侍立两旁，然后才延请贵客，一切礼仪都如同秦的使者去觐见燕主时一样。

进见的事情完毕后，仿照古代私会的礼节，为他摆下私宴，问他说："东朝（指燕）的名臣是谁？"琛说："太傅上庸王评，道德盛明，份位至亲，足以光大和辅佐王室；车骑大将军吴王垂，雄才大略，足能够抵御敌人的侵侮；其余有的是由于具备文才而进用，有的是因为武功而进用，官吏们都能尽自己的职责，做好本分，岩穴草野之间，没有被遗弃的贤士。"

梁琛的堂兄梁奕是秦的尚书郎，苻坚命他担任负责接待宾客的官吏，招待琛住在奕的官舍。琛说："从前诸葛瑾替吴到蜀去访问，和诸葛亮只有在公开的地方相见，退下的时候，并没有私自相见，我心里很敬佩他们。现在让我居住在私人的家里，这是我所不敢的。"于是，就没有住在奕的家里。奕几次来到琛所住的馆舍，和琛同睡同饮，偶尔问问琛燕国的事情。琛回答："现在秦、燕各据一方，我们兄弟都承受两国的荣禄的尊宠，就我们的本心来说，我们各有各的目的。琛要是盛赞东国（燕在关东，秦在关西，二方分据，故称燕为东国，秦为西国）的盛大完美，大概不是西国所愿意听到的；要是讲述东国的缺点，又不是使臣所可以评论的。兄为什么要问？"

苻坚命太子延请梁琛相见。秦人想要琛跪拜太子，提前讽示他说："邻国的国君，就如同自己的国君；邻国的储君，又有什么不同呢？"琛说："天子的儿子和上士的地位相等，是想要他由卑贱升登显贵。还不敢让父亲的臣子对自己行臣子之礼，更何况是其他国家的臣子呢？如果没有纯真的敬意，那末，按照礼节要有往来，我心里岂会忘记恭敬，只是恐怕烦劳你们降屈答拜罢了。"最终不肯跪拜。

王猛劝苻坚留下梁琛，苻坚不答应。

吴王慕容垂从襄邑回到邺城，威名日益高大，太傅慕容评愈加记恨他。垂上奏说："所招募的将士，抛弃生命的危险，为国家建功立业，将军孙盖等直捣敌锋，应该蒙受特别的赏赐。"评压抑而不施行，垂屡次论及这个问题，和评在朝廷上争论，于是他们两个人之间的怨恨嫌隙就愈来愈深。太后可足浑氏一向讨厌垂，毁损他作战的功劳，和评秘密谋划诛杀他。太宰慕容恪的儿子楷和垂的舅舅兰建知道了他们的阴谋，就把这件事情通知了垂，说："先发动可以制服他人，只要消灭评和乐安王臧，其余的人就无法有所作为了。"垂说："骨肉相残是第一次在国中倡乱，我只有死罢了，不愿有其他的举动。"

慕容垂内心里担忧这件事情，却不敢告诉他的几个儿子。世子慕容令问他："父亲近来好像有忧虑的脸色，岂不是因为主上年纪幼小，太傅嫉妒贤者，而父亲德高望重，愈被猜忌吗？"垂说："是的。我不顾生命的危险，以打败强大的敌人，本来是想要保全国家，怎么知道成功了以后，反而使自己的身躯都没处容纳。你既然知道了我的心事，怎样替我谋划？"令说："主上暗昧柔弱，把朝政大权委托太傅，万一祸乱发生，会快速地比受震骇而骤发的机辟还要快。如今想要保全宗族和生命，又不违背君臣之间的大义，不如离开逃避到龙城，谦逊地向主上告罪，以静候主上的明察，像古代的周公，为了避免管叔等人的流言而逃到东方，希望主上醒悟而能够让我们回来，这是幸运中最大的。如果不能够如此，就对内安抚燕、代一带的人民，对外怀柔各夷，防守卢龙的要塞，来保卫自己，也是幸运中的次一等。"垂说："好！"

十一月，辛亥朔日，慕容垂请求到广河泽去田猎，因此就脱去职官的礼服，改成平民的衣服，出了邺城，打算去龙城。到达邯郸的时候，他的小儿子麟，平常不被垂所宠爱，就逃回邺城告发他的计划，垂左右的人多数都逃走或背叛。太傅评告知了燕主𬀩，就派遣西平公慕容强率领精锐的骑兵去追击他，于是，从洛阳和段夫人、世子令、令的弟弟宝、农、隆、哥哥的儿子楷、舅舅兰建、郎中令高弼都逃到了秦，只剩下妃子可足浑氏在邺城。乙泉戍主吴归追到阌乡，世子令打败了他。

起初，秦王苻坚听说太宰恪去世，暗中有图谋燕的心志，但是害怕垂的威名，不敢发动。听说垂来到了秦，非常高兴，亲自到郊外去接见，握着垂的手说："天生的贤能俊杰，必定能共同完成伟大的功业，这是必然的道理。我要和你共同安定天下，然后，归还你的本国，世世代代封在幽州，使你离开秦国，回到故土，以尽人子之孝，而归服我的时候，可以尽到奉事君主的忠心，不也是很好吗？"垂答谢说："寄居在外的人，能够赦免罪过，已经是大幸，世世代代封在本土的荣幸，不是我所奢望的！"坚也爱世子令和慕容楷的才华，于是都以重礼对待他们，赏赐的有万万，每一次来进见，都注意观察他们。关中的士民们，早就听说过垂父子的威名，都仰慕他们。王猛向苻坚建议说："慕容垂父子不是可以驯顺的人物，如果他们得到适当的机会，将不可以再制服，不如早一天除掉他们。"苻坚说："我正在招揽天下的英雄以统一四海，为何要杀了他们？而且他们刚来的时候，我已经真诚地迎接了他们；平常的人还不可以言而无信，更何况是万乘之尊的人主呢？"就委任垂做冠军将军，封为宾徒侯，楷做积弩将军。

琛对太傅评说："秦人每天都训练军队，在陕州以东聚积了很多的粮食，依我看来，我们两国的和好一定不能长久。现在吴王又归附他们，秦一定有窥图燕国的阴谋，应该早日防备他们。"评说："秦主是怎样一个人？"琛说："明睿而善于决断。"又问王猛，说："他的盛名不是虚假的。"评都不以为然。琛又把自己在秦所见一切告诉燕主𬀩，𬀩也不以为然。告诉皇甫真，真非常担忧，上奏说："选拔将领，增派兵士，以便在祸患还没有发生先去防守。"𬀩召见太傅评谋划抗击秦的策略，评说："秦国的国土小，兵力弱，凭借我们去援助；而且苻坚希冀能以最好的方法，达到睦邻的目的，一定不会采纳叛臣的建议，断绝两国的友好，不应当轻妄地自己震惊骚动，以引起敌人侵扰的阴谋。"最终不作防备。

秦王苻坚像

秦派遣黄门郎石越出使到燕，太傅慕容评以奢侈向他夸耀，想要借此显示燕的富裕和强盛。高泰和太傅参军河间人刘靖向评说："越的言语狡猾，眼睛远视，并不是想与我们和好，而是观察我们的衅隙。应当用陈列和夸耀军队向他显示，以挫败他的计谋。现在却用奢侈向他显示，一定更加被他所轻视了。"评不肯听从。泰于是假托生病，辞官回去。

这时，太后可足浑氏干预国家的政事，太傅慕容评贪图财利，不知满足，财货流入官位高者的手中，官吏不是因才干而举用，群臣们非常愤怒。尚书右丞申绍上奏疏，说："我认为应当正规地选择太守和县宰，合并官职，裁减冗员，安慰和赈济兵士的家属，使他们无论在官在私都能够完成责任，节制而且遏抑奢靡，爱惜日常的用度，赏赐得当，惩罚要和罪过相当。如果能够如此，则桓温、王猛的首级，可以斩下来挂在木上示众，晋、秦二方的国土都可攻占，那里只是保全国境安定人民而已！同时，索头什翼犍疲病昏昧而荒悖，虽然缺乏朝贡，却没有能力引起祸患，但是劳困兵卒，戍守远方，只有损失而没有益处。不如把兵卒迁移到并州，以控制西河，同时，对南可使壶关的防守坚固，对北可使晋阳的实力加强，西方敌人来侵扰的时候，则可以抵御和防守，大军经过的时候，又可以截断他们的尾部，胜过远戍孤城、防守无用的地方。"疏奏交上去了，没有反映。

辛丑日（二十五日），丞相司马桓和大司马桓温在涂中相会，以图谋以后的行动；派温世子熙担任豫州刺史、假节。

刚开始，燕人答应割虎牢以西的地方贿赂秦；晋兵败退了以后，燕人感到后悔，就对秦人说："使者说错了话，所有有国有家的，彼此分担灾害消除祸患，是不变的大道理。"秦王苻坚十分愤怒，派遣辅国将军王猛、建威将军梁成、洛州刺史邓羌率领步兵和骑兵3万人去进攻燕。十二月，攻打洛阳。

大司马桓温发动徐、兖二州的人民修筑广陵城，然后移守广陵。当时征伐劳役已经很多，另外再加上疫疠蔓延，死亡的有十分之四五，百姓们，怨恨，秘书监孙（其他各本"孙"上有"大原"二字）盛作《晋春秋》，描述当时的一切事情。大司马桓温看到了，十分愤怒，对孙盛的儿子说："枋头一战的确是失败，但也不像你的父亲所说的！如果这段历史竟能流传，自然是关系到你家室的生死存亡。"他的儿子马上向桓温跪拜告罪请求去修改。那时，孙盛年纪大住在家里，性情刚直，有规则和法度，虽然已经头发斑白，对待他们愈加严厉，到这个时候，他的几个儿子就共同号哭悲泣，跪地叩头，请求他为全家上百口的人作切实的打算。盛十分愤怒，不答应；他的几个儿子就偷偷地改了那段史实。盛原来已经写好了另一本，传到其他国家。等到孝武帝购求异书，在辽东人那儿获得另一本，和现在的本子不同，于是两种本子都保存了下来。

五　年（庚午、370年）

王猛之发长安也，请慕容令参其军事，以为乡导。将行，造慕容垂饮酒，从容谓垂曰："今当远别，何以赠我？使我睹物思人。"垂脱佩刀赠之。猛至洛阳，赂垂所亲金熙，使诈为垂使者，谓令曰："吾父子来此，以逃死也。今王猛疾人如仇，谗毁日深；秦王虽外相厚善，其心难知。丈夫逃死而卒不免，将为天下笑。吾闻东朝比来始更悔悟，主、后相尤。吾今还东，故遣告汝：吾已行矣，便可速发。"令疑之，踌躇终日，又不可审覆。乃将旧骑，诈为出猎，遂奔乐安王臧于石门。猛表令叛状，垂惧而出走，及蓝田，为追骑所获。秦王坚引见东堂，劳之曰："卿家国失和，委身投朕。贤子心不忘本，犹怀首丘，亦各其志，不足深咎。然燕之将亡，非令所能存，惜其徒入虎口耳。且父子兄弟，罪不相及，卿何为过惧而狼狈如是乎？"待之如旧。燕人以令叛而复还，其父为秦所厚，疑令为反间，徙之沙城，在龙都东北六百里。

乐安王臧进屯荥阳，王猛遣建威将军梁成、洛州刺史邓羌击走之；留羌镇金墉，以辅国司马桓寅为弘农太守，代羌戍陕城而还。

秦王坚以王猛为司徒、录尚书事，封平阳郡侯。猛固辞曰："今燕、吴未平，戎车方驾，而始得一城，即受三事之赏，若克殄二寇，将何以加之？"坚曰："苟不暂抑朕心，何以显卿谦光之美？已诏有司权听所守；封爵酬庸，其勉从朕命！"

二月，癸酉，袁真卒。陈郡太守朱辅立真子瑾为建威将军、豫州刺史，以保寿春，遣其子乾之及司马爨亮如邺请命。燕人以瑾为扬州刺史，辅为荆州刺史。

慕容令自度终不得免，密谋起兵，沙城中谪戍士数千人，令皆厚抚之。五月，庚午，令杀牙门孟妫。城大涉圭惧，请自效。令信之，引置左右。遂帅谪戍士袭威德城，杀城郎慕容仓，据城部署，遣人招东西诸戍，翕然皆应之。镇东将军勃海王亮镇龙城，令将袭之；其弟麟以告亮，亮闭城拒守。癸酉，涉圭因侍直击令，令单马走，其党皆溃。涉圭追令至薛黎泽，擒而杀之，诣龙城白亮。亮为诛涉圭，收令尸而葬之。

六月，乙卯，秦王坚送王猛于灞上，曰："今委卿以关东之任，当先破壶关，平上党，长驱取邺，所谓'疾雷不及掩耳'。吾当亲督万众，继卿星发，舟车粮运，水陆俱进，卿勿以为后虑也。"猛曰："臣杖威灵，奉成算，荡平残胡，如风扫叶，愿不烦銮舆亲犯尘雾，但愿速敕所司部置鲜卑之所。"

坚大悦。

秋，七月，癸酉朔，日有食之。

秦王猛攻壶关，杨安攻晋阳。八月，燕主㬽命太傅上庸王评将中外精兵三十万以拒秦。王猛克壶关，执上党太守南安王越，所过郡县，皆望风降附。燕人大震。

黄门侍郎封孚问司徒长史申胤曰："事将何如？"胤叹曰："邺必亡矣，吾属今兹将为秦虏。然越得岁而吴伐之，卒受其祸。今福德在燕，秦虽得志，而燕之复建，不过一纪耳。"

大司马温自广陵帅众二万讨袁瑾；以襄城太守刘波为淮南内史，将五千人镇石头。波，隗之孙也。癸丑，温败瑾于寿春，遂围之。燕左卫将军孟高将骑兵救瑾，至淮北，未渡，会秦伐燕，燕召高还。

广汉妖贼李弘，诈称汉归义侯李势之子，聚众万余人，自称圣王，年号凤凰。陇西人李高，诈称成主雄之子，攻破涪城，逐梁州刺史杨亮。九月，益州刺史周楚遣子琼讨高，又使琼子梓潼太守虓讨弘，皆平之。

秦杨安攻晋阳，晋阳兵多粮足，久之未下。王猛留屯骑校尉苟长成壶关，引兵助安攻晋阳，为地道，使虎牙将军张蚝帅壮士数百潜入城中，大呼斩关，纳秦兵。辛巳，猛、安入晋阳，执燕并州刺史东海王庄。太傅评畏猛不敢进，屯于潞州。冬，十月，辛亥，猛留将军武都毛当戍晋阳，进兵潞州，与慕容评相持。

壬戌，猛遣将军徐成觇燕军形要，期以日中；及昏而返，猛怒，将斩之。邓羌请之曰："今贼众我寡，诘朝将战；成，大将也，宜且宥之。"猛曰："若不杀成，军法不立。"羌固请曰："成，羌之郡将也，虽违期应斩，羌愿与成效战以赎之。"猛弗许。羌怒，还营。严鼓勒兵，将攻猛。猛问其故，羌曰："受诏讨远贼；今有近贼，自相杀，欲先除之！"猛谓羌义而有勇，使语之曰：'将军止，吾今赦之。"成既免，羌诣猛谢。猛执其手曰："吾试将军耳，将军于郡将尚尔，况国家乎？吾不复忧贼矣！"

太傅评以猛悬军深入，欲以持久制之。评为人贪鄙，鄣固山泉，鬻樵及水，积钱帛如丘陵；士卒怨愤，莫有斗志。猛闻之，笑曰："慕容评真奴才，虽亿兆之众不足畏，况数十万乎？吾今兹破之必矣。"乃遣游击将军郭庆帅骑五千，夜从间道出评营后，烧评辎重，火见邺中。燕主㬽惧，遣侍中兰伊让评曰:"王,高祖之子也,当以宗庙社稷为忧,奈何不抚战士而榷卖樵水,专以货殖为心乎?府库之积,我与王共之,何忧于贫?若贼兵遂进,家国丧亡,王持钱帛欲安所置之?"乃命悉以其钱帛散之军士,且趣使战。评大惧,遣使请战于猛。

甲子,猛陈于渭源而誓之,曰:"王景略受国厚恩,任兼内外,今与诸君深入贼地,当竭力致死,有进无退,共立大功,以报国家;受爵明君之朝,称觞父母之室,不亦美乎?"众皆踊跃,破釜弃粮,大呼竞进。

猛望燕兵之众,谓邓羌曰:"今日之事,非将军不能破勍敌,成败之机,在兹一举,将军勉之!"羌曰:"若能以司隶见与者,公勿以为忧。"猛曰:"此非吾所及也,必以安定太守、万户侯相处。"羌不悦而退。俄而兵交,猛召羌,羌寝弗应。猛驰就许之,羌乃大饮帐中,与张蚝、徐成等跨马运矛,驰赴燕陈,出入数四,旁若无人,所杀伤数百。及日中,燕兵大败,俘斩五百余人,乘胜追击,所杀及降者又十余万人。评单骑走还邺。

秦兵长驱而东,丁卯,围邺。猛上疏称:"臣以甲子之日,大歼丑类,顺陛下仁爱之志,使六州士庶,不觉易主,自非守迷违命,一无所害。"秦王坚报之曰:"将军役不逾时,而元恶克举,勋高前古。朕今亲帅六军,星言电赴,将军其休养将士,以待朕至,然后取之。"

十一月,秦王坚留李威辅太子守长安,阳平公融镇洛阳,自帅精锐十万赴邺,七日而至安阳,宴祖父时故老。燕主㬉与上庸王评、乐安王臧、定襄王渊、左卫将军孟高、殿中将军艾朗等奔龙城。辛巳,秦王坚入邺宫。

慕容垂见燕公卿大夫及故时僚吏,有愠色。高弼言于垂曰:"大王凭祖宗积累之资,负英杰高世之略,遭值迍阨,栖集外邦。今虽家国倾覆,安知其不为兴运之始邪?愚谓国之旧人,宜恢江海之量,有以慰结其心,以立覆篑之基,成九仞之功,奈何以一怒捐之?愚窃为大王不取也!"垂悦,从之。

燕主㬉之出邺也,卫士犹千余骑,既出城,皆散,惟十余骑从行;秦王坚使游击将军郭庆追之。时道路艰难,孟高扶侍㬉,经护二王,极其勤瘁,又所在遇盗,转斗而前。数日,行至福禄,依冢解息,盗二十余人猝至,皆挟弓矢,高持刀与战,杀伤数人。高力极,自度必死,乃直前抱一贼,顿击于地,大呼曰:"男儿穷矣!"余贼从旁射高,杀之。艾朗见高独战,亦还趋贼,并死。㬉失马步走,郭庆追及于高阳,部将巨武将缚之,㬉曰:"汝何小人,敢缚天子?"武曰:"我受诏追贼,何谓天子!"执以诣秦王坚,坚诘其不降而走之状,对曰:"狐死首丘,欲归死于先人坟墓耳。"坚哀而释之,令还宫,帅文武出降。晞称孟高、艾朗之忠于坚,坚命厚加敛葬,拜其子为郎中。

郭庆进至龙城,太傅评奔高句丽,高句丽执评,送于秦。宜都王桓杀镇东将军勃海王亮,并其众,奔辽东。辽东太守韩稠,先已降秦,桓至,不得入,攻之,不克。郭庆遣将军朱嶷击之,桓弃众单走,嶷获而杀之。

诸州牧守及六夷渠帅尽降于秦,凡得郡百五十七,户二百四十六万,口九百九十九万。以燕宫人、珍宝分赐将士。晞乃疑琛知其情。及慕容评败,遂收琛系狱。秦王坚入邺而释之,除中书著作郎,引见,谓之曰:"卿昔言上庸王、吴王皆将相奇材,何为不能谋画,自使亡国?"对曰:"天命废兴,岂二人所能移也!"坚曰:"卿不能见几而作,虚称燕美,忠不自防,反为身祸,可谓智乎?"对曰:"臣闻'几者动之微,吉凶之先见者也。'如臣愚暗,实所不及。然为臣莫如忠,为子莫如孝,自非有一至之心者,莫能保忠孝之始终。是以古之烈士,临危不改,见死不避,以徇君亲。彼知几者,心达安危,身择去就,不顾家国,臣就使知之,尚不忍为,况非所及邪?"

坚闻悦绾之忠,恨不及见,拜其子为郎中。

坚以王猛为使持节、都督关东六州诸军事、车骑大将军、开府仪同三司、冀州牧,镇邺,进爵清河郡侯,悉以慕容评第中之物赐之。赐杨安爵博平县侯,以邓羌为使持节、征虏将军、安定太守,赐爵真定郡侯;郭庆为持节、都督幽州诸军事、幽州刺史,镇蓟,赐爵襄城侯。其余将士封赏各有差。

坚以京兆韦钟为魏郡太守,彭豹为阳平太守;其余州县牧、守、令、长,皆因旧以授之。以燕常山太守申绍为散骑侍郎,使与散骑侍郎京兆韦儒俱为绣衣使者,循行关东州郡,观省风俗,劝课农桑,振恤穷困,收葬死亡,旌显节行,燕政有不便于民者,皆变除之。

十二月,秦王坚迁慕容暐及燕后妃、王公、百官并鲜卑四万余户于长安。

王猛表留梁琛为主簿,领记室督,他日,猛与僚属宴,语及燕朝使者,猛曰:"人心不同。昔梁君至长安,专美本朝;乐君但言桓温军盛;郝君微说国弊。"参军冯诞曰:"今三子皆为国臣,敢问取臣之道何先?"猛曰:"郝君知几为先。"诞曰:'然则明公赏丁公而诛季布也。"猛大笑。

秦王坚自邺如枋头,宴父老,改枋头为永昌,复之终世。甲寅,至长安,封慕容㬉为新兴侯;以燕故臣慕容评为给事中,皇甫真为奉车都尉,李洪为驸马都尉,皆奉朝请;李邽为尚书,封衡为尚书郎,慕容德为张掖太守,燕国平睿为宣威将军,悉罗腾为三署郎;其余封授各有差。衡,裕之子也。

燕故太史黄泓叹曰:"燕必中兴,其在吴王乎!恨吾老,不及见耳!"汲郡越秋曰:"天道在燕,不及十五年,秦必复为燕有。"

慕容桓之子凤,年十一,阴有复仇之志,鲜卑、丁零有气干者皆倾身与之交结。权翼见而谓之曰:"儿方以才望自显,勿效尔父不识天命!"凤厉色曰:"先王欲建忠而不遂,此乃人臣之节;君侯之言,岂奖劝将来之义乎?"翼改容谢之,言于秦王坚曰:"慕容凤慷慨有才器;但狼子野心,恐终不为人用耳。"

黄泓像

【译文】

五　年　(庚午、370 年)

王猛进攻长安,请慕容令参与他的军事,担任他的向导。将要出发的时候,到慕容垂的地方喝酒,从容地对垂说:"现在要分别到远处去,你要拿什么送给我?使我看到东西就能想起东西的主人。"垂解下佩刀赠送给他。王猛到了洛阳,贿赂垂的亲信金熙,让他假装做垂的使者,对令说:"我们父子来到这儿,是为了逃避死亡。现在王猛对我们像仇敌一样的嫉恨,逸害和毁谤,一天比一天加深;秦王对我们,虽然表面上十分优厚友善,但是却很难预知他的心里。大丈夫这一次到此,本是为了避免死亡,但是结果竟不能够避免,将要被天下人所耻笑。我听说东朝(燕)近来开始改革而深自悔悟,燕主㬉和可足浑太后相互责过。我现在要回到东朝，因而派遣使者告诉你；我已经走了，你可以乘便赶快出发。"令怀疑这件事情，犹豫一天，又不能去询问真假。于是就率领从燕逃到秦时所带的骑兵，装作出去打猎的样子，就到石门投奔安乐王慕容臧。王猛上表说明令反叛的情况，垂害怕而逃走，到了蓝田，被追来的骑兵捉住。秦王苻坚在东堂接见，安慰他说："你的家庭和国家不和睦，才投靠于我。你的儿子心里不能忘本，还怀念着自己的故国，也是人各有志，不能够深加责备。但是燕将要灭亡了，不是令所能够保存的，可惜他空入虎口而送死罢了。而且，父子兄弟之间，罪过不应该互相牵连，你为什么过分担心而如此进退不得呢？"对待他像以前一样。燕人因为令反叛了而又回来，他的父亲却受到秦优厚的待遇，怀疑令有阴谋，就把他迁徙到龙都东北600里的沙城。

乐安王慕容臧驻守荥阳，王猛派遣建威将军梁成、洛州刺史邓羌赶走了他；留下羌驻扎金墉，派辅国司马桓寅做弘农太守，代替羌戍守陕城，然后就回去了。

秦王苻坚派王猛担任司徒、录尚书事，封平阳郡侯。猛坚持推辞说："现在燕、晋没有平定，战争还在进行，而才攻取了一座城，即接受三公的赏赐，如果消灭了二寇，将再加封什么爵位？"坚说："如果不暂时抑制我的心意，如何显得出你谦让的美德？我已经颁下命令，你就暂时听从主管其事者的安排；加封爵位，希望勉强顺从我的命令。"

二月，癸酉日（二十八日），袁真去世。陈郡太守朱辅立真的儿子袁瑾为建威将军、豫州刺史，以驻守寿春，派遣自己的儿子朱乾之和司马爨亮前往邺城请颁命令。燕人派瑾担任扬州刺史，辅做荆州刺史。

慕容令自己思度终究无法避免被治罪，就密谋计划发兵，沙城中因罪革职而派遣到这儿戍守的士兵数千人，令都厚待和安抚他们。五月，庚午日，令杀死了牙门孟妫。城主涉圭害怕，自己请求效力。令相信他，带来安置在自己的左右。就率领戍守的士兵向东攻打威德城，杀死城主慕容仓，攻占了威德城，就分别处理各种事物，派遣人招来东西诸戍守的士兵，纷纷投靠了他。镇东将军勃海王慕容亮镇守龙城，令将要去袭击他；他自己的弟弟麟把这个消息告知了亮，亮紧闭城门严加防守。癸酉日，涉圭由于轮值时攻击令，令一个人骑着马逃走，他的士兵都溃散了。涉圭追令追到薛黎泽，捉住并且把他杀了，就前往龙城告知亮。亮替令杀了涉圭，收了令的尸体而埋葬了他。

六月，乙卯日（十二日），秦王苻坚送王猛到灞上，说："现在把讨伐关东的重大责任委托你，应当要先攻下壶关，平定上党，然后长驱直入以攻取邺城，就像通常所说的'疾雷不及掩耳'。我将亲自督率万名兵众，用舟车运送兵粮，由水陆两路同时前往，你不必为此担忧。"猛说："我依仗你的威严神灵，奉行已设成的计划，扫荡而平定残余的胡夷，如同风吹落叶一样，但愿不麻烦你亲自冒着尘埃和霜雾前来，只希望你快速下令所有主管的官吏，提前为他们修建房舍，以等待他们的到来。"苻坚听了以后非常高兴。

秋，七月，癸酉朔日（初一），日蚀。

秦王猛进攻壶关，杨安攻打晋阳。八月，燕主慕容㬀命令太傅上庸王慕容评率领朝廷内外的精兵30万，以抵抗秦兵。王猛占据了壶关，捉住了上党太守南安王慕容越，凡是他所经过的郡县，都向他投降归附。燕人非常害怕。

黄门侍郎封孚问司徒长史申胤说："事情将怎么样？"胤感叹着说："邺一定灭亡了，我们将被秦俘虏。但是，像春秋时代一样，岁星在越分，越国应该有福德，而吴却去进攻他，终于吴遭受到祸殃。现在岁星在燕，燕应该有福德，秦虽然战胜得志，但是燕的再行建国，不会超过12年。"

大司马桓温从广陵率兵众2万人去进攻袁瑾；派襄阳太守刘波做淮南内史，带领5000人镇守石头。刘波是刘隗的孙子。癸丑日（十一日），桓温在寿春打败了袁瑾，于是就把他包围起来。燕的左卫将军孟高率领骑兵去援救瑾，到了淮水以北，还没有渡过淮水，适逢秦来攻打燕，燕就把孟高征召回去。

广汉妖贼李弘假装说自己是汉归义侯李势的儿子，聚集了兵众1万多人，自称为圣王，年号为凤凰。陇西人李高，谎称说自己是成主李雄的儿子，夺取了涪城，逐出了梁州刺史杨亮。九月，益州刺史周楚派遣自己的儿子琼去进攻李高，又命琼的儿子梓童太守虓去征讨李弘，都把他们平定了。

秦杨安去进攻晋阳，晋阳军队众多，粮食充足，长时间不能攻下。王猛留下屯骑校尉苟长戍守壶关，自己带兵去帮助杨安攻打晋阳，挖掘地道，命虎牙将军张蚝率领几百名壮士从地道秘密地进入城中，大声喊着斩开关门，纳入秦兵。辛巳日（初十），王猛和杨安进入晋阳城，捉住了燕并州刺史东海王慕容庄。太傅慕容评害怕王猛，不敢进军，就驻扎在潞川。冬，十月，辛亥日（初十），王猛留下将军武都人毛戍守晋阳，自己进军潞川，和慕容评相持。

壬戌日（二十一日），王猛派遣将军徐成去查看燕军的形势险要，以中午为约定的时限；结果到了黄昏成才回来，王猛很愤怒，要斩杀他。邓羌请求说："现贼人众多而我们寡少，明天平明的时候将要作战；徐成是一名大将，应该暂且宽宥他。"猛说："如果不杀死成，军法不能建立。"羌再三请求说："成，是羌本郡的太守，虽然误了期限理应斩首，羌愿意和成共同效力决战以赎其罪。"王猛不肯答应。邓羌很愤怒，回到军营中，急忙地击鼓以部署他的兵士，准备攻击王猛。猛问他为何，羌说："我接受命令讨伐远地的贼人；现在近处就有贼，想要先除掉他。"猛认为羌讲道义而且有勇气，派使者告诉他说："将军停止，攻击我现在赦免他。"成被赦免了以后，羌前去向猛道谢。猛握着他的手说："我只是试验将军而已，将军对于本郡的太守，尚且如此，何况是国家呢？我不再担心贼人了。"

太傅慕容评由于王猛孤军深入，想要利用长久的相持来制服他。慕容评为人贪吝鄙陋，设障封锁山泉，使军士们无法采薪和汲水，而必须向他购买柴薪和泉水，他便可以借此发财，他积聚的钱和帛，像丘陵一样的高，士卒们怨愤，没有战斗的意志。王猛听到了这个消息，笑着说："慕容评真是一个奴才，即使他有亿兆的兵众，也不足以畏惧，何况是数十万呢？我今天击败他是必然的了。"就派遣游击将军郭庆率骑兵五千人，夜里从小路到达评的军营后面，烧毁评的器械、兵杖、粮食等，燕主𬀩恐惧，派遣侍中兰伊责问评说："王，是高祖的儿子，应当以宗庙社稷的安危重，为什么不抚慰战士而专卖柴薪和泉水，以谋求货财生殖蓄息为心志呢？府库里储积的财货，我和你共同享用，何必担心贫穷？假若贼兵进入我们的国境，家国都要灭亡了，你拿着金钱和绢帛想要放置到何处呢？"就下命令把他所有的金钱和绢帛，全部散发给军士们，同时命他赶快去迎战。评非常害怕，就派遣使者向王猛请求作战。

甲子日（二十三日），王猛布军于渭源而向军士们宣誓说："我王景略蒙受国家重恩，身兼朝廷内外的重大责任，现在和诸位深入贼人的境地，当要竭尽心力，只有前进，没有后退，共同建立伟大的功勋，以回报国家；以便战胜时在朝廷接受爵位的封赏，受爵后回到父母面前举酒相庆，不也是很好吗？"军士们都跳跃欢呼，打破锅子，丢弃兵粮，大喊着争先前进。

王猛远远望见燕兵众多，就对邓羌说："今天的战争，除了将军谁也无法战胜强大的敌人，成功或失败，就在此一战了，将军要多勉励！"羌说："如果能够把司隶校尉的职务给予我，你就不必担心这些了。"猛说："这不是我的权力职位所能够做到的。否则一定会把安定太守、万户侯给你。"羌不高兴地退下。不久，双方的兵士交战，王猛派邓羌来应战，羌不接受命令。王猛骑马赶来答应了他，羌就和部属们在营帐中痛饮，然后和张蚝、徐成等跨上马，驰往燕国的兵阵，出入了好几次，四周像没有人一样，所杀的有数百人。到中午，燕兵大败，俘获和斩杀的有5万多人，秦兵乘着战胜的形势前去追击，被杀死和投降的又有10几万人。只剩下评一个人骑着马逃回邺城。

秦的军队一直向东行去，丁卯日（二十六日），攻打邺城。王猛上奏疏称："我在甲子日（二十三日）那一天，大举歼灭丑恶的敌人。按照陛下仁爱的心意，使六州士民们平静无扰，不觉得更换了君主，自然不会执迷不悟，违反命令，都无所害。"秦王苻坚用书信回答说："将军出师不足3个月，首恶就能够拔除，勋伐高过了古人。我现在亲自统率六军，清晨在星辰还没有落下时，就开始出发，一路上像闪电一样迅速前往。将军先让将士们休养，等我到来，然后再一起攻取。"

十一月，秦王苻坚留下李威辅助太子留守长安，阳平公苻融镇守洛阳，亲自率领精锐的军士10万人进军邺城，7天后到达了安阳，设宴款待当年和祖父（苻洪）往还的故老。燕主慕容暐和上庸王慕容评、乐安王慕容臧、定襄王慕容渊、左卫将军孟高、殿中将军艾朗等逃至龙城。辛巳日（初十），秦王苻坚进入邺城的王宫。

慕容垂看到燕的公卿大夫和以前的僚属、官吏们，带有怨恨的脸色。高弼向垂建议说："如今虽然国家倾败覆灭，怎么知道这不是兴复机运的开始呢？我认为对以前的僚属官吏们，应该用像江海一样恢宏的度量，去抚慰他们的心灵，并且和他们结交，以便像堆山一样，先建立自覆一篑的基础，进而成就九仞高的大山，为什么因为一怒的缘故而抛弃了他们，我私下对你的这种行为，颇不赞同。"垂很高兴，就采纳了他的建议。

燕主慕容暐出邺城的时候，还剩下卫士1000多骑，出了城以后，都散去了，只剩下十几骑跟着他走；秦王苻坚派游击将军郭庆去追杀他。当时道路很难行走，孟高扶着暐，同时随时保护着乐安王臧和定襄王渊，非常辛苦，而且所在之处如果又遇到盗贼，往往辗转战斗而向前行进。几天后，走到福禄，在墓冢边解下马鞍，让马休息，突然有20多个强盗挟着弓箭，突然来到，孟高拿着刀和他们交战，诛杀了几个人。高身体疲惫到了极点，自己料定死亡，就冲向前抱住一个贼人，立刻把他击倒在地上，大声喊着说："男儿所能够做的，已经到达顶点了。"其余的贼人从旁边射击高，射死了他。艾朗目睹高独自一个人和贼人交战，也回来攻击贼人，也战死了。晞失去了马，只能徒步而行，郭庆直到高阳才追上了他，郭庆部下的将领巨武缚绑他，晞说："你是什么人，竟敢缚绑天子？"武说："我受命追击贼人，怎能叫做天子？"于是就捉住了他去见秦王苻坚。坚质问苻他不投降而逃走的情况，回答说："狐狸死了，他的头还向着山丘的窟穴，我是想要回去死在先人的坟墓上而已。"苻坚哀怜他而把他释放了，教他回到宫里，率领文武大臣出来投降。晞向苻坚称赞孟高、艾朗的忠贞，坚下令要对他们优厚地装殓和安葬，并委任他们的儿子为郎中。

郭庆来到龙城，太傅慕容评逃到高句丽，高句丽捉住评，送到秦。宜都王慕容桓诛杀了镇东将军勃海王慕容亮，把他的兵众合并到自己的军队里，逃到了辽东。辽东太守韩稠，原本已经投降了秦，桓到了以后，无法进入城中，率领兵士攻打，又攻不下。郭庆派遣将军朱嶷去进攻他，桓丢弃了兵士，一个人骑着马逃去，嶷捉住他并且把他杀死了。

诸州的州牧、郡守以及六夷的大帅都投降了秦，共得到157个郡，246万户，999万人。把燕的宫人和珍宝平分给将士们。晞就怀疑梁琛知道秦的实情。等到慕容评失败，就捕捉了梁琛，拘系在狱中。秦王苻坚进入邺城的时候，释放了他，并且任命他为中书著作郎，命官吏引他入见，对他说："你以前说上庸王（慕容评）、吴王（慕容垂）都具有良将贤相的优异才干，为什么没有谋略计划，使自己的国家灭亡呢？"回答说："天命的废弃和兴隆，怎么是他们二个人所能够转移的？"坚说："你没有看出细微的征兆而有所作为，空称赞燕的盛美，虽然忠心却不能够防护自己，结果自身遭受到祸患，能说是聪明吗？"回答说："我听说：'几者动之微，吉凶之先见者也。'（《易大传》之辞，意思是：几的意思就是所有行动的细微征兆，是吉凶最先表示的。）像我愚昧无知，实在无法事先看出细微的征兆。但是做臣子的没有比忠贞更重要了，做儿子的没有比孝顺更重要了，自然不是时时都有如此心意的人，不会始终如一地保持忠孝。因而古代重道义轻生命的士人，遭遇危险而不改变节操，面临死亡而不苟且逃避，抛却生命以殉君亲之难。那些明白细微征兆的人，心里清楚安全与危险，身体便会选择该离开何处，该前往何处，不考虑自己家国的危险，我即使在事先能够看出细微的征兆，也不忍心如此去做，更何况是我的智慧不够，无法看出细微的征兆呢？"

苻坚听说悦绾的忠贞表现，遗恨没有亲眼看到他，于是就任命他的儿子为郎中。

苻坚派王猛为使持节、都督关东六州诸军事、开府仪同三司、冀州牧，驻守邺城，进封爵位为清河郡侯，把慕容评府第中所有的财物全部赐给他。封杨安爵位为博平县侯；派邓羌担任使持节、征虏将军、安定太守，赐爵位为真定郡侯；郭庆为持节、负责幽州诸军事、幽州刺史，镇守蓟城，赐爵位为襄城侯。其余将士们的封爵、赏赐各有不同。

王猛像

苻坚派京兆人韦钟担任魏郡太守，彭豹做阳平太守；其余的州牧、郡守、大县的县长、小县的县令，都担任本来的官职，同时授给他们印绶。派燕的常山太守申绍担任散骑侍郎，命他和散骑侍郎京兆人韦儒都做绣衣使者（绣衣使者，即使者穿着绣衣，表示受国家的尊宠），查看函谷关以东的各州各郡，巡视各地的风俗习惯，劝勉教导农民们耕种和植桑，帮助穷苦困难的百姓，敛葬死亡的人，旌表显扬有节操行为的人，燕的政令有不便利人民的，都革除。

十二月，秦王苻坚将慕容暐和燕的后妃、王公、百官以及鲜卑4万多户，迁到长安。

王猛上奏表留下梁琛担任主簿，兼领记室督。有一天，王猛和僚属们宴饮，说到燕朝的使者，猛说："人的心意不同；从前梁君来到长安，只是赞美燕朝；乐君（乐嵩）只说桓温军士盛多；郝君（郝晷）稍微说明了一点燕国的弊端。"参军冯诞说："如今三位先生都是我们秦国的大臣，请问按照用臣之道应该以那一位为先？"猛说："郝君能看出细微的征兆，理应为先。"诞说："那么，你和汉高祖的用臣之道不同，要封赏丁公而杀死季布了。"猛只是大笑。

秦王苻坚从邺城到枋头，宴请当地父老，废除田赋和丁役，一直到秦王之世终了。甲寅日（十四日），坚回到长安，封慕容㬮为新兴侯；任命燕的旧臣慕容评做给事中，皇甫真担任奉车都尉，李洪为驸马都尉，都奉朝会请召，李眛做尚书，封衡做尚书郎，慕容德为张掖太守，燕国平睿担任宣威将军，悉罗腾做三署郎。其余的封赏任命各有不同。封衡是封裕的儿子。

燕的旧太史黄泓感叹说："燕必定中兴，大概是在吴王吧？可惜的是我已经老了，来不及看到了。"汲郡人赵秋说："岁星在燕的边界，不到15年，秦一定再为燕所吞没。"

慕容桓的儿子凤，年纪11岁，心怀复仇的志向，鲜卑和丁零族中有气度、有干才的人，都一心一意和他来往。权翼看到他，对他说："你正以才情声望自我显扬，不要学你的父亲不知上天的大命！"凤严厉地说："我的父亲想要建立忠贞的气节但没有成功，这是人臣应该有的节操；你所说的话，那里是劝勉将来的道理呢？"权翼改变了脸色向他告罪，接着向秦王苻坚说："慕容凤意气激昂，有才干，有气度；但是性情凶暴，心意放纵而难以控制，我担心其野心终究不会被人所用。"

晋纪二十七　烈宗孝武皇帝上之下
太元八年（癸未、383年）

夏，五月，桓冲帅众十万伐秦，攻襄阳；遣前将军刘波等攻沔北诸城；辅国将军杨亮攻蜀，拔五城，进攻涪城；鹰扬将军郭铨攻武当。六月，冲别将攻万岁、筑阳，拔之。秦王坚遣征南将军巨鹿公叡、冠军将军慕容垂等帅步骑五万救襄阳，兖州刺史张崇救武当，后将军张蚝、步兵校尉姚苌救涪城；叡军于新野，垂军于邓城。桓冲退屯沔南。秋，七月，郭铨及冠军将军桓石虔败张崇于武当，掠二千户以归。巨鹿公叡遣慕容垂为前锋，进临沔水。垂夜命军士人持十炬，系于树枝，光照数十里。冲惧，退还上明。张蚝出斜谷；杨亮引兵还。冲表其兄子石民领襄城太守，戍夏口。冲自求领江州刺史；诏许之。

秦王坚下诏大举入寇，民每十丁遣一兵；其良家子年二十已下，有材勇者，皆拜羽林郎。又曰："其以司马昌明为尚书左仆射，谢安为吏部尚书，桓冲为侍中；势还不远，可先为起第。"良字子至者三万余骑，拜秦州主簿金城赵盛之为少年都统。是时，朝臣皆不欲坚行，独慕容垂、姚苌及良家子劝之。阳平公融言于坚曰："鲜卑、羌虏，我之仇雠，常思风尘之变以逞其志，所陈策画，何可从也？良家少年皆富饶子弟，不闲军旅，苟为谄谀之言以会陛下之意耳。今陛下信而用之，轻举大事，臣恐功既不成，仍有后患，悔无及也！"坚不听。

八月，戊午，坚遣阳平公融督张蚝、慕容垂等步骑二十五万为前锋；以兖州刺史姚苌为龙骧将军、督益·梁州诸军事。坚谓苌曰："昔朕以龙骧建业，未尝轻以授人，卿其勉之！"左将军窦冲曰："王者无戏言，此不祥之征也！"坚默然。

慕容楷、慕容绍言于慕容垂曰："主上骄矜已甚，叔父建中兴之业，在此行也！"垂曰："然。非汝，谁与成之！"

甲子，坚发长安，戎卒六十余万，骑二十七万，旗鼓相望，前后千里。九月，坚至项城，凉州兵始达咸阳，蜀、汉之兵方顺流而下，幽、冀之兵至于彭城，东西万里，水陆齐进，运漕万艘。阳平公融等兵三十万，先至颍口。

诏以尚书仆射谢石为征虏将军、征讨大都督，以徐、兖二州刺史谢玄为前锋都督，与辅国将军谢琰、西中郎将桓伊等众共八万拒之；使龙骧将军胡彬以水军五千援寿阳。琰，安之子也。

是时，秦兵既盛，都下震恐。谢玄入，问计于谢安，安夷然，答曰："已别有旨。"既而寂然。玄不敢复言，乃令张玄重请。安遂命驾出游山墅，亲朋毕集，与玄围棋赌墅。安棋常劣于玄，是日，玄惧，便为敌手而又不胜。安遂游陟，至夜乃还。桓冲深以根本为忧，遣精锐三千入援京师；谢安固却之，曰："朝廷处分已定，兵甲无阙，西藩宜留以为防。"冲对佐吏叹曰："谢安石有庙堂之量，不闲将略。今大敌垂至，方游谈不暇，遣诸不经事少年拒之，众以寡弱，天下事已可知，吾其左衽矣！"

以琅邪王道子录尚书六条事。

冬十月，秦阳平公融等攻寿阳；癸酉，克之，执平虏将军徐元喜等。融以其参军河南郭褒为淮南太守。慕容垂拔郧城。胡彬闻寿阳陷，退保硖石，融进攻之。秦卫将军梁成等帅众五万屯于洛涧，栅淮以遏东兵。谢石、谢玄等去洛涧二十五里而军，惮成不敢进。胡彬粮尽，潜遣使告石等曰："今贼盛粮尽，恐不复见大军！"秦人获之，送于阳平公融。融驰使白秦王坚曰："贼少易擒，但恐逃去，宜速赴之！"坚乃留大军于项城，引轻骑八千，兼道就融于寿阳。遣尚书朱序来说谢石等，以："强弱异势，不知速降。"序私谓石等曰："若秦百万之众尽至，诚难与为敌。今乘诸军未集，宜速击之；若败其前锋，则彼已夺气，可遂破也。"

石闻坚在寿阳，甚惧，欲不战以老秦师。谢琰劝石从序言。十一月，谢玄遣广陵相刘牢之帅精兵五千趣洛涧，未至十里，梁成阻涧为陈以待之。牢之直前渡水，击成，大破之，斩成及弋阳太守王咏；又分兵断其归津，秦步骑崩溃，争赴淮水，士卒死者万五千人。执秦扬州刺史王显等，尽收其器械军实。于是谢石等诸军，水陆继进。秦王坚与阳平公融登寿阳城望之，见晋兵部阵严整，又望八公山上草木，皆以为晋兵，顾谓融曰："此亦劲敌，何谓弱也！"怃然始有惧色。

秦兵逼肥水而陈，晋兵不得渡。谢玄遣使谓阳平公融曰："君悬军深入，而置陈逼水，此乃持久之计，非欲速战者也。若移陈少却，使晋兵得渡，以决胜负，不亦善乎！"秦诸将皆曰："我众彼寡，不知遏之，使不得上，可以万全。"坚曰："但引兵少却，使之半渡，我以铁骑蹙而杀之，蔑不胜矣！"融亦以为然，遂麾兵使却。秦兵爱退，不可复止。谢玄、谢琰、桓伊等引兵渡水击之。融驰骑略陈，欲以帅退者，马倒，为晋兵所杀，秦兵遂溃。玄等乘胜追击，至于青冈；秦兵大败，自相蹈藉而死者，蔽野塞川。其走者闻风声鹤唳，皆以为晋兵且至，昼夜不敢息，草行露宿，重以饥冻，死者什七、八。初，秦兵少却，朱序在陈后呼曰："秦兵败矣！"众遂大奔。序因与张天锡、徐元喜皆来奔。获秦王坚所乘云母车。复取寿阳，执其淮南太守郭褒。

坚中流矢，单骑走至淮水，饥甚，民有进壶飧、豚髀者，坚食之，赐帛十匹、绵十斤。辞曰："陛下厌苦安乐，自取危困。臣为陛下子，陛下为臣父，安有子饲其父而求报乎？"弗顾而去。坚谓张夫人曰："吾今复何面目治天下乎？"潸然流涕。

是时，诸军皆溃，惟慕容垂所将三万人独全，坚以千余骑赴之。世子宝言于垂曰："家国倾覆，天命人心皆归至尊，但时运未至，故晦迹自藏耳。

今秦主兵败，委身于我，是天借之便以复燕祚，此时不可失也，愿不以意气微恩忘社稷之重！"垂曰："汝言是也。然彼以赤心投命于我，若之何害之？天苟弃之，不患不亡。不若保护其危以报德，徐俟其衅而图之，既不负宿心，且可以义取天下。"奋威将军慕容德曰："秦强而并燕，秦弱而图之，此为报仇雪耻，非负宿心也；兄奈何得而不取，释数万之众以授人乎？"垂曰："吾昔为太傅所不容，置身无所，逃死于秦，秦主以国士遇我，恩礼备至。后复为王猛所卖，无以自明，秦主独能明之，此恩何可忘也？若氐运必穷，吾当怀集关东，以复先业耳，关西会非吾有也。"冠军行参军赵秋曰："明公当绍复燕祚，著于图谶；今天时已至，尚复何待？若杀秦主，据邺都鼓行而西，三秦亦非苻氏之有也！"垂亲党多劝垂杀坚，垂皆不从，悉以兵授坚。平南将军慕容暐屯郧城，闻坚败，弃其众遁去；至荥阳，慕容德复说暐起兵以复燕祚，暐不从。

谢安得驿书，知秦兵已败，时方与客围棋，摄书置床上，了无喜色，围棋如故。客问之，徐答曰："小儿辈遂已破贼。"既罢，还内，过户限，不觉屐齿之折。

丁亥，谢石等归建康，得秦乐工，能习旧声，于是宗庙始备金石之乐。乙未，以张天锡为散骑常侍，朱序为琅邪内史。

秦王坚收集离散，比至洛阳，众十余万，百官、仪物、军容粗备。

慕容农谓慕容垂曰："尊不迫人于险，其义声足以感动天地。农闻秘记曰：'燕复兴当在河阳。'夫取果于未熟与自落，不过晚旬日之间，然其难易美恶，相去远矣！"垂心善其言，行至渑池，言于坚曰："北鄙之民，闻王师不利，轻相扇动，臣请奉诏

谢安像

书以镇慰安集之，因过谒陵庙。"坚许之。权翼谏曰："国兵新破，四方皆有离心，宜征集名将，置之京师，以固根本，镇枝叶。垂勇略过人，世豪东夏，顷以避祸而来，其心岂止欲作冠军而已哉？譬如养鹰，饥则附人，每闻风飙之起，常有陵霄之志，正宜谨其绦笼，岂可解纵，任其所欲哉？"坚曰："卿言是也。然朕已许之，匹夫犹不食言，况万乘乎！若天命有废兴，固非智力所能移也。"翼曰："陛下重小信而轻社稷，臣见其往而不返，关东之乱，自北始矣。"坚不听，遣将军李蛮、闵亮、尹固帅众三千送垂。又遣骁骑将军石越帅精兵三千戍邺，骠骑将军张蚝帅羽林五千戍并州，镇军将军毛当帅众四千戍洛阳。权翼密遣壮士邀垂于河桥南空仓中，垂疑之，自凉马台结草筏以渡，使典军程同衣已衣，乘己马，与僮仆趣河桥。伏兵发，同驰马获免。

十二月，秦王坚至长安，哭阳平公而后入，谥曰哀公。大赦，复死事者家。

庚午，大赦。以谢石为尚书令。进谢玄号前将军；固让不受。

谢安婿王国宝，坦之之子也；安恶其为人，每抑而不用，以为尚书郎。国宝自以望族，故事唯作吏部，不为余曹，固辞不拜，由是怨安。国宝从妹为会稽王道子妃，帝与道子皆嗜酒，狎昵邪谄，国宝乃谮安于道子，使离间之于帝。安功名既盛，而险诐求进之徒，多毁短安，帝由是稍疏忌之。

初开酒禁，增民税米，口五石。

秦吕光行越流沙三百余里，焉耆等诸国等皆降，惟龟兹王帛纯拒之，婴城固守，光进军攻之。

秦王坚之入寇也，以乞伏国仁为前将军，领先锋骑；会国仁叔父步颓反于陇西，坚遣国仁还讨之。步颓闻之，大喜，迎国仁于路。国仁置酒，大言曰："苻氏疲民逞兵，殆将亡矣，吾当与诸君共建一方之业。"及坚败，国仁遂迫胁诸部，有不从者，击而并之，众至十余万。

慕容垂至安阳，遣参军田山修笺于长乐公丕。丕闻垂北来，疑其欲为乱，然犹身自迎之。赵秋劝垂于座取丕，因据邺起兵；垂不从。丕谋袭击垂，侍郎天水姜让谏曰："垂反形未著，而明公擅杀之，非臣子之义；不如待以上宾之礼，严兵卫之，密表情状，听敕而后图之。"丕从之，馆垂于邺西。

垂潜与燕之故臣谋复燕祚，会丁零翟斌起兵叛秦，谋攻豫州牧平原公晖于洛阳，秦王坚驿书使垂将兵讨之。石越言于丕曰："王师新败，民心未安，负罪亡匿之徒，思乱者众，故丁零一唱，旬日之中，众已数千，此其验也。慕容垂，燕之宿望，有兴复旧业之心，今复资之以兵，此为虎傅翼也。"丕曰："垂在邺如藉虎寝蛟，常恐为肘腋之变，今远之于外，不犹愈乎？且翟斌凶悖，必不肯为垂下，使两虎相毙，吾从而制之，此卞庄之术也。"乃以羸兵二千及铠仗之弊者给垂，又遣广武将军苻飞龙帅氐骑一千为垂之副。密戒飞龙曰："垂为三军之帅，卿为谋垂之将，行矣，勉之！"

垂请入邺城拜庙，丕弗许，乃潜服而入；亭吏禁之，垂怒，斩吏烧亭而去。石越言于丕曰："垂敢轻侮方镇，杀吏烧亭，反形已露，可因此除之。"丕曰："淮南之败，垂侍卫乘舆，此功不可忘也。"越曰："垂尚不忠于燕，安能尽忠于我？失今不取，必为后患。"丕不从。越退，告人曰："公父子好为小仁，不顾大计，终当为人擒耳。"

垂留慕容农、慕容楷、慕容绍于邺，行之安阳之汤池，闵亮、李毗自邺来，以丕与苻飞龙所谋告垂。垂因激怒其众曰："吾尽忠于苻氏，而彼专欲图吾父子，吾虽欲已，得乎？"乃托言兵少，停河内募兵，旬日间，有众八千。

平原公晖遣使让垂，趣使进兵。垂谓飞龙曰："今寇贼不远，当昼止夜行，袭其不意。"飞龙以为然。壬午，夜，垂遣世子宝将兵居前，少子隆勒兵从己，令氐兵五人为伍，阴与宝约，闻鼓声，前后合击氐兵及飞龙，尽杀之，参佐家在西者皆遣还，并以书遗秦王坚，言所以杀飞龙之故。

初垂从坚入邺，以其子麟屡尝告变于燕，立杀其母，然犹不忍杀麟，置之外舍，希得侍见。及杀苻飞龙，麟屡进策画，启发垂意，垂更奇之，宠待与诸子均矣。

慕容凤及燕故臣之子燕郡王腾、辽西段延等闻翟斌起兵，各帅部曲归之。平原公晖使武平武侯毛当讨斌。慕容凤曰："凤今将雪先王之耻，请为将军斩此氐奴。"乃擐甲直进，丁零之众随之，大败秦兵，斩毛当；遂进攻陵云台戍，克之，收万余人甲仗。

癸未，慕容垂济河焚桥，有众三万，留辽东鲜卑可足浑谭集兵于河内之沙城。垂遣田山如邺，密告慕容农等使起兵相应。时日已暮，农与慕容楷留宿邺中；慕容绍先出，至蒲池，盗丕骏马数百匹以待农、楷。甲申晦，农、楷将数十骑微服出邺，遂同奔列人。

【译文】

太元八年（癸未、383年）

夏，五月，桓冲率10万兵士进攻秦，攻打襄阳；派遣前将军刘波等人进攻沔北的数城；辅国将军杨亮进攻蜀，攻占了五座城，又进攻涪城；鹰扬将军郭铨进攻武当。六月，桓冲的其他将领攻打万岁和筑阳，攻下了。秦王苻坚派征南将军钜鹿公苻睿、冠军将军慕容垂等人统率步兵和骑兵共5万人，去救援襄阳，兖州刺史张崇去救援武当，后将军张蚝和步兵校尉姚苌去援救涪城；苻睿驻守在新野，慕容垂驻守在邓城。桓冲撤退驻扎在沔南。秋，七月，郭铨和冠军将军桓石虔在武当打败了张崇，抢掠了2000户的财物而回。钜鹿公苻睿派遣慕容垂担任前锋，进兵至沔水岸边。慕容垂在夜里命军士们每人把十个火把绑在树枝上，光亮可以照耀数10里之远。桓冲害怕，撤退回到上明。张蚝出兵到斜谷，杨亮领兵撤退。桓冲上奏表推荐他哥哥的儿子桓石民兼领襄城（一作阳）太守，驻守夏口。桓冲自己请求兼领江州刺史；朝廷下诏同意了他。

秦王苻坚下令大规模地出兵进攻晋朝，百姓每10个成年男子里面征召一个当兵；将那些勇敢、有才能，并且年龄在20岁以下家世清白的子弟，都任命为羽林郎（皇帝的禁卫军军官）。又说："我要任命司马昌明（即晋孝武帝）担任尚书左仆射，谢安为吏部尚书，桓冲做侍中；依形势看起来，我们一定很快就会胜利，因而这些人也必定被俘和我们一起回来，可以先帮他们盖好住宅。"家世清白的子弟们来报到的总共有3万多人，任命秦州主簿赵盛之做他们的都统。此时，朝廷的大臣们都不愿意苻坚出兵，只有慕容垂、姚苌和那些家世清白的子弟们支持他这样做。阳平公苻融劝苻坚说："鲜卑族的慕容垂和羌族的姚苌，都是我们的仇敌，经常想乘着变乱的时机，以达到他们的目的，他们所献的策略，怎么可以听从呢？那些富家子弟，不懂得军队的法规，只不过随便地说些谄媚奉承的话，以迎合陛下的心意。如今陛下听信他们的话而任用他们，轻率地发动这样重大的战争，我担心不但不能成功，而且还有后患，到那时后悔也来不及了。"苻坚又没有接受他的意见。

八月，戊午日（初二），苻坚派阳平公苻融率领张蚝、慕容垂等部下的步兵、骑兵共25万人担任前锋；派兖州刺史姚苌为龙骧将军，统领益州、梁州的军事。苻坚向姚苌说："从前我就是由做龙骧将军建立帝业的，这个职衔从来没有轻易地给过别人，如今给了你，希望你好好鼓励自己！"左将军窦冲说："君王不说开玩笑的话，这是不吉祥的征兆啊！"苻坚沉默着没有说话。

慕容楷、慕容绍向慕容垂说："苻坚骄傲自大已经到了极限，叔父建立中兴燕国的大业，就在这一次了。"慕容垂说："是的，但是除了你们，谁能和我共同完成这种大业呢？"

甲子日（初八），苻坚从长安出发，带领着兵车和步兵60多万，骑兵27万，旌旗战鼓遥遥相望，前后连起来，总共有1000里路长。九月，苻坚到达了河南项城，甘肃凉州的军队才抵达咸阳，四川、汉水地区的军队正沿着长江向东而行，幽州、冀州的军队已经到达了彭城，从东到西全长有1万多里，水陆两路并进，运粮的船只总共也有1万多艘。阳平公苻融等带领的30多万军队，首先来到了安徽的颍口。

晋朝任命尚书仆射谢石担任征虏将军、征讨大都督，派徐、兖二州刺史谢玄充当前锋都督，与辅国将军谢琰、西中郎将桓伊等共同率领8万人，迎击苻坚；命令龙骧将军胡彬率水军5000人，去援助寿阳。谢琰是谢安的儿子。

这时候，秦军声势浩大，京城里人人都很害怕。谢玄进去向谢安请示应敌的方案，谢安毫不惊慌地回答："朝廷已经另外有命令。"说完就一言不发了。谢玄不敢再问，就派遣张玄再去请示。谢安于是就吩咐准备车子，要到山林的别墅里游玩，亲戚朋友们也全都跟着聚集在这儿，谢安就拿别墅做赌注，和谢玄比赛下围棋。平时谢安的棋艺比谢玄差，但是这一天，谢玄心里恐惧，只是成为能力相当的敌手，而且还胜不了。下过棋，谢安就游山玩水，到深夜才回来。桓冲深深担心着京城的安危，就派3000名精锐的兵士返回保卫京师；谢安坚决不要，他说："朝廷已经安排好了，兵器和军队都不缺少，你应当留着这一部分兵力，以加强西边的防御力量。"桓冲感叹地对手下的人说："谢安石有宰相的宽大度量，但却不熟习将帅的韬略。现在强大的敌人即将到了，自己却一天到晚忙着游山玩水和朋友们闲谈，只派那些没有经验的小伙子去迎战敌人，而且兵士又少又弱，天下大事的成败，已经可以分晓了，我们将要被苻坚这些夷狄捉去，跟着他们穿左衽的衣服，成为亡国奴了。"

晋朝派琅邪王司马道子录尚书六条事。

冬，十月，秦阳平公苻融等进攻寿阳；癸酉日（十八日），攻占了寿阳城，抓住了平虏将军徐元喜等。苻融派他的参军河南人郭褒担任淮南太守。慕容垂也攻下了郧城。胡彬听说寿阳失守，于是退守硖石，苻融又向他进攻。秦的卫将军梁成等率领军队5万人驻扎在洛涧，在淮河边上用木头竖着编成栅栏，以防备晋兵从东面来进攻。谢石、谢玄的军队开到距离洛涧25里的地方就守在那里，害怕梁成，不敢前进。这时，胡彬军队的粮食已经吃完了，私下派遣使者告诉谢石他们说："现在贼人的气势很盛，我军队里的粮食又吃完了，恐怕无法再看到你们了！"没有想到胡彬的使者被秦人抓住了，送到阳平公苻融那里去。苻融立即派使者骑快马去报告秦王苻坚说："敌人的兵士少，容易消灭，恐怕他们会逃走，应当赶快进攻！"苻坚接到了这个消息，就把大军留在项城，亲自带领8000轻装的骑兵，加倍赶路，到寿阳和苻融在一起。派遣尚书朱序到晋的军营里，以"双方强弱的形势相差很远，不如立刻投降"为理由，劝说谢石等人。朱序却私自告诉谢石他们说："如果秦国的百万大军都到了，实在是很难和他们相战。现在乘着各路军队还没有到齐，应当立刻去攻击他们；假如打败了他们的前锋部队，那么他们的锐气就丧失了，就可以趁机把他们完全击溃。"

谢石听说苻坚在寿阳，非常恐惧，想不打仗，让秦兵自己丧失斗志。谢琰劝谢石听从朱序的建议。十一月，谢玄派遣广陵相刘牢之率领精兵5000人赶往洛涧，离洛涧还有十里的路程，秦的将领梁成已在洛涧对岸摆开阵势等待着他。牢之一直向前渡过涧水，进攻梁成，把他的军队打得大败，杀死了梁成和弋阳太守王咏；又另外分一部分兵力去断绝他们撤退的渡口，秦国的步兵、骑兵全部溃散，争着跳入淮水希望逃命的士兵，死亡的有1万5千人，俘虏了秦国的扬州刺史王

谢玄像

显等人，没收了他们的武器和粮草。这时候，谢石等诸路大军，由水陆二路继续前进。秦王苻坚和阳平公苻融登上寿阳城罙望，望见晋朝军队部署的阵势，非常整齐，又远远地看见八公山上的一草一木，都认为是晋朝的士兵，苻坚回头向苻融说："这也是强有力的敌人，那里能说他们弱呢？"心灰意冷，开始露出害怕的脸色。

秦军紧靠着淝水边摆下阵势，晋兵无法渡过。谢玄派遣使者对阳平公苻融说："你孤军深入，紧靠水边摆下阵势，这是长久相持的打算，而不是想要快速作战的样子。如果能够把阵势稍微向后移一移，让晋兵能够渡过河，和秦军一决胜败，不也是很好吗？"秦军的将领们都说："我们的兵多，他们的兵少，不如就这样阻止他们，让他们不能够过河，可以得到万分的安全。"苻坚说："只要带领军队稍微地向后移一移，让他们过河过到一半之际，我们就用精悍的骑兵追近而杀过去，没有不胜利的。"苻融也认为这样很好，因而就指挥部队向后移动。秦兵就这样向后退却，没有办法再停止下来，谢玄、谢琰、桓伊等趁机率军队渡过淝水，来攻打秦兵。苻融快马加鞭地巡行军阵，打算率领退却的兵士，不料马摔倒了，自己也摔在地上而被晋兵杀死了，秦军就完全溃散。谢玄等就乘胜追击，一直追到了青冈；秦军被打得一败涂地，自己的伙伴们互相践踏而死，尸骸布满了田野，堵塞了河流。那些逃走的士兵，听到风吹的声音和鹤叫的声音，都以为是晋兵到了，白天黑夜都不敢休息，也不敢走大路，只在荒草间的小路逃走。累了也不敢借住在百姓家里，只在露天底下睡觉，再加上饥饿和寒冷，死亡的一共有十分之七八。开始，秦国的军队稍稍向后有所退却的时候，朱序在军阵后面大叫："秦国的军队失败了！"所以兵士们就争着向后逃。朱序就趁机和张天锡、徐元喜投奔到晋的军营里来。没收了秦王苻坚所坐的云母车。又夺取了寿阳，捉住了秦国委派的淮南太守郭褒。

苻坚中了飞箭，一个人骑着马走到淮北，十分饥饿，有人用壶装着热汤浇过的冷饭和小猪腿送来让他吃，苻坚吃了以后，赐给他10匹帛，10斤绵。他推辞说："陛下把安乐当作苦事而厌恶安乐，自己遭受危险和困窘。我身为陛下的子民，陛下是我的君父，那里有做子民的供给君父食物而要求回报的呢？"看也没看帛和绵就走了。苻坚对张夫人说："我现在还有什么脸面去统治天下呢？"说完，眼泪不断地流下来。

这个时候，诸路军队全部溃散了，只有慕容垂所率领的3万名士兵，单独保全，苻坚带着1000多骑兵到他那儿去。慕容垂的世子慕容宝对慕容垂说："国亡家破（指燕被苻秦所灭）以后，无论是上天的大命，还是人心的倾向，都归附君王，但是时机还没有到，因而暂时隐藏在心里罢了。现在秦主的军队失败，他把自己的身体和命运都交给了我们，是上天给我们机会，要我们恢复燕的福祚，这个机会是不可以错过的，希望不要因为他对待我们的微小恩惠，而忘记了复兴国家的重大责任！"慕容垂说："你说得很对。然而他真诚地将自己的身体和命运都交给了我们，我们怎么能去害他？上天假如弃绝他，不怕他不灭亡。不如在他危险的时候保护他，以报答他对我们的恩惠，慢慢等待他有衅隙的时候，再对他采取行动，这样，既不辜负本来的心志，也可以义取得天下。"奋威将军慕容德说："秦强大的时候而吞并了燕，秦弱小的时候而去攻取他，这是报仇雪恨，并不是辜负本来的心志；哥哥为什么能够得到却不去攻取，把数万名的军队放下给了别人呢？"垂说："我从前不被太傅所容纳，无处可以安身，为了逃避死亡，而来到了秦国，秦主对待我像对待国士一样，后来又被王猛所出卖，自己没有办法使别人明白，只有秦主能够了解我，这种恩德怎么可以忘记呢？如果氏族的福祚穷尽，我当安抚聚集函谷关以东地区的兵士，以恢复祖先的基业罢了，函谷关以西的地方，将非我所有。"冠军行参军赵秋说："明公应当恢复燕国的基业，已经著明在图谶文中；如今上天给予的时机已经到了，还再等到什么时候？如果杀了秦主，占据邺都，打着军鼓向西进军，三秦（指函谷关以西地方）也就不属于苻氏所有了。"慕容垂的亲近和同党，大多数都劝慕容垂杀了苻坚，慕容垂都没有听从，并且把所有的军队都给了苻坚。平南将军慕容暐驻守在郧城，听说苻坚失败了，抛下了他的兵众逃走；到了荥阳，慕容德又劝慕容暐举兵恢复燕国的基业，暐不愿意听从。

谢安接到了军报，知道秦国的军队已经失败，那时他正在和客人下围棋，把军报收起来放在床上，脸上却没有露出一点欢喜的颜色，依旧下围棋。客人问他军报里写的是什么，他慢慢地回答说："小孩子们最终打败了贼人。"下完了棋，走回内室过门槛的时候，心里高兴得不觉把木屐底上的木齿都碰断了。

丁亥日（初二），谢石等回到建康，抓回了秦国的乐工，能够演奏古乐，因而宗庙里才开始设备了金钟、石磬的乐器。乙未日（初十），晋任命张天锡担任散骑常侍，朱序为琅邪内史。

秦王苻坚集结离散的兵众，等到洛阳的时候，有十几万人，文武官吏、仪仗器物、军队阵容，已略具规模。

慕容农对慕容垂说："父亲不在他人（指苻坚）危难的时候加以迫害，这种仁义的声闻，足以感动天地，我听秘记里记载说：'燕国的复兴，应当在河阳。'在果实还没成熟的时候采摘，和在它掉落下来的时候拾取，其时间，不过相差10天，然而摘取的困难和容易，果实的美好和不美，就相差太远了。"慕容垂心里很赞成他说的话，于是走到渑池的时候，就向苻坚说："北方边鄙的人民，听说朝廷的大军没有取得胜利，很容易相互煽动，我请奉承诏书去镇抚宣慰和召集他们，同时趁便去晋谒我祖父的陵庙。苻坚答应了他。权翼劝止说："国家的军队刚失败不久，四方的人都有离散的心理，应当征召聚集有名的将领，驻守在京师，以强固根本，同时镇压京师以外的地方。慕容垂的勇敢智略，都超过一般的人，世代称豪于东夏（时燕在中国东方，故称东夏），前些时候由于逃避祸乱来到了秦，他哪里只是想做一个冠军将军就算了呢？譬如饲养老鹰，它饿的时候就附从人，每当狂风到来的时候，常常有冲上霄汉的心志，正应该谨慎系好它的绳子，关紧它的笼子，怎么能够解脱放纵，任其所为呢？"苻坚说："你说得很对。然而我已经答应了他，平民还不可言而无信，何况是一国的国君呢？如果天命有一定的衰废和兴盛，本来也不是人的智慧和能力能够转移的。"权翼说："陛下重视个人的小信而忽略国家的安危，我看到他去而看不到他回来，函谷关以东的祸乱，从现在开始了。"苻坚没有听，派遣将军李蛮、闵亮、尹固统率兵士3000人去为慕容垂送行。又派遣骁骑将军石越统率精锐的士兵3000人，去戍守邺城，骠骑将军张蚝统帅羽林军5000人去驻守并州，镇军将军毛当统帅4000人去戍守洛阳。权翼秘密地派遣壮士在河桥南的空仓库里阻止慕容垂，垂心里怀疑，就从凉马台乘坐用芦苇、高粱秆等编结成的小筏渡河，让典军程同穿着自己的衣服，骑着自己的马，和僮仆走河桥。权翼预先埋伏的兵士发箭，程同驰马而过，才得以逃脱。

十二月，秦王苻坚回到长安，哭祭了阳平公（苻融）以后，才进宫，赠苻融谥号叫哀公。大赦境内，免除了死于国事者家的田赋和徭役。

庚午日（十五日），朝廷大赦天下，派谢石担任尚书令。进封谢玄的爵位为将军；谢玄坚决推让，不肯接受。

谢安的女婿王国宝是王坦之的儿子；谢安讨厌他的做人态度，常常贬抑他而不重用他，任命他做尚书郎。国宝自以为出身于有声望的氏族，依照先例，只愿意担任吏部的职务，不愿意担任其他各曹（汉以来尚书分曹，担任曹务的叫做尚书郎。晋制尚书分35曹，置郎23人，而以吏部最为清闲）的曹务，坚决推辞，不肯拜谢受命，因此忌恨谢安。王国宝的堂妹是会稽王司马道子的妃子，皇帝和道子都爱好喝酒，彼此接近亲昵而谄媚，国宝就向道子说谢安的坏话，让他乘机离间皇帝对谢安的信任。谢安的功劳和声名大了以后，那些邪僻求做官的人，大多都诽谤谢安，皇帝于是就渐渐对他疏远和有所顾忌。

开始解除禁酒的命令，增加人民纳税的米，每1口5石。

秦国的吕光走过流沙300多里，焉耆等国都来投降。只有龟兹王帛纯拒绝了他，围绕着城严加防守，吕光就进军攻击。

秦王苻坚入侵晋朝的时候，派乞伏国仁担任前锋将军，率先锋的骑兵；适逢国仁的叔父步颓在陇西反叛，苻坚派遣国仁回去征讨（国仁，代司繁镇的勇士）。步颓听到了这个消息，十分高兴，就到路上去迎接国仁。国仁摆设酒菜感谢他们的时候，大声地说："苻氏疲劳人民，用尽兵力，大概快灭亡了，我要和各位共同建立一方的大业。"等到苻坚失败以后，国仁就胁迫各部服从自己，对于不服从的，就攻打而兼并他，兵众达到十几万。

慕容垂到了安阳，派参军田山修书札给长乐公苻丕。苻丕听说慕容垂北来，怀疑他要反叛，然而还亲自去迎接他。赵秋劝慕容垂在座位上诛杀苻丕，因而占据邺城起兵；慕容垂没有听从。苻丕计划乘慕容垂不防备的时候去攻打他，侍郎天水人姜让劝谏说："慕容垂反叛的形状，还没有明显，而你擅自击杀他，不是做臣子者应该有的行为；不如以上宾的礼节对待他，多派兵卒严加防备，秘密地上奏说明他最近表现的情形，接到君王的诏令以后，再作打算。"苻丕听从了他的劝谏，招待慕容垂住在邺西的宾馆里。

慕容垂暗中和燕的旧臣计划恢复燕国，恰好碰到丁零翟斌举兵反叛秦国（丁零种落，本在中山，苻坚灭燕后，迁到新安），准备到洛阳攻击豫州牧平原公苻晖，秦王苻坚用军报命令慕容垂率领军队去征讨他。石越向苻丕说："朝廷的军队刚失败不久，人民的心里还没有安定，那些犯罪以及逃亡藏匿的人，想起来造反的很多，因而丁零一叫嚷，十天之内，兵众已经有数千人，这就是证明。慕容垂是燕国的元老，有复兴燕国基业的心志，现在又用军队去资助他，这正如给老虎加上羽翼一样，更加勇猛无敌了。"苻丕说："慕容垂在邺城，我们就像睡在猛虎和蛟龙的旁边一样，常常害怕祸乱发生在肘腋之间，现在远到外面去，不是更好吗？而且翟斌凶残悖逆，一定不肯屈居慕容垂之下，使他们两只老虎相互拼命，我借机把他们拿下，这是卞庄子的计划啊！"（卞庄子，春秋时鲁国卞邑大夫，卞庄子刺虎事，见《史记·陈轸传》）就把2000名羸弱的兵士和破旧的铠甲、器仗给了垂，又派广武将军苻飞龙统帅氐族的骑兵1000名，担任垂的副将。苻丕秘密地告诫飞龙说："垂是三军的统帅，你是除去垂的将领，去吧，好生努力地去作吧！"

慕容垂请求进入邺城拜谒祖庙，苻丕不答应，他就换了衣服悄悄进去；亭吏（即邺城的门亭长）禁止他进入，垂很生气，杀了亭吏，烧毁了亭子，接着走开。石越向苻丕说："垂敢轻视侮辱方镇（指苻丕），杀死亭吏，烧毁亭子，叛逆的形迹已经明显了，可以借这个理由除掉他。"苻丕说："淮南失败的时候，垂侍卫天子（指苻坚），这个功劳是不应该忘记的。"石越说："垂对他自己的燕国尚且不忠，怎么会对我们尽忠？假如失去了今天的时机不去攻取他，必定成为以后的祸患。"苻丕没有听从他的意见。石越退下后，告诉别人说："主公父子喜欢行小仁，不顾全国家大计，最终要被他人擒获罢了。"

慕容垂将慕容农、慕容楷和慕容绍留在邺城，当慕容垂经过安阳的汤池，闵亮、李毗从邺城来，把苻丕和苻飞龙的计划通知了慕容垂。慕容垂就借机激怒他的兵众说："我对苻氏竭尽忠诚，但他们却专想算计我们父子，我即使想要停止，能够吗？"就假托说军队太少，停留在河内招募兵士，10天之内，就集结了兵众千人。

平原公苻晖派使者责备慕容垂，催他立刻进军。慕容垂对苻飞龙说："现在寇贼距离我们不远，应当白天休息，晚上行军，乘他们不注意的时候去袭击。"飞龙认为很对。壬午日（二十七日），夜里，慕容垂派世子慕容宝率兵士在前面，少子慕容隆统率兵士跟随自己，命氐族的兵士，每5个人一起；暗地里和慕容宝约定，听到敲鼓的声音，前后夹击一同攻击氐族的兵士和苻飞龙，将他们全部杀死了，那些家住在西方的参佐都遣他们回去，同时写信给秦王苻坚，说杀死苻飞龙的原因。

刚开始，慕容垂跟着苻坚进入邺城的时候，因为他的儿子慕容麟曾经很多次向燕密告他反叛，慕容垂就立刻杀死了麟的母亲，然而还不忍心诛杀慕容麟，安置他在府第靠近外边的屋舍居住，很少有机会进侍和进见慕容垂。等到杀了苻飞龙以后，慕容麟屡次进献策略和计划，颇合慕容垂的心意，慕容垂更加觉得他不平凡，就对他和其他几个儿子一样地宠爱了。

慕容凤和燕旧臣的儿子燕郡人王腾、辽西人段延等，听说翟斌起兵反叛，就各人率领自己的部队去投奔他。平原公苻晖命武平侯毛当去征讨翟斌。慕容凤说："凤今天要洗雪先王的耻辱，请代将军（指慕容垂）诛杀这个

慕容垂像

氐奴。"就穿上铠甲，一直前进，丁零族的兵众，跟随着他，把秦兵打得大败，诛杀了毛当；接着就去攻打陵云台戍守的士兵，攻下了，没收了1万多人的铠甲和器仗。

癸未日（二十八日），慕容垂渡过黄河，毁了桥梁，共有兵众3万人，留下辽东的鲜卑人可足浑谭在河内的沙城招募兵士。慕容垂派田山前往邺城，秘密地告诉慕容农等人令他们起兵相接应。那时太阳已经落山，慕容农和慕容楷留任在邺城中，慕容绍先出去，到蒲池盗窃苻丕的骏马几百匹以等待农和楷。甲申晦日（二十九日），慕容农和慕容楷率几十个骑兵，改换平民的衣服出了邺城，就和慕容绍一同跑到列人县（在邺城东北）。

晋纪三十三　安皇帝丙
隆安三年（己亥、399年）

乌孤谓群臣曰："陇右、河西，本数郡之地，遭乱，分裂至十余国，吕氏、乞伏氏、段氏最强，今欲取之，三者何先？"杨统曰："乞伏氏本吾之部落，终当服从。段氏书生，无能为患，且结好于我，攻之不义。吕光衰耄，嗣子微弱，纂、弘虽有才而内相猜忌，若使浩亹、廉川乘虚迭出，彼必疲于

奔命，不过二年，兵劳民困，则姑臧可图也。姑臧举，则二寇不待攻而服矣。"乌孤曰："善！"

二月，丁亥朔，魏军大破高车三十余部，获七万余口，马三十余万匹，牛羊百四十余万头。卫王仪别将三万骑绝漠千余里，破其七部，获二万余口，马五万余匹，牛羊二万余头。高车诸部大震。

林邑王范达陷日南、九真，遂寇交趾，太守杜瑗击破之。

庚戌，魏征虏将军庾岳破张超于勃海，斩之。

段业即凉王位，改元天玺；以沮渠蒙逊为尚书左丞，梁中庸为右丞。

甲子，珪分尚书三十六曹及外署，凡置三百六十曹，令八部大夫主之。吏部尚书崔宏通署三十六曹，如令、仆统事。置五经博士，增国子太学生员合三千人。

珪问博士李先曰："天下何物最善，可以益人神智？"对曰："莫若书籍。"珪曰："书籍凡有几何，如何可集？"对曰："自书契以来，世有滋益，以至于今，不可胜计。苟人主所好，何忧不集？"珪从之，命郡县大索书籍，悉送平城。

初，秦王登之弟广帅众三千依南燕王德，德以为冠军将军，处之乞活堡。会荧惑守东井，或言秦当复兴，广乃自称秦王，击南燕北地王钟，破之。是时，滑台孤弱，土无十城，众不过一万，钟既败，附德者多去德而附广。德乃留鲁阳王和守滑台，自帅众讨广，斩之。

燕主宝之至黎阳也，鲁阳王和长史李辩劝和纳之，和不从。辩惧，故潜引晋军至管城，欲因德出战而作乱。既而德不出，辩愈不自安。及德讨苻广，辩复劝和反，和不从，辩乃杀和，以滑台降魏。魏行台尚书和跋在邺，帅轻骑自邺赴之，既至，辩悔之，闭门拒守。跋使尚书郎邓晖说之，辩乃开门内跋，跋悉收德宫人府库。德遣兵击跋，跋逆击，破之，又破德将桂阳王镇，俘获千余人。陈、颍之民多附于魏。

南燕右卫将军慕容云斩李辩，帅将士家属二万余口出滑台赴德。德欲攻滑台，韩范曰："向也魏为客，吾为主人；今也吾为客，魏为主人。人心危惧，不可复战，不如先据一方，自立基本，乃图进取。"张华曰："彭城，楚之旧都，可攻而据之。"北地王钟等皆劝德攻滑台。尚书潘聪曰："滑台四通八达之地，北有魏，南有晋，西有秦，居之未尝一日安也。彭城土旷人稀，平夷无险，且晋之旧镇，未易可取。又密迩江、淮，夏秋多水。乘舟而战者，吴之所长，我之所短也。青州沃野二千里，精兵十余万，左有负海之饶，右有山河之固，广固城曹嶷所筑，地形阻峻，足为帝王之都。三齐英杰，思得明主以立功于世久矣。辟间浑昔为燕臣，今宜遣辩士驰说于前，大兵继踵于后，若其不服，取之如拾芥耳。既得其地，然后闭关养锐，伺隙而动，此乃陛下之关中、河内也。"德犹豫未决。沙门竺朗素善占候，德使牙门苏抚问之，朗曰："敬览三策，潘尚书之议，兴邦之言也。且今岁之初，彗星起奎、娄，扫虚、危；彗者，除旧布新之象，奎、娄为鲁，虚、危为齐。宜先取兖州，巡抚琅邪，至秋乃北徇齐地，此天道也。"抚又密问以年世，朗以《周易》筮之曰："燕衰庚戌，年则一纪，世则及子。"抚还报德，德乃引师而南，兖州北鄙诸郡县皆降之。德置守宰以抚之，禁军士无得虏掠。百姓大悦，牛酒属路。

丙子，魏主珪遣建义将军庾真、越骑校尉奚斤击库狄、宥连、侯莫陈三部，皆破之，追奔至大峨谷，置戍而还。

己卯，追尊帝所生母陈夫人为德皇太后。

夏，四月，鲜卑叠掘河内帅户五千降于西秦。西秦王乾归以河内为叠掘都统，以宗女妻之。

甲午，燕大赦。

会稽王道子有疾，且无日不醉。世子元显知朝望去之，乃讽朝廷解道子司徒、扬州刺史。乙未，以元显为扬州刺史。道子醒而后知之，大怒，无如之何。元显以庐江太守会稽张法顺为谋主，多引树亲党，朝贵皆畏事之。

燕散骑常侍馀超、左将军高和等坐谋反，诛。

凉太子绍、太原公纂将兵伐北凉，北凉王业求救于武威王乌孤，乌孤遣骠骑大将军利鹿孤及杨轨救之。业将战，沮渠蒙逊谏曰："杨轨恃鲜卑之强，有窥窬之志，绍、纂深入，置兵死地，不可敌也。今不战则有泰山之安，战则有累卵之危。"业从之，按兵不战。绍、纂引兵归。

六月，乌孤以利鹿孤为凉州牧，镇西平，召车骑大将军達檀入录府国事。

会稽世子元显自以少年，不欲顿居重任；戊子，以琅邪王德文为司徒。

魏前河间太守卢溥帅其部曲数千家就食渔阳，遂据有数郡。秋，七月，己未，燕主盛遣使拜溥幽州刺史。

辛酉，燕主盛下诏曰："法例律，公侯有罪，得以金帛赎，此不足以惩恶而利于王府，甚无谓也。自今皆令立功以自赎，勿复输金帛。"

西秦丞相南川宣公出连乞都卒。

秦齐公崇、镇东将军杨佛嵩寇洛阳，河南太守陇西辛恭靖婴城固守。雍州刺史杨佺期遣使求救于魏常山王遵，魏主珪以散骑侍郎西河张济为遵从事中郎以报之。佺期问于济曰："魏之伐中山，戎士几何？"济曰："四十余万。"佺期曰："以魏之强，小羌不足灭也。且晋之与魏，本为一家，今既结好，义无所隐。此间兵弱粮寡，洛阳之救，恃魏而已。若其保全，必有厚报；若其不守，与其使羌得之，不若使魏得之。"济还报。八月，珪遣太尉穆崇将六万骑往救之。

初，魏奋武将军张衮以才谋为魏主珪所信重，委以腹心。珪问中州士人于衮，衮荐卢溥及崔逞，珪皆用之。

珪围中山久未下，军食乏，问计于群臣，逞为御史中丞，对曰："桑椹可以佐粮；飞鸮食椹而改音，诗人所称也。"珪虽用其言，听民以椹当租，然以逞为侮慢，心衔之。秦人寇襄阳，雍州刺史郗恢以书求救于魏常山王遵曰："贤兄虎步中原。"珪以恢无君臣之礼，命衮及逞为复书，必贬其主。衮、逞谓帝为"贵主"。珪怒曰："命汝贬之而谓之'贵主'，何如'贤兄'也？"逞之降魏也，以天下方乱，恐无复遗种，使其妻张氏与四子留冀州，逞独与幼子颐诣平城，所留妻子遂奔南燕。珪并以是责逞，赐逞死。卢溥受燕爵命，侵掠魏郡县，杀魏幽州刺史封沓干。珪谓衮所举皆非其人，黜衮为尚书令史。衮及阖门不通人事，惟手校经籍，岁余而终。

燕主宝之败也，中书令、民部尚书封懿降于魏。珪以懿为给事黄门侍郎、都坐大官。珪问懿以燕氏旧事，懿应对疏慢，亦坐废于家。

武威王秃发乌孤醉，走马伤肋而卒，遗令立长君。国人立其弟利鹿孤，谥乌孤曰武王，庙号烈祖。利鹿孤大赦，徙治西平。

南燕王德遣使说幽州刺史辟闾浑，欲下之；浑不从；德遣北地王钟帅步骑二万击之。德进据琅邪，徐、兖之民归附者十余万。德自琅邪引兵而北，以南海王法为兖州刺史，镇梁父。进攻莒城，守将任安委城走。德以潘聪为徐州刺史，镇莒城。兰汗之乱，燕吏部尚书封孚南奔辟闾浑，浑表为勃海太守；及德至，浑出降，德大喜曰："孤得青州不为喜，喜得卿耳！"遂委以机密。北地王钟传檄青州诸郡，谕以祸福。辟闾浑徙八千余家入守广固，遣司马崔诞戍薄（苟）固，平原太守张豁戍柳泉；诞、豁承檄皆降于德。浑惧，携妻子奔魏，德遣射声校尉刘纲追之，及于莒城，斩之。浑子道秀自诣德，请与父俱死。德曰："父虽不忠，而子能孝。"特赦之。浑参军张瑛为浑作檄，辞多不逊，德执而让之。瑛神色自若，徐曰："浑之有臣，犹韩信之有蒯通。通遇汉祖而生，臣遭陛下而死，比之古人，窃为不幸耳！"德杀之。遂定都广固。

燕李旱行至建安，燕主盛急召之，群臣莫测其故。九月，辛未，复遣之。李朗闻其家被诛，拥二千余户以自固；及闻旱还，谓有内变，不复设备，留其子养守令支，自迎魏师于北平。壬子，旱袭令支，克之，遣广威将军孟广平追及朗于无终，斩之。

秦主兴以灾异屡见，降号称王，下诏令群公、卿士、将牧、守宰各降一等；大赦，改元弘始。存问孤贫，举拔贤俊，简省法令，清察狱讼，守令之有政迹者赏之，贪残者诛之，远近肃然。

冬，十月，甲午，燕中卫将军卫双有罪，赐死。李旱还，闻双死，惧，弃军而亡，至板陉，复还归罪。燕主盛复其爵位，谓侍中孙勍曰："旱为将而弃军，罪在不赦。然昔先帝蒙尘，骨肉离心，公卿失节，惟旱以宦者忠勤不懈，始终如一，故吾念其功而赦之耳。"

辛恭靖固守百余日，魏救未至，秦兵拔洛阳，获恭靖。恭靖见秦王兴，不拜，曰："吾不为羌贼臣！"兴囚之，恭靖逃归。自淮、汉以北，诸城多请降，送任于秦。

魏主珪以穆崇为豫州刺史，镇野王。

会稽世子元显，性苛刻，生杀任意；发东土诸郡免奴为客者，号曰："乐属"，移置京师，以充兵役，东土嚣然苦之。

孙恩因民心骚动，自海岛帅其党杀上虞令，遂攻会稽。会稽内史王凝之，羲之之子也，世奉天师道，不出兵，亦不设备，日于道室稽颡跪咒。官属请出兵讨恩，凝之曰："我已请大道，借鬼兵守诸津要，各数万，贼不足忧也。"及恩渐近，乃听出兵，恩已至郡下。甲寅，恩陷会稽，凝之出走，恩执而杀之，并其诸子。凝之妻谢道蕴，奕之女也，闻寇至，举措自若，命婢肩舆，抽刀出门，手杀数人，乃被执。吴国内史桓谦、临海太守新蔡王崇、义兴太守魏隐皆弃郡走。于是会稽谢𬬮、吴郡陆瑰、吴兴丘尫、义兴许允之、临海周胄、永嘉张永等及东阳、新安凡八郡人，一时起兵，杀长吏以应恩，旬日之中，众数十万。吴兴太守谢邈、永嘉太守司马逸、嘉兴公顾胤、南康公谢明慧、黄门郎谢冲、张琨、中书郎孔道等皆为恩党所杀。邈、冲，皆安之弟子也。时三吴承平日久，民不习战，故郡县兵皆望风奔溃。

恩据会稽，自称征东将军，逼人士为官属，号其党曰"长生人"，民有不与之同者，戮及婴孩，死者什七、八。醢诸县令以食其妻子，不肯食者，辄支解之。所过掠财物，烧邑屋，焚仓廪，刊木，埋井，相帅聚于会稽，妇人有婴儿不能去者，投于水中，曰："贺汝先登仙堂，我当寻后就汝。"恩表会稽王道子及世子元显之罪，请诛之。

自帝即位以来，内外乖异，石头以南皆为荆、江所据，以西皆豫州所专，京口及江北皆刘牢之及广陵相高雅之所制，朝政所行，惟三吴而已。及孙恩作乱，八郡皆为恩有，畿内诸县，盗贼处处蜂起，恩党亦有潜伏在建康者，人情危惧，常虑窃发，于是内外戒严。加道子黄钺，元显领中军将军，命徐州刺史谢琰兼督吴兴、义兴军事以讨恩；刘牢之亦发兵讨恩，拜表辄行。

西秦以金城太守辛静为右丞相。

十二月，甲午，燕燕郡太守高湖帅户三千降魏。湖，泰之子也。

丙午，燕主盛封弟渊为章武公，虔为博陵公，子定为辽西公。

丁未，燕太后段氏卒，谥曰惠德皇后。

谢琰击斩许允之，迎魏隐还郡，进击丘尫，破之，与刘牢之转斗而前，所向辄克。琰留屯乌程，遣司马高素助牢之，进临浙江。诏以牢之都督吴郡诸军事。

初，彭城刘裕，生而母死，父翘侨居京口，家贫，将弃之。同郡刘怀敬之母，裕之从母也，生怀敬未期，走往救之，断怀敬乳而乳之。及长，勇健有大志。仅识文字，以卖履为业，好樗蒲，为乡闾所贱。刘牢之击孙恩，引裕参军事，使将数十人觇贼。遇贼数千人，即迎击之，从者皆死，裕坠岸下。贼临岸欲下，裕奋长刀仰斫杀数人，乃得登岸，仍大呼逐之，贼皆走，裕所杀伤甚众。刘敬宣怪裕久不返，引兵寻之，见裕独驱数千人，咸共叹息。因进击贼，大破之，斩获千余人。

初，恩闻八郡响应，谓其属曰："天下无复事矣，当与诸君朝服至建康。"既而闻牢之临江，曰："我割浙江以东，不失作句践！"戊申，牢之引兵济江，恩闻之曰："孤不羞走。"遂驱男女二十余万口东走，多弃宝物、子女于道，官军竞取之，恩由是得脱，复逃入海岛。高素破恩党于山阴，斩恩所署吴郡太守陆瑰、吴兴太守丘尪、余姚令吴兴沈穆夫。

东土遭乱，企望官军之至，既而牢之等纵军士暴掠，士民失望，郡县城中无复人迹，月余乃稍有还者。朝廷忧恩复至，以谢琰为会稽太守、都督五郡军事，帅徐州文武戍海浦。

以元显录尚书事。时人谓道子为东录，元显为西录；西府车骑填凑，东第门可张罗矣。元显无良师友，所亲信者率皆佞谀之人，或以为一时英杰，或以为风流名士。由是元显日益骄侈，讽礼官立议，以己德隆望重，既录百揆，百揆皆应尽敬。于是公卿以下，见元显皆拜。时军旅数起，国用虚竭，自司徒以下，日廪七升，而元显聚敛不已，富逾帝室。

殷仲堪恐桓玄跋扈，乃与杨佺期结昏为援。佺期屡欲攻玄，仲堪每抑止之。玄恐终为殷、杨所灭，乃告执政，求广其所统；执政亦欲交构，使之乖离，乃加玄都督荆州四郡军事，又以玄兄伟代佺期兄广为南蛮校尉。佺期忿惧。杨广欲拒桓伟，仲堪不听，出广为宜都、建平二郡太守。杨孜敬先为江夏相，玄以兵袭而劫之，以为咨议参军。

佺期勒兵建牙，声云援洛，欲与仲堪共袭玄。仲堪虽外结佺期而内疑其心，苦止之；犹虑弗能禁，遣从弟遹屯于北境，以遏佺期。佺期既不能独举，又不测仲堪本意，乃解兵。

仲堪多疑少决，咨议参军罗企生谓其弟遵生曰："殷侯仁而无断，必及于难。吾蒙知遇，义不可去，必将死之。"

【译文】
隆安三年（己亥、公元399年）

乌孤告诉群臣说："陇右、河西，原来是只有几个郡的地方，遭到战争，分裂成为十几个国家，吕氏、乞伏氏、段氏最强大，现在想要吞并他们，应该先攻打那一个？"杨统说："乞伏氏本来是我的范围，终究是要服从的。段氏是个书生，没有实力成为祸患，而且和我们关系友好，进攻他是不合仁义的。吕光老弱，继承的儿子幼小虚弱，吕纂、吕弘虽然有才干，而内部自相攻讦，如果派浩亹、廉川趁他们的不注意轮流攻击，他们一定疲于应付，不到两年的时间，军士疲惫，人民贫苦，那么姑臧就可以取得。姑臧取下来，其他两个敌寇不用等到去攻打，就会降服了。"乌孤说："很好。"

二月，丁亥朔日（初一），魏国军队大败高车30多个部落，夺得7万多人，马30多万匹，牛羊140多万头。卫王拓跋仪另外率领3万名骑兵穿过二千多里的沙漠，战胜他们7个部落，俘虏2万多人，取得马5万多匹，牛羊2万多头。高车各部大受震惊。

林邑王范达攻下日南、九真，于是侵占交趾，太守杜瑷把他击败了。

庚戌日（二十四日），魏国征虏将军庾岳在勃海击败张超，把他杀掉。

段业登上凉王的帝位，改年号为天玺；委命沮渠蒙逊为尚书左丞，梁中庸为右丞。

甲子日（初八），拓跋珪分开尚书为36个部曹和外署，一共设立360个部曹，要求8部大夫负责。吏部尚书崔宏全部管理36个部曹，如尚书令、尚书仆射统典36部曹一样。设立五经博士，增加国子太学生一共3000人。

拓跋珪问博士李先说："天下什么东西最好，可以提高人的智慧？"回答说："没有比得上书籍的。"拓跋珪说："书籍一共有多少？如何才能够收藏呢？"回答说："从有文字以来，每朝代都有增加。一直到今天，没有办法计算。如果君主喜欢，怎用担心不能收集呢？"拓跋珪接受他的意见，下令郡县大量搜集书籍，全部送到平城。

当初，秦王苻登的弟弟苻广带领3000名部属归附南燕王慕容德，慕容德任命他为冠军将军，把他安排在乞活堡。正巧火星出现在东井，有人传说秦国会复兴，苻广于是自称秦王，进攻南燕的北地王慕容钟，把慕容钟击败。当时，滑台衰弱，土地少，士兵不超过1万人，慕容钟既已灭亡，归附慕容德的人多离开慕容德而归顺苻广。慕容德于是留下鲁阳王慕容和保卫滑台，自己率领部属征讨苻广，把他杀死了。

燕国君主慕容宝到达黎阳的时候，鲁阳王慕容和的长史李辩规劝慕容和接受慕容宝，慕容和不接受。李辩担忧，因此暗中率领晋国军队到管城，打算利用慕容德出城作战而叛乱。后来慕容德不出战，李辩愈来愈不安。等到慕容德征讨苻广，李辩再劝慕容和叛乱，慕容和不应允，李辩因此杀死慕容和，以滑台投降魏国。魏国行台尚书和跋在邺城，带领轻快的骑兵从邺城前往。到达以后，李辩后悔，关闭城门抵抗。和跋派尚书郎邓晖向他游说，李辩才开城门让和跋进城，和跋收缴慕容德的全部宫女和财物。慕容德派兵进攻和跋，和跋加以抗击，把他打败，又击败慕容德的将领桂阳王慕容镇，捉获1000多人。陈郡、颍川的人民多半归顺于魏国。

拓跋珪像

南燕右卫将军慕容云杀掉李辩，率领将士的家属2万多人离开滑台，投奔慕容德。慕容德想要进攻滑台。韩范说："以前魏国是客人，我是主人；现在我是客人，魏国是主人。人民的心里都感到害怕，不能再战，不如先占领一个地方，自己建立根基，再图进取。"张华说："彭城是楚国的旧都城，可以去占领，把它占据。"北地王慕容钟等人劝说慕容德进攻滑台。尚书潘聪说："滑台是四方的中心，北边有魏国，南边有晋国，西边有秦国，占领那里没有一天能安宁。彭城土地辽阔，人口稀少，地方平坦没有险要，而且是晋朝的旧镇，不难取下来。又非常邻近长江、淮河，夏天和秋天的时候很多水，靠船打仗，这是吴国的长处，我国的不足。青州有肥沃的土地2000里，精良的士兵10多万人，左边有海滨的富饶，右边有山河的险固，广固城是曹嶷所修建，地形十分险要，足够成为帝王的都城。三齐（指山东）的英才能士，早就想要有个英明的君主在世上建立功业了。辟闾浑以前是燕国的臣子，现在应该派有口才的人先去游说，大军紧随在后面，如果他不归附，取他就像拾草芥一样轻易。既已得到这个地方，然后封锁关口，养精蓄锐，伺机再出动，这是陛下的关中、河内呀！"慕容德犹豫不决。有个和尚名叫竺朗，平时很精于占卜天候，慕容德派牙门苏抚去询问他，竺朗说：

"我很认真地研究三个计策,潘尚书的建议,是建国的言论。而且今年年初的时候,彗星出现在奎、娄(鲁、徐州),扫过虚、危(齐、青州);彗星是除旧布新的征兆,奎、娄是鲁,虚、危是齐。应该先夺取兖州,巡抚琅邪,到了秋天才向北占领齐地,这是天道。"苏抚又秘密探问享国的年限,竺朗用《周易》占卜,说:"燕国在庚戌年衰落,享年有一纪(十二年),世代可传到儿子。"苏抚回去禀告慕容德,慕容德于是率领军队向南,兖州北边偏远的各郡县都投降了。慕容德设立守宰安抚他们,平禁军士俘虏抢掠。老百姓非常高兴,牵牛持酒,犒劳士兵。

丙子日(二十日),魏国君主拓跋珪派建义将军庾真、越骑校尉奚斤进攻库狄、宥连、侯莫陈三个地方。都把他们击败,追赶到大峨谷,设置戍守然后撤兵。

己卯日(二十三日),追封皇帝的母亲亲生陈夫人为德皇太后。

夏季,四月,鲜卑人叠掘河内率领五千户人民向西秦归附。西秦王乞伏乾归把河内作为叠掘的都统,把宗室的女儿嫁他为妻。

甲午日(初九),赦免天下。

会稽王道子生病,而且天天喝醉酒。太子司马元显知道朝廷的声望已经没有了,于是讽谏朝廷免除道子司徒、扬州刺史的官职。乙未日(初十),任命元显为扬州刺史。道子酒醒以后才清楚,十分气愤,却毫无办法。元显以庐江太守会稽人张法顺为军师,多方面提拔自己的亲戚党羽,朝中的显贵,都害怕而事奉他。

燕国散骑常侍余超、左将军高和等人因为合谋造反的罪名,被杀。

凉国太子吕绍、太原公吕纂带领军队进攻北凉。北凉王段业向武威王乌孤求救,乌孤让骠骑大将军利鹿孤和杨轨去救援。段业准备抵抗,沮渠蒙逊劝谏说:"杨轨依靠鲜卑的强大,有窥伺机会的思想,吕绍、吕纂深入而来,把军队置于死地,不可阻挡。现在不作战就有泰山一样的安全,作战就有像累卵一样的危险。"段业接受他的意见,按住军队不战。吕绍、吕纂退兵回去。

六月,乌孤任命利鹿孤为凉州州牧,镇守西平,召令车骑大将军达檀到朝廷,掌管王府军国大事。

会稽世子元显因为自己年纪小,不愿意立刻承担重任;戊子日(初四),任命琅邪王德文为司徒。

魏国以前的河间太守卢溥，带领他的部属几千户，到渔阳寻找食粮，于是占领几个城郡。秋，七月，己未日（初五），燕国君主慕容盛委任使者拜卢溥为幽州刺史。

辛酉日（初七），燕国君主慕容盛下诏令说："国法过去的法规，公侯犯罪的时候，能够拿金帛来赎罪，这不能够惩罚罪恶，而方便了王府，实在没有道理。从今天开始，都要建立功绩才能自己赎罪，不可再用金帛。"

西秦丞相南川宣公出连乞都死。

秦国齐公苻崇、镇东将军杨佛嵩侵占洛阳，河南太守陇西人辛恭靖依城坚固防守。雍州刺史杨佺期派使者向魏国常山王拓跋遵求救，魏国君主拓跋珪任命散骑侍郎西河人张济为拓跋遵从事中郎去救援。杨佺期问张济说："魏国攻打中山，士兵有多少人呢？"张济说："有40多万人。"杨佺期说："以魏国的强盛，消灭小羌是没问题的。而且晋朝和魏国，本来是一家人，现在既然结为友好之邦，以道义来说，没有可以隐藏的事。这里兵力很少，粮食不多，能救洛阳的，只有魏国了。如果能够得到幸免，一定有很厚重的回报，如果不能守住，与其给羌人，不如给魏国。"张济回去报告。八月，拓跋珪派太尉穆崇带领6万名骑兵前往救援。

开始，魏国奋武将军张衮因为有拓跋珪，才能被魏国君主拓跋珪所宠信，把他当成最亲信的人。拓跋珪问张衮中原的读书人，张衮推荐卢溥和崔逞，拓跋珪都任用了。

拓跋珪围攻中山很久无法打下来，军队缺乏食粮，向群臣问计谋，御史中丞崔逞，回答说："桑葚（桑树的果实）可以成为粮食，飞的鸟吃了桑葚而改变鸣叫的声音，是诗人所赞扬的。"拓跋珪虽然采纳他的意见，让人民拿桑葚当作租粮，但是认为崔逞态度傲慢，心里怀恨。秦人侵占襄阳，雍州刺史郗恢写信向魏国常山王拓跋遵说："贤兄在中原掌大权。"拓跋珪因为郗恢没有君臣的礼节，命令张衮和崔逞给他回信，一定要责怪他的君主。张衮、崔逞称晋帝为贵主。拓跋珪很气愤地说："命令你们贬责他而称为'贵主'，这和'贤兄'哪个尊敬呢？"崔逞投靠魏国的时候，因为天下正在大乱，怕不再能够留下后代，教他的妻子张氏和4个儿子住在冀州，崔逞只和他最小的孩子崔颐到平城，所留下的妻子、小孩于是逃到南燕。拓跋珪同时拿这件事责怪崔逞，要崔逞自杀。卢溥接受燕国的爵命，侵占魏国的郡县，杀死魏国幽州刺史封沓干。拓跋珪认为张衮所推举的都不是合适的人，降张衮为尚书令史。张衮因此闭门，不和他人来往，只是亲自校勘书籍，一年多以后去世了。

燕国君主慕容宝战败的时候，中书令、民部尚书封懿投降魏国。拓跋珪任命封懿为给事黄门侍郎、都坐大官。拓跋珪问封懿燕国的旧事，封懿回答得很不得体，也被贬退在家里。

武威王秃发乌孤喝醉，骑马摔断胸部肋骨，死了，遗言要拥立年长的人为君主，国人拥立他弟弟利鹿孤，封乌孤谥号为武王，庙号为烈祖。利鹿孤大赦境内，迁移治所到西平。

南燕王慕容德派遣使者游说幽州刺史辟闾浑，想叫他投降，他不答应；慕容德派北地王慕容钟带领2万名步兵和骑兵进攻他。慕容德派兵把守琅邪，徐州、兖州归附的人民有10多万。慕容德从琅邪带领军队向北，任命南海王慕容法为兖州刺史，镇守梁父。发兵攻打莒城，守将任安丢城逃跑。慕容德以潘聪为徐州刺史，镇守莒城。兰汗叛乱的时候，燕国吏部尚书封孚向南投靠辟闾浑，辟闾浑奏表他为勃海太守；等慕容德到来，封孚出城投降，慕容德很高兴地说："我得到青州不算福，我很高兴得到你。"于是交给他机要的事情。北地王慕容钟传达军书给青州各郡，告诉他们祸福的道理。辟闾浑迁移8000多户，入城防守，派遣司马崔诞守卫薄荀固，平原太守张豁守卫柳泉；崔诞、张豁收到军书，都向慕容德归附。辟闾浑畏惧，携带他妻子儿女投奔魏国，慕容德派射声校尉刘纲追杀，在莒城追上，把他杀死。辟闾浑的儿子辟闾道秀，自己到慕容德住处，请求和父亲一起死。慕容德说："父亲虽然不忠，可是儿子能行孝。"特别释放他。辟闾浑的参军张瑛替辟闾浑写檄文，文辞有很多不谦虚的地方，慕容德把他抓起来，怪罪他。张瑛的神情脸色很轻松，慢慢地说："辟闾浑有我，就好像韩信的拥有蒯通。蒯通遇到汉高祖而获得生命，我遇到陛下而要被处死，比起古人，我暗中认为不幸罢了。"慕容德把他杀掉。定都于广固。

燕国李旱到建安，燕国君主慕容盛急忙召令他回来，群臣弄不清是什么原因。九月，辛未日（十八日），又派他出去。李朗听说他的家族全部被杀，集合2000多户人家自己保护；等到听说李旱回去，认为有内部的叛乱，不再加以防范，留下他儿子李养驻守令支，自己到北平迎接魏国的军队。壬子日，李旱攻击令支，把它占领了。派广威将军孟广平在无终追上李朗，把他杀掉。

秦国君主姚兴由于常常出现灾祸，降尊号自称为王，下令群公、卿士、将牧、守宰各自降一等级；赦免境内，改年号为弘始。存恤慰问贫苦，选拔贤才，简化法令，公开审察讼案，守宰有良好政绩的，就得到赏赐。贪心残暴的，就被处死，远近的地方因此肃然整齐。

冬，十月，甲午日（十一日），燕国中卫将军卫双犯法，赐他自杀。李旱回来，听说卫双已死，心里恐惧，抛弃军队逃亡，到了板陉，又归来认罪。燕国君主慕容盛恢复他的爵位，告诉侍中孙勍说："李旱当将军而离开军队，他的罪是不能赦免的。可是从前先帝遭遇危难，公卿失去节守，只有李旱以一个宦官的身份，忠心不二，从头到尾都一样，所以我怀念他的功劳而赦免他呀！"

辛恭靖坚持防守100多天，魏国救兵还没到达，秦国军队占领洛阳，俘虏辛恭靖。辛恭靖看见秦王姚兴，不肯跪下，说："我不做羌贼的臣子。"姚兴把他关起来，他逃走了。从淮河、汉水以北的地方，各城多要求投降，送担保的人给秦国。

魏国君主拓跋珪委命穆崇为豫州刺史，镇守野王。

会稽太子元显，性情很残暴，要使一个人生死，全凭自己的心意，发动东方的几个郡，免除奴户成为客户，乐意从属的人，迁徙安置在京师，来补充兵役，东土的人民，深以为苦。

孙恩利用民心的混乱，从海岛率领他的党徒杀死上虞的县令，于是进攻会稽。会稽内史王凝之是王羲之的儿子，世代信奉天师道，不抵抗，也不加以防备，整天在道室求神拜佛，官衙请求出兵讨伐孙恩，王凝之说："我已经请到得道的人，借调鬼兵守住各个要道，各有数万人，盗贼来了，不值得担心。"等到孙恩接近，才让出兵，孙恩已经到了郡城下面。甲寅日，孙恩攻陷会稽，王凝之逃走，孙恩把他抓到杀了，他的几个儿子也被杀死。王凝之的妻子谢道蕴，听到敌人来了，举止很自然，命令婢女抬上轿子，抽出刀子，亲手杀死几个人，才被抓到。吴国内史桓谦、临海太守新秦人王崇、义兴太守魏隐都弃城逃跑。因此会稽的谢鍼、吴郡的陆瑰、吴兴的丘尪、义兴的许允之、临海的周胄、永嘉的张永等人，和东阳、新安，一共八郡的人民，共同起兵，杀死长史以响应孙恩，不久，军队达几十万人。吴兴太守谢邈、永嘉太守司马逸、嘉兴公顾胤、黄门郎谢冲、张琨、中书郎孔道等人都被孙恩的党徒杀害。谢邈、谢冲都是谢安的侄子。当时，三吴天下太平，人民不熟习战事，所以郡县的士兵，闻风而败。

孙恩据守会稽，自己称为征东将军，逼迫士人做他的僚属，称他的党徒为"长生人"，人民有不听从他的，连婴孩都一起诛杀，被杀死的人占十分之七八。把各个县令做成肉酱给他们的妻子吃，不肯吃的，往往把她们的肢体支解。所经过的地方，抢劫人民的财物，烧毁房屋，伐树塞于井中，使人民不能打水，驱赶人民聚在会稽，妇人如果有婴儿而不能去的，就把婴儿淹死，说："恭喜你先一步登上仙堂，我会随后就来。"孙恩奏表会稽王道子和世子元显的罪状，要求处死他们。

从安帝登上帝位以来，朝廷内外众叛亲离，石头以南的地方都被荆州、江州所据有，以西都是豫州所专属，京口和江北都是刘牢之和广陵守宰高雅之所牵制，朝廷政令所到的地方，只有三吴而已。等到孙恩叛乱，八郡都是孙恩所有，京畿内各县，盗贼纷纷兴起，孙恩的党徒也有暗中进入建康的，人心非常恐惧，非常担心盗贼，因此朝廷内外都严加防备。加道子黄钺，元显兼领中军将军，命令徐州刺史谢琰兼督吴兴、义兴军事以征讨孙恩；刘牢之也发动军队讨伐孙恩，呈上奏表，没有回音，就启行了。

西秦任命金城太守辛静为右丞相。

十二月，甲午日（十二日），燕国燕郡太守高湖率领3000户人民归附魏国。高湖是高泰的儿子。

丙午日（二十四日），燕国君主慕容盛封他弟弟慕容渊为章武公，慕容虔为博陵公，他儿子慕容定为辽西公。

丁未日（二十五日），燕国太后段氏逝世，谥号为惠德皇后。

谢琰杀掉许允之，迎接魏隐回郡城，进兵攻击丘尪，把他击败，和刘牢之辗转战斗，所到的地方，都获得胜利。谢琰留下来屯守乌程，派遣司马高素帮助刘牢之，进兵接近浙江。诏令刘牢之统领吴郡所有的军事。

开始，彭城人刘裕，生下来的时候，母亲就死了，父亲刘翘住在京口，家里很穷，准备把他抛弃。同郡刘怀敬的母亲，是刘裕的姨母，生刘怀敬还不到一年，前去救助刘裕，断绝刘怀敬的奶，而喂刘裕。等到刘裕长大以后，勇猛，有远大的志向。他识字少，以卖鞋子作为职业，喜好掷骰子，被村里的人看不起。刘牢之进攻孙恩，推荐刘裕为参军事，派他率领几十个人去侦察敌情。遇到几千名敌人，立即迎上去交战，跟随的人都战死了，刘裕跌到河岸的下面。敌人站在岸上打算下去，刘裕奋举长刀仰头砍杀几个人，才爬上河岸。大声呼叫，驱赶敌人，敌人都逃跑了，刘裕所杀伤的敌人很多。刘敬宣奇怪刘裕为什么很久没有回来，带兵去寻找，看见刘裕一个人击败几千人，大家都很佩服。因此进攻敌人，把敌人打得大败，杀死及俘虏1000多人。

当初，孙恩听说八郡的人都跟从他，告诉他的部属说："天下不会再有战斗了，我要和各位一同穿着朝服到建康。"后

刘裕像

来听说刘牢之到达江上，说："我占有浙江以东的地方，也可以做越王勾践。"戊申日（二十六日），刘牢之带兵渡过长江，孙恩听了之后，说："我不以逃走为耻辱。"于是驱赶男女20多万人向东走，抛弃很多宝物、女子在道路上，官军竞相拾取，孙恩因此可以逃入海岛。高素在山阴打败孙恩的党徒，杀掉孙恩所设置的吴郡太守陆瓌、吴兴太守丘尫、余姚令吴兴人沈穆夫。

东方土地遭到兵乱，期望军队的到达。后来，刘牢之放纵军纪，人民都很失望，郡县城里不再有人迹，一个多月以后才有回来的人。朝廷担心孙恩又来，任命谢琰为会稽太守、都督五郡军事，率领徐州的文武官吏戍守海边。

以元显领尚书事。当时的人说道子是东录（道子住在东府，录尚书事），元显是西录（元显住在西府，录尚书事）；西府的车骑很多。元显没有好的师友，他所亲信的人都是小人，有的认为他是一时的英杰，有的认为他是潇洒风流的名士。因此，元显一天比一更加骄横，讽劝掌管礼制的官，由于自己的德业很高，既然是总管百官，百官都应该全部尊敬他，看见元显都要下拜。当时，军事发动好几次，国库已经空虚，从司徒以下，每天只有7升的粮食，而元显不断的聚敛财富，富可敌国。

殷仲堪怕桓玄骄横，于是和杨佺期联姻作为援助。杨佺期多次想要攻打桓

玄，殷仲堪每次都阻止他。桓玄恐怕最后会被殷仲堪、杨佺期杀死，于是告诉朝廷当局，要求扩大他所统领的地域；朝廷也想使他们互相怨仇，于是增加桓玄都督荆州四郡军事，又任命桓玄的哥哥桓伟代替杨佺期的哥哥杨广为南蛮校尉。杨佺期十分生气。杨广想要抵拒桓伟，殷仲堪不听他的意见，派杨广担任宜都、建平二郡的太守。杨孜敬起先是江夏的守宰，桓玄派兵袭击，把他捉了过来，担当谘议参军。

杨佺期部署军队，声称是支援洛阳，实际是想要和殷仲堪一同袭击桓玄。殷仲堪虽然表面是联合杨佺期，而内心对他很猜疑，苦苦劝阻他，还担心不能阻止，派遣他堂弟殷衍驻兵在北面的边境，以遏制杨佺期。杨佺期既然不能单独举事，又猜不出殷仲堪的意图，因此解除兵力。

殷仲堪常常怀疑别人，而很少能够有决定，谘议参军罗企生告诉他弟弟罗遵生说："殷侯为人仁慈而犹疑，一定会受到大难。我蒙受知心的礼遇，从道义的立场，一定会为他而死。"

晋纪三十七　安皇帝庚
义熙六年（庚戌、410年）

春，正月，魏长孙嵩将兵伐柔然。

魏主嗣以郡县豪右多为民患，悉以优诏征之。民恋土不乐内徙，长吏逼遣之，于是无赖少年逃亡相聚，所在寇盗群起。嗣引八公议之曰："朕欲为民除蠹，而守宰不能绥抚，使之纷乱。今犯者既众，不可尽诛，吾欲大赦以安之，何如？"元城侯屈曰："民逃亡为盗，不罪而赦之，是为上者反求于下也，不如诛其首恶，赦其余党。"崔宏曰："圣王之御民，务在安之而已，不与之较胜负也。夫赦虽非正，可以行权。屈欲先诛后赦，要为两不能去，曷若一赦而遂定乎？赦而不从，诛未晚也。"嗣从之。二月，癸未朔，遣将军于栗䃅将骑一万讨不从命者，所向皆平。

南燕贺赖卢、公孙五楼为地道出击晋兵，不能却。城久闭，城中男女病脚弱者太半，出降者相继。超辇而登城，尚书悦寿说超曰："今天助寇为虐，战士凋瘵，独守穷城，绝望外援，天时人事亦可知矣。苟历数有终，尧、舜避位，陛下岂可不思变通之计乎？"超叹曰："废兴，命也。吾宁奋剑而死，不能衔璧而生！"

丁亥，刘裕悉众攻城。或曰："今日往亡，不利行师。"裕曰："我往彼亡，何为不利！"四面急攻之。悦寿开门纳晋师，超与左右数十骑逾城突围出走，追获之。裕数以不降之罪，超神色自若，一无所言，惟以母托刘敬宣而已。

裕忿广固久不下，欲尽坑之，以妻女赏将士。韩范谏曰："晋室南迁，中原鼎沸，士民无援，强则附之，既为君臣，必须为之尽力。彼皆衣冠旧族，先帝遗民；今王师吊伐而尽坑之，使安所归乎？窃恐西北之人无复来苏之望矣。"裕改容谢之，然犹斩王公以下三千人，没入家口万余，夷其城隍，送超诣建康，斩之。

初，徐道覆闻刘裕北伐，劝卢循乘虚袭建康，循不从。道覆自至番禺说循曰："本住岭外，岂以理极于此，传之子孙邪？正以刘裕难与为敌故也。今裕顿兵坚城之下，未有还期，我以此思归死士掩击何、刘之徒，如反掌耳。不乘此机而苟求一日之安，朝廷常以君为腹心之疾；若裕平齐之后，息甲岁余，以玺书征君，裕自将屯豫章，遣诸将帅锐师过岭，虽复以将军之神武，恐必不能当也。今日之机，万不可失。若先克建康，倾其根蒂，裕虽南还，无能为也。君若不同，便当帅始兴之众直指寻阳。"循甚不乐此举，而无以夺其计，乃从之。

初，道覆使人伐船材于南康山，至始兴，贱卖之，居人争市之，船材大积而人不疑，至是，悉取以装舰，旬日而办。循自始兴寇长沙，道覆寇南康、庐陵、豫章，诸守相皆委任奔走。道覆顺流而下，舟械甚盛。时克燕之问未至，朝廷急征刘裕。裕方议留镇下邳，经营司、雍，会得诏书，乃以韩范为都督八郡军事、燕郡太守，封融为勃海太守，檀韶为琅邪太守；戊申，引兵还。韶，祗之兄也。久之，刘穆之称范、融谋反，皆杀之。

安成忠肃公何无忌自寻阳引兵拒卢循。长史邓潜之谏曰："国家安危，在此一举。闻循兵舰大盛，势居上流，宜决南塘，守二城以待之，彼必不敢舍我远下。蓄力养锐，俟其疲老，然后击之，此万全之策也。今决成败于一战，万一失利，悔将无及。"参军殷阐曰："循所将之众皆三吴旧贼，百战余勇，始兴溪子，拳捷善斗，未易轻也。将军宜留屯豫章，征兵属城，兵至合战，未为晚也；若以此众轻进，殆必有悔。"无忌不听。三月，壬申，与徐道覆遇于豫章，贼令强弩数百登西岸小山邀射之。会西风暴急，飘无忌所乘小舰向东岸。贼乘风以大舰逼之，众遂奔溃。无忌厉声曰："取我苏武节来！"节至，执以督战。贼众云集，无忌辞色无挠，握节而死。于是中外震骇。

　　傉檀自将五万骑伐蒙逊。战于穷泉，傉檀大败，单马奔还。蒙逊乘胜进围姑臧，姑臧人惩王钟之诛，皆惊溃，夷、夏万余户降于蒙逊。傉檀惧，遣司隶校尉敬归及子佗为质于蒙逊以请和，蒙逊许之；归至胡坑，逃还，佗为追兵所执，蒙逊徙其众八千余户而去。右卫将军折掘奇镇据石驴山以叛。傉檀畏蒙逊之逼，且惧岭南为奇镇所据，乃迁于乐都，留大司农成公绪守姑臧。傉檀才出城，魏安人侯谌等闭门作乱，收合三千余家，据南城，推焦朗为大都督、龙骧大将军，谌自称凉州刺史，降于蒙逊。

　　刘裕至下邳，以船载辎重，自帅精锐步归。至山阳，闻何无忌败死，虑京邑失守，卷甲兼行，与数十人至淮上，问行人以朝廷消息。行人曰："贼尚未至，刘公若还，便无所忧。"裕大喜。将济江，风急，众咸难之。裕曰："若天命助国，风当自息；若其不然，覆溺何害？"即命登舟，舟移而风止。过江，至京口，众乃大安。夏，四月，癸未，裕至建康。以江州覆没，表送章绶，诏不许。

　　青州刺史诸葛长民、兖州刺史刘藩、并州刺史刘道怜各将兵入卫建康。藩，豫州刺史毅之从弟也。毅闻卢循入寇，将拒之而疾作；既瘳，将行，刘裕遗毅书曰："吾往习击妖贼，晓其变态。贼新获奸利，其锋不可轻。今修船垂毕，当与弟同举。克平之日，上流之任，皆以相委。"又遣刘藩往，谕止之。毅怒，谓藩曰："往以一时之功相推耳，汝便谓我真不及刘裕邪？"投书于地，帅舟师二万发姑孰。

　　循之初入寇也，使徐道覆向寻阳，循自将攻湘中诸郡。荆州刺史刘道规遣军逆战，败于长沙。循进至巴陵，将向江陵。徐道覆闻毅将至，驰使报循曰："毅兵甚盛，成败之事，系之于此，宜并力摧之；若此克捷，江陵不足忧也。"循即日发巴陵，与道覆合兵而下。五月，戊午，毅与循战于桑落洲，毅兵大败，弃船，以数百人步走，余众皆为循所虏，所弃辎重山积。

　　初，循至寻阳，闻裕已还，犹不信，既破毅，乃得审问，与其党相视失色。循欲退还寻阳，攻取江陵，据二州以抗朝廷。道覆谓宜乘胜径进，固争之。循犹豫累日，乃从之。

己未，大赦。裕募人为兵，赏之同京口赴义之科。发民治石头城。议者谓宜分兵守诸津要，裕曰："贼众我寡，若分兵屯守，则测人虚实；且一处失利，则沮三军之心。今聚众石头，随宜应赴，既令彼无以测多少，又于众力不分。若徒旅转集，徐更论之耳。"

朝廷闻刘毅败，人情恟惧。时北师始还，将士多创病，建康战士不盈数千。循既克二镇，战士十余万，舟车百里不绝，楼船高十二丈，败还者争言其强盛。孟昶、诸葛长民欲奉乘舆过江，裕不听。初，何无忌、刘毅之南讨也，昶策其必败，已而果然。至是，又谓裕必不能抗循，众颇信之，惟龙骧将军东海虞丘进廷折昶等，以为不然。中兵参军王仲德言于裕曰："明公命世作辅，新建大功，威震六合，妖贼乘虚入寇，既闻凯还，自当奔溃。若先自遁逃，则势同匹夫，匹夫号令，何以威物？此谋若立，请从此辞。"裕甚悦。昶固请不已，裕曰："今重镇外倾，强寇内逼，人情危骇，莫有固志；若一旦迁动，便自土崩瓦解，江北亦岂可得至？设令得至，不过延日月耳。今兵士虽少，自足一战。若其克济，则臣主同休；苟厄运必至，我当横尸庙门，遂其由来以身许国之志，不能窜伏草间苟求存活也。我计决矣，卿勿复言！"昶患其言不行，且以为必败，因请死。裕怒曰："卿且申一战，死复何晚？"昶知裕终不用其言，乃抗表自陈曰："臣裕北讨，众并不同，唯臣赞裕行计，致使强贼乘间，社稷危逼，臣之罪也。谨引咎以谢天下。"封表毕，仰药而死。

乙丑，卢循至淮口，中外戒严。琅邪王德文都督宫城诸军事，屯中堂皇，刘裕屯石头，诸将各有屯守。裕子义隆始四岁，裕使咨议参军刘粹辅之，镇京口。粹，毅之族弟也。

裕见民临水望贼，怪之，以问参军张劭，劭曰："若节钺未反，民奔散之不暇，亦何能观望？今当无复恐耳。"裕谓将佐曰："贼若于新亭直进，其锋不可当，宜且回避，胜负之事未可量也；若回泊西岸，此成禽耳。"

徐道覆请于新亭至白石焚舟而上，数道攻裕。循欲以万全为计，谓道覆曰："大军未至，孟昶便望风自裁；以大势言之，自当计日溃乱。今决胜负于一朝，乾没求利，既非必克之道，且杀伤士卒，不如案兵待之。"道覆以循多疑少决，乃叹曰："我终为卢公所误，事必无成；使我得为英雄驱驰，天下不足定也。"

裕登石头城望循军，初见引向新亭，顾左右失色；既而回泊蔡洲，乃悦。于是众军转集。裕恐循侵轶，用虞丘进计，伐树栅石头、淮口，修治越城，筑查浦、药园、廷尉三垒，皆以兵守之。

刘毅经涉蛮、晋，仅能自免，从者饥疲，死亡什七八。丙寅，至建康，待罪。裕慰勉之，使知中外留事。毅乞自贬，诏降为后将军。

魏长孙嵩至漠北而还，柔然追围之于牛川。壬申，魏主嗣北击柔然。柔然可汗社仑闻之，遁走，道死；其子度拔尚幼，部众立社仑弟斛律，号蔼豆盖可汗。嗣引兵还参合陂。

卢遁伏兵南岸，使老弱乘舟向白石，声言悉众自白石步上。刘裕留参军沈林子、徐赤特戍南岸，断查浦，戒令坚守勿动；裕及刘毅、诸葛长民北出拒之。林子曰："妖贼此言，未必有实，宜深为之防。"裕曰："石头城险，且淮栅甚固，留卿在后，足以守之。"林之，穆夫之子也。

庚辰，卢循焚查浦，进至张侯桥。徐赤特将击之，林子曰："贼声往白石而屡来挑战，其情可知。吾众寡不敌，不如守险以待大军。"赤特不从，遂出战；伏兵发，赤特大败，单舸奔淮北。林子及将军刘钟据栅力战，朱龄石救之，贼乃退。循引精兵大上，至丹阳郡。裕帅诸军驰还石头，斩徐赤特，解甲久之，乃出陈于南塘。

六月，以刘裕为太尉、中书监，加黄钺，裕受黄钺，余固辞。以车骑中军司马庾悦为江州刺史。悦，准之子也。

司马国璠及弟叔璠、叔道奔秦。秦王兴曰："刘裕方诛桓玄，辅晋室，卿何为来？"对曰："裕削弱王室，臣宗族有自修立者，裕辄除之；方为国患，甚于桓玄耳。"兴以国璠为扬州刺史，叔道为交州刺史。

卢循寇掠诸县无所得，谓徐道覆曰："师老矣，不如还寻阳，并力取荆州，据天下三分之二，徐更为建康争衡耳。"秋，七月，庚申，循自蔡洲南还寻阳，留其党范崇民将五千人据南陵。甲子，裕使辅国将军王仲德、广川太守刘钟、河间内史兰陵蒯恩、中军咨议参军孟怀玉等帅众追循。

刘裕还东府，大治水军，遣建威将军会稽孙处、振武将军沈田子帅众三千自海道袭番禺。田子，林子之兄也。众皆以为："海道艰远，必至为难，且分撤见力，非目前之急。"裕不从，敕处曰："大军十二月之交必破妖房，卿至时，先倾其巢窟，使彼走无所归也。"

谯纵遣侍中谯良等入见于秦，请兵以伐晋。纵以桓谦为荆州刺史，谯道福为梁州刺史，帅众二万寇荆州；秦王兴遣前将军苟林帅骑兵会之。

桓谦于道召募义旧，民投之者二万人。谦屯枝江，林屯江津，二寇交逼，江陵士民多怀异心。道规乃会将士告之曰："桓谦今在近道，闻诸长者颇有去就之计，吾东来文武足以济事；若欲去者，本不相禁。"因夜开城门，达晓不闭。众咸惮服，莫有去者。

雍州刺史鲁宗之帅众数千自襄阳赴江陵。或谓宗之情未可测，道规单马迎之，宗之感悦。道规使宗之居守，委以腹心，自帅诸军攻谦，水陆齐进。谦等大陈舟师，兼以步骑，战于枝江。檀道济先进陷陈，谦等大败。谦单舸奔苟林，道规追斩之。还，至涌口，讨林，林走，道规遣咨议参军临淮刘遵帅众追之。初，谦至枝江，江陵士民皆与谦书，言城内虚实，欲为内应；至是检得之，道规悉焚不视，众于是大安。

江州刺史庾悦以鄱阳太守虞丘进为前驱，屡破卢循兵，进据豫章，绝循粮道。九月，刘遵斩苟林于巴陵。

桓石绥因循入寇，起兵洛口，自号荆州刺史，徵阳令王天恩自号梁州刺史，袭据西城。梁州刺史傅韶遣其子魏兴太守弘之讨石绥等，皆斩之，桓氏遂灭。韶，畅之孙也。

西秦王乾归攻秦略阳、南安、陇西诸郡，皆克之，徙民二万五千户于苑川及枹罕。

甲寅，葬魏主珪于盛乐金陵，谥曰宣武，庙号烈祖。

刘毅固求追讨卢循，长史王诞密言于刘裕曰："毅既丧败，不宜复使立功。"裕从之。冬，十月，裕帅兖州刺史刘藩、宁朔将军檀韶、冠军将军刘敬宣等南击卢循，以刘毅临太尉留府，后事皆委焉。癸巳，裕发建康。

徐道覆率众三万趣江陵，奄至破冢。时鲁宗之已还襄阳，追召不及，人情大震。或传循已平京邑，遣道覆来为刺史，江、汉士民感刘道规焚书之恩，无复贰志。道规使刘遵别为游军，自拒道覆于豫章口，前驱失利；遵自外横击，大破之，斩首万余级，赴水死者殆尽，道覆单舸走还湓口。初，道规使遵为游军，众咸以为强敌在前，唯患众少，不应分割见力，置无用之地。及破道覆，卒得游军之力，众心乃服。

卢循兵守广州者不以海道为虞。庚戌，孙处乘海奄至，会大雾，四面攻之，即日拔其城。处抚其旧民，戮循亲党，勒兵谨守，分遣沈田子等击岭表诸郡。

刘裕军雷池。卢循扬声不攻雷池，当乘流径下；裕知其欲战，十二月，己卯，进军大雷。庚辰，卢循、徐道覆帅众数万塞江而下，前后莫见舳舻之际。裕悉出轻舰，帅众军齐力击之；又分步骑屯于西岸，先备火具。裕以劲弩射循军，因风水之势以蹙之。循舰悉泊西岸，岸上军投火焚之，烟炎涨天；循兵大败，走还寻阳。将趣豫章，乃悉力栅断左里；丙申，裕军至左里，不得进。裕麾兵将战，所执麾竿折，幡沉于水，众并怪惧。裕笑曰："往年覆舟之战，幡竿亦折，今者复然，贼必破矣。"即攻栅而进，循兵虽殊死战，弗能禁。循单舸走，所杀及投水死者凡万余人。纳其降附，宥其逼略，遣刘藩、孟怀玉轻军追之。循收散卒，尚有数千人，径还番禺；道覆走保始兴。裕版建威将军褚裕之行广州刺史。裕之，哀之曾孙也。裕还建康。刘毅恶刘穆之，每从容与裕言穆之权太重，裕益亲任之。

【译文】

义熙六年（庚戌、410年）

春，正月，魏国长孙嵩率领军队征讨柔然。

因为郡县的豪富常常成为人民的祸害，魏国君主拓跋嗣因此以优厚的条件全部诏令征调。人民怀念故里，不喜欢迁徙到内地，守宰所属的官员强迫他们迁走，不学好的少年聚集到一起，各地寇盗蜂起。拓跋嗣召见八公商议说："朕想要替人民除祸害，可是守宰令百姓不得安宁，造成祸乱。现在犯罪的人很多，不能全部杀掉，我想要举行大赦来安抚百姓，怎么样呢？"元城侯拓跋屈说："人民做强盗，不处罚他们的罪，而赦免他们，这是在上位的人反而向在下位的人屈服，不如诛灭为首作恶的人，而赦免残余的党徒。"崔宏说："圣王管理人民，务在安抚人民，不是和人民比较谁胜谁败。赦罪虽然不是正途，但可以是权宜之计。拓跋屈想要先杀首恶的人，然后赦免他们的残余，这是杀和赦二件事都不能排除，那还不如只要一件大赦就能安定百姓！赦罪以后，还不服从，再去诛杀，也还不晚。"拓跋嗣听从他的意见。二月，癸未朔日（初一），派将军于栗磾带领骑兵1万人征讨不听命令的人，所到的地方都平定。

南燕贺赖卢，公孙五楼挖地道出兵进攻晋兵，不能把晋兵打退。城长久关闭，城里的男女患有两脚发软毛病的，占了大半，出城投降的人相继不绝。慕容超坐车登城，尚书悦寿告诉慕容超说："现在上天帮助敌寇作恶，士兵凋敝劳瘁，独守在穷困的城里，外援已无希望，天时、人事的变化也可以知道。如果气数已经终了，尧、舜也得让位，陛下怎么可以不想个变通的计策呢？"慕容超叹息说："兴亡是天命。我宁愿自尽，也不能投降苟生。"

丁亥日（初五），刘裕用全部的兵力进攻城池。有人说："今天是往亡日，不利于军事行动。"刘裕说："我军前往，彼军败亡，怎么说是不利呢？"从四个方面很紧急的攻打。悦寿打开城门接受晋朝的军队，慕容超等数十人，骑马越过城墙，突出重围逃走，被追捕俘虏。刘裕责备他不肯投降，慕容超的神情很自然，一句话也不说，只是把母亲交托刘敬宣而已。

广固长久攻不下来，刘裕很生气，想要把士兵全部活埋，把妇女送给将士。韩范劝谏说："晋室向南迁移，中原混乱不定，士民没有援助，谁的力量强，就去依附谁。他们都是仕宦的旧族，先帝的遗民；现在王师前来讨伐，而把他们全部活埋，让别的人如何来归顺呢？如果这样，恐怕西北的人不会再有前来归顺的希望。"刘裕改变脸色向他道歉，但是还杀了王公以下3000人，籍没他们的家属1万多人，铲平城濠，把慕容超送到建康，把他杀了。

当初，徐道覆听说刘裕向北出兵，劝卢循乘机进攻建康。卢循不听从他的意见。于是徐道覆亲自到番禺，告诉卢循说："我们住在五岭以南的地方，难道是理该如此，并要把这种状况传给子孙吗？正因为刘裕很难和他为敌的原因。现在刘裕把军队停留在坚守的城池的下面，还不知回来的期限，我利用这里想回去的敢死勇士，袭击何无忌、刘毅这些人，易如反掌。不利用这个时机，而苟且贪求一时的平安，朝廷却把你当成心腹的祸害；如果刘裕平定齐国以后，休兵一年多，以天子的诏书征调你，刘裕自己带军驻守豫章，派众将带领勇锐的军队越过五岭，虽然再以将军的神武，恐怕一定不能抵挡。今天的机会，千万不能失去。如果先攻下建康，除掉他的根基，刘裕虽然回到南边，也不能有作为。你如果不答应，就应该率领始兴的部属直指寻阳。"卢循很不喜欢这个计划，可是又不能改变他的计划，只好接受他的意见。

当初，徐道覆派人在南康山采伐造船的木材，到了始兴，很便宜就卖掉。居民争着来买，造船的木材堆积很多而别人都没有怀疑，因此，全部用来制造船舰，10天就做好。卢循从始兴进攻长沙，徐道覆进攻南康、庐陵、豫章，各郡守宰都放弃职守逃跑。徐道覆顺着河流向下，船只器械很多。当时探听攻打燕国的情形的人还没有回来，朝廷就急着征调刘裕。刘裕正在商议留下镇守下邳，经营司、雍两地，正巧得到天子的诏书，于是任命韩范为都督八郡军事、燕郡太守，封融为勃海太守，檀韶为琅邪太守；戊申日（二十六日），退兵回去。檀韶是檀祗的哥哥。后来，刘穆之说韩范、封融企图造反，把他们二人都杀了。

安成忠肃公何无忌从寻阳率兵抵抗卢循。长史邓潜之劝谏说："国家的安危，就在这一次的行动。听说卢循的兵舰，大而且多，势力是在上流的地方，应该冲毁南塘，守住豫章、寻阳二城等待，他一定不敢丢下我们而到远的地方。养精蓄锐，等到他的军队已经疲惫，然后去攻击，这是万全的计策。现在以一场战争决定成败，万一失败，后悔将来不及。"参军殷阐说："卢循所率领的部属，都是三吴的旧贼，经过百战，还有一些勇气，徐道覆所统领的始兴士兵，善于作战，不可太大意。将军应该留守豫章，向所属的城征调军队，军队到了再通力作战，还不太晚；如果以现有的军队轻举地前进，恐怕一定会后悔。"何无忌不听从他们的意见。三月，壬申日（二十日），和徐道覆在豫章遭遇，贼兵命令数百名很会射箭的人登上西岸的小山拦射。正巧西风吹得很急，把何无忌所乘的小船吹向东岸。盗贼顺着风势用大的船舰包围他们，大军因此奔散逃溃。何无忌说："拿我的苏武节过来。"苏武节拿来以后，拿它来督战。贼兵很多聚集过来，何无忌毫无惧色，手握苏武节死了。因此朝廷内外都很震动，达檀自己率领5万名骑兵征讨沮渠蒙逊。在穷泉作战，达檀大败，一个人骑着马逃回去。沮渠蒙逊乘胜围攻姑臧，姑臧人以王钟的被杀为戒，都惊慌逃走，夷、夏1万多户向沮渠蒙逊投降。达檀很害怕，派司隶校尉敬归和他儿子佗给沮渠蒙逊做人质，向他求和，沮渠蒙逊同意了；敬归到了胡坑，逃回去，佗被追兵抓住，沮渠蒙逊迁移他的部属8000多户，然后离去。右卫将军折掘奇镇驻守石驴山背叛。达檀害怕沮渠蒙逊的逼迫，而且害怕岭南被奇镇占领，于是迁到乐都，留下大司农成公绪驻守姑臧。达檀才出城，魏安人侯谌等，闭门叛乱，集合3000多家，驻守南城，推举焦朗为大都督、龙骧大将军，侯谌自称为凉州刺史，投靠沮渠蒙逊。

刘裕到了下邳，用船装载重的装备，自己率领精锐的部队步行回去。到了山阳，听说何无忌战死，担心京邑沦陷，收拾战甲快速前进，和数十人到达淮水，问旅客有关朝廷的消息。旅客说："贼匪还没有到达，刘公如果回去，便没有忧虑了。"刘裕非常高兴。准备要渡江，风很急，大家都认为很危险。刘裕说："如果天意要帮助国家，风自然会停息；如果不是这样，翻船淹死，有什么可怨的呢？"立即登船，船动了以后，风就停止。过了江，到达京口，大家心里才安定下来。夏，四月，癸未日（初二），刘裕到了建康。因为江州沦陷，上表送交印绶，诏命不答应。

青州刺史诸葛长民、兖州刺史刘藩、并州刺史刘道怜各自率领军队保卫建康。刘藩是豫州刺史刘毅的堂弟。刘毅听说卢循侵犯，准备去抵抗，而疾病发作；病愈以后，将要出发，刘裕写信给刘毅说："我过去多次和卢循等作战，知道他们狡诈多变的花招。贼匪新近获得偶然的胜利，他们的锐气不能轻视。现在修船即将完毕，当和你一同举兵。得胜归来的时候，上等的职位，都要任命你们。"又派刘藩前往，命令他止兵。刘毅很生气，告诉刘藩说："过去战功，而推举刘裕为首，你认为我真的比不上刘裕吗？"把信丢在地上，率领水军2万名从姑孰出发。

卢循刚刚入侵的时候，派徐道覆攻打寻阳，卢循自己带兵进攻湘水附近各郡。荆州刺史刘道规派军队抵抗，在长沙被击败。卢循进兵到达巴陵，准备攻打江陵。徐道覆听说刘毅快要赶到，教人骑着快马向卢循报告说："刘毅的兵力很巨大，事情的成功或失败，决定在这次的作战，应该合力消灭他；如果这次作战成功，江陵不值得担心。"卢循当天从巴陵出发，和徐道覆连合兵力而下。五月，戊午日（初七），刘毅和卢循在桑落洲对战，刘毅的军队大败，损失数百艘船，有些兵丁逃走，其余的部属都被卢循俘虏，所丢弃的辎重堆积得像山一样。

当初，卢循到了寻阳，听说刘裕已经回来，还不相信；已经打败刘毅以后，才得到确实的音讯，和他的同党互相对看，脸色都变了。卢循想要退回寻阳，攻打江陵，据守荆、江二州，和朝廷抗衡。徐道覆认为应该乘胜前进，坚持争执。卢循迟疑不决了好几天，才接受他的意见。

己未日（初八），大赦天下。刘裕招募百姓当兵，奖赏他们如同在京口赴义进攻桓玄的人一样。发动群众治理石头城。评议的人认为应该分派兵力防备各个渡口和险要的地方,刘裕说:"贼兵多,我军少,如果分出兵力去屯守,就给人看出虚实;如果有一个地方失利,就会损伤三军的心。现在把军队聚在石头,适机去应付情况,既能够让他们无法测知我们的兵力有多少,又使军力不分散。如果士众要转换聚集地方,慢慢再商议吧!"

朝廷听说刘毅战败,人心很惊慌。当时北方的军队才回来,士兵们多半有伤病,建康能作战的士兵还不满数千人。卢循既已攻下江、豫二镇,士兵有十多万人,舟、车接连百里不断。战败逃回来的人,争着说他的力量强大。孟昶、诸葛长民想要接送天子过江,刘裕反对他们的意见。当初,何无忌、刘毅向南征讨的时候,孟昶预告他们失败。这个时候,他又认为刘裕一定不能阻挡卢循,大家都相信,只有龙骧将军东海人虞丘进在朝廷上驳斥孟昶等人,认为不会如此。中兵参军王仲德告诉刘裕说:"明公著名于世而作宰辅,新近建立大功,威名震动天地,妖贼趁空前来入侵,既然已经听说你胜利回来,自然会奔逃溃败;如果自己先逃走,那么就如同匹夫。匹夫发号命令,如何能够使人民臣服?这个计谋如果被采用,请同意我辞职。"刘裕很高兴。孟昶坚持不断地请求,刘裕说:"现在重镇的兵力都在外面,强大的敌寇向内逼迫,人心慌乱,没有安定的心志;如果一下子迁移,就自取失败的命运,江北又哪里可以到达呢?假使能够到达,也不过是延长一些时日而已。现在兵士虽然少,还能够拼命一战。如果能得到成功,君臣都同感庆幸;如果厄运一定到来,我将横尸在宗庙的门前,完成我以身殉国的心愿,不能躲藏在草堆里苟且偷生。我的计策已经决定,你不要再说。"孟昶怨恨他的话不被采用,而且认为一定会失败,因此请求赐死。刘裕很气愤地说:"你暂且再打一仗,要死也还不晚。"孟昶知道刘裕最后是不会采纳他的话,于

何无忌像

是上表表明自己说："臣刘裕向北讨伐，众人都不同意，只有臣赞成刘裕的行动计策，致使强大的寇贼利用机会，危害国家，这是臣的罪过，谨请引罪自杀以谢天下。"把章表缄封完毕后，就吃药自杀了。

乙丑日（十四日），卢循到达淮口，朝廷内外加强戒备。琅邪王德文都督宫城各种军事，驻扎在中堂大殿，刘裕驻守石头，众将各有驻守的地点。刘裕的儿子刘义隆才4岁，刘裕教谘议参军刘粹帮助他，镇守京口。刘粹是刘毅同族的弟弟。

刘裕看见人民到水边探看贼兵，觉得很奇怪，去问参军张劭，张劭说："如果你不回来，百姓逃难都来不及，又怎么能够观望呢？现在应该不必再担心。"刘裕告诉将佐说："贼兵如果在新亭直接进兵，他们的锋锐不能阻挡，应该暂且回避一下，胜败还不可知。如果他们迂回停泊在蔡洲，就要被俘虏。"

徐道覆请求在新亭到白石烧毁船只登上陆地，分兵几路攻打刘裕。卢循想要用万全的计策，告诉徐道覆说："大军还没有到达，孟昶就闻风自尽；以整个大的局势来说，他们自然是不久就会大败。现在要一下子决定胜败，既不是必胜的方法，而且死伤士兵，不如按兵不动，等待他们投降。"徐道覆因为卢循疑虑太多，很少决断，因此叹息说："我最后一定会被卢公所贻误，事情一定失败；假使我能够当个英雄，任意驰骋，平定天下并不是难事。"

刘裕登上石头城观望卢循的军队，当初看见带兵进攻新亭，看着他们左右各方的军队，十分害怕而变了脸色；后来他们迂回停泊在蔡洲，心里才高兴。因此众军转换地方集合。刘裕害怕卢循侵犯突轶，用虞丘进的计策，砍倒树木在石头、淮口作木栅，整理越城，构筑查浦、药园、廷尉三处堡垒，都派军队防备。

刘毅经历跋涉蛮、晋的地方，只能够求得生存而已，随从的人饥饿疲惫，死了十分之七八。丙寅日（十五日），到达建康，等待判罪。刘裕慰勉他，派他知都督中外诸军府留事。刘毅请求贬官，诏令降为后将军。

魏国长孙嵩到了漠北后返回，柔然在牛川追赶。壬申日（二十一日），魏国君主拓跋嗣向北进攻柔然。柔然可汗社仑听了后逃走，结果死在路上；他的儿子度拔年纪还小，部属拥立社仑的弟弟斛律，号蔼豆盖可汗。拓跋嗣退兵回参合陂。

卢循在秦淮口南岸埋伏军队，让年老体弱的人乘船攻打白石，声称全部的军队要从白石步行而上。刘裕留下参军沈林子、徐赤特防守南岸，阻断查浦，命令坚持防守不要出击；刘裕和刘毅、诸葛长民向北进攻。林子说："妖贼这些话，不一定实在，应该深深加以防范。"刘裕说："石头城很险要，而且淮口的木栅很牢固，留下你在后面，足以防守了。"沈林子是沈穆夫的儿子。

庚辰日（二十九日），卢循焚烧查浦，派兵到张侯桥。徐赤特准备出去攻击，林子说："贼兵声称前往白石，而多次来挑战，情形可以想象。我们的力量太小，不是敌人的对手，不如防守险要，等到大军到来。"徐赤特不听他的意见，于是出兵作战；伏兵四起，徐赤特大败，一个人坐船投奔淮北。林子和将军刘钟据守林栅奋力作战，朱龄石去救援，贼兵才退走。卢循带领精良的军队北上，到了丹阳郡。刘裕率领各军快骑回到石头城，杀徐赤特，解除战甲。很久，才派兵在南塘布阵。

六月，任命刘裕为太尉、中书监，加赠黄钺；刘裕接受黄钺，其余的坚持不要。任命车骑中军司马庾悦为江州刺史。庾悦是庾准的儿子。

司马国璠和弟弟叔璠、叔道逃奔秦国。秦王姚兴说："刘裕才诛灭桓玄，辅佐晋室，你们为什么要来？"他们回答说："为了削弱王室的力量，宗族凡是能修身自立的，刘裕就把他除掉；他正成为国家的祸害，比桓玄还厉害。"姚兴任命司马国璠为扬州刺史，司马叔道为交州刺史。

卢循侵掠各县，没有获得什么好处，告诉徐道覆说："军队已经劳累，不如回去寻阳，合力攻取荆州，据有天下的三分之二，慢慢再和建康争夺抗衡吧！"七月，庚申日（初十），卢循从蔡洲向南回到寻阳，留下他的同党范崇民带领5000人把守南陵。甲子日（十四日），刘裕派辅国将军王仲德、广川太守刘钟、河间内史兰陵人蒯恩、中军谘议参军孟怀玉等人率领部属追杀卢循。

刘裕回到东府，大力治水，派建威将军会稽人孙处、振武将军沈田子率领3000人从海路袭击番禺。大家都认为："袭击番禺不是当务之急。而且海路很艰难遥远，一定很难到达，会导致力量分散，不是目前的急处。"刘裕不采纳大家的意见，下令孙处说："大军在十二月的时候，一定要打败妖虏，你到达的时候，先占领他们住的地方，让他们战败而逃，没有地方回去。"

谯纵派侍中谯良等人到秦国求见，请求派兵进攻晋朝。谯纵任命桓谦为荆州刺史，谯道福为梁州刺史，率领部属2万人侵占荆州；秦王姚兴派前将军苟林率领骑兵和他们会合。

桓谦在路中招募有旧恩的人，老百姓投靠他的有2万人。桓谦驻守枝江，苟林驻守江津，两支敌军交相逼迫，江陵的士民多怀有造反的心理。刘道规于是会合将士，告诉他们说："桓谦现在在附近的地方，听说许多有地位的人颇有离开的意思，我刘道规随行带领的士兵，足以成事，如果有人想要离开，我不会禁止。"因此在晚上打开城门，到天亮也不关闭。大家都服从，没有人离去。

雍州刺史鲁宗之率领数千人从襄阳前往江陵。有人告诉鲁宗之情况未能预测，刘道规一个人骑着马前去迎接，鲁宗之非常感激。刘道规派鲁宗之留守江陵，把他当成最亲信的人，自己带领各军去攻打桓谦。水陆两军并进。桓谦用步兵和骑兵，在枝江交战。檀道济先前进攻陷敌阵，桓谦等大败。桓谦一个人坐着船逃向苟林，刘道规追上，把他杀了。回到涌口，讨伐苟林，苟林逃跑，刘道规派谘议参军临淮人刘遵带领部属追击。当初，桓谦到达枝江，江陵的士民都写信给桓谦，说明城里的虚实，想要做内应；后来得到这些信，刘道规全部烧掉不看，大家因此都非常心安。

江州刺史庾悦任命鄱阳太守虞丘进为前锋，屡次击败卢循的军队，进兵占领豫章，断绝卢循运粮的道路。九月，刘遵在巴陵杀了苟林。

桓石绥因为卢循侵犯，也在洛口起兵，自号为荆州刺史，征阳县令王天恩自号为梁州刺史，据守西城。梁州刺史傅韶派他儿子魏兴太守傅弘之进攻桓石绥等人，把他们杀掉，桓氏因而灭绝。

西秦王乾归进攻秦国略阳、南安、陇西各郡，都攻下来，迁移居民2万5千户到苑川和枹罕。

甲寅日（初五），埋葬魏国君主于盛乐金陵，谥号为宣武，庙号烈祖。

刘毅坚持请求追击卢循，长史王诞暗中告诉刘裕说："刘毅既然已经失败过，不要再让他去求立功劳。"刘裕听从他的意见。冬，十月，刘裕率领兖州刺史刘藩、宁朔将军檀韶、冠军将军刘敬宣等向南进攻卢循，以刘毅监管太尉留府，后方的事情都交给他。癸巳日（十四日），刘裕从建康出发。

徐道覆率领3万人往江陵，突然到达破冢。当时鲁宗之已经回襄阳，追去召回已经来不及，人心大为惊慌。有人传言卢循已经占领京邑，派徐道覆做刺史，江、汉的士民感激刘道规焚毁书信的恩德，不再有造反的心意。刘道规派刘遵另外作流动的军队，自己在豫章口抗击徐道覆，前军战败；刘遵从外围迎击，大获全胜，杀死1万多人，跳到水里的，差不多全被淹死，徐道覆逃回湓口。当初，刘道规派刘遵另外作流动的军队，大家都认为在强大的敌人在前，不应该分割兵力，置于没有用的地方，等到破除徐道覆，保存军队的力量，众人心里才佩服。

卢循驻守广州的军队，不以海路为忧。庚戌日，孙处从海上忽然来到，正巧有大雾，从四面进攻，当天就把城攻下来。孙处安抚旧的居民，杀死卢循的亲党，勒令军队谨守纪律，分别派遣沈田子等人攻击岭表各郡。

刘裕驻守雷池。卢循扬言不攻雷池，要顺河流直下；刘裕知道他想要作战，十二月，己卯日（初一），进兵大雷。庚辰日（初二），卢循、徐道覆率领数万人塞满江流而下，前后看不见船头船尾。轻快的船舰全部出动，刘裕率领各军全力攻击；又分派步兵和骑兵驻守西岸。刘裕用强劲的箭射卢循的军队，利用风势和水势使他们觉得很紧急。卢循的战舰全部停泊在西岸，岸上的军队丢火把焚烧，烟火弥漫天空；卢循的军队大败，逃回寻阳。准备要往豫章，于是用全力构筑木栅，阻塞通道；丙申日（十八日），刘裕的军队到达左里，无法前进。刘裕指挥军队准备作战，刘裕笑着说："往年和桓玄在覆舟作战的时候，指挥的旗杆也折断，现在又是这样，贼兵一定会被消灭。"立即攻打木栅前进，卢循的军队虽然拼命抵抗，但不能阻止。卢循一个人坐船逃走，被杀死以及跳水淹死的有1万多人。刘裕接纳投降归附的人，赦免被掳掠的人，派刘藩、孟怀玉以轻装的军队去追赶。卢循收集散亡的士卒，还有几千人，直接回到番禺；徐道覆逃到始兴自保。刘裕版奏建威将军褚裕之代行广州刺史。褚裕之是褚裒的曾孙。刘裕回到建康。刘毅讨厌刘穆之，很从容地和刘裕说，刘穆之的权势太重，刘裕更加的亲信重用他。

宋纪一　高祖武皇帝
永初元年（庚申、420年）

春，正月，己亥，魏主还宫。

秦王炽磐立其子暮末为太子，仍领抚军大将军、都督中外诸军事，大赦，改元建弘。

宋王欲受禅而难于发言，乃集朝臣宴饮，从容言曰："桓玄篡位，鼎命已移。我首唱大义，兴复帝室，南征北伐，平定四海，功成业著，遂荷九锡。今年将衰暮，崇极如此，物忌盛满，非可久安。今欲奉还爵位，归老京师。"群臣惟盛称功德，莫谕其意。日晚，坐散，中书令傅亮还外，乃悟，而宫门已闭，亮叩扉请见，王即开门见之。亮入，但曰："臣暂宜还都。"王解其意，无复他言，直云："须几人自送？"亮曰："数十人可也。"即时奉辞。亮出，已夜，见长星竟天，拊髀叹曰："我常不信天文，今始验矣。"亮至建康，夏，四月，征王入辅。王留子义康为都督豫·司·雍·并四州诸军事、豫州刺史，镇寿阳，义康尚幼，以相国参军南阳刘湛为长史，决府、州事。湛自弱年即有宰物之情，常自比管、葛，博涉书史，不为文章，不喜谈议。王甚重之。

宋高祖刘裕像

六月，壬戌，王至建康。傅亮讽晋恭帝禅位于宋，具诏草呈帝，使书之。帝欣然操笔，谓左右曰："桓玄之时，晋氏已无天下，重为刘公所延，将二十载；今日之事，本所甘心。"遂书赤纸为诏。

甲子，帝逊于琅邪第，百官拜辞，秘书监徐广流涕哀恸。

丁卯，王为坛于南郊，即皇帝位。礼毕，自石头备法驾入建康宫。徐广又悲感流涕，侍中谢晦谓之曰："徐公得无小过！"广曰："君为宋朝佐命，身是晋室遗老，悲欢之事，固不可同。"广，邈之弟也。

帝临太极殿，大赦，改元。其犯乡论清议，一皆荡涤，与之更始。

裴子野论曰：昔重华受终，四凶流放；武王克殷，顽民迁洛，天下之恶一也，乡论清议，除之，过矣！

奉晋恭帝为零陵王；优崇之礼，皆仿晋初故事，即宫于秣陵县，使冠军将军刘遵考将兵防卫。降褚后为王妃。

追尊皇考为孝穆皇帝,皇妣赵氏为孝穆皇后;尊王太后萧氏为皇太后。上事萧太后素谨,及即位,春秋已高,每旦入朝太后,未尝失时刻。

诏晋氏封爵,当随运改,独置始兴、庐陵、始安、长沙、康乐五公,降爵为县公及县侯,以奉王导、谢安、温峤、陶侃、谢玄之祀,其宣力义熙、豫同艰难者,一仍本秩。

庚午,以司空道怜为太尉,封长沙王。追封司徒道规为临川王,以道怜子义庆袭其爵。其余功臣徐羡之等,增位进爵各有差。

慧度在交州,为政纤密,一如治家,吏民畏而爱之;城门夜开,道不拾遗。

丁未,魏主如云中。

河西王蒙逊欲伐凉,先引兵攻秦浩瞫。既至,潜师还屯川岩。

凉公歆欲乘虚袭张掖;宋繇、张体顺切谏,不听。太后尹氏谓歆曰:"汝新造之国,地狭民希,自守犹惧不足,何暇伐人!先王临终,殷勤戒汝,深慎用兵,保境宁民,以俟天时。言犹在耳,奈何弃之!蒙逊善用兵,非汝之敌,数年以来,常有兼并之志。汝国虽小,足为善政,修德养民,静以待之。彼若昏暴,民将归汝;若其休明,汝将事之;岂得轻为举动,侥冀非望!以吾观之,非但丧师,殆将亡国!"亦不听。宋繇叹曰:"今兹大事去矣!"

歆将步骑三万东出。蒙逊闻之曰:"歆已入吾术中;然闻吾旋师,必不敢前。"乃露布西境,云已克浩瞫,将进攻黄谷,歆闻之,喜,进入都渎涧。蒙逊引兵击之,战于怀城,歆大败。或劝歆还保酒泉。歆曰:"吾违老母之言以取败,不杀此胡,何面目复见我母!"遂勒兵战于蓼泉,为蒙逊所杀。歆弟酒泉太守翻、新城太守预、领羽林右监密、左将军眺、右将军亮西奔敦煌。

蒙逊入酒泉,禁侵掠,士民安堵。以宋繇为吏部郎中,委之选举;凉之旧臣有才望者,咸礼而用之。以其子牧犍为酒泉太守。敦煌太守李恂,翻之弟也,与翻等弃敦煌奔北山。蒙逊以索嗣之子元绪行敦煌太守。

蒙逊还姑臧,见凉太后尹氏而劳之。尹氏曰:"李氏为胡所灭,知复何言!"或谓尹氏曰:"今母子之命在人掌握,奈何傲之!且国亡子死,曾无忧色，何也？"尹氏曰："存亡死生，皆有天命，奈何更如凡人，为儿女子之悲乎！吾老妇人，国亡家破，岂可复惜余生，为人臣妾乎！惟速死为幸耳。"蒙逊嘉而赦之，娶其女为牧犍妇。

八月，辛未，追谥妃臧氏为敬皇后。癸酉，立王太子义符为皇太子。

李恂在敦煌有惠政；索元绪粗险好杀，大失人和。郡人宋承、张弘密信招恂。冬，恂帅数十骑入敦煌，元绪东奔凉兴。承等推恂为冠军将军、凉州刺史，改元永建。河西王蒙逊遣世子政德攻敦煌，恂闭城不战。

十二月，丁亥，杏城羌酋狄温子帅三千余家降魏。

是岁，魏姚夫人卒，追谥昭哀皇后。

【译文】
永初元年（庚申、420年）

春，正月，己亥日（十四日），北魏皇帝回到平城宫中。

西秦王炽磐立他的儿子乞伏暮末为太子，自己仍兼任抚军大将军、指挥中外各军军务，大赦境内，改年号为建弘。

宋王刘裕想要接受晋帝的禅让，即皇帝位，但难以启齿，于是召集自己的朝臣，举行宴会，从容地说："桓玄篡位，而使政权被夺，而我首倡大义，想要复兴晋朝，多年南征北伐，终于平定天下，成就功业，而获得宋公九锡的封命。现在我年已衰老，而地位竟如此的崇高。凡事都忌讳太盛太满，这是难保长久安好的，因此，我现在将要退还被封的爵位，回到京师建康养老。"臣子们都对他歌功颂德，但不理解他说话的用意。傍晚，散会，中书令傅亮出了宫外，才领悟，再转回宫，但宫门已关，傅亮就敲门求见，宋王开门接见，傅亮进门只说："臣该暂且回到京师。"宋王理解了他的意思，不再说别的话，只说："要多少人护送你？"亮说："几十个人就可以了。"说完马上辞别。傅亮出宫时，天色已晚，看到拖着长尾的星（彗星）横穿在天空，他手拍着臀骨长叹道："我常不相信天文的征兆，现在才知道应验了。"傅亮到建康。夏，四月，就以晋帝之名征召宋王入京辅政。宋王留下儿子义康，为指挥豫、司、雍、并四州军事的都督、豫州刺史，镇守寿阳。义康当时还年幼，以相国参军南阳人刘湛为长史，处理府、州政事。刘湛从小就有管理事情的喜好，常常自比管仲、诸葛亮。广泛涉猎群书、历史。但不爱写文章，不喜谈论，宋王很倚重他。

六月，壬戌日（初九），宋王到建康，傅亮暗地指示晋恭帝禅位给宋，并把准备好的禅位诏书的草稿呈给恭帝，让恭帝抄写。恭帝欣然执笔，对左右的人说："桓玄的时候，晋司马氏已经失去了天下，而重新由刘公延续到现在，已将近20年。今天让位，本来是我甘心的。"于是把诏书写在红纸上。

甲子日（十一日），恭帝逊位于琅邪府第，百官拜辞，秘书监徐广悲痛地哭泣。

丁卯日（十四日），宋王设置受禅坛于京师南郊，即皇帝位。典礼完毕，从石头城乘法驾进入建康宫。徐广又伤心得哭泣，侍中谢晦对他说："徐公太过分了吧！"广说："你是宋朝的辅佐，我是晋室的遗老，悲伤与欢乐两事，本来就不相同。"广是徐邈的弟弟。

武帝到太极殿，大赦天下，改年号为永初。犯有批评当政议论名教的人，也并洗去罪名，给予更新。

裴子野论说：古时重华（虞舜）嗣位，驱赶了4个坏人；武王攻克殷纣，把顽劣的殷人，迁到洛邑，因为天下的坏人是相同的，民间的批评和议论也加以赦免，这是错误的。

尊奉晋恭帝为零陵王；优待的礼遇，都仿效晋初司马炎对待魏陈留王曹奂，设王宫于旧秣陵县，派冠军将军刘遵考带兵防卫，并把褚后降为王妃。

追尊皇考（刘裕的父亲刘翘）为孝穆皇帝，皇妣赵氏为孝穆皇后，尊王太后萧氏为皇太后（指继母）。皇上（刘裕）侍奉萧太后一向就非常谨慎，待即帝位后，年纪已大，每天清早入朝见太后，从未错过时间。

下诏书称晋朝所封爵位，当随政权转移而改变。只设始兴、庐陵、始安、长沙、康乐五公，不过把爵位降为县公和县侯，用以来奉承王导、谢安、温峤、陶侃、谢玄五族的宗祀，至于在义熙时出力同患难的人，仍同本阶级，不用降级。

庚午日（十七日），任命司空道怜为太尉，封为长沙王，追封已死的司徒道规为临川王，而让道怜的儿子义庆继承道规的爵位。其余的功臣徐羡之等人，升官晋爵，各有差别。

慧度在交州，为政细仔谨慎，一如理政行家。官吏百姓畏惧而又爱戴他，城门在晚上都开着，路人不拾遗。

己未日，魏帝到云中。

河西王蒙逊要攻讨凉，先带兵打秦浩亶，到达后，又暗地把部队带回屯扎在川岩。

凉公李歆想要乘蒙逊后方的空虚，袭击张掖；宋繇、张体顺很恳切地劝谏，李歆不听从。太后尹氏向歆说："我们刚刚创建了国家，地小人少，自守的力量都嫌不够，哪有余力攻打别国！先王去世前，谆谆地告诫你，要非常小心用兵，保卫国土，安宁人民，以等待时机的变化。这些话还在耳边，怎么能够忘记呢？蒙逊善于用兵，不是你所能敌对的。多年来，他常有兼并四方的雄心。国家虽小，但足够让你来做美好的政事，修习道德养卫人民，冷静的来对付他。如果凶暴，人民将归服于你；如果善美，你就要服他，那里能轻举妄动，侥幸用兵以求所得！以我来看，不但军队要被消灭，国家也会败亡！"歆还是不听。宋繇长叹说："现在大势已去！"

歆率步兵骑兵3万人东出。蒙逊得知这消息就说："歆已陷入我的圈套中，可是如听到我调回军队，他必定不敢再前进。"于是宣布在西部取得胜利并且说已攻克浩亶，将再进攻黄谷。歆得知，很高兴，就进入都渎涧中。蒙逊引兵攻打他，在怀城激战，歆大败。有人劝说歆退回保住酒泉。歆说："我违背老母亲的话，以致失败，不杀这个胡人，我有何面目再见我母亲！"因此聚集军队与蒙逊作战，但终于被杀掉。歆的弟弟酒泉太守翻、新城太守预、领羽林右监密、左将军眺、右将军亮等人向西逃到敦煌。

蒙逊军进入酒泉，禁止掠夺，使百姓安宁。并任用宋繇为吏部郎中，让他选举官吏；凉的那些有才能名望的旧臣，都被以礼加以任用。用他（蒙逊）的儿子牧犍为酒泉太守。原敦煌太守李恂是李翻的弟弟，与翻等人离弃敦煌跑到北山。蒙逊就任命索嗣的儿子元绪代理敦煌太守。

蒙逊回到姑臧，看到凉太后尹氏于是慰问她。尹氏说："李氏被胡人灭掉，有什么好说的呢？"有人告诉尹氏说："现在你母子的性命在别人掌握中，怎么毫无惧色？而且你国家已亡，儿子已死，一点也不忧愁，这是为什么呢？"尹氏说："存亡生死，都是天命，又何况凡人，我需要为儿女悲伤吗？我是个老太婆，国亡家败，怎么会怜惜余生，去做别人的臣妾奴隶呢？但愿只求早死罢了。"蒙逊嘉许而赦免她，把她的女儿嫁给牧犍。

八月，辛未日（十九日），追谥妃臧氏为敬皇后。癸酉日（二十一日），立王太子义符为皇太子。

李恂在敦煌时，原有很好的政绩。但索元绪粗暴凶险，好杀百姓，于是失掉人民的支持。郡人宋承、张弘秘密发信招李恂。冬，恂率领数十骑兵进入敦煌，元绪东逃凉兴。宋承等推恂为冠军将军，兼任凉州刺史，改年号永建。河西王蒙逊派世子政德攻打敦煌，恂紧闭城门，不肯应战。

十二月，丁亥日（初七），杏城羌族酋长狄温子率3000多家人投奔北魏。

这一年，魏姚夫人死，追谥为昭哀皇后。

二　年（辛酉、421 年）

春，正月，辛酉，上祀南郊，大赦。

裴子野论曰：夫郊祀天地，修岁事也；赦彼有罪，夫何为哉！

以扬州刺史庐陵王义真为司徒，尚书仆射徐羡之为尚书令，扬州刺史，中书令傅亮为尚书仆射。

魏主发代都六千人筑苑，东包白登，周三十余里。

于是西域诸国皆诸蒙逊称臣朝贡。

夏，四月，己卯朔，诏所在淫祠自蒋子文以下皆除之；其先贤及以勋德立祠者，不在此例。

初，帝以毒酒一罂授前琅邪郎中令张伟，使酖零陵王，伟叹曰："酖君以求生，不如死！"乃于道自饮而卒。伟，邵之兄也。太常褚秀之、侍中褚淡之，皆王之妃兄也，王每生男，帝辄令秀之兄弟方便杀之。王自逊位，深虑祸及，与褚妃共处一室，自煮食于床前，饮食所资，皆出褚妃，故宋人莫得伺其隙。九月，帝令淡之与兄右卫将军叔度往视妃，妃出就别室相见。兵人逾垣而入，进药于王。王不肯饮，曰："佛教，自杀者不复得人身。"兵人以被掩杀之。帝帅百官临于朝堂三日。

十一月，辛亥，葬晋恭帝于冲平陵，帝帅百官瞻送。

十二月，丙申，魏主西巡，至云中。

秦王炽磐遣征西将军孔子等帅骑二万击契汗秃真于罗川。

河西王蒙逊所署晋昌太守唐契据郡叛，蒙逊遣世子政德讨之。契，瑶之子也。

上之为宋公也，谢瞻为宋台中书侍郎，其弟晦为右卫将军。时晦权遇已重，自彭城还都迎家，宾客辐凑，门巷填咽。瞻在家惊骇，谓晦曰："汝名位未多，而人归趣乃尔！吾家素以恬退为业，不愿干豫时事，交游不过亲朋。而汝遂势倾朝野，此岂门户之福邪！"乃以篱隔门庭曰："吾不忍见此。"及还彭城，言于宋公曰："臣本素士，父祖位不过二千石。弟年始三十，志用凡近，荣冠台府，位任显密。福过灾生，其应无远，特乞降黜，以保衰门。"前后屡陈之。晦或以朝廷密事语瞻，瞻故向亲旧陈说，用为戏笑，以绝其言。及上即位，晦以佐命功，位任益重，瞻愈忧惧。是岁，瞻为豫章太守，遇病不疗。临终，遗晦书曰："吾得启体幸全，亦何所恨！弟思自勉励，为国为家。"

【译文】

二　年（辛酉、421年）

春，正月，辛酉日（十二日），皇上祭祀南郊，赦令天下。

裴子野论说：祭祀天地，是行一年的祭事，但却赦免有罪的人，这是为什么呢？

任用扬州刺史庐陵王义真为司徒，尚书仆射徐羡之为尚书令、扬州刺史，中书令傅亮为尚书仆射。

从此西域各国都来拜见蒙逊。自称臣下，上朝进贡。

夏，四月，己卯朔日（初一），下诏：各地所有不当祭祀的祠庙在蒋子文以下的神都要废除，但古代的贤者及因功勋道德而被立祠的，不在此列。

起初，皇帝（刘裕）把毒酒一罐交给前琅邪郎中令张伟，要他毒死零陵王（原晋恭帝），张伟叹息道："毒害君主以求活命，不如死！"于是在路途中喝下毒药自杀而死。张伟是张邵的哥哥。太常褚秀之、侍中褚淡之都是零陵王妃的哥哥，零陵王每生下男孩，皇帝就让秀之兄弟随时暗地杀害。等到王被迫让出帝位后，害怕遭到毒害，而与褚妃共住一个房间，自己在床前煮饭吃，饮食所需的东西，都由褚妃负责供应，所以宋家（刘裕）的人，不能乘机下毒手。九月，皇帝派淡之和他的哥哥右卫将军叔度前往看望王妃，王妃走出房间到另一间接见他们，士兵便跳墙而入，送毒药给王，王不肯喝，说："佛教教我，自杀的人不能转世为人身。"士兵就用被子包住他使他窒息而死。皇帝率领百官到朝堂哭了3天。

十一月，辛亥日（初七），把晋恭帝（零陵王）埋葬在冲平陵，皇帝率百官送丧。

十二月，丙申日（二十二日），魏帝向西边巡视，到达云中。

秦王炽磐让征西将军孔子等率骑兵2万攻打契汗秃真于罗川。

河西王蒙逊所属的晋昌太守唐契，占据郡城叛变，蒙逊派世子政德讨伐。契，是唐瑶的儿子。

晋恭帝像

皇上起初为宋公的时候，谢瞻任宋台中书侍郎，他的弟弟谢晦为右卫将军。当时，谢晦权势已经很大，从彭城回都城家，宾客从四面八方聚集而来，门庭路口挤满了人。瞻在家中惊奇害怕！对晦说："你的功名并不多，而人们却这样归向你！我们家本来是以恬淡谦逊起家的，不愿意干预政治，交游不超出亲戚朋友以外。而你的势力充满朝野，这哪里是家门之福呀？"就用竹篱隔起门庭，说："我不忍心看到这样！"等回到彭城，就向宋公（刘裕）说："臣子本来出于清廉的士人之家，父亲祖父官位不过2000石，我弟弟年纪才30，志向和能力都很平凡，而他却成为中央百官之首，职责是担任重要的机密工作。福气过时，灾难就会产生，这样的应验不会很远，希望把他降级，以维持衰微的家门。"前后好几次报告上去。晦时常把朝廷机密告诉瞻，瞻就对亲戚好友传说，并把这当玩笑，来中断他的说话。到了皇上即帝位，晦因为辅佐夺权有功，职位更加显要，而瞻的忧虑也就更大。这一年，瞻任豫章太守，生病不肯治疗。临死前，把遗书给晦说："我终身没有得罪而能全身而死，有什么可以悔恨呢？希望弟弟为国为家，自我小心，勤勉从政。"

三　年（壬戌、422年）

春，正月，甲辰朔，魏主自云中西巡，至屋窦城。

癸丑，以徐羡之为司空、录尚书事，刺史如故，江州刺史王弘为卫将军、开府仪同三司；中领军谢晦为领军将军兼散骑常侍、入直殿省、总统宿卫。徐羡之起自布衣，又无术学，直以志力局度，一旦居廊庙，朝野推服，咸谓有宰臣之望。沈密寡言，不以忧喜见色；颇工奕棋，观戏，常若未解，当世倍以此推之。傅亮、蔡廓常言："徐公晓万事，安异同。"尝与傅亮、谢晦宴聚，亮、晦才学辩博，羡之风度详整，时然后言，郑鲜之叹曰："观徐、傅言论，不复以学问为长。"

秦征西将军孔子等大破契汗秃真，获男女二万口，牛羊五十余万头。秃真帅骑数千西走，其别部树奚帅户五千降秦。

二月，丁丑，诏分豫州淮以东为南豫州，治历阳，以彭城王义康为刺史。又分荆州十郡置湘州，治临湘，以左卫将军张邵为刺史。

丙戌，魏主还宫。

三月，上不豫，太尉长沙王道怜、司空徐羡之、尚书仆射傅亮、领军将军谢晦、护军将军檀道济并入侍医药。群臣请祈祷神祇，上不许，唯使侍中谢方明以疾告宗庙而已。上性不信奇怪，微时多符瑞，及贵，史官审以所闻，上拒而不答。

檀道济出为镇北将军、南兖州刺史，镇广陵，悉监淮南诸军。

皇太子多狎群小，谢晦言于上曰："陛下春秋既高，宜思存万世，神器至重，不可使负荷非才。"上曰："庐陵何如？"晦曰："臣请观焉。"出造庐陵王义真，义真盛欲与谈，晦不甚答。还曰："德轻于才，非人主也。"丁未，出义真为都督南豫・豫・雍・司・秦・并六州诸军事、车骑将军、开府仪同三司、南豫州刺史。是后，大州率加都督，多者或至五十州，不可复详载矣。

帝疾瘳，己未，大赦。

秦、雍流民南入梁州；庚申，遣使送绢万匹，且漕荆、雍之谷以赈之。

夏，四月，诏封仇池公杨盛为武都王。

五月，帝疾甚，召太子诫之曰："檀道济虽有干略，而无远志，非如兄韶有难御之气也。徐羡之、傅亮，当无异图。谢晦数从征伐，颇识机变，若有同异，必此人也。"又为手诏曰："后世若有幼主，朝事一委宰相，母后不烦临朝。"司空徐羡之、中书令傅亮、领军将军谢晦、镇北将军檀道济同被顾命。癸亥，帝殂于西殿。帝清简寡欲，严整有法度，被服居处，俭于布素，游宴甚稀，嫔御至少。尝得后秦高祖从女，有盛宠，颇以废事；谢晦微谏，即时遣出。财帛皆在外府，内无私藏。岭南尝献入筒细布，一端八丈，帝恶其精丽劳人，即付有司弹太守，以布还之，并制岭南禁作此布。公主出适，遣送不过二十万，无锦绣之物。内外奉禁，莫敢为侈靡。

太子即皇帝位，年十七，大赦，尊皇太后曰太皇太后，立妃司马氏为皇后。后，晋恭帝女海盐公主也。

魏主服寒食散，频年药发，灾异屡见，颇以自忧。遣中使密问白马公崔浩曰："属者日食赵、代之分。朕疾弥年不愈，恐一旦不讳，诸子并少，将若之何？其为我思身后之计！"浩曰："陛下春秋富盛，行就平愈；必不得已，请陈瞽言。自圣代龙兴，不崇储贰，是以永兴之始，社稷几危。今宜早建东宫，选贤公卿以为师傅，左右信臣以为宾友；入总万机，出抚戎政。如此，则陛下可以优游无为，颐神养寿。万岁之后，国有成主，民有所归，奸宄息望，祸无自生矣。皇子焘年将周星，明叡温和，立子以长，礼之大经，若必待成人然后择之，倒错天伦，是召乱之道也。"魏主复以问南平公长孙嵩，对曰："立长则顺，置贤则人服；焘长且贤，天所命也。"帝从之，立太平王焘为皇太子，使之居正殿临朝，为国副主。以长孙嵩及山阳公奚斤、北新公安同为左辅，坐东厢，西面；崔浩与太尉穆观、散骑常侍代人丘堆为右弼，坐西厢，东面；百官总己以听焉，帝避居西宫，时隐而窥之，听其决断，大悦，谓侍臣曰："嵩宿德旧臣，历事四世，功存社稷；斤辩捷智谋，名闻遐迩；同晓解俗情，明练于事；观达于政要，识吾旨趣；浩博闻强识，精察天人；堆虽无大用，然在公专谨。以此六人辅相太子，吾与汝曹巡行四境，伐叛柔服，足以得志于天下矣。"

嵩实姓拔拔，斤姓达奚，观姓丘穆陵，堆姓丘敦。是时，魏之群臣出于代北者，姓多重复，及高祖迁洛，始皆改之。旧史患其烦杂难知，故皆从后姓以就简易，今从之。

魏主又以典东西部刘絜、门下奏事代人古弼、直郎徒河卢鲁元忠谨恭勤，使之给侍东宫，分典机要，宣纳辞令。太子聪明，有大度；群臣时奏所疑，帝曰："此非我所知，当决之汝曹国主也。"

六月，壬申，以尚书仆射傅亮为中书监、尚书令、以领军将军谢晦领中书令，侍中谢方明为丹杨尹。方明善治郡，所至有能名；承代前人，不易其政，必宜改者，则以渐移变，使无迹可寻。

初，魏主闻高祖克长安，大惧，遣使请和，自是每岁交聘不绝。及高祖殂，殿中将军沈范等奉使在魏，还，及河，魏主遣人追执之，议发兵取洛阳、虎牢、滑台。崔浩谏曰："陛下不以刘裕欻起，纳其使贡，裕亦敬事陛下。不幸今死，遽乘丧伐之，虽得之，不足为美。且国家今日亦未能一举取江南也，而徒有伐丧之名，窃为陛下不取。臣谓宜遣人吊祭，存其孤弱，恤其凶灾，使义声布于天下，则江南不攻自服矣。况裕新死，党与未离，兵临其境，必相帅拒战，功不可必。不如缓之，待其强臣争权，变难必起，然后命将出师，可以兵不疲劳，坐收淮北也。"魏主曰："刘裕乘姚兴之死而灭之，今我乘裕丧而伐之，何为不可？"浩曰："不然。姚兴死，诸子交争，故裕乘衅伐之。今江南无衅，不可比也。"魏主不从，假司空奚斤节，加晋兵大将军、行扬州刺史，使督宋兵将军·交州刺史周几、吴兵将军·广州刺史公孙表同入寇。

魏军将发，公卿集议于监国之前，以先攻城与先略地。奚斤欲先攻城，崔浩曰："南人长于守城。昔苻氏攻襄阳，经年不拔。今以大兵坐攻小城，若不时克，挫伤军势，敌得徐严而来，我怠彼锐，此危道也。不如分军略地，到淮为限，列置守宰，收敛租谷，则洛阳、滑台、虎牢更在军北，绝望南救，必沿河东走；不则为囿中之物，何忧其不获也！"公孙表固请攻城，魏主从之。

于是奚斤等帅步骑二万，济河，营于滑台之东。时司州刺史毛德祖戍虎牢，东郡太守王景度告急于德祖，德祖遣司马翟广等将步骑三千救之。

先是，司马楚之聚众在陈留之境，闻魏兵济河，遣使迎降。魏以楚之为征南将军、荆州刺史，使侵扰北境。德祖遣长社令王法政将五百人戍邵陵，将军刘怜将二百骑戍雍丘以备之。楚之引兵袭怜，不克。会台送军资，怜出迎之，酸枣民王玉驰以告魏。丁酉，魏尚书滑稽引兵袭仓垣，兵吏悉逾城走，陈留太守冯翊严棱诣斤降。魏以王玉为陈留太守，给兵守仓垣。

奚斤等攻滑台，不拔，求益兵，魏主怒，切责之。壬辰，自将诸国兵五万余人南出天关，逾恒岭，为斤等声援。

秦出连虔与河西沮渠成都战，禽之。

十一月，魏太子焘将兵出屯塞上，使安定王弥与安同居守。

庚戌，奚斤等急攻滑台，拔之。王景度出走；景度司马阳瓒为魏所执，不降而死。魏主以成皋侯苟儿为兖州刺史，镇滑台。

斤等进击翟广等于土楼，破之，乘胜进逼虎牢；毛德祖与战，屡破之。魏主别遣黑矟将军于栗䃅将三千人屯河阳，谋取金墉，德祖遣振威将军窦晃等缘河拒之。十二月，丙戌，魏主至冀州，遣楚兵将军、徐州刺史叔孙建将兵自平原济河，徇青、兖。豫州刺史刘粹遣治中高道瑾将步骑五百据项城，徐州刺史王仲德将兵屯湖陆。于栗䃅济河，与奚斤并力攻窦晃等。破之。

魏主遣中领军代人娥清、期思侯柔然闾大肥将兵七千人会周几、叔孙建南渡河，军于碻磝。癸未，兖州刺史徐琰弃尹卯南走。于是泰山、高平、金乡等郡皆没于魏。叔孙建等东入青州，司马爱之、季之先聚众于济东，皆降于魏。

戊子，魏兵逼虎牢。青州刺史东莞竺夔镇东阳城，遣使告急。己丑，诏南兖州刺史檀道济监征讨诸军事，与王仲德共救之。

【译文】

三　年　（壬戌、422年）

春，正月，甲辰朔日（初一），魏主从云中向西巡视，到达屋窦城。

癸丑日（初十），任命徐羡之为司空、录尚书事，仍担任原刺史职务。任命江州刺史王弘为卫将军、开府仪同三司；任命中领军谢晦为领军将军兼散骑常侍，进殿值班、总管宫城防务安全。徐羡之是平民出身，又没有数术才学，只以他的志气力量来表现，现在一旦身居朝廷高位，经朝野人士的推崇，经常认为他有宰相的名望。他思考深沉细密，忧虑、高兴都不形于色，擅长下棋，但观看别人下棋时，又常表现得好像不懂。当世的人，都因此更加的推崇他。傅亮、蔡廓常说："徐公能知晓万事，调和异同。"徐羡之曾与傅亮、谢晦宴会，亮、晦言谈学识广博，羡之风度安和严肃，能在适当时候发言。郑鲜之感叹地说："观听徐和傅的言谈，就不再认为自己很有学问了。"

秦征西将军孔子等大败契汗秃真，俘获男女2万人，牛羊50多万头。秃真率骑兵数千人向西逃走，他所属的分支部落酋长树奚率5000户人家向秦投降。

二月，丁丑日（初四），下诏：划分豫州，把淮水以东土地设置南豫州，州治在历阳，以彭城王义康为州刺史。又分出荆州的10个郡，设湘州，州治在临湘，以左卫将军张邵为州刺史。

丙戌日（十三日），魏主回营。

三月，皇上觉得不舒服，太尉长沙王道怜、司空徐羡之、尚书仆射傅亮、领军将军谢晦、护军将军檀道济都到宫中侍奉医药。大臣们请求祈祷神明，皇上不允许，只派侍中谢方明到宗庙向祖先报告皇帝生病而已。皇上不相信鬼神奇怪的事，在低微尚未发迹时有许多祥瑞的符应出现，到了富贵时，史官问以前的见闻，皇上拒绝回答。

檀道济出任为镇北将军、南兖州刺史，坐镇广陵，监督全淮南各军。

皇太子常和一些小人游乐，谢晦向皇上说："陛下年龄已大，应该打算保存万世的基业，帝位很重要，不可以让没有才能的来继承。"皇上说："庐陵王怎样？"谢晦答："让臣子去观察吧！"就去访问庐陵王义真。义真十分乐于与他谈话，晦不太愿意回答问题。回到宫中报告说："他的品德低于他的才能，不是君主的人选。"丁未日（初五），义真出任都督，主管南豫、豫、雍、司、秦、并六州的军务、兼车骑将军、开府仪同三司、南豫州刺史。从此以后，太州大抵都加都督，管辖多的甚至达到50个州，不能再详细记载了。

皇帝的病好些了，己未日（十七日），大赦天下。

秦、雍的难民南下进入梁州；庚申日（十八日），派使者送去绢1万匹，并把荆、雍州的谷子水运去赈灾。

夏，四月，下诏封仇池公杨盛为武都王。

五月，皇帝病重，召太子，告诫他说："檀道济虽有干才谋略，却没有野心，不像他的哥哥韶难以驾驭。徐羡之、傅亮，当然不会有二心。谢晦几次跟随我作战，相当懂得随机应变。如果有同心或不同心的事的发生，必定是这个人。"又亲下诏书说："后代如有幼主继承，朝廷事务委托一个宰相处理，不必烦母后上朝摄政。"司空徐羡之、中书令傅亮、领军将军谢晦、镇北将军檀道济共同接受遗诏。癸亥日（二十一日），皇帝死在西殿。皇帝生活简朴，少有欲望，严肃整齐，很有规矩，衣着住所，比低微的士人还要节俭。很少游乐宴会，嫔妃也很少。曾得到后秦高祖的侄女，很宠爱她，以至荒废政事；谢晦稍微劝谏，就立刻把她遣出。钱财都放在外府，宫中没有私藏。岭南曾进献筒装细布，一端有8丈。皇帝厌恶布太精美，劳费人力，即交负责官吏弹劾岭南太守，把布送回，并定制度禁止岭南制作此布。公主出嫁，所送嫁妆不超过20万，没有锦绣绸缎等贵重东西。宫内外严禁，没有人敢奢侈。

檀道济像

太子即皇帝位，年十七，大赦天下，尊皇太后为太皇太后，立妃司马氏为皇后。皇后就是晋恭帝女儿海盐公主。

魏主吃寒食散，经常药性发作，灾异现象又常常出现，因而很忧虑。派中使暗地问白马公崔浩说："近时，日蚀于赵、代，我疾病多年不愈，担心一旦不测，儿子们都还小，怎么办呢？希望为我想死后的计划！"崔浩说："陛下正属盛年，就会痊愈的，实在不得已，请让我说些愚劣的看法。自从本朝兴起，不主张设立太子，因此从永兴开始，国家几乎危亡。现在及早选定东宫太子，选拔贤良的公卿为师傅，使左右可靠的臣子作为宾客朋友，让太子参与机要，主持军政。这样，陛下就可以悠闲无为，调养身心。百年之后，国家有现成的君主，人民有所归向，奸邪平息，祸害就不能产生了。皇子焘年将十二，聪明温和，立长子为太子，乃是礼的原则，如果一定要等待成人再来选定，那就会错乱天伦的顺序，成为动乱的根本原因了。"魏主又问南平公长孙嵩。长孙嵩答："立长子大家就顺从，用人贤能大家就信服；焘是长子而又贤能，是天命所归。"魏主听从他们，立太平王焘为皇太子，让他居正殿上班，为国家的副君主，让长孙嵩和山阳公奚斤、北新公安同为左辅，坐在东厢，面向西；崔浩和太尉穆观、散骑常侍代人丘堆为右弼，坐在西厢，面向东。百官聚会，由太子听政。魏主躲避居住西宫，时时隐蔽在后偷看太子，听到他能够决断国事，很高兴，对服侍的臣子说："嵩是具有长久品德的老臣，经历四世，功在国家。斤善于雄辩敏捷，智高能谋，驰名远近；同通达世情，老练事故；观了解政治机要，能领会我的心意；浩见闻广博，知识精深，能明确观察天人的关系；堆虽然没有很强的能力，但对公家专心谨慎。用这六个人来辅助太子，我与你们巡视四方，讨伐反叛的，安抚顺服者，这样就可以得志于天下了。"

嵩实际的姓是拓跋，斤实际的姓是达奚，观实际的姓是丘穆陵，堆实际的姓是丘敦。当时，北魏群臣出身于代北的，姓氏多为复姓，后来高祖迁到洛阳，才改为单姓。旧史讨厌姓氏繁杂难懂，所以都采用后改的比较简单的姓，现在也依从它。

魏主又因为典东西部刘洁，门下奏事代人古弼，和直郎徒河卢鲁元等人忠心谨慎，恭敬勤劳，让他们任职东宫，分别负责机要，宣告政令或接纳报告。太子聪明，又有大度量，大臣经常报告所怀疑的，魏主说："这不是我所清楚的，应当由你们的太子来决定。"

六月，壬申日（初一），任命尚书仆射傅亮为中书监、尚书令，任领军将军谢晦为中书令，侍中谢方明为丹杨尹。方明善于治理郡，所治理过的郡都有良好的名声；他继承前郡尹的作风，不改变原有政令；如一定要改的，也会慢慢转变，让人没有痕迹可寻找。

起初，魏帝听说高祖（刘裕）攻破长安，大为害怕，派使者请和，从此每年彼此官员来往不断。到了高祖死，当时殿中将军沈范等以使者身份，正在魏国，听说高祖死了便回国。走到黄河，魏帝派人将他们召回，商讨出兵攻打洛阳、虎牢、滑台。崔浩劝谏说："陛下不因刘裕的忽然兴起而仍接纳他的使者和进贡，刘裕也谨慎侍奉陛下，现在他不幸死亡，立刻乘丧事而讨伐他们，即使有收获，也算不得是美好的事。何况国家今天还没有力量一举攻取江南，而只有攻伐丧家的名声，我私下以为陛下不应该作，臣以为应派人前往吊祭，慰问他们的遗孤，体恤他们的心情，让我们的仁义的声名传播天下，那么江南不用武力攻打自己就臣服了。而且刘裕刚死，他的伙伴还没有分离，军队到达边境，他们必定率兵抵抗，我们不一定能成功。不如暂缓，等待他们有势力的臣子互相争权，发生大乱，然后我们下令出兵，兵可以不必血刃就占领淮北。"魏君主说："刘裕乘着姚兴刚死，而灭掉后秦；现在我乘刘裕死而去讨伐他们，有何不可？"浩说："不一样。姚兴死，儿子们相互争位，所以刘裕乘隙讨伐。现在江南没有动乱，不可相比。"魏帝仍不听从，由司空奚斤假节军事，加晋兵大将军、行扬州刺史，指挥宋兵将军，交州刺史周几和吴兵将军，广州刺史公孙表一同攻打宋国。

魏军将出发，公卿大臣聚集在监国前商议战略，是先攻打城池，还是先占领地方？奚斤要先打城池，崔浩说："南方人擅长守城，从前苻氏攻打襄阳经一年打不下，现在如让大军停下攻打小城，如不能及时攻克，损伤军力，敌人缓缓而来，我军懈怠，敌军气盛，这是危险的办法。不如分兵攻占土地，以淮水为限，然后设置地方官吏，收取田租，那么洛阳、滑台、虎牢被切断，在军队的北方，对南方宋军的援救绝望，必定沿黄河向东走，否则就成了笼中之物，何必忧虑没有斩获呢？"公孙表坚决要求攻城，魏主答应。

于是奚斤等率步兵骑兵2万人渡黄河，扎营在滑台之东。当时司州刺史毛德祖驻守虎牢，东郡太守王景度派人向德祖紧急要求援兵，德祖派司马翟广等率步、骑兵3000人前往营救。

起初，司马楚之聚合士兵在陈留地界，听说魏兵渡黄河，就遣人前往投降。魏任楚之为征南将军、兼荆州刺史，让他来骚扰宋的边界。德祖派长社令王法政率500人驻守邵陵，将军刘怜率200骑兵驻守雍丘以备魏兵。楚之带兵突袭刘怜，没能攻下。正好官府送来军资，怜出去迎接，酸枣人王玉即奔驰向魏国报告。丁酉日（二十八日），魏国尚书滑稽带兵袭击仓垣，官兵全离城逃走，陈留太守冯翊严棱向奚斤请降。魏国任王玉为陈留太守，给他军队守卫仓垣。

奚斤等攻滑台城，不能攻克，要求增兵，魏主生气，严厉责备他。壬辰日（二十三日），魏主亲自率国兵5万多人从天关南出，越过恒岭，声援斤等军。

秦派出连虔与河西沮渠成都作战，后来抓到成都。

十一月，魏太子焘率兵屯驻塞上，派安定王弥和安同留下防卫。

庚戌日（十一日），奚斤等军急攻滑台，攻破。王景度逃跑；景度的司马阳瓒被魏军抓住，不投降而被杀掉。魏帝以成皋侯苟儿为兖州刺史，坐镇滑台。

斤等进攻到翟广等军所在的土楼，攻克后，乘胜进逼虎牢；毛德祖应战，好几次打败他们。魏主另派黑矟将军于栗磾率3000人屯驻河阳，计划夺取金墉，德祖派振威将军窦晃等沿黄河抵抗。十二月，丙戌日（十八日），魏主到冀州，派楚兵将军、徐州刺史叔孙建率兵从平原渡过黄河，到达青、兖州。豫州刺史刘粹派治中高道瑾率步、骑兵500人占据项城。徐州刺史王仲德率兵屯驻于湖陆。于栗磾渡黄河，与奚斤合力攻打窦晃等军，击破他们。

魏主派中将军代人娥清、期思侯柔然闾大肥带兵7000人会合周几、叔孙建南渡黄河，驻扎在碻磝。癸未日（十五日），兖州刺史徐琰丢弃尹卯垒往南跑走。于是泰山、高平、金乡等郡都被魏国占领。叔孙建等人向东进击青州，司马爱之、季之聚合兵众在济水东岸，而后全都向魏投降。

戊子日（二十日），魏兵逼近虎牢，青州刺史东莞竺夔镇守东阳城，派使者告急。己丑日（二十一日），下诏南兖州刺史檀道济监督征伐魏兵等军务，和王仲德共同救援青州。

营阳王
景平元年（癸亥、423年）

春，正月，己亥朔，大赦，改元。

辛丑，帝祀南郊。

魏于栗磾攻金墉，癸卯，河南太守王涓之弃城走。魏主以栗磾为豫州刺史，镇洛阳。

魏主南巡恒岳，丙辰，至邺。

己未，诏征豫章太守蔡廓为吏部尚书，廓谓傅亮曰："选事若悉以见付，不论；不然，不能拜也。"亮以语录事尚书徐羡之，羡之曰："黄、散以下悉以委蔡，吾徒不复措怀；自此以上，故宜共参同异。"廓曰："我不能为徐干木署纸尾！"遂不拜。干木，羡之小字也。选案黄纸，录尚书与吏部尚书连名，故廓云然。

沈约论曰：蔡郭固辞铨衡，耻为志屈；岂不知选、录同体，义无偏断乎！良以主暗时难，不欲居通塞之任。远矣哉！

庚申，檀道济军于彭城。

魏叔孙建入临淄，所向城邑皆溃。竺夔聚民保东阳城，其不入城者，使各依据山险，芟夷禾稼，魏军至，无所得食。济南太守垣苗帅众依夔。

刁雍见魏主于邺，魏主曰："叔孙建等入青州，民皆藏避，攻城不下。彼素服卿威信，今遣卿助之。"

营阳王刘义符像

乃以雍为青州刺史，给雍骑，使行募兵以取青州。魏兵济河向青州者凡六万骑，刁雍募兵得五千人，抚慰士民，皆送租供军。

柔然寇魏边。二月，戊辰，魏筑长城，自赤城西至五原，延袤二千余里，备置戍卒，以备柔然。

魏奚斤、公孙表等共攻虎牢，魏主自邺遣兵助之。毛德祖于城内穴地入七丈，分为六道，出魏围外；募敢死之士四百人，使参军范道基等帅之，从穴中出，掩袭其后。魏军惊忧，斩首数百级，焚其攻具而还。魏兵虽退散，随复更合，攻之益急。

奚斤自虎牢将步骑三千攻颍川太守李元德等于许昌，元德等败走。魏以颍川人庚龙为颍川太守，戍许昌。

毛德祖出兵与公孙表大战，从朝至晡，杀魏兵数百，会奚斤自许昌还，合击德祖，大破之，亡甲士千余人，复婴城自守。

初，毛德祖在北，与公孙表有旧。表有权略，德祖患之，乃与交通音问；密遣人说奚斤，云表与之连谋。每答表书，多所治定；表以书示斤，斤疑之，以告魏主。先是，表与太史令王亮少同营署，好轻侮亮；亮奏"表置军虎牢东，不得便地，故令贼不时灭。"魏主素好术数，以为然，积前后忿，使人夜就帐中缢杀之。

乙卯，魏主济自灵昌津，遂如东郡、陈留。

叔孙建将三万骑逼东阳城，城中文武才一千五百人，竺夔、垣苗悉力固守，时出奇兵袭魏，破之。魏步骑绕城列陈十余里，大治攻具；夔作四重堑，魏人填其三重，为辒车以攻城，夔遣人从地道中出，以大麻絙挽之令折。魏人复作长围，进攻愈急。历时浸久，城转堕坏，战士多死伤，余众困乏，旦暮且陷。檀道济至彭城，以司、青二州并急，而所领兵少，不足分赴；青州道近，竺夔兵弱，乃与王仲德兼行先救之。

夏，四月，丁卯，魏主如成皋，绝虎牢汲河之路。停三日，自督众攻城，竟不能下，遂如洛阳观《石经》。遣使祀嵩高。

叔孙建攻东阳，堕其北城三十许步；刁雍请速入，建不许，遂不克。及闻檀道济等将至，雍又谓建曰："贼畏官军突骑，以锁连车为函陈。大岘已南，处处狭隘，车不得方轨，雍请将所募兵五千据险以邀之，破之必矣。"时天暑，魏军多疫。建曰："兵人疫病过半，若相持不休，兵自死尽，何须复战！今全军而返，计之上也。"己巳，道济军于临朐。壬申，建等烧营及器械而遁；道济至东阳，粮尽，不能追。竺夔以东阳城坏，不可守，移镇不其城。

叔孙建自东阳趋滑台，道济分遣王仲德向尹卯。道济停军湖陆，仲德未至尹卯，闻魏兵已远，还就道济。刁雍遂留镇尹卯，招集谯、梁、彭、沛民五千余家，置二十七营以领之。

蛮王梅安帅渠帅数十人入贡于魏。初，诸蛮本居江、淮之间，其后种落滋蔓，布于数州，东连寿春，西通巴、蜀，北接汝、颍，往往有之。在魏世不甚为患；及晋，稍益繁昌，渐为寇暴。及刘、石乱中原，诸蛮无所忌惮，渐复北徙，伊阙以南，满于山谷矣。

河西世子政德攻晋昌，克之。唐契及弟和、甥李宝同奔伊吾，招集遗民，归附者至二千余家，臣于柔然；柔然以契为伊吾王。

秦王炽磐谓其群臣曰："今宋虽奄有江南，夏人雄据关中，皆不足与也。独魏主奕世英武，贤能为用，且谶云：'恒代之北当有真人'，吾将举国而事之。"乃遣尚书郎漠者阿胡等入见于魏，贡黄金二百斤，并陈伐夏方略。

闰月，丁未，魏主如河内，登太行，至高都。

叔孙建自滑台西就奚斤，共攻虎牢。虎牢被围二百日，无日不战，劲兵战死殆尽，而魏增兵转多。魏人毁其外城，毛德祖于其内更筑三重城以拒之，魏人又毁其二重。德祖唯保一城，昼夜相拒，将士眼皆生创；德祖抚之以恩，终无离心。时檀道济军湖陆，刘粹军项城，沈叔狸军高桥，皆畏魏兵强，不敢进。丁巳，魏人作地道以泄虎牢地中井，井深四十丈，山势峻峭，不可得防，城中人马渴乏，被创者不复出血，重以饥疫，魏仍急攻之。己未，城陷。将士欲扶德祖出走，德祖曰："我誓与此城俱毙，义不使城亡而身存也！"魏主命将士："得德祖者，必生致之。"将军代人豆代田执德祖以献。将佐在城中者，皆为魏所虏，唯参军范道基将二百人突围南还。魏士卒疫死者亦什二三。

奚斤等悉定司、兖、豫诸郡县，置守宰以抚之。魏主命周几镇河南，河南人安之。

徐羡之、傅亮、谢晦以亡失境土，上表自劾；诏勿问。

魏主如三会屋侯泉；八月，辛丑，如马邑，观灅源。

柔然寇河西，河西王蒙逊命世子政德击之。政德轻骑进战，为柔然所杀；蒙逊立次子兴为世子。

冬，十月，癸卯，魏人广西宫外垣，周二十里。

己巳，魏太宗殂。壬申，世祖即位，大赦。十二月，庚子，魏葬明元帝于金陵。庙号太宗。

魏主追尊其母杜贵嫔为密皇后。自司徒长孙嵩以下普增爵位。以襄城公卢鲁元为中书监，会稽公刘絜为尚书令，司卫监尉眷、散骑侍郎刘库仁等八人分典四部。眷，古真之弟子也。

以河内镇将代人罗结为侍中、外都大官，总三十六曹事。结时年一百七，精爽不衰，魏主以其忠悫，亲任之，使兼长秋卿，监典后宫，出入卧内，年一百一十，乃听归老，朝廷每有大事，遣骑访焉。又十年乃卒。

左光禄大夫崔浩研精经术，练习制度，凡朝廷礼仪，军国书诏，无不关掌。浩不好老、庄之书，曰："此矫诬之说，不近人情。老聃习礼，仲尼所师，岂肯为败法之书以乱先王之治乎！"尤不信佛法，曰："何为事此胡神！"及世祖即位，左右多毁之；帝不得已，命浩以公归第，然素知其贤，每有疑议，辄召问之。浩纤妍洁白如美妇人，常自谓才比张良而稽古过之。既归第，因修服食养性之术。

初，嵩山道士寇谦之，赞之弟也，修张道陵之术，自言尝遇老子降，命谦子继道陵为天师，授以辟谷轻身之术及《科戒》二十卷，使之清整道教。又遇神人李谱文，云老子之玄孙也。授以《图箓真经》六十余卷，使之辅佐北方太平真君；出天宫静轮之法，其中数篇，李君之手笔也。谦之奉其书献于魏主。朝野多未之信，崔浩独师事之，从受其术，且上书赞明其事曰："臣闻圣王受命，必有天应，《河图》《洛书》皆寄言于虫兽之文，未若今日人神接对，手笔粲然，辞旨深妙，自古无比；岂可以世俗常虑而忽上灵之命！臣窃惧之。"帝欣然，使谒者奉玉帛、牲牢祭嵩岳，迎致谦之弟子在山中者，以崇奉天师，显扬新法，宣布天下。起天师道场于平城之东南，重坛五层；给道士百二十人衣食，每月设厨会数千人。

【译文】

景平元年（癸亥、423年）

春，正月，己亥朔日（初一），大赦天下，改年号为景平。

辛丑日（初三），皇帝祭祀于南郊。

魏国于栗䃅攻打金墉，癸卯日（初五），河南太守王涓之丢弃城池逃走。魏主任命栗䃅为豫州刺史，坐镇洛阳。

魏主到南方巡视恒岳。丙辰日（十八日），到达邺。

己未日（二十一日），下诏令豫章太守蔡廓为吏部尚书，廓向傅亮说："选拔人事权如果全交给我，我就不再有意见了；否则，不能接受任命。"亮把这句话告诉录尚书事徐羡之，羡之说："黄门侍郎及散骑常侍、散骑侍郎以下的官全由蔡廓委任，我们不再加意见，以上的官，则应共同商讨不同的人选。"廓说："我不能只替徐干木签署在用人名单的纸尾上签署。"于是不接受吏部尚书的任命。干木是羡之的小字，因选用官员的名单用黄纸，由录尚书和吏部尚书共同签署，所以蔡廓这样说。

沈约评论说：蔡廓坚决辞去选拔人才的职务，他心里受到委屈而觉得耻辱，但他哪里不知道选拔和录用本是一事，原则上这两种权力是不能有偏颇的？确实是因为君主昏庸社会艰难，他不愿担当选用人才的重任。他的见识多深远啊！

庚申日（二十二日），檀道济驻军于彭城。

魏叔孙建攻入临淄，魏军所攻打的城邑，都被击破。竺夔聚集人民保卫东阳城，不能进城的人民，让他们依据山险，收割庄稼，待魏军来到，吃不到东西。济南太守垣苗率众人来依附竺夔。

刁雍到邺拜见魏主，魏主说："叔孙建等进入青州，人民都逃避，攻城不下，他们都服从你的威信，现在派你去帮助叔孙建。"于是任雍为青州刺史，给雍骑兵，让他再募兵以攻打青州。魏兵渡河攻青州，达6万骑兵，刁雍募兵得到5000人，他安抚当地人民，人民都送粮给魏军。

柔然入侵魏边境。二月，戊辰日（初一），魏筑长城，从赤城西到五原，绵延2000多里，配置守兵，以抵防柔然。

魏奚斤、公孙表等共同攻打虎牢，魏主从邺另派兵援助。毛德祖在虎牢城内挖地道，深入7丈，分为六道，通到魏军的后面；同时募敢死队400人，让参军范道基等人带领，从地道出去，袭击魏军，惊扰魏军，砍下几百个头，烧毁他们攻城的器具而后退回城中。魏兵虽然退败，但随即又集合，攻城更为猛烈。

奚斤从虎牢率步、骑兵3000攻打许昌的颍川太守李元德等，元德等败走。魏任命颍川人庚龙为颍川太守，驻守许昌。

毛德祖出兵与公孙表交战，从早上到下午，杀死魏兵好几百人，正好奚斤从许昌回来，与公孙表合击德祖，杀死带甲士兵1000多人，德祖又入城防守。

起初，毛德祖在北方，与公孙表有朋友的关系。表富有权谋策略，德祖对他很担忧，就与他往来通讯，然后秘密游说奚斤，说公孙表已经与他合谋了。德祖每次答复表的信，故意多涂改才写定。表把信给斤看，斤产生怀疑，就报告魏主。另外，早先，表与太史令王亮年轻时曾同在官署工作，表爱侮辱亮，因此，亮就上奏："表驻军在虎牢东，上不到有利地形，所以贼人不能即时被消灭。"魏主一向喜爱术数，认为是对的，于是累积前后的怨恨，派人在晚间进入营帐把公孙表勒死。

乙卯日（十八日），魏主从灵昌津渡过黄河，到达东郡、陈留。

叔孙建率领三万骑兵逼近东阳城，城中文武人员才1500多人，竺夔、垣苗全力坚决防守，时常以奇兵出城袭击魏军，并将他们打败。魏国的步、骑兵绕城排列有十多里长，大量制造攻城的武器，夔兵挖四道壕沟，魏兵将它填满了三道，并以酷车来攻城，夔派人从地道出城，用大麻索捆绑把酷车拉断。

魏又作长围，进攻更加急切。历时长久，城逐渐败坏，战士大多死伤，其余的也疲困不堪，很快城就要被攻陷。檀道济到彭城，认为司、青两州都很紧急，他所带的兵少，不能分兵去援救；青州路比较近，而竺夔兵又弱，于是就同王仲德最快速的先去援救竺夔。

夏，四月，丁卯日（初一），魏帝到成皋，切断虎牢引取黄河水的通道。停水3天，魏帝亲自率领大军攻城，居然不能攻下，于是转到洛阳看《熹平石经》，派使者祭祀嵩高山。

叔孙建攻打东阳城，打坏北城有30多步之长，刁雍请求快速进城，建没有答应，以致不能攻克。等听说檀道济等援军将到，雍又向建说："贼人怕官军（魏军）突破，而用锁连车为方阵。大岘山以南，处处狭隘，兵车不能并进，雍请求将所招募的5000兵占据险要地带，把宋兵引入，必定能打败他们。"当时天热，魏军多传染病。建说："士兵染病过半，如双方对峙不停，士兵死光了，何必再战！现在保全军力回去，才是上计。"己巳日（初三），道济军驻在临朐。壬申日（初六），叔孙建等烧毁军营和装备而退去。道济到东阳，粮食吃尽，不能追击魏军。竺夔认为东阳城已毁坏，不能防守，移军驻守不其城。

叔孙建从东阳跑到滑台，道济分派王仲德攻向尹卯。道济停军湖陆，仲德还没到尹卯，听说魏兵已离去，就回到道济处。刁雍于是留守尹卯，招集谯、梁、沛等地百姓5000多家，设27营，加以管辖。

蛮王梅安率头目数十人进贡魏国。起初，各蛮族本居住在长江、淮河之间，后来部落不断繁衍，遍布在数州，东连到寿春，西通到巴、蜀，北接到汝、颍，这当中都有他们的存在。在曹魏时还不至于成为祸患；到了晋时，就逐渐强大，并变得凶暴，到了刘聪、石勒在中原叛乱的时候，各蛮族就无所顾忌了，渐渐又向北迁徙。伊阙以南，蛮人布满了山谷。

河西世子政德进攻晋昌的唐契，并且攻破。唐契和弟弟唐和、外甥李宝一起跑到伊吾，招集遗民，归附的有2000多家，对柔然称臣，柔然任契为伊吾王。

秦王炽磐向他的臣子们说："现宋虽占领江南、夏人占据关中，都不值得赞许。只有魏主，世代英明，能任用贤能，而且谶语说：'恒代以北，会出圣人。'我将以国家来事奉他。"于是派尚书郎莫者阿胡等人去拜见魏主，进贡黄金200斤，并且陈述伐夏的战略。

闰月，丁未日（十一日），魏君到达河内，登太行山，到高都。

叔孙建从滑台，向西会合奚斤，共同攻打虎牢。虎牢被围困200天，没有一天不作战。精锐士兵战死将尽，而魏兵却逐渐增多。魏军摧毁虎牢外城，毛德祖在里面又筑三道城来抵抗，魏兵又摧毁其中的二道。德祖只能保住一道城，日夜对抗，将士眼睛都生红疮。德祖以恩德来安慰将士，将士始终没有生出离心。不当檀道济驻军在湖陆，刘粹驻军在项城，沈叔狸驻军在高桥，都认为魏军强大，不敢进兵援救。丁峭不能防守；城中人马口渴疲乏，受伤的人流不出血，再加饥饿、瘟疫。魏仍急切攻城。己未日（二十三日），城攻陷，将士要扶德祖出走。德祖说："我发誓与此城同存亡，为正义不可让城池陷落而自己保存！"魏君命令说："抓德祖的，一定要生抓。"魏将军代人豆代田捉到德祖献上。宋军在城中的将佐，全被魏军俘虏，只有参军范道基率200人突围，逃回南方。魏士兵因传染病而死的达到十分之二三。

奚斤等完全平定司、兖、豫各郡县，设置官吏安抚。魏主命令周几坐镇河南，河南人服从他的统治。

徐羡之、傅亮、谢晦因为丧失国土，上书皇帝自求请罪，皇帝下诏不问罪。

魏君到三会屋侯泉。八月，辛丑日（初七），到马邑，看㶟水源头。

柔然入侵河西，河西王蒙逊让世子政德带兵还击。政德用轻装骑兵作战，被柔然杀掉；蒙逊另立次子兴为世子。

冬，十月，癸卯日（初十），魏扩建平城西宫的外城，周围20里。

己巳日（初六），魏太宗去世。壬申日（初九），世祖即位，大赦国内。十二月，庚子日（初八），魏埋葬明元帝于（云中的）金陵，庙号为太宗。

魏君追封他的母亲杜贵嫔为密皇后。从司徒长孙嵩以下普遍晋爵位。任命襄城公卢鲁元为中书监，会稽公刘酋为尚书令，司卫监尉眷、散骑侍郎刘库仁等8人分别掌理着四部。眷是眷古真弟弟的儿子。

徐羡之像

任命河内镇将代人罗结为侍中、外都大官，总管36曹事务。结当时已经有107岁，但却精明不减，魏君因为他忠厚，亲近信任他，让他兼任长秋卿，监督后宫，出入于卧室内，到年110岁才告老还乡，朝廷每有大事，就快速派人骑马访问他，他又过了10年才死。

　　左光禄大夫崔浩深入研究经术，演习典章制度，所有朝廷礼仪，军事、国家的文书诏令，无不由他掌管。浩不喜爱老子庄子的书，说："这都是后人虚矫不实的说法，不符合人性。老聃研究礼仪，仲尼向他学习，哪里肯写败坏礼法之书以乱先王的治道呢？"尤其不信佛法，说："为什么要供奉胡人的神呢？"到了世祖即位，左右大臣中很多人批评他，世祖不得已，令崔浩以公的爵位退休。但由于知道他的才能，每有疑问，就召他来问。浩细致洁白如美丽的女人，自己常说才气可比张良而考察古时的学问又超过他。他退休在家，就修炼饮食、药物和培养心性的方术。

　　起初，嵩山道士寇谦之是寇赞之的弟弟，修炼张道陵的道术，自己说：曾遇见老子显灵，老子叫他继承道陵为天师，并教给他辟谷腾飞的法术以及《科戒》20卷，要他来清理道教。又遇到神人李谱文，自称老子的玄孙。教他《图箓真经》60多卷，让他辅佐北方太平真君，并出示天宫静轮之法，其中几篇，是李君的手笔。谦之献这本书给北魏君主，朝野大多不相信。唯有崔浩单独拜他为师，跟他学法术，并上书赞许说："臣听说圣王受天命即帝位，必有上天的符应，《河图》《洛书》把符瑞从虫兽的文采显现出来，而不如今人与神可以接触，人经神示意，文辞可以更加华丽，旨义很深妙，自古以来无可比拟，怎么可以因常常顾虑世俗而忽略神灵的指令呢？我害怕这个！"魏帝高兴，派谒者供奉玉帛、牛羊祭祀嵩岳，迎接谦之在山中的学徒，而崇奉为天师，用以显扬新的法术，宣布于天下。还在平城东南盖天师的道场，重叠的祭坛有5层，赏赐给道士120人衣食，每月设厨吃饭的有好几千人。

宋纪二　太祖文皇帝上之上
元嘉元年（甲子、424年）

　　春，正月，魏改元始光。

丙寅，魏安定殇王弥卒。

营阳王居丧无礼，好与左右狎昵，游戏无度。特进致仕范泰上封事曰：伏闻陛下时在后园，颇习武备，鼓在宫，声闻于外。黩武掖庭之内，喧哗省闼之间，非徒不足以威四夷，祇生远近之怪。陛下践阼，委政宰臣，实同高宗谅暗之美；而更亲狎小人，惧非社稷至计，经世之道也。"不听。泰，宁之子也。

南豫州刺史庐陵王义真，警悟爱文义，而性轻易，与太子左卫率谢灵运、员外常侍颜延之、慧琳道人情好款密。尝云："得志之日，以灵运、延之为宰相，慧琳为西豫州都督。"灵运，玄之孙也，性褊傲，不遵法度；朝廷但以文义处之，不以为有实用。灵运自谓才能宜参权要，常怀愤邑。延之，含之曾孙也，嗜酒放纵。

徐羡之等恶义真与灵运等游，义真故吏范晏从容戒之，义真曰："灵运空疏，延之隘薄，魏文帝所谓'古今文人类不护细行'者也；但性情所得，未能忘言于悟赏耳。"于是羡之等以为灵运、延之构扇异同，非毁执政，出灵运为永嘉太守，延之为始安太守。

义真至历阳，多所求索，执政每裁量不尽与；义真深怨之，数有不平之言，又表求还都，咨议参军庐江何尚之屡谏，不听。时羡之等已密谋废帝，而次立者应在义真；乃因义真与帝有隙，先奏列其罪恶，废为庶人，徙新安郡。前吉阳令堂邑张约之上疏曰："庐陵王少蒙先皇优慈之遇，长受陛下睦爱之恩，故在心必言，所怀必亮，容犯臣子之道，致招骄恣之愆。至于天姿凤成，实有卓然之美，宜在容养，录善掩瑕，训尽义方，进退以渐。今猥加剥辱，幽徙远郡，上伤陛下常棣之笃，下令远近悾然失图。臣伏思大宋开基造次，根条未繁，宜广树藩戚，敦睦以道。人谁无过，贵能自新；以武皇之爱子，陛下之懿弟，岂可以其一眚，长致沦弃哉！"书奏，以约之为梁州府参军，寻杀之。

徐羡之等以南兖州刺史檀道济先朝旧将，威服殿省，且有兵众，乃召道济及江州刺史王弘入朝；五月，皆至建康，以废立之谋告之。

甲申，谢晦以领军府屋败，悉令家人出外，聚将士于府内；又使中书舍人邢安泰、潘盛为内应。夜，邀檀道济同宿，晦悚动不得眠，道济就寝便熟，晦以此服之。

时帝于华林园为列肆，亲自沽卖；又与左右引船为乐，夕，游天渊池，即龙舟而寝。乙酉诘旦，道济引兵居前，羡之等继其后，入自云龙门；安泰等先诫宿卫，莫有御者。帝未兴，军士进杀二侍者，伤帝指，扶出东阁，收玺绶，群臣拜辞，卫送故太子宫。

侍中程道惠劝羡之等立皇弟南豫州刺史义恭。羡之等以宜都王义隆素有令望，又多符瑞，乃称皇太后令，数帝过恶，废为营阳王，以宜都王篡承大统，赦死罪以下。又称皇太后令，奉还玺绶；并废皇后为营阳王妃，迁营阳王于吴。使檀道济入守朝堂。王至吴，止金昌亭；六月，癸丑，羡之等使邢安泰就弑之。王多力，突走出昌门，追者以门关踣而弑之。

傅亮帅行台百官奉法驾迎宜都王于江陵。祠部尚书蔡廓至寻阳，遇疾不堪前；亮与之别。廓曰："营阳在吴，宜厚加供奉；一旦不幸，卿诸人有弑主之名，欲立于世，将可得邪！"时亮已与羡之议害营阳王，乃驰信止之，不及。羡之大怒曰："与人共计议，如何旋背即卖恶于人邪！"羡之等又遣使者杀前庐陵王义真于新安。

羡之以荆州地重，恐宜都王至，或别用人，乃亟以录命除领军将军谢晦行都督荆·湘等七州诸军事、荆州刺史，欲令居外为援，精兵旧将，悉以配之。

秋，七月，行台至江陵，立行门于城南，题曰"大司马门"。傅亮帅百僚诣门上表，进玺绂，仪物甚盛。宜都王时年十八，下教曰："猥以不德，谬降大命，顾己兢悚，何以克堪！辄当暂归朝廷，展哀陵寝，并与贤彦申写所怀。望体其心，勿为辞费。"府州佐史并称臣，请题榜诸门，一依宫省；王皆不许。教州、府、国纲纪，宥所统内见刑，原逋责。

诸将佐闻营阳、庐陵王死，皆以为疑，劝王不可东下。司马王华曰："先帝有大功于天下，四海所服；虽嗣主不纲，人望未改。徐羡之中才寒士，傅亮布衣诸生，非有晋宣帝、王大将军之心明矣；受寄崇重，未容遽敢背德。畏庐陵严断，将来必不自容；以殿下宽叡慈仁，远近所知，且越次奉迎，冀以见德；悠悠之论，殆必不然。又，羡之等五人，同功并位，孰肯相让！就怀不轨，势必不行。废主若存，虑其将来受祸，致此杀害；盖由贪生过深，宁敢一朝顿怀逆志！不过欲握权自固，以少主仰待耳。殿下但当长驱六辔，以副天人之心。"王曰："卿复欲为宋昌邪！"长史王昙首、南蛮校尉到彦之皆劝王行，昙首仍陈天人符应，王乃曰："诸公受遗，不容背义。且劳臣旧将，内外充满，今兵力又足以制物，夫何所疑！"乃命王华总后任，留镇荆州。王欲使到彦之将兵前驱，彦之曰："了彼不反，便应朝服顺流；

若使有虞，此师既不足恃，更开嫌隙之端，非所以副远迩之望也。"会雍州刺史褚叔度卒，乃遣彦之权镇襄阳。

甲戌，王发江陵，引见傅亮，号泣，哀动左右。既而问义真及少帝薨废本末，悲哭呜咽，侍侧者莫能仰视。亮流汗沾背，不能对；乃布腹心于到彦之、王华等，深自结纳。王以府州文武严兵自卫，台所遣百官众力不得近部伍。中兵参军朱容子抱刀处王所乘舟户外，不解带者累旬。

魏主还宫。

秦王炽磐遣太子暮末帅征北将军木弈干等步骑三万出貂渠谷，攻河西白草岭、临松郡，皆破之，徙民二万余口而还。

八月，丙申，宜都王至建康，群臣迎拜于新亭。徐羡之问傅亮曰："王可方谁？"亮曰："晋文、景以上人。"羡之曰："必能明我赤心。"亮曰："不然"。

丁酉，王谒初宁陵，还，止中堂。百官奉玺绶，王辞让数四，乃受之，即皇帝位于中堂。备法驾入宫，御太极前殿，大赦，改元，文武赐位二等。

戊戌，谒太庙。诏复庐陵王先封，迎其柩及孙修华、谢妃还建康。

庚子，以行荆州刺史谢晦为真。晦将行，与蔡廓别，屏人问曰："吾其免乎？"廓曰："卿受先帝顾命，任以社稷，废昏立明，义无不可。但杀人二兄而以之北面，挟震主之威，据上流之重，以古推今，自免为难。"晦始惧不得去，既发，顾望石头城喜曰："今得脱矣！"

癸卯，徐羡之进位司徒，王弘进位司空，傅亮加开府仪同三司，谢晦进号卫将军，檀道济进号征北将军。

有司奏车驾依故事临华林园听讼。诏曰："政刑多所未悉；可如先者，二公推讯。"

帝以王昙首、王华为侍中，昙首领右卫将军，华领骁骑将军，朱容子为右军将军。

甲辰，追尊帝母胡婕妤曰章皇后。封皇弟义恭为江夏王，义宣为竟陵王，义季为衡阳王；仍以义宣为左将军，镇石头。

徐羡之等欲即以到彦之为雍州，帝不许；征彦之为中领军，委以戎政。彦之自襄阳南下，谢晦已至镇，虑彦之不过己。彦之到杨口，步往江陵，深布诚款；晦亦厚自结纳。彦之留马及利剑、名刀以与晦，晦由此大安。

柔然纥升盖可汗闻魏太宗殂，将六万骑入云中，杀掠吏民，攻拔盛乐宫。魏世祖自将轻骑讨之，三日二夜至云中。纥升盖引骑围魏主五十余重，骑逼马首，相次如堵；将士大惧，魏主颜色自若，众情乃安。纥升盖以弟子於陟斤为大将，魏人射杀之；纥升盖惧，遁去。

阿柴有子二十人。疾病，召诸子弟谓之曰："先公车骑，以大业之故，舍其子拾虔而授孤；孤敢私于纬代而忘先君之志乎！我死，汝曹当奉慕璝为主"。纬代者，阿柴之长子；慕璝者，阿柴之母弟、叔父乌纥提之子也。

阿柴又命诸子各献一箭，取一箭授其弟慕利延使折之。慕利延折之。又取十九箭使折之，慕利延不能折。阿柴乃谕之曰："汝曹知之乎？孤则易折，众则难摧。汝曹当戮力一心，然后可以保国宁家。"言终而卒。

慕璝亦有才略，抚秦、凉失业之民及氐、羌杂种至五六百落，部众转盛。

十二月，魏主命安集将军长孙翰、安北将军尉眷北击柔然，魏主自将屯柞山。柔然北遁，诸军追之，大获而还。翰，肥之子也。

诏拜营阳王母张氏为营阳太妃。

林邑王范阳迈寇日南、九德诸郡。

宕昌王梁弥忽遣子弥黄入见于魏。宕昌，羌之别种也。羌地东接中国，西通西域，长数千里，各有酋帅，部落分地，不相统摄；而宕昌最强，有民二万余落，诸种畏之。

夏主将废太子璝而立少子酒泉公伦。璝闻之，将兵七万北伐伦。伦将骑三万拒之，战于高平，伦败死。伦兄太原公昌将骑一万袭璝，杀之，并其众八万五千，归于统万。夏主大悦，立昌为太子。

夏主好自矜大，名其四门：东曰招魏，南曰朝宋，西曰服凉，北曰平朔。

【译文】

元嘉元年（甲子、424年）

春，正月，魏改年号为始光。

丙寅日（初四），魏安定殇王弥死。

营阳王刘义符在为其父宋武帝刘裕服丧期间，喜欢与左右侍从亲昵轻佻，嬉戏游乐，不能自我节制。以特进衔退休的范泰呈上一本用皂囊封板的奏章，说："我听说陛下常常在后花园习武练功，鼓虽在宫中，鼓声却远传宫外，在禁宫深院，打闹砍杀，又在朝廷各部公堂之间，喧哗嘶喊。如此，则不但不能威服四方夷族，而只能使远近各邦觉得怪诞不经。陛下即位以来，把政务都交给了宰相大臣，实际上同商朝的高宗武丁一样，有着服丧期间闭口不言的美誉。想不到您却与小人亲近，恐怕这不是治理国家的好办法和维持世风的好策略。"刘义符没有理会范泰的劝告。范泰是范宁的儿子。

谢灵运像

南豫州刺史庐陵王义真，非常聪明，喜好文章义理，但生性轻浮，与太子左卫率谢灵运、员外常侍颜延之、慧琳道人等交往密切。曾说："即位的那一天，当以灵运、延之为宰相，以慧琳为西豫州都督。"谢灵运，是谢玄的孙子。为人褊狭骄傲，不遵守礼法。朝廷只是以擅于文章义理来对待他，并不认为有实际的用处。但灵运认为以自己的才能应该可以参与机要重任，因而常抱有愤懑的心情。颜延之，是颜含的曾孙，喜欢喝酒，放纵无度。

徐羡之等人厌恶义真与灵运等三人交游，义真的旧属臣范晏从容地告诫义真。义真说："灵运十分空泛，延之很浅薄，就是魏文帝所说'古今文人多不爱惜自己行为细节'的那种人，但是我因为本有的性情难改，在了解人赞许时，不得有所不说，因此我与他们交游。"于是徐羡之以灵运、延之煽动分歧、诽谤当局为罪名，外放灵运为永嘉太守，延之为始安太守。

义真到了历阳，要求的很多，朝廷常常决定不予满足，义真十分怨恨，又上表请求回首都。谘议参军、庐江人何尚之屡次劝谏，义真均不听从。当时，羡之等人已秘密策划废除皇帝营阳王，而依次要扶立的应该属义真，但因为义真与皇帝有矛盾，徐羡之就上奏列举他的罪名，废义真为平民，移到新安郡。前吉阳令堂邑人张约之上奏章说："庐陵王年少时，承蒙先帝优厚慈爱的对待，长大后接受陛下和睦仁爱的恩惠，所以存在心中的必定说出来，放于内在的必定表现出来。以致违背了做臣子的道理，而招致骄傲放纵的错失。至于他，实在是有超群的才华，应该加以宽容教养，取他的长处，改他的缺点，以适当的方法，尽力训导，慢慢地引导他学会进退。现在却随意加以剥夺爵位，迁移他到偏远的郡地。对上伤害到陛下兄弟的和好，对下让远近的人恐惧失措。臣私下想大宋建国很仓促，根基并不牢固，应广泛建立宗室的屏障，以正道来和睦关系。人有谁没有过错，应该以改过自新为可贵；以武皇帝的心爱儿子，陛下的好弟弟，怎么能因一个小的过错，而遭到永远的放逐呢！"奏章上去不久，张约之就被派为梁州府参军，不久就被杀掉了。

徐羡之等因南兖州刺史檀道济，是先朝的老将，威望信服于殿省，而且拥有大军，于是召道济和江州刺史王弘回到朝中。五月，二人都到达建康，徐羡之把废立皇帝的计划告诉他们。

甲申日（二十四日），谢晦因领军府的房屋破败，教家人全部搬出，他仍住在屋内，集合将士在府内守卫，又叫中书舍人邢安泰、潘盛在内应召。当夜，他邀檀道济同睡，晦惶恐而睡不着，道济却上床就熟睡，晦因而佩服道济的镇定。

当时，皇帝在华园设立市场摊位，亲自贩卖，又与左右划船作乐。傍晚，游天渊池，在龙舟上睡觉。乙酉日（二十五日），清晨，道济率兵在前，羡之等领兵随后，从云龙门进入，安泰等事先通知卫兵知道，因此没有受到抵抗。皇帝睡觉还没醒，士兵进房杀死2个皇帝侍者，砍伤皇帝手指，将其扶到东阁，收取他的玺印，臣子们拜辞，护送他到原来的太子宫。

侍中程道惠劝羡之等立皇帝弟弟南豫州刺史义恭。羡之等则以为宜都王义隆一向有好声望，而又有很多祥瑞的征兆出现，于是用皇太后的命令，列举皇帝的罪恶，废除他为营阳王，以让宜都王来继承帝位，赦免死罪以下的犯人。又用皇太后命令，奉上玺印，废皇后号为营阳王妃，移送营阳王到吴。派檀道济率兵入守朝廷。营阳王到吴，停留在金昌亭；六月，癸丑日（二十四日），羡之等人派邢安泰去杀他。营阳王很有力气，突围跑出昌门，追赶的士兵用门横木把他打倒在地，才将他杀死。

傅亮率行台百官用法驾到江陵去迎接宜都王义隆。祠部尚书蔡廓到寻阳，罹病不能继续走，傅亮与他道别。蔡廓说："营阳王在吴，要好好加以款待，一旦发生不幸，你们各位就有弑君的罪名，想要立身于世，恐怕不可以吧！"当时傅亮已经与徐羡之商议加害于营阳王，傅亮就以快信通知羡之，想加以阻止，但已来不及了。羡之生气说："跟人计谋好了，怎么可以背信，把罪名推给别人呢？"羡之于是又派使者到新安杀前庐陵王义真。

徐羡之认为荆州地方重要，担心宜都王到任即位后，也许任命别人主管荆州，就迅速的以录尚书的命令，任命谢晦为都督主管荆、湘、雍、益、宁、南、北秦等7州军务及荆州刺史。要谢晦在外成为他的援手，把精兵旧将，全都配给谢晦。

秋，七月，行台百官到达江陵，把行门设在城南，题字为"大司马门"。傅亮率百官到门口，呈上表书，呈进玺印，礼品很多。宜都王当时只有18岁，下教令说："我是缺乏才德的人，承受帝位，自己非常惶恐，怎么能够担当呢？就应该暂且回到朝廷，哀祭先皇陵寝，并与贤能大臣共同舒展抱负，希望能体谅我的心意，不要再多说话。"府州的佐史都自称为臣，请求题榜在各门，全象宫省的规矩一样，宜都王不答应。下令州、府、国各地方官吏宽宥各自所管辖下的受刑人、欠债者。

宜都王所属将佐听说营阳王、庐陵王被杀死，都产生怀疑，劝王不可以向东到建康。司马王华说："先帝有大功于天下，四海诚服，虽继承者缺乏纲纪，但他的声望仍未改变。徐羡之是中等才能的清贫之士，傅亮是平民读书人出身，没有晋宣帝、王大将军那样的野心是明显的，徐傅受遗命重任，不敢急切抛弃原则而造反，他们害怕庐陵王独断专行，将来自己不能容身。现在以殿下的宽厚仁慈，远近都知。而超越排行来恭迎你为帝，是希望他们的决策，会有所表现，这种悠悠无稽的说法，一定不正确。另外，徐羡之、傅亮、谢晦、檀道济、王弘五人，有同样的功劳，同样的职位，谁愿意让出呢？如要图谋不轨，势必行不通，因为没有一人为首。至于被废的营阳王，如果他活着，忧虑将来复辟他们将受害，因此而杀掉营阳王。既然过于贪生怕死，那里敢心怀反叛之心！只不过是加强权力，来控制年轻的君主罢了。愿殿下长驱天子的车马赴任，以符合天人的向心。"王说："你想劝汉文帝即位宋昌吗？"长史王昙首、南蛮校尉到彦之，都劝王成行。昙首就陈述现于自然与人事间的祥瑞征兆。王才说："徐羡之等受先皇遗命，不许有违背道义之意。而且功臣旧将，充斥在朝廷内外，现在的兵力又足以打败叛贼，有什么好怀疑呢？"于是命令王华总管后方，留守荆州，王要到彦之率兵在前头。彦之说："明知他们造不了反，便应该穿着朝服乘船顺流长江而下；如果有所顾虑，我这支军队很弱小，既不足依赖，更会产生误会，是不符合你远近闻名的声望。"正好雍州刺史褚叔度死了，就派彦之镇守襄阳。

甲戌日（十五日），王从江陵出发，召见傅亮，哭了起来，哭声感动左右的人。接着又问义真及少帝死亡的前后经过，伤心痛哭，旁边的侍者都不敢抬头。傅亮紧张得汗流浃背，不敢对答；就派心腹到彦之、王华处拉拢关系。王用府、州文武官兵戒自卫，行台所派百官士兵不能靠近队伍。中兵参军朱容子拿着刀站在王所坐船的门口，不解开衣带的休息有好几旬。

魏君回宫。

秦王炽磐派太子暮末带征北将军木弈干等步、骑兵3万人出貂渠谷，攻打河西白草岭、临松郡，都把它们攻破，驱逐2万多人回来。

八月，丙申日（初八），宜都王到达建康，群臣到新亭迎接、下拜。徐羡之问傅亮说："有谁能与王相比呢？"亮答："晋文、景帝以上的人。"羡之说："他一定会明白我们对他的忠心。"傅亮说："不一定。"

丁酉日（初九），王拜见初宁陵，回来，留在中堂，百官呈上玺印，王再三的辞让，才接受，在中堂登皇帝之位，然后备法驾进入宫中，到太极前殿办公，大赦天下，改年号为元嘉，文武百官赐爵位二等。

戊戌日（初十），皇帝祭祀太庙。下诏令恢复庐陵王的封号，迎接他的棺材，并把他的母亲孙修华和谢妃接回建康。

庚子日（十二日），代理荆州刺史谢晦真除。谢晦将要上任，与蔡廓道别，让四周的人回避退出后说："我能避去灾祸吗？"廓说："你受先皇帝的遗命，托付国家，废昏君而立明君，并不违背道义，但杀了别人的两个哥哥而北面向他称臣。又挟制人主的权威，受到上层的重任，这样的形势，从古推测到今，很难幸免。"谢才害怕逃不掉，出发之后，回头看看石头城高兴地说："现在跑得掉了。"

癸卯日（十五日），徐羡之进位为司徒，王弘进位为司空，傅亮加号为开府仪同三司，谢晦进号为卫将军，檀道济进号为征北将军。

负责官吏上奏说皇帝车驾要依例到华林园听取决断诉讼。皇帝下诏说："我对刑政不很了解，如果能事先办理，可请徐羡之、王弘两位来审讯。"

皇帝用王昙首、王华为侍中，王昙首兼任右卫将军，全华兼任骁骑将军，朱容子为右军将军。

甲辰日（十六日），追尊皇帝母亲胡婕妤为章皇后，封皇帝弟弟义恭为江夏王，义宣为竟陵王，义季为衡阳王；并仍用义宣为左将军，镇守石头城。

徐羡之等要求马上以到彦之为雍州刺史，皇帝不同意；而征用彦之为中领军，给予指挥军政。彦之从襄阳南下，谢晦已经到达江陵，怕彦之回京路过不访问他。彦之到杨口，再去江陵见谢晦，深切地表示心中的诚恳；谢晦也深厚加以结交。彦之把马、利剑、名刀送给谢晦，谢晦因此心里安定下来。

柔然纥升盖可汗听说魏太宗去世，率6万骑兵入侵云中，杀戮官民掠夺财物，攻占盛乐宫。魏世祖亲自率领轻装快速骑兵讨伐，行军3天两夜到达云中。纥升盖率领骑兵包围魏君50多重，骑兵逼近马头，层层相叠像围墙，魏将士大为害怕，而魏君脸色镇定自然，士气才平定下来。纥升盖以弟弟的儿子於陟斤为大将，魏军把他杀了；纥升盖害怕，逃跑了。

阿柴有20个儿子。在生病时，召见子幼辈对他们说：“先王车骑将军树洛干，为了国家，舍弃他的儿子而把王位授给我，我怎么敢私下授给我的儿子纬代而忘掉先王的遗命呢？我死后，你们应该奉慕璝为国主。”纬代是阿柴的长子；慕璝阿柴的同母异父弟，也是阿柴叔父乌纥提的儿子。

阿柴又叫20个儿子每人拿出一支箭来，将当中的一支交给他的弟弟慕利延，教他折断。慕利延就给折断了。又把其余的19支让慕利延一次折，慕利延折不断。阿柴就对儿子们说：“你们知道吗？单独就容易被折断，大家团结就很难被摧毁。你们应当团结一心，然后才可以保护国家。”说完就死了。

慕璝也十分富有才能策略，安抚秦、凉等地失业的百姓，以及氐、羌各民族等多到五、六百聚落，使得统治的民众逐渐增多。

十二月，魏君派安集将军长孙翰、安北将军尉眷向北攻打柔然，魏君自己领军屯驻柞山。柔然军向北逃去，魏国各军追击，大胜而归。翰，是长孙肥的儿子。

下诏封营阳王的母亲张氏为营阳太妃。

林邑王范阳迈入侵日南、九德等郡。

宕昌王梁弥忽派儿子弥黄到平城拜见魏君。宕昌，是羌的支族。羌族的土地在我国的东部，西通西域，长有几千里，各部落由酋长统治，且互不管辖，其中以宕昌最为强大，有聚落族民2万多，其他的部族都害怕宕昌。

夏君将要废太子慕璝而改立最小儿子酒泉公慕伦。璝知道了，就领兵7万人向北攻打慕伦，慕伦率领骑兵3万人抗击，在高平作战，慕伦战败身亡。伦的哥哥太原公昌率领骑兵1万袭击璝，把璝杀掉，合并了他的军队8万5千人，然后回到统万。夏君很高兴，立昌为太子。

夏君喜爱夸大，分别为他的4个宫门取名字为：东叫招魏门，南叫朝宋门，西叫服凉门，北叫平朔门。

四　年（丁卯、427年）

春，正月，辛巳，帝祀南郊。

乙酉，魏主还平城，统万徙民在道多死，能至平城者什才六七。

己亥，魏主如幽州。夏主遣平原公定帅众二万向长安。魏主闻之，伐木阴山，大造攻具，再谋伐夏。

山羌叛秦。二月，秦王炽磐遣左丞相昙达招慰武始诸羌，征南将军吉毗招慰洮阳诸羌。羌人执昙达送夏；吉毗为羌所击，奔还，士马死伤者什八九。

魏主还平城。

乙卯，帝如丹徒；己巳，谒京陵。初，高祖既贵，命藏微时耕具以示子孙。帝至故宫，见之，有惭色。近侍或进曰："大舜躬耕历山，伯禹亲事水土。陛下不睹遗物，安知先帝之至德，稼穑之艰难乎！"

夏，四月，丁未，魏员外散骑常侍步堆等来聘。

庚戌，以廷尉王徽之为交州刺史，征前刺史杜弘文。弘文有疾，自舆就路；或劝之待病愈，弘文曰："吾杖节三世，常欲投躯帝庭，况被征乎！"遂行，卒于广州。弘文，慧度之子也。

魏奚斤与夏平原公定相持于长安。魏主欲乘虚伐统万，简兵练士，部分诸将，命司徒长孙翰等将三万骑为前驱，常山王素等将步兵三万为后继，南阳王伏真等将步兵三万部送攻具，将军贺多罗将精骑三千为前候。素，遵之子也。五月，魏主发平城，命龙骧将军代人陆俟督诸军镇大碛以备柔然。辛巳，济君子津。

壬午，中护军王华卒。

魏主至拔邻山，筑城，舍辎重，以轻骑三万倍道先行。群臣咸谏曰："统万城坚，非朝夕可拔。今轻军讨之，进不可克，退无所资，不若与步兵、攻具一时俱往。"帝曰："用兵之术，攻城最下；必不得已，然后用之。今以步兵、攻具皆进，彼必惧而坚守。若攻不时拔，食尽兵疲，外无所掠，进退无地。不如以轻骑直抵其城，彼见步兵未至，意必宽弛；吾羸形以诱之；彼或出战，则成擒矣。所以然者，吾之军士去家二千余里，又隔大河，所谓'置之死地而后生'者也。故以之攻城则不足，决战则有余矣。"遂行。

六月，癸卯朔，日有食之。

魏主至统万，分军伏于深谷，以少众至城下。夏将狄子玉降魏，言："夏主闻有魏师，遣使召平原公定，定曰：'统万坚峻，未易攻拔。待我擒奚斤，然后徐往，内外击之，蔑不济矣。'故夏主坚守以待之。"魏主患之，乃退军以示弱，遣娥清及永昌王健帅骑五千西掠居民。

魏军士有得罪亡奔夏者，言魏军粮尽，士卒食菜，辎重在后，步兵未至，宜急击之。夏主从之，甲辰，将步骑三万出城。长孙翰等皆言："夏兵步陈难陷，宜避其锋。"魏主曰："吾远来求贼，惟恐不出。今既出矣，乃避而不击，彼奋我弱，非计也。"遂收众伪遁，引而疲之。

夏兵为两翼，鼓噪追之，行五六里，会有风雨从东南来，扬沙晦冥。宦者赵倪，颇晓方术，言于魏主曰："今风雨从贼上来，我向之，彼背之，天不助人；且将士饥渴，愿陛下摄骑避之，更待后日。"崔浩叱之曰："是何言也！吾千里制胜，一日之中，岂得变易！贼贪进不止，后军已绝，宜隐军分出，奄击不意。风道在人，岂有常也！"魏主曰："善！"乃分骑为左右队以掎之。魏主马蹶而坠，几为夏兵所获；拓跋齐以身捍蔽，决死力战，夏兵乃退。魏主腾马得上，刺夏尚书斛黎文，杀之，又杀骑兵十余人，身中流矢，奋击不辍，夏众大溃。齐，翳槐之玄孙也。

魏人乘胜逐夏主至城北，杀夏主之弟河南公满及兄子蒙逊，死者万余人。夏主不及入城，遂奔上邽。魏主微服逐奔者，入其城；拓跋齐固谏，不听。夏人觉之，诸门悉闭；魏主因与齐等入其宫中，得妇人裙，

南北朝彩绘骑马俑

系之槊上，魏主乘之而上，仅乃得免。会日暮，夏尚书仆射问至奉夏主之母出走，长孙翰将八千骑追夏主至高平，不及而还。

乙巳，魏主入城，获夏王、公、卿、将、校及诸母、后妃、姊妹、宫人以万数，马三十余万匹，牛羊数千万头，府库珍宝、车旗、器物不可胜计，颁赐将士有差。

初，夏世祖性豪侈，筑统万城，高十仞，基厚三十步，上广十步，宫墙高五仞，其坚可以厉刀斧。台榭壮大，皆雕镂图画，被以绮绣，穷极文采。魏主顾谓左右曰："蕞尔国而用民如此，欲不亡得乎！"

魏主纳夏世祖三女为贵人。

奚斤与夏平原公定犹相拒于长安。魏主命宗正娥清、太仆丘堆帅骑五千略地关右。定闻统万已破，遂奔上邽；斤追至雍，不及而还。清、堆攻夏贰城，拔之。

魏主诏斤等班师。斤上疏言："赫连昌亡保上邽，鸠合余烬，未有蟠据之资；今因其危，灭之为易。请益铠马，平昌而还。"魏主不许。斤固请，乃许之，给斤兵万人，遣将军刘拔送马三千匹，并留娥清、丘堆使共击夏。

魏主为人，壮健鸷勇，临城对阵，亲犯矢石，左右死伤相继，神色自若；由是将士畏服，咸尽死力。性俭率，服御饮膳，取给而已。群臣请增峻京城及修宫室曰："《易》云：'王公设险，以守其国。'又萧何云：'天子以四海为家，不壮不丽，无以重威。'"帝曰："古人有言：'在德不在险。'屈丐蒸土筑城而朕灭之，岂在城也？今天下未平，方须民力，土功之事，朕所未为。萧何之对，非雅言也。"每以为财者军国之本，不可轻费。至于赏赐，皆死事勋绩之家，亲戚贵宠未尝横有所及。命将出师，指授节度，违之者多致负败。明于知人，或拔士于卒伍之中，唯其才用所长，不论本末。所察精敏，下无遁情，赏不违贱，罚不避贵，虽所甚爱之人，终无宽假。常曰："法者，朕与天下共之，何敢轻也。"然性残忍，果于杀戮，往往已杀而复悔之。

九月，丁酉，安定民举城降魏。

氐王杨玄遣将军苻白作围秦梁州刺史出连辅政于赤水；城中粮尽，民执辅政以降。辅政至骆谷，逃还。冬，十月，秦以骁骑将军吴汉为平南将军、梁州刺史，镇南漒。

十一月，魏主遣军司马公孙轨兼大鸿胪，持节策拜杨玄为都督荆、梁等四州诸军事、梁州刺史、南秦王。及境，玄不出迎；轨责让之，欲奉策以还，玄惧而郊迎。魏主善之，以轨为尚书。轨，表之子也。

十二月，秦梁州刺史吴汉为群羌所攻，帅户二千还于枹罕。

魏主行如中山；癸卯，还平城。

【译文】

四　年（丁卯、427年）

春，正月，辛巳日（初七），皇帝到建康南郊祭天。

乙酉日（十一日），魏君回到平城。统万被强迫迁移的夏民许多都在路上死掉，能到达平城的只不过十分之六七而已。

己亥日（二十五日），魏君到幽州，夏君派平原公定率兵二万奔向长安。魏君得知，就在阴山砍伐木材，制造攻城的器械，再计划讨伐夏国。

山羌反叛秦国。二月，秦王炽磐派左丞相昙达招抚武始羌族各部族，派征南将军吉毗招抚洮阳羌族各部落。羌人捕获昙达送还夏国；吉毗被羌军打败，跑回，士兵马匹死伤的达十之八九。

魏君回到平城。

乙卯日（十一日），皇帝到丹徒；己巳日（二十五日），拜谒京陵。以前，高祖刘裕显贵时，令人收藏他在低贱时耕田用的农具，以传送给子孙。皇帝在京口故宫，看见农器，有惭愧的表情。近侍有的向前报告说："大舜亲耕于历山，伯禹亲自挖水土。陛下不看先帝遗物，怎么能知道先帝的伟大，耕作的艰辛呢？"

夏，四月，丁未日（初四），魏员外散骑常侍步堆等人前来宋国报聘。

庚戌日（初七），任廷尉王徽之担任交州刺史，征用前刺史交州杜弘文。弘文有病，自己坐车上路，有人劝他等病好再去，弘文说："我家执节于边区，已经三代了，身体常要向朝廷报效，何况现在被征召呢！"于是就出发，但却病死在广州。杜弘文是杜慧度的儿子。

魏国奚斤与夏国平原公定两军在长安对峙。魏君想要乘虚讨伐统万，选拔训练士兵，再分派给各将领，命司徒长孙翰等率3万骑兵为前锋，常山王素等率步兵3万为后，南阳王伏真等率步兵3万运送攻城器械，将军贺多罗率精锐骑兵3000为军前斥候。素,是遵的儿子。五月,魏君从平城出发,命令龙骧将军代人陆俟督导各军镇守大碛,以防备柔然。辛巳日(初九),军队渡过君子津。

壬午日(初十),中护军王华死。

魏君到达拔邻山,建筑城垣,把辎重放下,用轻装骑兵3万,加速前行。臣子们都劝谏道:"统万城坚固,不是一朝一夕可以攻下的。现在轻装攻打,进则不能攻下,退则没有补给。不如让骑兵与步兵、连同攻城器械同时前进。"魏主说:"用兵的战术,攻城是最下策,如非不得已,不要攻城。现在以步兵、攻城器械同时并进,他们一定害怕,只是坚守。如果攻城不能即刻攻破,则粮食用尽,士兵疲惫,在城外无所掠夺,进退都没有地方。不如让轻装骑兵快速直达城下,他们看见步兵没到,必然放松警惕。我们用瘦弱的士兵,来引诱他们出城作战,那么就可以打败他们了。为什么要这么做呢?我们士兵已离家2000多里,又隔着大河,这就是所说的'先置于死地而后求生存'的道理啊!所以用我们的力量去攻城虽然不够,但与他们决战则足已。"于是按魏君的命令出发。

六月,癸卯朔日(初一),日蚀。

魏君到达统万,分散军队,埋伏在深谷中,让少数兵到城下挑战。夏将领狄子玉向魏投降说:"夏主听说魏军来到,就派使者召平原公定回师。定说:'统万城非常坚牢高大,不容易攻下,等我抓到奚斤,然后慢慢前去,内外夹攻魏军,这样没有不成功的。'所以夏君坚守城池以等待平原公。"魏主听到也觉得忧虑,就退军以示弱,派娥清和永昌王健率骑兵5000向西掠夺百姓。

魏军中有犯罪逃亡到夏的士兵,说魏军粮食已吃完,士兵只吃蔬菜,辎重在后面,步兵还没到达,应该快速加以攻击。夏君听从他。甲辰日(初二),夏君率步骑兵3万人出城。

长孙翰等都说:"夏兵的阵势很难打破,应该躲避他的锋锐。"魏君说:"我们远道而来,就是要贼人出城,唯恐不能。现在他们出城了,却躲避不打,显示他们强,我们弱,不是好办法。"于是集合士兵假装逃跑,引诱夏军追跑,使他们疲劳。

夏兵分两路,大声喊叫追赶,连续走五六里,遇到风雨从东南而来,扬起黄沙,一片阴暗。宦官赵倪非常通晓方术,向魏君说:"现在风雨从贼人的方向吹打，我们迎风，他们背风，上天是不会帮助人的，并且将士饥渴，希望陛下收兵撤退，等待以后再来。"崔浩叱责说："这是什么话！我们在千里之外，已定下得取胜的计划，怎么能在一天当中改变？贼人贪功前进不停，他们后面的军队已经没有了，我们应该把隐藏的部队分头出击，攻打他们的后方。他们意料不到，风的作用力由人决定，哪里会永远不变呢？"魏君说："好极了！"就把骑兵分为左右两队以成犄角之势。魏君马翻倒，从马上摔下，几乎被夏兵抓住；拓跋齐用身体来掩护，决死奋战，夏兵才退回。魏君又跳上马，刺杀夏尚书斛黎文，又杀伤夏骑兵十多人，自己身中流箭，仍奋力杀敌，夏军终于大败。拓跋齐，是翳槐的玄孙。

古代羌人

魏军乘胜追击，夏主跑到统万城北。魏军杀掉夏主的弟弟河南公满和哥哥儿子蒙逊，夏士兵死亡1万多人。夏主来不及进城，于是改逃到上邽。魏主穿便服追赶，进入统万城，拓跋齐坚决劝谏，不听。进城后，夏人发觉了，将各个城门都关闭。魏主就与拓跋齐等人进入宫中，得到女人的裙子，绑在长矛上，魏主利用它而上城逃出，才得以幸免。到黄昏，夏尚书仆射问至带着夏主的母亲出城逃走，长孙翰率8千骑兵追赶夏主，到了高平，赶不上而率军撤回。

乙巳日（初三），魏主入统万城，俘获夏国的王、公、卿、将、校，以及夏先帝的妻妾、夏主昌的后妃、姊妹、宫人数以万计，马30多万匹，牛羊数千万头，府库的珍宝、车旗、器物多得数不清。然后，依官级功劳分赏给将士。

起初，夏世祖性情奢侈，修建筑统万城，高10仞、城墙底部厚30步，上部厚10步，宫殿墙高5仞，坚固可以抵挡住刀斧，亭台楼阁非常壮丽高大，都雕刻图画，再挂上绮丽的锦绣，修饰文采，无以复加。魏主转头向左右的人说："蕞尔小国却如此消耗民力，不亡国是不可能的！"

获得夏太史令形渊、徐辩，仍留2人为太史令。获得前晋将毛修之和秦将军库洛干。将库洛干送回秦国，因为毛修之善于烹调，用为太官令。魏主看到夏著作郎天水人赵逸所著的文章，称赞夏君太过分，生气骂道："这家伙没有理由，竟敢这样！是谁作的呢，推出去办吧！"崔浩说："文人写文章或褒或贬，大多夸张，因为是不得已，不足以罪！"于是停止办理赵逸。魏君又收纳夏世祖的三女为贵人。

奚斤与夏平原公定还在长安对峙。魏主派宗正娥清、太仆丘堆率骑兵5000占领关右。定听说统万已被击破，就逃到上邽，奚斤追到雍，赶不上而退回。娥清、丘堆又攻打夏的贰城，将它攻下。

魏君下诏奚斤等人率领军队回国。奚斤对魏主说："赫连昌逃亡占据上邽，聚集余兵，但还没有巩固地盘的实力，现在乘着他的危急，很容易消灭他，请加给我甲士马匹，去平定赫连昌再回来。"魏主不允许。经奚斤一再请求，才答应，给奚斤兵1万人，让将军刘拔送马3000匹，并留下娥清、丘堆帮助奚斤共同攻夏。

魏主为人，健壮勇敢，临城对阵，亲冒箭石攻打，左右的人不断死伤，而他的神色自然而不变，从此将士敬畏他，尽力效死。而且个性节俭，穿衣吃饭，只要足够而已。臣子们请求扩大增高京师城墙和建筑宫殿，说："《易经》说：'王公设置险要，用以防守国家。'又萧何说：'帝王以天下四海为他的家产，没有壮大华丽的排场，就没有重大的威严。'"魏帝说："古人说过：'在于有道德，而不在于有险要。'屈丏蒸土筑城，而我将他灭掉，哪里在于城池的修建呢？现在天下还没有平定，正需要民力，而大兴土木工程，是我所不愿意做的。萧何的对答，是错误的。"魏主常认为钱财是军事、国家的根本，不能轻率浪费。至于赏赐，都是给战死的功勋之家，皇亲贵戚和亲信大官不能以特权得到。命令将领出兵，都亲自指挥控制，不听命令的，都打败仗。又能明察人才，有时从士兵中选拔将领，只要有专长才能，不论他的过去或将来。他观察敏锐，在下的人无法隐瞒；该赏就不论是否为低贱的人，该罚，就不管是否为权贵。即使他宠爱的人犯罪，也始终不予宽赦。他常说："法律，我与天下人共同遵守，怎么能轻视呢？"但是他个性残忍，杀人非常干脆，往往杀完人才后悔。

九月，丁酉日（二十六日），安定居民献城，投降魏国。

氐王杨玄派将军苻白包围秦梁州刺史出连辅政在赤水，城中粮食吃尽，百姓捉辅政向苻白作投降，辅政被送骆谷，逃回来。冬，十月，秦任命骁骑将军吴汉为平南将军、兼梁州刺史，镇守南漒。

十一月，魏主派军司马公孙轨兼任大鸿胪，带节策前往拜杨玄为都督荆、梁等四州诸军事、兼梁州刺史、南秦王。公孙轨到达氐境，杨玄没有前来迎接，公孙轨责备他，要奉着节策回国，杨玄很害怕，就到郊外去迎接。魏主以为很好，任命公孙轨为尚书。

十二月，秦梁州刺史吴汉为羌族各部落所攻打，因此率2000户人家回到漒罕。

魏主到中山，癸卯日（初四），回到平城。

卷一二一至卷一五〇

宋纪六　太祖文皇帝
元嘉二十三年（丙戌、446年）

春，正月，庚申，尚书左仆射孟颙罢。

戊辰，魏主军至东雍州，临薛永宗垒，崔浩曰："永宗未知陛下自来，众心纵弛。今北风迅疾，宜急击之。"魏主从之，庚午，围其垒。永宗出战，大败，与家人皆赴汾水死。其族人安都先据弘农，弃城来奔。

辛未，魏主南如汾阴，济河，至洛水桥。闻盖吴在长安北，帝以谓北地无谷草，欲渡渭南，循渭而西；以问崔浩，对曰："夫击蛇者先击其首，首破则尾不能掉。今盖吴营去此六十里，轻骑趋之，一日可到，到则破之必矣。破吴，南向长安亦不过一日，一日之乏，未至有伤。若从南道，则吴徐入北山，猝未可平。"帝不从，自渭南向长安，庚辰，至戏水。吴众闻之，悉散入北地山，军无所获。帝悔之。二月，丙戌，帝至长安，丙申，如鳌屋，历陈仓，还，如雍城，所过诛民、夷与盖吴通谋者。乙拔等诸军大破盖吴于杏城。

吴复遣使上表求援，诏以吴为都督关陇诸军事、雍州刺史、北地公，使雍、梁二州发兵屯境上，为吴声援；遣使赐吴印一百二十一纽，使吴随宜假授。

初，林邑王范阳迈，虽遣使入贡，而寇盗不绝，使贡亦薄陋；帝遣交州刺史檀和之讨之。南阳宗悫，家世儒素，悫独好武事，常言"愿乘长风破万里浪"。及和之伐林邑，悫自奋请从军，诏以悫为振武将军，和之遣悫为前锋。阳迈闻军出，遣使请还所掠日南民，输金一万斤，银十万斤。帝诏和之："若阳迈果有款诚，亦许其归顺。"和之至朱梧戍，遣府户参军姜仲基等诣阳迈，阳迈执之；和之乃进军围林邑将范扶龙于区粟城。阳迈遣其将范毗沙达救之，宗悫潜兵迎击毗沙达，破之。

魏主与崔浩皆信重寇谦之，奉其道。浩素不喜佛法，每言于魏主，以为佛法虚诞，为世费害，宜悉除之。及魏主讨盖吴，至长安，入佛寺，沙门饮从官酒；从官入其室，见大有兵器，出以白帝，帝怒曰："此非沙门所用，必与盖吴通谋，欲为乱耳。"命有司按诛阖寺沙门，阅其财产，大得酿具及州郡牧守、富人所寄藏物以万计，又为窟室以匿妇女。浩因说帝悉诛天下沙门，毁诸经像，帝从之。诏曰："昔后汉荒君，信惑邪伪以乱天常，由是政教不行，礼义大坏，九服之内，鞠为丘墟。朕承天绪，欲除伪定真，复羲、农之治，其一切荡除，灭其踪迹。有司宣告征镇诸军、刺史，诸有浮图形像及胡经，皆击破焚烧，沙门无少长悉坑之！"太子晃素好佛法，屡谏不听；乃缓宣诏书，使远近豫闻之，得各为计，沙门多亡匿获免，或收藏经像，唯塔庙在魏境者无复孑遗。

魏主徙长安工巧二千家于平城。还，至洛水，分军诛李闰叛羌。

太原颜白鹿私入魏境，为魏人所得，将杀之，诈云青州刺史杜骥使其归诚。魏人送白鹿诣平城，魏主喜曰："我外家也。"使崔浩作书与骥，且命永昌王仁、高凉王那将兵迎骥，攻冀州刺史申恬于历城；杜骥遣其府司马夏侯祖欢等将兵救历城。魏人遂寇兖、青、冀三州，至清东而还，杀掠甚众，北边骚动。

帝以魏寇为忧，咨访群臣。御史中丞何承天上表，以为："凡备匈奴之策，不过二科：武夫尽征伐之谋，儒生讲和亲之约。今欲追纵卫、霍，自非大田淮、泗，内实青、徐，使民有赢储，野有积谷，然后发精卒十万，一举荡夷，则不足为也。若但欲遣军追讨，报其侵暴，则彼必轻骑奔走，不肯会战；徒兴巨费，不损于彼，报复之役，将遂无已，斯策之最末者也。安边固守，于计为长。臣窃以曹、孙之霸，才均智敌，江、淮之间，不居各数百里。何者？斥候之郊，非耕牧之地，故坚壁清野以俟其来，整甲缮兵以乘其弊；保民全境，不出此涂。要而归之，其策有四：一曰移远就近。今青、兖旧民及冀州新附，在界首者三万余家，可悉徙置大岘之南，以实内地。二曰多筑城邑以居新徙之家，假其经用，春夏佃牧，秋冬入保。寇至之时，一城千家，堪战之士，不下二千，其余羸弱，犹能登陴鼓噪，足抗群虏三万矣。

三曰纂偶车牛以载粮械。计千家之资，不下五百耦牛，为车五百两，参合钩连以卫其众；设使城不可固，平行趋险，贼所不能干，有急征发，信宿可聚。四曰计丁课仗。凡战士二千，随其便能，各自有仗，素所服习，铭刻由己，还保输之于库，出行请以自新。弓簳利铁，民不得者，官以渐充之。数年之内，军用粗备矣。近郡之师，远屯清、济，功费既重，嗟怨亦深，以臣料之，未若即用彼众之易也。今因民所利，导而帅之，兵强而敌不戒，国富而民不劳，比于优复队伍，坐食粮廪者，不可同年而校矣。"

魏金城边固，天水梁会，与秦、益杂民万余户据上邽东城反，攻逼西城。秦、益二州刺史封敕文拒却之。氐、羌万余人，休官、屠各二万余人皆起兵应固、会，敕文击固，斩之，余众推会为主，与敕文相攻。

五月，癸亥，魏主遣安丰公闾根帅骑赴上邽，未至，会弃东城走。敕文先掘重堑于外，严兵守之，格斗从夜至旦。敕文曰："贼知无生路，致死于我，多杀伤士卒，未易克也。"乃以白虎幡宣告会众，降者赦之，会众遂溃；分兵追讨，悉平之。略阳人王元达聚众屯松多川，敕文又讨平之。

盖吴牧兵屯杏城，自号秦地王，声势复振。魏主遣永昌王仁、高凉王那督北道诸军讨之。

檀和之等拔区粟，斩范扶龙，乘胜入象浦；林邑王阳迈倾国来战，以具装被象，前后无际。宗悫曰："吾闻外国有师子，威服百兽。"乃制其形，与象相拒，象果惊走，林邑兵大败。和之遂克林邑，阳迈父子挺身走。所获未名之宝，不可胜计，宗悫一无所取，还家之日，衣栉萧然。

六月，癸未朔，日有食之。

甲申，魏发冀、相、定三州兵二万人屯长安南山诸谷，以备盖吴窜逸。丙戌，又发司、幽、定、冀四州兵十万人筑畿上塞围，起上谷，西至河，广纵千里。

帝筑北堤，立玄武湖，筑景阳山于华林园。

秋，七月，辛未，以散骑常侍杜坦为青州刺史。坦，骥之兄也。初，杜预之子耽，避晋乱，居河西，仕张氏。前秦克凉州，子孙始还关中。高祖灭后秦，坦兄弟从高祖过江。时江东王、谢诸族方盛，北人晚渡者，朝廷悉以伧荒遇之，虽复人才可施，皆不得践清涂。上尝与坦论金日磾，曰："恨今无复此辈人！"坦曰："日磾假生今世，养马不暇，岂办见知！"上变色曰："卿何量朝廷之薄也！"坦曰："请以臣言之：臣本中华高族，晋氏丧乱，播迁凉土，世业相承，不殒其旧；直以南渡不早，便以荒伧赐隔。日碑，胡人，身为牧圉；乃超登内侍，齿列名贤。圣朝虽复拔才，臣恐未必能也。"上默然。

八月，魏高凉王那等破盖吴，获其二叔；诸将欲送诣平城，长安镇将陆俟曰："长安险固，风俗豪忮，平时犹不可忽，况承荒乱之余乎！今不斩吴，则长安之变未已也。吴一身潜窜，非其亲信，谁能获之！若停十万之众以追一人，又非长策。不如私许吴叔，免其妻子，使自追吴，擒之必矣。"诸将咸曰："今贼党众已散，唯吴一身，何所能至？"俟曰："诸君不见毒蛇乎！不断其首，犹能为害。吴天性凶狡，今若得脱，必自称王者不死，以惑愚民，为患愈大。"诸将曰："公言是也。但得贼不杀，而更遣之，若遂往不返，将何以任其罪？"俟曰："此罪，我为诸君任之。"高凉王那亦以俟计为然，遂赦二叔，与刻期而遣之。及期，吴叔不至，诸将皆咎俟，俟曰："彼伺之未得其便耳，必不负也。"后数日，吴叔果以吴首来，传诣平城。永昌王仁讨吴余党白广平、路那罗，悉平之。以陆俟为内都大官。

陆俟像

会安定卢水胡刘超等聚众万余人反，魏主以俟威恩著于关中，复加俟都督秦、雍二州诸军事，镇长安。俟乃单马之镇。超等闻之，大喜，以俟为无能为也。

俟既至，谕以成败，诱纳超女，与为姻戚以招之；超自恃其众，犹无降意。俟乃帅其帐下亲往见超。超设备甚严，俟纵酒尽醉而还。顷之，俟复选敢死士五百人出猎，因诣超营，约曰："发机当以醉为限。"既饮，俟阳醉，上马大呼，手斩超首，士卒应声纵击，杀伤千数，遂平之。魏主征俟还，为外都大官。

【译文】

元嘉二十三年（丙戌、446年）

正月，庚申日（初六），尚书左仆射孟颛被罢免。

戊辰日（十四日），魏主率领军军东到雍州，接近薛永宗堡垒，崔浩说："永宗不知陛下亲自来攻，众心懈怠。现在北风疾速，应迅速攻击。"魏主答应。庚午日（十六日），包围堡垒。永宗出击，大败，全家人投汾水而死。他的族人安都先占领弘农，最后弃城投往宋国。

辛未日（十七日），魏主向南到汾阴，渡黄河，到洛水桥。听说盖吴在长安以北。魏主认为渭水以北没有谷草，要先渡渭水以南，再沿渭水向西而行，向崔浩征求意见。崔浩说："要打蛇，就要打蛇头，头被击破，尾就不能逃掉。如今盖吴军营离此60里，用轻骑兵迅速前进，一天可到，一到就能把他击败，破吴后，向南到长安也不过是一天，一天的疲乏，是没有损伤的。如果从渭南而行，则盖吴就有时间进入北方山中，不能一下子消灭。"魏主不听从，自己率军从渭水南岸向长安走，庚辰日（二十六日），来到戏水，盖吴获知消息，全部分散躲进北方山中，魏军毫无所获，魏主悔恨。二月，丙戌日（初二），到达长安，丙申日（十二日），到鳌屋，路经陈仓，回京时，到雍城，所到之处，屠杀百姓，并杀害与盖吴通谋的人。乙拔等各军在杏城大败盖吴。

盖吴又派遣使者上表向宋求援，宋帝下诏任吴为都督关、陇诸军事、雍州刺史、北地公，并派遣雍、梁二州发兵屯驻边境上，为盖吴声援；派使赐给盖吴印121纽，让盖吴随机宜假意授予官职。

起初，林邑王范阳迈，虽遣使到建康进贡，但依然侵犯边境不止，而所进贡的东西也很微薄，皇帝派交州刺史檀和之征伐林邑。

南阳人宗悫，出身书香门第，只有悫喜好武事，经常说："愿乘长风，破万里浪。"等到和之讨伐林邑，悫就自告奋勇参军，皇帝命悫为振武将军，和之派悫为前锋。范阳迈得知宋已出兵，便派使请求退回所抢的日南百姓，献王重金1万斤，银10万斤。皇帝命令和之说："如果阳迈真有诚意，可以答应他的归降。"和之军到朱梧戍，派府户曹参军姜仲基等去见阳迈，姜仲基、和之乃进军围攻在区粟城的林邑将范扶龙。阳迈派遣他的将领范毗沙达救援范扶龙，宗悫埋伏士兵迎击毗沙达，把他打败。

魏主与崔浩都信任寇谦之，奉行寇的道术。崔浩从来不喜欢佛法，经常向魏主说，以为佛法荒诞虚无，有耗费财物之害，应当全部给予除禁。等到魏主讨伐盖吴，到长安，进佛寺，佛寺僧侣请魏主随从官吏喝酒，官吏进入内室，看到众多兵器，便向魏主报告，魏主愤怒地说："这不是僧侣所用的东西，必定是和盖吴通谋，要作乱的！"下令负责官员屠杀佛寺僧侣，搜查财产，得到许多酿酒的器具和州郡主官、富人所寄存的东西多到数以万计，又在地下室窝藏妇女。崔浩因此便建议魏主下令杀全国的僧侣，摧毁所有佛经、佛像，魏主答应。诏书说："以前后汉昏君，信惑于佛教，以紊乱伦常，因而使政教不行，礼义败坏，全国之内，变为丘墟，我继承天命，要除假立真，恢复伏羲、神农的功业，把虚伪的排除掉，消灭其踪迹。负责官员宣告征镇各军、刺史，寺塔、佛像、佛经都要销毁焚烧，僧侣不分大小都要斩杀。"太子晃本来喜欢佛法，多次劝谏魏主不听，于是拖延宣告诏书，让远近的地方都能预先知道消息，得以各自使用计策躲避；僧侣大多逃亡隐藏而幸免，有的把佛经佛像收藏起来。只有寺塔佛庙在魏境内的全部被摧毁。

魏主把长安有技艺的工匠2000家迁到平城。魏主回京时，到达洛水，分派军队讨杀李闰的反叛羌人。

太原人颜白鹿擅自进入魏国境内，被魏军抓捕，将要杀他，他假装说："青州刺史杜骥派我来投降的。"魏人把他送到平城，魏主高兴地说："是我的外家啊（指杜骥，魏帝母后也姓杜）！"命崔浩写信给杜骥，并分别委任永昌王仁、高凉王那领兵迎战杜骥，并讨伐在历城的冀州刺史申恬，杜骥派他的府司马夏侯祖欢等率兵营救历城。魏人于是入侵兖、青、冀三州，到达清水以东才回去，屠杀掠夺很多，宋北部边疆为之骚动。

皇帝担心魏国入侵，征求群臣意见。御史中丞何承天上奏章，认为："所有防备匈奴的办法，不过有两种：一是兵士尽力征伐，一是文士谋求和谈。如今要仿效卫青、霍去病去征讨，一定要在淮水、泗水屯田，充实青州、徐州，使人民有储备，农村有积粮，然后再发动精兵10万，一举扫荡敌人，假如不是这样，就不能动武。就算出兵征讨，报复他们的侵略，他们必定以轻骑逃走，不肯会战，只是消耗我们的资源，而对敌人毫无损伤，所以采取武力报复，就没尽头了，这办法是最差的。最好的计策，就是巩固边防。臣子认为曹操、孙权各霸一方，才智匹敌，而在长江、淮水之间，无人居住的地方，各有数百里。为什么呢？是军事斥候的郊野，不是耕种放牧的地方，因此巩固壁垒迁走人口，来等待未来的发展，整顿武装以等待对方的空隙，足以保护人民，顾全边境的，不会超出这个计策：它的策略有四点：一是迁移远民到近地。现在青州、兖州原有人民和冀州刚刚归附的人民，边界上有三万多家，可以全部迁移到大岘以南，以充实内地。二是多修筑城堡让刚迁徙的百姓居住，借他们使用，春夏耕田畜牧，秋冬进堡。魏兵入侵时，一城有1000家，能够作战的男子，不下2000人，其余老弱，还可以登上城头喊叫示威助阵，这样足够抵抗敌人3万人了。三是集中耕牛来拉车以运送粮食军械，统计1000家的资财，不下500对耕牛，车子500辆，加以调和勾连，可保卫大众，如果城堡不能坚守，可以从平地到险要的地方，为敌人所不能干犯，而紧急时，可以调集附近军队，二天二夜就能聚集。四是依照丁口来核试兵器。全部2000战士，随他们的便利和能力，各有自己的兵器，平常演练技艺，自己记牢，平时回到城堡把兵器储存在兵库，有任务外出时就取出擦拭磨砺，弓箭铁刀，百姓缺乏的，官府逐渐补充。几年之中，兵力就大致完备了。现在京师附近的各郡军队，却远到清、济去驻守，军资耗费既大，士兵怨恨也深，以臣子料想，不如运用当地群众力量的容易，现在能依据人民的利益，顺应形势加以引导，则兵力强大而敌人也不惶恐，国家富足而人民也不劳苦，比起坐吃粮食的队伍，实在是不可同日而语。"

魏国的金城、边固、天水、梁会，和秦州、益州各地杂居民族1万多户据守上邽东城抵抗魏国，攻逼西城。秦、益两州刺史封敕文把他们击退了。氐、羌族1万多人，休官、屠各族2万多人，都起来响应边固、梁会的起义，敕文杀死边固，余众又推举梁会为领袖，与敕文相抗击。

五月，癸亥日（十一日），魏主命安丰公闾根率骑兵到上邽，还没到，梁会已弃东城逃走，敕文先在城外挖好几重壕沟，派严兵固守，双方从晚上战斗到天亮。敕文说："贼人知道没有活路，同我死拼，多杀伤我军士兵，很难获胜。"于是以白虎幡宣告梁会的兵众，只要投降就能赦免，梁会兵众因此而溃散，敕文再分兵追讨，全部加以平定。略阳人王元达聚集群众驻扎在松多川，敕文又带兵征服。

盖吴收兵驻守杏城，自称秦地王，声势又壮大起来。魏主命永昌王仁、高凉王那统领北路各军前往征讨。

檀和之等攻克区粟、斩杀范扶龙，乘胜攻入象浦，林邑王阳迈拿全国军力来应战，用马甲来披覆大象，前后没有一点缝隙。宗悫说："我听说外国有狮子，凶猛能够镇服百兽。"于是做成狮子的模型，来与大象抗拒，大象果然惊走，林邑兵大败。和之于是攻克林邑。阳迈父子惶恐而逃。宋军所掠取的稀世珍宝，多得不计其数，但宗悫一无所取，回家的时候，衣着显得寒酸。

六月，癸未朔日（初一），发生日食。

甲申日（初二），魏发动冀、相、定三州士兵2万人，驻守长安南山各山谷，以防备盖吴逃跑。丙戌日（初四），又发动司、幽、定、冀四州兵10万人在京城外围筑防卫工事，东起上谷，西到黄河，绵延千里。

宋帝命令修筑建康北堤，围成玄武湖，又在华林园堆筑景阳山。

秋，七月，辛未日（二十日），宋任命散骑常侍杜坦为青州刺史。杜坦，是杜骥的哥哥。起先杜预的儿子杜耽，躲避晋乱来到河西，在张氏手下做官，前秦攻克凉州，子孙才回到关中。宋高祖平灭后秦，坦兄弟随从高祖渡过长江东来。当时江东王、谢各族正盛，北方晚渡江而来的人，朝廷都以粗俗来对待他们，尽管他们当中也有人才可用，但却没有被征召的门路。有一次，皇上和杜坦谈论汉代的金日䃅，说："恨今天没有引进南方的人才了。"杜坦说："假使日䃅生活在今天，在养马都已没工夫，那里会被任用呢？"皇上变了脸色说："你把朝廷想得太刻薄了。"杜坦说："请允许臣子说：我家本是中原的高贵世族，因为晋朝动乱，搬到西凉，世代相传，不改变旧有家业。但因南渡时间较晚，便因粗俗受到隔离。日䃅，还是匈奴人，身为养马的，竟然能升到内宫的侍中，名列贤者行列。本朝虽然提拔人才，但臣子认为未必能做到。"皇上听了闭口不言。

八月，魏高凉王那等军攻破盖吴，抓到他二叔，诸将领要给押送平城，长安镇守陆俟说："长安地势险要，风俗凶悍，平时都不可轻视，何况是在荒乱的时候，现在不杀盖吴，那么长安的动乱就不能停止。盖吴一人潜藏流窜，要不是他的亲信，谁能俘获他呢？驻扎10万兵众，来追捕10个人，也不是长久之计。不如私下允许盖吴的叔叔，赦免他的妻子，让他去追盖吴，一定能捉到。"诸将领都说："现在叛贼党众已经散去，只有盖吴一人，还有什么用呢？"陆俟说："各位没有见过毒蛇吗？没有砍断头，还能为害。吴生性凶狠狡猾，现在如果逃走，一定自称王者不死，来诱惑愚民，危害更大。"各将领说："你说得对。但抓到贼人不杀，还给送回，如果放走不回来，谁来承担罪责？"陆俟说："这个罪，我替各位来承担。"高凉王那也认为陆俟的计策是对的，于是赦免盖吴的二叔，约好回来的期限再把他放走。期限到了，吴二叔没有回来，各将领都归罪于陆俟，俟说："他还没有等到机会，一定不负众望！"没几天，盖吴的二叔果然带着盖吴的首级回来，然后传报平城。永昌王仁继续扫平盖吴残部白广平、路那罗等。并委任陆俟为内都大官。

正好安定卢水胡人刘超等集结群众一万多人反抗魏国统治，魏主因为陆俟在关中有威赫笼络的名声，而又加封陆俟为都督秦、雍二州诸军事，驻守长安，陆俟于是自己一个人单马前往镇守。刘超等得知此事，非常高兴，认为陆俟是没有作为的。

陆俟到了关中，申明利害，晓谕成败，诱骗刘超，迎娶了他的女儿，结为姻亲来拉拢他，刘超自恃人多势众，依然没有投降的意思。陆俟就命部下亲自去拜见刘超。刘超防卫非常严密，陆俟放纵饮酒到醉了才回来。不久，陆俟又挑选敢死勇士500人假托出猎为名，转而来到刘超军营。陆俟与部下约好："发动进攻时，应在我饮醉的时候。"因此接受刘超的饮食，陆俟假醉，骑上马大叫，亲手砍断刘超的头，士兵应声出击，杀伤刘军士兵几千人，于是平灭了刘超。魏主征召陆俟回平城，担任外都大官。

宋纪十五　太宗明皇帝下
泰始七年（辛亥、471年）

春，二月，戊戌，分交、广置越州，治临漳。

初，上为诸王，宽和有令誉，独为世祖所亲。即位之初，义嘉之党多蒙全宥，随才引用，有如旧臣。及晚年，更猜忌忍虐，好鬼神，多忌讳，言语、文书，有祸败、凶丧及疑似之言应回避者数百千品，有犯必加罪戮。改"骝"字为"骊"，以其似祸字故也。左右忤意，往往有刳斫者。

时淮、泗用兵，府藏空竭，内外百官，并断俸禄。而奢费过度，每所造器用，必为正御、副御、次副各三十枚。嬖幸用事，货赂公行。

上素无子，密取诸王姬有孕者内宫中，生男则杀其母，使宠姬子之。

至是寝疾，以太子幼弱，深忌诸弟。南徐州刺史晋平剌王休祐，前镇江陵，贪虐无度，上不使之镇，留之建康，遣上佐行府州事。休祐性刚狠，前后忤上非一，上积不能平，且虑将来难制，欲方便除之。甲寅，休祐从上于岩山射雉，左右从者并在仗后。日欲暗，上遣左右寿寂之等数人，逼休祐令坠马，因共殴，拉杀之，传呼"骠骑落马！"上阳惊，遣御医络绎就视，比其左右至，休祐已绝，去车轮，舆还第。追赠司空，葬之如礼。

建康民间讹言，荆州刺史巴陵王休若有至贵之相，上以此言报之，休若忧惧。戊午，以休若代休祐为南徐州刺史。休若腹心将佐，皆谓休若还朝，必不免祸，中兵参军京兆王敬先说休若曰："今主上弥留，政成省縫，群竖恟恟，欲悉去宗支以便其私。殿下声著海内，受诏入朝，必往而不返。荆州带甲十余万，地方数千里，上可以匡天子，除奸臣，下可以保境土，全一身；孰与赐剑邸第，使臣妾饮泣而不敢葬乎！"休若素谨畏，伪许之。敬先出，使人执之，以白于上而诛之。

三月，辛酉，魏假员外散骑常侍邢祐来聘。

魏主使殿中尚书胡莫寒简西部敕勒为殿中武士。莫寒大纳货赂，众怒，杀莫寒及高平假镇将奚陵。夏，四月，诸部敕勒皆叛。魏主使汝阴王天赐将兵讨之，以给事中罗云为前锋；敕勒诈降，袭云，杀之，天赐仅以身免。

晋平剌王既死，建安王休仁益不自安。上与嬖臣杨运长等为身后之计，运长等亦虑上晏驾后，休仁秉政，己辈不得专权，弥赞成之。上疾尝暴甚，内外莫不属意于休仁，主书以下皆往东府访休仁所亲信，豫自结纳；其或在直不得出者，皆恐惧。上闻愈恶之。五月，戊午，召休仁入见，既而谓曰："今夕停尚书下省宿，明可早来。"其夜，遣人赍药赐死。休仁骂曰："上得天下，谁之力邪！孝武以诛鉏兄弟，子孙灭绝。今复为尔，宋祚其能久乎！"上虑有变，力疾乘舆出端门，休仁死，乃入。下诏称："休仁规结禁兵，谋为乱逆，朕未忍明法，申诏诘厉。休仁慙恩惧罪，遽自引决。可宥其二子，降为始安县王，听其子伯融袭封。"

上虑人情不悦，乃与诸大臣及方镇诏，称："休仁与休祐深相亲结，语休祐云：'汝但作佞，此法自足安身；我从来颇得此力。'休祐之陨，本欲为民除患，而休仁从此日生娆惧。吾每呼令入省，便入辞杨太妃。吾春中多与之射雉，或阴雨不出，休仁辄语左右云：'我已复得今一日。'休仁既经南讨，与宿卫将帅经习狎共事。吾前者积日失适，休仁出入殿省，无不和颜，原相抚劳。如其意趣，人莫能测。事不获已，反覆思惟，不得不有近日处分。恐当不必即解，故相报知。"

上与休仁素厚，虽杀之，每谓人曰："我与建安年时相邻，少便款狎。景和、泰始之间，勋诚实重；事计交切，不得不相除，痛念之至，不能自已。"因流涕不自胜。

初，上在藩与褚渊以风素相善；及即位，深相委仗。上寝疾，渊为吴郡太守，急召之。既至，入见，上流涕曰："吾近危笃，故召卿，欲使者黄襁耳。"黄襁者，乳母服也。上与渊谋诛建安王休仁，渊以为不可，上怒曰："卿痴人！不足与计事！"渊惧而从命。复以渊为吏部尚书。庚午，以尚书右仆射袁粲为尚书令，褚渊为左仆射。

上恶太子屯骑校尉寿寂之勇健；会有司奏寂之擅杀逻尉，徙越州，于道杀之。

丙戌，追废晋平王休祐为庶人。

巴陵王休若至京口，闻建安王死，益惧。上以休若和厚，能谐缉物情，恐将来倾夺幼主，欲遣使杀之，虑不奉诏；欲征入朝，又恐猜骇。六月，丁酉，以江州刺史桂阳王休范为南徐州刺史，以休若为江州刺史。手书殷勤，召休若使赴七月七日宴。

丁未，魏主如河西。

秋，七月，巴陵哀王休若至建康；乙丑，赐死于第，赠侍中、司空。复以桂阳王休范为江州刺史。时上诸弟俱尽，唯休范以人才凡劣，不为上所忌，故得全。

丙寅，魏主至阴山。

初，吴喜之讨会稽也，言于上曰："得寻阳王子房及诸贼帅，皆即于东戮之。"既而生送子房，释顾琛等。上以其新立大功，不问，而心衔之。上以喜多计数，素得人情，恐其不能事幼主；乃召喜入内殿，与共言谑甚款，既出，赐以名馔。寻赐死，然犹发诏赗赐。

戊寅，以淮阴为北兖州，征萧道成入朝。道成所亲以朝廷方诛大臣，劝勿就征，道成曰："诸卿殊不见事！主上自以太子稚弱，翦除诸弟，何预他人！今唯应速发；淹留顾望，必将见疑。且骨肉相残，自非灵长之祚，祸难将兴，方与卿等戮力耳。"既至，拜散骑常侍、太子左卫率。

八月，魏显祖聪睿夙成，刚毅有断；而好黄、老、浮屠之学，每引朝士及沙门共谈玄理，雅薄富贵，常有遗世之心。以叔父中都大官京兆王子推沈雅仁厚，素有时誉，欲禅以帝位。时太尉源贺督诸军屯漠南，驰传召之。既至，会公卿大议，皆莫敢先言。任城王云，子推之弟也，对曰："陛下方隆太平，临覆四海，岂得上违宗庙，下弃兆民。且父子相传，其来久矣。陛下必欲委弃尘务，则皇太子宜承正统。夫天下者，祖宗之天下；陛下若更授旁支，恐非先圣之意，启奸乱之心，斯乃祸福之原，不可不慎也。"源贺曰："陛下今欲禅位皇叔，臣恐紊乱昭穆，后世必有逆祀之讥。愿深思任城之言。"东阳公丕等曰："皇太子虽圣德早彰，然实冲幼。陛下富于春秋，始览万机，奈何欲隆独善，不以天下为心，其若宗庙何！其若亿兆何！"尚书陆馛曰："陛下若舍太子，更议诸王，臣请刎颈殿庭，不敢奉诏！"帝怒，变色；以问宦者选部尚书酒泉赵黑，黑曰："臣以死奉戴皇太子，不知其他！"帝默然。时太子宏生五年矣，帝以其幼，故欲传位子推。中书令高允曰："臣不敢多言，愿陛下上思宗庙托付之重，追念周公抱成王之事。"帝乃曰："然则立太子，群公辅之，有何不可！"又曰："陆馛，直臣也，必能保吾子。"乃以馛为太保，与源贺持节奉皇帝玺绶传位于太子。丙午，高祖即皇帝位，大赦，改元延兴。

高祖幼有至性，前年，显祖病痈，高祖亲吮。及受禅，悲泣不自胜。显祖问其故，对曰："代亲之感，内切于心。"

丁未，显祖下诏曰："朕希心玄古，志存澹泊，爰命储宫践升大位，朕得优游恭己，栖心浩然。"

君臣奏曰："昔汉高祖称皇帝，尊其父为太上皇，明不统天下也。今皇帝幼冲，万机大政，犹宜陛下总之。谨上尊号曰太上皇帝。"显祖从之。

己酉，上皇徙居崇光宫，采椽不斫，土阶而已；国之大事咸以闻。崇光宫在北苑中，又建鹿野浮图于苑中之西山，与禅僧居之。

冬，十月，魏沃野、统万二镇敕勒叛，遣太尉源贺帅众讨之；降二千余落，追击余党至枹罕、金城，大破之，斩首八千余级，虏男女万余口，杂畜三万余头。诏贺都督三道诸军，屯于漠南。

先是，魏每岁秋、冬发军，三道并出以备柔然，春中乃还。贺以为"往来疲劳，不可支久；请募诸州镇武健者三万余人，筑三城以处之，使冬则讲武，春则耕种。"不从。

庚寅，魏以南安王桢为都督凉州及西戎诸军事，领护西域校尉，镇凉州。

上命北琅邪、兰陵二郡太守垣崇祖经略淮北，崇祖自郁洲将数百人入魏境七百里，据蒙山。十一月，魏东兖州刺史于洛侯击之，崇祖引还。

上以故第为湘宫寺，备极壮丽；欲造十级浮图而不能，乃分为二。新安太守巢尚之罢郡入见，上谓曰："卿至湘宫寺未？此是我大功德，用钱不少。"通直散骑侍郎会稽虞愿侍侧，曰："此皆百姓卖儿贴妇钱所为，佛若有知，当慈悲嗟愍；罪高浮图，何功德之有！"侍坐者失色；上怒，使人驱下殿。愿徐去，无异容。

上好围棋

上好围棋，棋甚拙，与第一品彭城丞王抗围棋，抗每假借之，曰："皇帝飞棋，臣抗不能断。"上终不悟，好之愈笃。愿又曰："尧以此教丹朱，非人主所宜好也。"上虽怒甚，以愿王国旧臣，每优容之。

【译文】

泰始七年（辛亥、公元471年）

春，二月，戊戌日（初十），分出交州、广州的部分，设置越州，州治在临漳。

原先，皇帝任湘东王时，为人宽厚，有好的名望，而为世祖所信任。即位初年，附和义嘉的人，大多赦免，并依才任用，与旧臣一般。到了晚年，则猜忌残忍，迷信鬼神，尤其有许多的忌讳。在言辞、文书中有"祸败"、"凶丧"，以及类似的词句，要回避的有数百种以上，有触犯的一定斩杀，把"骊"字改为"骃"字，因字形很像"祸"字的缘故，左右臣子有冒犯了他的意旨，常有被剐内脏斩杀的。

当时淮水、泗水一带对魏用兵，府库空虚，内外百官，都中断俸禄，但皇帝却奢侈无度，每次制造器物，一定为正御、副御、次副各做30个，近臣专权，贿赂公行。

皇帝原本没有儿子，秘密地把其他有孕的王姬，送进宫中，生下男孩，就把她杀掉，再让宠姬扶养。

这时皇帝生病，因太子幼小，对弟弟们很忌讳，他的弟弟南徐州刺史晋平刺王刘休祐，在以前镇守江陵时，贪婪凶暴，皇帝不让他出镇，留在建康，而派长史掌管该州政务。休祐生性刚愎，前后不止一次得罪皇帝，皇帝积恨而不能平息，担忧将来不能制服，正要找机会除掉他。甲寅日（二十六日），休祐跟随皇帝到岩山打野鸡。休祐的左右侍从都在仪仗后面，日色渐暗，皇帝先回宫，派左右寿寂之等数人，副迫休祐坠马，再共同围殴，把他打死，并传呼说："骠骑落马！"皇帝佯装惊动，派御医前往，等休祐左右到达，休祐已气绝。把车轮卸掉，用车箱抬着尸体回府第，皇帝追赠休祐为司空，厚礼埋葬他。

建康民间谣传，荆州刺史巴陵王刘休若（皇帝第十九弟）有最尊贵的相貌，皇帝把这话告诉休若，休若十分恐惧。戊午日（三十日），皇帝以休若代休祐为南徐州刺史。休若腹心将佐，都认为休若回朝廷，一定难免被害，中兵参军京兆人王敬先向休若说："现在皇上病重弥留，政事由禁中决定，这些狂妄的小人，想翦除全部的宗室，以逞私欲，殿下声誉久享海内，受诏入朝，定有去无回。荆州有甲兵10多万，地方数千里，上可以匡助天子，铲除奸臣，下可以保护境土，安定自身。怎么可以等待被赐剑自杀，臣妾含泪而不敢埋葬的时刻呢！"休若一向谨慎胆怯，佯装答应抵抗。敬先出去，就叫人逮捕他，向皇帝表白而后杀他。

三月，辛酉日（初三），魏代理员外散骑常侍邢祐来聘问。

魏主派殿中尚书胡莫寒选用西部敕勒为殿中武士。莫寒大收财物，敕勒人气恼，杀莫寒和高平代理镇守奚陵。夏，四月，各部敕勒都叛乱。魏主派汝阴王天赐率兵镇压，以给事中罗云为前锋；敕勒假降，偷袭罗云，被杀死。天赐幸免逃出。

晋平刺王被杀后，建安王刘休仁更加不安。皇上和近臣杨运长等为皇帝身后事商量，运长等也忧愁皇帝死后，休仁执政，自己不能专权，愈赞成皇帝先对付弟弟们。皇帝病情更加严重，朝野内外无不看中休仁，主书以下官吏都到东府拜访休仁所亲信的人，提前结交，其他在当值班不能出去的，都感恐惧。皇帝得知，更加厌恶休仁。五月，戊午日（初一），召休仁入宫见面，没多久又说："今天晚上在尚书下省过夜，明天早上再早来。"当晚，派人送毒药逼他自杀。休仁骂道："皇帝得天下，是谁帮他的？孝武刘骏因诛杀兄弟，以致自己子孙灭绝，今天轮到你，宋国还会久吗？"皇帝担忧有变故，勉强支持病体坐轿走出端门，得知休仁已死，才又入宫。下诏说："休仁勾结禁兵，谋划叛变，我不忍加以正法，严正教训，休仁惭愧畏罪，乃匆忙自杀。现可赦免他的二个儿子。建安王降为始安县王，由他的儿子伯融袭爵位。"

皇帝怕各方人心惊惶，乃下诏书给各大臣和各州刺史，说："休仁和休祐亲密相处，休仁向休祐说：'你只管去做，这样才可以生活，我一向喜欢这样。'休祐贪暴，他的死亡，本是为民除害，但休仁却从此忧惧不安，我每次要他入禁中，便入见休仁的母亲杨太妃诀别。我在春天曾多次约他去打野鸡，或因下雨而没有出去，休仁就向他的侍从说：'我又多活了一天。'休仁既经过讨伐寻阳的战争，和负责宫中警卫的将帅都曾共过事，我前段时间不舒服，休仁出入宫中，对将帅无不和颜相对，厚加笼络。他的用心，让人难以预测，事情不得真相，难以反复思考，不得不有近日的处置。恐怕对这事不易即时了解，所以通告各位。"

皇帝和休仁本来十分要好，虽然杀了他，每每向人说："我与建安王休仁年龄相仿，从小相亲相嬉。景和、泰始年间，他所立的功劳确实很大；但事到利害的关头，不得不加以铲除，思念的深切，让人受不了。"不禁流下眼泪。

起初，皇帝在任湘东王时，与褚渊以彼此相同的文采作风而相友好。后刘彧即位，即对褚渊委以重任。皇帝卧病，渊为吴郡太守，急速召回建康，即入宫接见，皇帝流着泪说："我已病危，所以召你，要你要辅佐幼主！"皇帝要和他商量杀建安王休仁，渊认为不可以。皇帝愤怒地说："你是傻瓜！不足以参与大事！"渊恐惧而听从。而又任渊为吏部尚书。庚午日（十三日），任尚书右仆射袁粲为尚书令，拜褚渊为左仆射。

皇帝厌恶太子屯骑校尉寿寂之的勇猛，恰逢有关官吏上奏寂之擅自杀死逻尉，因此把他贬到越州，叫人在路上把他杀掉。

丙戌日（二十九日），皇帝追废晋平王休祐为平民。

巴陵王刘休若（刘彧的十九弟）到京口，听到建安王死，更加不安。皇帝认为休若厚道，能平息人心，恐怕他将来会操控幼主，要派人杀他，怕他不听命；要征召入朝，又怕他猜疑惊慌。六月，丁酉日（初十），任命江州刺史桂阳王刘休范为南徐州刺史，而改派休若为江州刺史。皇帝亲写词句恳切的诏书，征召休若在七月七日赴宴。

丁未日（二十日），魏主到河西。

秋，七月，巴陵哀王休若到建康；乙丑日（初九），赐死在他的宅第中，死后追赠号侍中、司空。又以桂阳王刘休范为江州刺史。那时皇帝的弟弟都被他杀尽，只有休范因才能拙劣，不被皇帝所忌，所以保全性命。

丙寅日（初十），魏主到阴山。

起初，吴喜攻伐会稽时，曾向皇帝说："擒到寻阳王刘子房和贼军主帅，都要在会稽就地处死。"不久攻克会稽，活送子房到建康，而饶恕了顾琛。皇帝以他刚立大功，不追问责任，但仍心中怀怨恨。皇帝认为吴喜善于计谋，一向深得人缘，恐怕不能侍奉幼主，于是召吴喜进内殿，很诚恳地和他聊天，出殿后，赐给上等菜肴。片刻后，就逼他自杀，然后下诏厚以抚恤。

戊寅日（二十二日），把淮阴列为北兖州，征萧道成入朝，道成的亲信，都以为朝廷现正在杀戮大臣，劝他不要应征。道成说："各位很看不清楚形势，皇上因为太子幼小，所以杀除弟弟，这与非宗室的人何干！现在只有从速出发，逗留观望，一定会被怀疑，而且骨肉相残，并不是命运长久的政权，祸难将要发生，正要与各位共同努力！"到了建康，被拜为散骑常侍、太子左卫率。

八月，魏显祖机智早熟，刚毅果断，而喜爱黄、老、佛教的学术，常常和朝官、僧侣共同谈论玄理，淡薄富贵，常有遁世隐退之意，认为叔父中都大官京兆王拓跋子推典雅仁厚，很得清誉，要禅让帝位给他。当时太尉源贺指挥各军在漠南，急速召他回平城，然后与公卿聚集商议，大家都不敢先说话。任城王拓跋云，是子推的弟弟，起来说："陛下正治理太平盛世，怎么可以违背宗庙，抛弃百姓呢？而且父子相传的制度，由来已久。陛下若一定要卸下政务，则也应该由太子继承大统。天下，是祖宗传下的天下，陛下如果要授给旁系，恐怕不是先人的本意，将会诱发奸人的野心，现在是面临祸福的抉择，不可不慎。"源贺也说："陛下现在要禅位给皇叔，臣认为恐怕会打乱继承的次序，将来会遭受违逆祭祀顺序的批评，希望能对任城王的话，加以考虑。"东阳公拓跋丕等人说："皇太子虽然从小就很聪睿，但毕竟是幼儿。陛下正是强壮之年，才开始总理万机，怎么可以只顾自身，而不把天下放在心上，将如何对得起宗庙，对得起天下百姓？"尚书陆馛说："陛下如果放弃太子继承，而改立其他的王，臣请自杀殿庭，不敢奉命！"魏主生气，变了脸色，问宦者选部尚书酒泉人赵黑，黑说："臣只以死来奉戴皇太子，其他的不知道。"魏主静默无语。当时太子拓跋宏才出生5年，魏主因他太小，所以才要传位给子推。中书令高允说："臣不敢多嘴，希望陛下能想到宗庙所寄负的重责，回顾古时周公辅佐成王的事。"魏主才说："那么要立太子，公卿辅佐，有何不可呢？"又说："陆馛，是忠直的臣子，一定能保护我的儿子。"于是以馛为太保，与源贺持节奉皇帝的玺绂传位给太子，大赦境内，改年号为延兴。

高祖拓跋宏年小而富有情感，显祖在前年生病长痛，高祖亲自用嘴吸吮。到受禅即位，就悲伤哭泣不已。显祖问他原因，他说："接替父亲的皇位，心中感到痛切。"

丁未日（二十一日），显祖下诏书说："我心求自然，志在淡泊，命太子升登大位，我就可以优游自得，明洁养心。"

大臣们上奏："古时汉高祖称皇帝，尊他的父亲为太上皇，乃是用以表明不统治天下。现在皇帝年幼，国事家政，还要由陛下总管，谨上尊号为太上皇帝。"显祖同意。

己酉日（二十三日），太上皇帝迁居到崇光宫，房子不加雕饰，只是土台阶而已，国家大事都由他裁决。崇光宫在北苑中，又修建鹿野佛寺在苑中的西山，和禅僧一起居住。

冬，十月，魏沃野、统万二镇的敕勒族人背叛魏人。上皇派太尉源贺率兵征伐，镇压二千多部落，追击敕勒残兵到枹罕、金城，加以歼灭，斩杀8000多人，虏获1万多人，各种牲畜3万多头。上皇命源贺统率三路各军，屯驻在漠南。

原先，魏每年在秋、冬之交出兵巡逻，三路并进，以防御柔然，到第二年仲春才回来。源贺认为："往来奔走，疲劳不能持久，请召集各州镇强壮的3万多人，然后分筑三城以驻守，让他们冬天训练，春天耕种。"上皇不听。

庚寅日（初五），魏任南安王桢为都督凉州和西戎各军事，兼护西域校尉，镇守凉州。

任命北琅邪、兰陵二郡太守垣崇祖经营淮北，崇祖从郁洲率数百人进入魏境内100里，占领蒙山。十一月，魏东兖州刺史于洛侯攻打他，崇祖率兵退回。

皇帝把他以前任湘东王的故宅，改为湘宫寺，布置得极为华丽，还要另造十层的佛寺，但不能建，只好分建为二。新安太守巢尚之辞职入京朝见皇帝，皇帝说："你到过湘宫寺没有？这是我的大功德，花钱不少。"通直散骑侍郎会稽人虞愿侍候在旁边，说："这都是百姓卖掉儿子及妻子卖淫的钱所建的，佛若有知，应当要慈悲哀叹，罪恶比佛塔还高，有什么功德！"侍坐的人惊慌失色，皇帝愤怒，教人赶他出殿。愿从容走出，没有一丝惊慌的神色。

皇帝喜欢下围棋，但棋技拙劣，与当时的第一高手彭城丞王抗对手，抗都让他，说："皇帝的飞棋，臣不能切断。"皇帝始终不明白，而更加喜欢。虞愿又说："围棋是尧教他蠢笨的儿子的玩意儿，不是为人君主所喜好的。"皇帝虽生气，但因以愿是原为他任湘东王时的旧臣，所以都饶恕他。

泰豫元年（壬子、472年）

春，正月，甲寅朔，上以疾久不平，改元。戊午，皇太子会四方朝贺者于东宫，并受贡计。

大阳蛮酋桓诞拥沔水以北、滍叶以南八万余落降于魏，自云桓玄之子，亡匿蛮中，以智略为群蛮所宗。魏以诞为征南将军、东荆州刺史、襄阳王，听自选郡县吏；使起部郎京兆韦珍与诞安集新民，区置诸事，皆得其所。

二月，柔然侵魏，上皇遣将击之；柔然走。东部敕勒叛奔柔然，上皇自将追之，至石碛，不及而还。

已亥，上大渐，以江州刺史桂阳王休范为司空，又以尚书右仆射褚渊为护军将军，加中领军刘勔右仆射，诏渊、勔与尚书令袁粲、荆州刺史蔡兴宗、郢州刺史沈攸之并受顾命。褚渊素与萧道成善，引荐于上，诏又以道成为右卫将军，领卫尉，与袁粲等共掌机事。是夕，上殂。庚子，太子即皇帝位，大赦。时苍梧王方十岁，袁粲、褚渊秉政，承太宗奢侈之后，务弘节俭，欲救其弊；而阮佃夫、王道隆等用事，货赂公行，不能禁也。

乙巳，以安成王准为扬州刺史。

五月，戊寅，葬明皇帝于高宁陵，庙号太宗。六月，乙巳，尊皇后曰皇太后，立妃江氏为皇后。

秋，七月，柔然部帅无卢真将三万骑寇魏敦煌，镇将尉多侯击走之。多侯，眷之子也。又寇晋昌，守将薛奴击走之。

刘准像

戊午，魏主如阴山。

戊辰，尊帝母陈贵妃为皇太妃，更以诸国太妃为太姬。

右军将军王道隆以蔡兴宗强直，不欲使居上流，闰月，甲辰，以兴宗为中书监；更以沈攸之为都督荆襄等八州诸军事、荆州刺史。兴宗辞中书监不拜。王道隆每诣兴宗，蹑履到前，不敢就席，良久去，竟不呼坐。

沈攸之自以材略过人，自至夏口以来，阴蓄异志；及徙荆州，择郢州士马、器仗精者，多以自随。到官，以讨蛮为名，大发兵力，招聚才勇，部勒严整，常如敌至。重赋敛以缮器甲，旧应供台者皆割留之，养马至二千余匹，治战舰近千艘，仓廪、府库莫不充积。士子、商旅过荆州者，多为所羁留；四方亡命，归之者皆蔽匿拥护；所部或有逃亡，无远近穷追，必得而止。举错专恣，不复承用符敕，朝廷疑而惮之。为政刻暴，或鞭挞士大夫；上佐以下，面加詈辱。然吏事精明，人不敢欺，境内盗贼屏息，夜户不闭。

八月，戊午，乐安宣穆公蔡兴宗卒。

九月，辛巳，魏主还平城。

冬，十月，柔然侵魏，及五原。十一月，上皇自将讨之。将度漠，柔然北走数千里,上皇乃还。

丁亥,魏封上皇之弟略为广川王。

己亥,以郢州刺史刘秉为尚书左仆射。秉,道怜之孙也,和弱无干能,以宗室清令,故袁、褚引之。

中书通事舍人阮佃夫加给事中、辅国将军,权任转重。欲用其所亲吴郡张澹为武陵郡;袁粲等皆不同,佃夫称敕施行,粲等不敢执。

魏有司奏诸祠祀合一千七十五所,岁用牲七万五千五百。上皇恶其多杀,诏:"自今非天地、宗庙、社稷,皆勿用牲,荐以酒脯而已。"

【译文】

泰豫元年（壬子、472年）

春,正月,甲寅朔日（初一）,皇帝久病未愈,改年号为泰豫。戊午日（初五）,皇太子在东宫会见四方来朝贡的人,并接纳贡品,造簿册。

大阳蛮族酋长桓诞率领沔水以北,滍、叶以南地方8万多聚落向魏投降,自称是桓玄的儿子,躲避在蛮人中,因智能而被各聚落蛮人推举为领袖。魏任他为征南将军、东荆州刺史、襄阳王,并随便他自选郡县官吏,起用部郎京兆人韦珍和桓诞一起来抚慰新附人民,安排处理各种事务,都做得很恰当。

二月,柔然入侵魏国,太上皇派将领出击,东部敕勒人叛魏投奔柔然,太上皇亲自率兵追杀到石碛,赶不上而回。

皇上病重,任江州刺史桂阳王刘休范为司空,又任命尚书右仆射褚渊为护军将军,加中领军刘勔右仆射。下诏褚渊、刘勔与尚书令袁粲、荆州刺史蔡兴宗、郢州刺史沈攸之同时接受遗命。褚渊一向和萧道成要好,向皇帝推荐,皇帝又下诏萧道成为右卫将军、兼卫尉,与袁粲等共掌机要大事。这天晚上,皇帝驾崩。庚子日（十八日）,太子即皇帝位,大赦天下,当时苍梧王刘昱才十岁,袁粲、褚渊共同掌政,一改太宗奢侈的陋习,务求节俭,以救积弊,但阮佃夫、王道隆等弄权,贿赂公行,而不能停止。

乙巳日（二十三日）,任安成王刘准为扬州刺史。

五月,戊寅日（二十七日）,安葬明皇帝刘彧于高宁陵,庙号太宗。六月,乙巳日（二十四日）,尊皇后为皇太后。立妃江氏为皇后。

秋,七月,柔然部帅无卢真率3万骑兵入侵魏敦煌,镇将尉多侯击败他们。多侯，即眷的儿子。无卢真又入侵晋昌，也被守将薛奴击败。

戊午日（初七），魏主到阴山。

戊辰日（十七日），皇上尊母亲陈贵妃为皇太妃，又把各王太妃改称为太姬。

右军将军王道隆以为蔡兴宗刚强耿直，自己不想居上位。甲辰日，任兴宗为中书监，改派沈攸之为都督荆、襄等八州各军事、荆州刺史。兴宗拒辞中书监，不愿接受。王道隆常到兴宗处，蹑手蹑脚走到前面，不敢碰到席子，经一段时间才离去，但兴宗却不让他坐下。

沈攸之自以为才能见识过人，从到夏口以来，密谋反叛。等调到荆州，就挑选郢州精锐的人马、武器，跟着自己，到任后，就以讨蛮为名，充实兵力，招募勇士，阵容严整，常如临敌。并加重赋税以制造武器盔甲，旧时要供应台城的武器都给留下，养马到2000多匹，建造战舰将近1000艘，粮仓、府库无不充满。士子、商人经过荆州的，多被留下；四方逃命的人，多归藏荆州，以拥护攸之；他的部下如有人逃亡，不管远近，一定要追到。为政专横，不再承认朝廷的符敕命令，朝廷既怀疑他，又害怕他。为政凶暴，有时会鞭打士大夫，上级对下级则当面辱骂。但吏治严明，部下不敢欺瞒，境内没有盗贼，夜不闭户。

八月，戊午日（初八），乐安宣穆公蔡兴宗死。

九月，辛巳日（初二），魏主回平城。

冬，十月，柔然攻魏，到五原，十一月，太上皇亲自讨伐，将北度沙漠，但柔然已向北逃数千里，太上皇才回平城。

丁亥日（初九），魏主封太上皇的弟弟拓跋略为广川王。

己亥日（二十一日），任郢州刺史刘秉为尚书左仆射。秉，即道怜的孙子，温和怯懦，没有干才，但在宗室中有清高的名声，所以袁粲、褚渊任用他。

中书通事舍人阮佃夫，加给事中、辅国将军，权力逐渐增大。并要用他所亲近的吴郡人张澹为武陵郡太守，袁粲等都不答应，佃夫就以皇帝命令颁布，粲等不敢反对。

魏负责官吏报告各祭祠共有1075所，每年要用牲畜祭拜达7万5千5百头。太上皇厌恶多杀生，下诏："从现在开始，除祭天地、宗庙、社稷外，都不准用牲畜，只用酒和肉干即可。"

齐纪二　世祖武皇帝上之下
永明二年（甲子、484年）

春，正月，乙亥，以后将军柳世隆为尚书右仆射；竟陵王子良为护军将军兼司徒，领兵置佐，镇西州。子良少有清尚，倾意宾客，才隽之士，皆游集其门。开西邸，多聚古人器服以充之。记室参军范云、萧琛、乐安任昉、法曹参军王融、卫军东阁祭酒萧衍、镇西功曹谢朓、步兵校尉沈约、扬州秀才吴郡陆倕，并以文学，尤见亲待，号曰八友。法曹参军柳恽、太学博士王僧孺、南徐州秀才济阳江革、尚书殿中郎范缜、会稽孔休源亦预焉。琛、惠开之从子；恽，元景之从孙；融，僧达之孙；衍，顺之之子；朓，述之孙；约，璞之子，僧孺，雅之曾孙；缜，云之从兄也。

子良笃好释氏，招致名僧，讲论佛法，道俗之盛，江左未有。或亲为众僧赋食、行水，世颇以为失宰相体。

范缜盛称无佛。子良曰："君不信因果，何得有富贵、贫贱？"缜曰："人生如树花同发，随风而散；或拂帘幌坠茵席之上，或关篱墙落粪溷之中。坠茵席者，殿下是也；落粪溷者，下官是也。贵贱虽复殊途，因果竟在何处！"子良无以难。缜又著《神灭论》，以为："形者神之质，神者形之用也。神之于形，犹利之于刀；未闻刀没而利存，岂容形亡而神在哉！"此论出，朝野諠哗，难之终不能屈。太原王琰著论讥缜曰："呜呼范子！曾不知其先祖神灵所在！"欲以杜缜后对。缜对曰："呜呼王子！知其先祖神灵所在而不能杀身以从之！"子良使王融谓之曰："以

萧子良与范缜

卿才美，何患不至中书郎；而故乘刺为此论，甚可惜也！宜急毁弃之。"缜大笑曰："使范缜卖论取官，已至令、仆矣，何但中书郎邪！"

萧衍好筹略，有文武才干，王俭深器异之，曰："萧郎出三十，贵不可言。"

壬寅，以柳世隆为尚书左仆射，丹杨尹李安民为右仆射，王俭领丹杨尹。

夏，四月，甲寅，魏主如方山；戊午，还宫；庚申，如鸿池；丁卯，还宫。

五月，甲申，魏遣员外散骑常侍李彪等来聘。

六月，壬寅朔，中书舍人吴兴茹法亮封望蔡男。时中书舍人四人，各住一省。谓之"四户"，以法亮及临海吕文显等为之；既总重权，势倾朝廷，守宰数迁换去来，四方饷遗，岁数百万。法亮尝于众中语人曰："何须求外禄！此一户中，年办百万。"盖约言之也。后因天文有变，王俭极言"文显等专权徇私，上天见异，祸由四户。"上手诏酬答，而不能改也。

魏旧制：户调帛二匹，絮二斤，丝一斤，谷二十斛；又入帛一匹二丈，委之州库，以供调外之费；所调各随土之所出。丁卯，诏曰："置官班禄，行之尚矣；自中原丧乱，兹制中绝。朕宪章旧典，始班俸禄。户增调帛三匹，谷二斛九斗，以为官司之禄；增调外帛二匹。禄行之后，赃满一匹者死。变法改度，宜为更始，其大赦天下。"

秋，七月，甲申，立皇子子伦为巴陵王。

乙未，魏主如武州山石窟寺。

九月，魏诏，班禄以十月为始，季别受之。旧律，枉法十匹，义赃二十匹，罪死；至是，义赃一匹，枉法无多少，皆死。仍分命使者，纠按守宰之贪者。

秦、益二州刺史恒农李洪之以外戚贵显，为治贪暴，班禄之后，洪之首以赃败。魏主命锁赴平城，集百官亲临数之；犹以其大臣，听在家自裁。自余守宰坐赃死者四十余人。受禄者无不局蹐，赇赂殆绝。然吏民犯他罪者，魏主率宽之，疑罪奏谳多减死徙边，岁以千计。都下决大辟，岁不过五六人；州镇亦简。

久之，淮南王佗奏请依旧断禄，文明太后召群臣议之。中书监高闾以为：“饥寒切身，慈母不能保其子。今给禄，则廉者足以无滥，贪者足以劝慕；不给，则贪者得肆其奸，廉者不能自保。淮南之议，不亦谬乎！”诏从间议。

间又上表，以为：“北狄悍愚，同于禽兽。所长者野战，所短者攻城。若以狄之所短夺其所长，则虽众不能成患，虽来不能深入。又，狄散居野泽，随逐水草，战则与家业并至，奔则与畜牧俱逃，不赍资粮而饮食自足，是以历代能为边患。六镇势分，倍众不斗，互相围逼，难以制之。请依秦、汉故事，于六镇之北筑长城，择要害之地，往往开门，造小城于其侧，置兵捍守。狄既不攻城，野掠无获，草尽则走，终必惩艾。计六镇东西不过千里，一夫一月之功可城三步之地，强弱相兼，不过用十万人，一月可就；虽有暂劳，可以永逸。凡长城有五利：罢游防之苦，一也；北部放牧无抄掠之患，二也；登城观敌，以逸待劳，三也；息无时之备，四也；岁常游运，永得不匮，五也。”魏主优诏答之。

冬，十月，丁巳，以南徐州刺史长沙王晃为中书监。初，太祖临终，以晃属帝，使处于辇下或近藩，勿令远出。且曰：“宋氏若非骨肉相残，他族岂得乘其弊！汝深诫之！”旧制：诸王在都，唯得置捉刀左右四十人。晃好武饰，及罢南徐州，私载数百人仗还建康，为禁司所觉，投之江水。帝闻之，大怒，将纠以法，豫章王嶷叩头流涕曰：“晃罪诚不足宥；陛下当忆先朝念晃。”帝亦垂泣，由是终无异意，然亦不被亲宠。论者谓帝优于魏文，减于汉明。

武陵王晔多材艺而疏悻，亦无宠于帝。尝侍宴，醉伏地，貂抄肉晔。帝笑曰：“肉污貂。”对曰：“陛下爱羽毛而疏骨肉。”帝不悦。晔轻财好施，故无蓄积；名后堂山曰"首阳"，盖怨贫薄也。

高丽王琏遣使入贡于魏，亦入贡于齐。时高丽方强，魏置诸国使邸，齐使第一，高丽次之。

益州大度獠恃险骄恣，前后刺史不能制。及陈显达为刺史，遣使责其租赕。獠帅曰："两眼刺史尚不敢调我，况一眼乎！"遂杀其使。显达分部将吏，声言出猎，夜，往袭之，男女无少长皆斩之。

晋氏以来，益州刺史皆以名将为之。十一月，丁亥，帝始以始兴王鉴为督益、宁诸军事、益州刺史，征显达为中护军。先是，劫帅韩武方聚党千余人断流为暴,郡县不能禁。鉴行至上明,武方出降,长史虞悰等咸请杀之。鉴曰:"杀之失信,且无以劝善。"乃启台而宥之,于是巴西蛮夷为寇暴者皆望风降附。鉴时年十四,行至新城,道路籍籍,云"陈显达大选士马,不肯就征。"乃停新城,遣典签张昙晳往观形势。俄而显达遣使诣鉴,咸劝鉴执之。鉴曰:"显达立节本朝,必自无此。"居二日,昙晳还,具言"显达已迁家出城,日夕望殿下至。"于是乃前。鉴喜文学,器服如素士,蜀人悦之。

乙未,魏员外散骑常侍李彪等来聘。

是岁,诏增豫章王嶷封邑为四千户。宋元嘉之世,诸王入斋鉏,得白服、裙帽见人主;唯出太极四厢,乃备朝服。自后此制遂绝。上于嶷友爱,宫中曲宴,听依元嘉故事。嶷固辞不敢,唯车驾至其第,乃白服、乌纱帽以侍宴。至于衣服、器用制度,动皆陈启,事无专制,务从减省。上并不许。嶷常虑盛满,求解扬州,以授竟陵王子良。上终不许,曰:"毕汝一世,无所多言。"嶷长七尺八寸,善修容范,文物卫从,礼冠百僚,每出入殿省,瞻望者无不肃然。

交州刺史李叔献既受命,而断割外国贡献;上欲讨之。

【译文】

永明二年 (甲子、484年)

正月,乙亥日(初二),委任后将军柳世隆做尚书右仆射,竟陵王萧子良做护军将军,兼司徒,率领军队,设置辅佐官员,镇守西州。

萧子良年轻时就有清高的品格,喜欢交结宾客,一些才俊士人,都聚集在他门下。他开放西邸,搜集很多古人的服饰器皿来充实它。记室参军范云、萧琛、乐安人任昉、法曹参军王融、卫军东阁祭酒萧衍、镇西功曹谢朓、步兵校尉沈约、扬州秀才吴郡陆倕,都由于文学有特殊造诣,更被亲自接待,称为"竟陵八友"。法曹参军柳恽、太学博士王僧孺、南徐州秀才济阳人江革、尚书殿中郎范缜、会稽人孔休源都在宾客之中。萧琛是萧惠开的侄儿;柳恽是柳元景的侄孙;王融是王僧达的孙儿;萧衍是萧顺之的儿子;谢朓是谢述的孙儿;沈约是沈璞的儿子;王僧孺是王雅的曾孙;范缜是范云的堂兄。

萧子良爱好佛家学说,引来有名的僧人,讲述讨论佛法,信仰佛学的风气兴盛程度,是江东一带向来没有的。有时候还亲自替众多僧人分发食物,递送茶水，一般人认为他有失宰相体统。

范缜竭力强调，世间没有佛的存在。萧子良说："你不相信因果报应，怎么解释人间会有富贵、贫贱的不同遭遇？"范缜说："人生如同树上的花朵同时绽放，随着风飘散，有的拂过帘幕坠落在床席上面，有的穿过篱笆掉落在粪厕里面。坠落床席的，好比殿下就是了；掉在粪厕的，好比下官就是了。贵贱虽说不同途径，因果究竟在哪里？"萧子良没有办法和他辩论。范缜又写了《神灭论》，认为："形体，就是精神的本质，精神是形体的作用。精神和形体，就如同锐利和刀子；没听说刀子没有了而锐利还能存在，哪能容许形体消亡了，而精神却能存在呢？"这高论发出，朝廷内外哗然，争论不休。和范缜辩论的人很多，始终没法教他屈服。太原人王琰写论文嘲讽范缜说："哎呀！范先生竟不知道他先祖神灵所在的地方！"想用来禁止范缜以后的答辩。范缜答辩说："哎呀！王先生知道他先祖神灵所在的地方，却不能自杀去跟从服侍！"萧子良交代王融去对范缜说："凭你的才华，还怕做不到中书侍郎，却故意发这种奇谈怪论，很可惜啊！应该赶快把那文章销毁掉。"范缜大笑说："要是范缜出卖文章来换取官职，早已做到尚书令、仆射了，何止中书侍郎啊！"

萧衍喜欢筹画谋略，有文武两方面的才能。王俭很惊讶，深深器重他，说："萧郎过30岁，地位将尊贵得不得了。"壬寅日（二十九日），派柳世隆做尚书左仆射，丹杨尹李安民做右仆射，王俭担任丹杨尹。

夏，四月，甲寅日（十二日），魏主来到方山；戊午日（十六日），回到宫廷。庚申日（十八日），到鸿池；丁卯日（二十五日），回转宫廷。

五月，甲申日（十二日），北魏员外散骑常侍李彪等人来访问。

六月，壬寅朔日（初一），中书舍人吴兴人茹法亮被封为望蔡男。此时中书舍人有4个人，各住一省当职，叫做"四户"。任命茹法亮和

萧衍像

临海人吕文显等去做，总掌重大的事务，势力压倒朝廷内外，镇守一地的主事几次改变任务，此来彼去，四方赠送的礼品，一年就有好几百万。茹法亮曾经当着很多人面说："不必要求其他的俸禄！这一'户'中，每年就可以采办100万。"可以说是粗略说说的。后来因为天体的运行有些不合常理的轨迹，王俭极力陈述："吕文显等人专揽权力，徇私枉法，上天之所以表现异象，灾祸都来自'四户'。"皇上亲自下诏令答复王俭的疑问，却无法改正"四户"的缺点。

魏原有的制度：每户户税征收2匹帛、两斤絮、1斤丝、20斛的谷；另外又缴送1匹10丈的帛，放在州库里作为户税之外的费用，所征敛的户税各自照当地出产的物品来决定。丁卯日（二十六日），下告示说："安置官吏，颁发俸禄，这是施行已久的了。自从中原战乱，这制度就中断了。朕按照旧有的典制，才颁发俸禄。每户增加户税3匹帛、2斛9斗的谷，作为官吏的供奉；增加户税之外的2匹帛。俸禄发放以后，官吏要是贪赃如果满1匹的就处死刑。变更法度，应当重新开始，就大赦天下吧！"

七月，甲申日（十三日），立皇子子伦做巴陵王。

乙未日（二十四日），魏主到武州山石窟寺。

九月，魏下诏颁布俸禄，从十月开始，三个月一季，每季接受一次供俸。旧有的律令，官员歪曲法令，接受10匹布帛，便处以死刑；官员由于人情受礼，收受20匹布帛，判决的罪罚也是死刑。这时修订为：官员由于人情赠礼，接受1匹布帛，要处死刑；要是歪曲法令行事，不论接受多少贿赂，都是死刑。仍旧分别命令使者巡察镇守各地主管的主管人员，弹劾那些贪污的。

秦、益两州刺史弘农（魏避讳改称恒农）人李洪之，因为外戚的关系而显贵，处理政务，凶暴贪婪，颁行供俸之后，洪之第一个就因为贪赃而被捕入狱。魏主命令把他套上枷锁送到平城，召集百官，国君亲自到场历数他的罪过，还是顾念他是大臣，任由他在家里自杀。其他镇守的主管人员因贪赃被判死刑的有40几个人。接受俸禄的官员没有不惊恐的，接受贿赂的劣行几乎因此绝迹了。但小吏百姓触犯其他法律的，魏主大都从宽处理，有可疑的罪行，官员上表，最后定谳，大多是减刑不处死，在边疆流放，每年都有好几千人。在京城判决死刑的，每年不过五六个人，州镇地方也是同样。

日子久了，淮南王拓跋佗上奏要求依旧断绝俸禄，文明太后召集群臣来讨论。中书监高闾认为："饥饿与寒冷，是切身的感受，在那种情况之下，仁慈的母亲也不能保全他的儿女。现在颁发俸禄，清廉者足以维持生活，不必滥取；贪婪者足以警诫，会劝勉向善；要是不供给俸禄，那么贪婪的将会肆无忌惮地做坏事，清廉的也不能保全自我。淮南王的建议，不是很荒谬吗？"诏令依从高闾的言论，保留颁行俸禄的办法。

高闾又上表，认为："北边的蛮族柔然强悍愚蠢，跟禽兽类似。他们擅长的是在旷野作战，不足的是攻取城池。如果利用蛮族的不足之处，来削弱他们的长处，那么他们人数虽多，也无法形成祸患，虽来入侵也没法深入。况且，蛮族零散地居住在荒野沼泽，跟着水草更换住所。作战时，是连家业一块儿带着来的；奔逃时，是连带家畜一起赶着逃跑的。他们不必携带钱财粮物，而吃的喝的都能自己供应充足，所以他们历代都能构成边境的祸害。现在6个镇戍地区，力量分散，敌人数目加倍，我方镇守的兵士就不敢拼斗，互相围逼，很难制服他们。我要求依照秦、汉的旧例，在六镇的北边建筑长城，选择险要的地方开门。在旁边建造小城，设置军队防守捍卫。蛮人既不攻陷城池，原野掠夺没有收获，牛马把草吃完了，他们就走，一定会受到惩戒。估计六镇的东西距离不过1000里，一个工人1个月的工夫，能够建造1丈8尺的地区，力量有强有弱，大约合并计算，不过用10万人，1个月就能造好；虽然暂时劳苦，可以求得长久的安逸。大凡修筑长城有5种利益：第一，可以免除活动防守的劳苦；第二，北部放牲口吃草，没有被掠夺的危害；第三，登上了高城，观察敌人的活动，可以以逸待劳；第四，可以从此停止随时备战的紧张状态；第五，每年常有的运送钱米到塞下的补给工作，永远不致缺乏。"魏主特别礼遇，下诏答复他的建议。

十月，丁巳日（十八日），任命南徐州刺史长沙王萧晃做中书监。起初，太祖临死的时候，把萧晃嘱托给皇帝，希望能让萧晃处在皇帝身旁或是距离近的藩国，不让他出任远地。并且说："宋氏如果不是骨肉互相残杀，其他的氏族怎么会有机会趁他们有弊病的时候兴盛起来？你要深深以宋氏的灭亡做警诫。"旧有的制度：诸王在都城，只能在左右安置执刀保卫的卫士40人。萧晃爱在武力方面讲究排场，等到罢除南徐州刺史的职务，私自运载几百人使用的兵器回建康，被防禁诸王的禁司发现，把兵器全丢进长江里。皇帝听说之后，很生气，想用法令来惩办他。豫章王萧嶷拜首流着泪说："晃的罪过实在不能原谅，但陛下要想想先帝是如何记挂晃呀！"皇帝也掉眼泪，为此终究没有杀他，可是萧晃也一直不被宠幸。议论的人认为皇帝比魏文帝高明，比汉明帝逊色。

武陵王萧晔才华横溢，个性却豪放耿直，也不得皇帝的宠爱。曾侍候皇帝宴饮，萧晔喝醉酒，伏在地上，帽上的貂尾沾到了肉盘。皇帝笑着说："肉玷污了貂尾。"萧晔回答说："陛下喜欢羽毛而疏远骨肉。"皇帝不高兴。萧晔轻视财物，喜好施予，因而没有积蓄；他把后堂的山取名叫"首阳"，可以说是抱怨贫穷，抱怨皇帝待自己不够亲切。

高丽王高琏打发使者到魏进贡，也到齐进贡。当时高丽正强大，魏安置各国使者的官邸，齐的使臣首先优先，高丽其次。

益州大度獠，倚仗地势险要，骄慢放纵，前后刺史都无法管制他。等到陈显达做刺史，派遣使者督责獠人缴纳租税，以财物补过。獠人统帅说："两眼的刺史还不敢动我，还用说这单眼刺史啊！"于是杀了使者。陈显达分别部署将士小吏，扬言要出外打猎。夜里，带了军队去偷袭獠人，不分男女长幼都杀死。

自从晋朝以后，益州刺史都由著名的将领担任。十一月，丁亥日（十八日），皇帝破例任命始兴王萧鉴做都督益、宁诸军事、益州刺史，调遣陈显达做中护军。开始，盗匪首领韩武方聚合党羽1000多人，断绝流水，做些凶暴的事，郡县没法禁止。萧鉴来到上明，韩武方出来投降，长史虞悰等人都要求把他杀了。萧鉴说："杀了他就失去了信用，而且不能劝人向善。"就向台省禀报，宽恕了他们的罪过。于是巴西一带蛮夷做贼寇、行为凶暴的，都望风归降了。

萧鉴这时14岁，来到新城，一路上听到百姓议论纷纷："陈显达大选兵士、马匹，不肯接受征调。"所以萧鉴在新城停步，派遣典签张昙晳去察看情况。不久，陈显达派遣使者来看萧鉴，手下的人都劝萧鉴把使者抓起来。萧鉴说："陈显达在本朝做官，名节良好，一定不会这样。"经过两天，张昙晳回来，详细说明"显达已把全家迁移出益州府城，日夜盼望殿下到来。"于是萧鉴就向前继续前进。萧鉴爱好文学，用的器皿、穿的衣服都像个清雅的士人，蜀地的人都喜欢他。

乙未日（二十六日），魏员外散骑常侍李彪等人来聘问。

那年，诏令增加豫章王萧嶷的封邑，总共为4000户。宋元嘉年间，诸王进入天子的书房，可以穿常服，戴裙帽（宋、齐之间，王室所用有别于官帽的一种便帽）拜见君主，只有出太极殿（前殿）4个厢房，要准备朝服，后来这种制度不行了。皇上对于萧嶷很钟爱，在宫里挽留他赐宴的时候，答应他照元嘉时代的旧例。萧嶷坚决推辞，不敢那么做。只有皇上坐了辇车来到他的府宅时，他才穿了便服，戴乌纱帽侍候皇上宴饮。至于穿着的衣服，使用的器皿，执行的制度，有所举动，都要向皇上报告，凡事没有自己拿主意裁决的，总是想法子简省节约。皇上都不允许。萧嶷常顾虑自己地位太高权势太大，希望解除扬州刺史的官职，授予竟陵王萧子良。皇上始终不肯答应，说："你就做一辈子的官，不要多说话。"萧嶷身高7尺8寸，讲究仪容风度，使用的仪仗，护卫的侍从，遵守礼仪算是百官群僚中首屈一指的。每当他出入宫殿官署，看见他的人没有不肃然起敬的。

交州刺史李叔献任命以后，竟然垄断外国对朝廷的进贡物品，皇上想征伐他。

三 年（乙丑、485 年）

戊寅，魏诏曰："图谶之兴，出于三季，既非经国之典，徒为妖邪所凭。自今图谶、秘纬，一皆焚之，留者以大辟论！"又严禁诸巫觋及委巷卜筮非经典所载者。

诏复立国学；释奠先师用上公礼。

二月，己亥，魏制皇子皇孙有封爵者，岁禄各有差。

辛丑，上祭北郊。

三月，丙申，魏封皇弟禧为咸阳王，干为河南王，羽为广陵王，雍为颍川王，勰为始平王，详为北海王。文明太后令置学馆，选师傅以教诸王。勰于兄弟最贤，敏而好学，善属文，魏主尤奇爱之。

夏，四月，癸丑，魏主如方山；甲寅，还宫。

初，宋太宗置总明观以集学士，亦谓之东观。上以国学既立，五月，乙未，省总明观。时王俭领国子祭酒，诏于俭宅开学士馆，以总明四部书充之。又诏俭以家为府。

自宋世祖好文章，士大夫悉以文章相尚，无以专经为业者。俭少好《礼》学及《春秋》，言论造次必于儒者，由是衣冠翕然，更尚儒术。俭撰次朝议、国典，自晋、宋以来故事，无不谙忆，故当朝理事，断决如流。每博议引证，八坐、丞、郎无能异者。令史谘事常数十人，宾客满席，俭应接辨析，傍无留滞，发言下笔，皆有音彩。十日一还学监试诸生，巾卷在庭，剑卫、令史，仪容甚盛。作解散髻，斜插簪；朝野慕之，相与仿效。俭常谓人曰："江左风流宰相，唯有谢安。"意以自比也。上深委仗之，士流选用，奏无不可。

秋，七月，癸未，魏遣使拜宕昌王梁弥机兄子弥承为宕昌王。初，弥机死，子弥博立，为吐谷浑所逼，奔仇池。仇池镇将穆亮以弥机事魏素厚，矜其灭亡；弥博凶悖，所部恶之；弥承为众所附，表请纳之。诏许之。亮帅骑三万军于龙鹄，击走吐谷浑，立弥承而还。亮，崇之曾孙也。

魏初，民多荫附；荫附者皆无官役，而豪强征敛倍于公赋。给事中李安世上言："岁饥民流，田业多为豪右所占夺；虽桑井难复，宜更均量，使力业相称。又，所争之田，宜限年断，事久难明，悉归今主，以绝诈妄。"魏主善之，由是始议均田。冬，十月，丁未，诏遣使者循行州郡，与牧守均给天下之田：诸男夫十五以上受露田四十亩，妇人二十亩田，奴婢依良丁；牛一头，受田三十亩，限止四牛。所授之田，率倍之；三易之田，再倍之；以供耕作及还受之盈缩。人年及课则受田，老免及身没则还田。奴婢、牛随有无以还受。初受田者，男夫给二十亩，课种桑五十株；桑田皆为世业，身终不还。恒计见口，有盈者无受无还，不足者受种如法，盈者得卖其盈。诸宰民之官，各随近给公田有差，更代相付；卖者坐如律。

柔然犯魏塞，魏任城王澄帅众拒之，柔然遁去。澄，云之子也。氐、羌反，诏以澄为都督梁、益、荆三州诸军事、梁州刺史。澄至州，讨叛柔服，氐、羌皆平。

初，太祖命黄门郎虞玩之等检定黄籍。上即位，别立校籍官，置令史，限人一日得数巧。既连年不已，民愁怨不安。外监会稽吕文度启上，籍被却者悉充远戍，民多逃亡避罪。富阳民唐㝢之因以妖术惑众作乱，攻陷富阳，三吴却籍者奔之，众至三万。

文度与茹法亮、吕文显皆以奸谄有宠于上。文度为外监，专制兵权，领军守虚位而已。法亮为中书通事舍人，权势尤盛。王俭常曰："我虽有大位，权寄岂及茹公邪！"

是岁，柔然部真可汗卒，子豆仑立，号伏名敦可汗，改元太平。

【译文】

三　年（乙丑、485年）

戊寅日（初十），魏国的君主下诏说："河图符命等占验的风行，是在夏、商、周的晚期，既不是治理国家的典籍，白白地成为妖邪之人的凭据。从今以后，河图符命、玄秘纬书，全都烧了，敢保留这类图籍的人，以死刑论处！"又严厉禁止男女巫人以及小巷弄占卜等一些不是经典所记载的种种行径。

皇帝下诏重新开办国学，用上公的礼仪来祭奠先师孔子。

二月，己亥日（初二），魏规划封赐有爵位的皇子、皇孙，每年的俸禄各有不同。

辛丑日（初四），皇上在北郊祭地。

三月，丙申日（二十九日），魏加封皇弟拓跋禧做咸阳王，拓跋干做河南王，拓跋羽做广陵王，拓跋雍做颍川王，拓跋勰做始平王，拓跋详做北海王。文明太后下令设置学馆，甄选师傅来教导诸位王爷。拓跋勰在兄弟一辈中，最贤仁聪慧而又好学，善于写文章，魏主格外喜爱他。

四月，癸丑日（十七日），魏主到方山去；甲寅日（十八日），回到宫廷。

开始，宋太宗设置总明观来聚合士人，也叫做东观。皇上由于国学已经设立，五月，乙未日（二十九日），就下令撤销总明观。当时王俭担任国子祭酒，皇上诏令在王俭的宅第开设学士馆，拿总明观的四部书籍来充实学士馆，又颁布诏令，嘱咐王俭把家宅当做办公场所。

自从宋世祖喜好文章，士大夫都拿文章来互相推崇，没有拿专精某一部经书当做事业的。王俭年少时喜欢《礼学》和《春秋》，即使是随便言谈，都一定要合乎儒者的逻辑，因此仕宦人家跟着他学习，更加推崇儒家学说。王俭撰写朝廷礼仪，国家典制，从晋、宋以来的旧例，没一样不清楚熟悉，所以在朝廷处理、判断裁决事务时都很明快利落。经常广征博引高谈阔论，自八座到左右丞、诸曹郎，没有人能提出异议。令史、谘事经常有几十人，宾朋满座，王俭应辨剖析，毫无迟疑，着笔发言，都有声有色。每十天回一次国学，监考学生，满庭是头戴葛巾、执经卷的学生，佩剑的卫士和令史，仪容盛大。王俭自编一种"解散髻"，把簪斜插着，朝野上下都敬仰他的丰采，争相模仿他的装扮。王俭常对人说："江左历来风流倜傥的宰相，只有谢安一个。"意思是拿自己来和谢安相比。皇上深深信赖他，有关士人甄选录用，只要王俭推荐，没有不赞许通过的。

七月，癸未日（十八日），魏调派使者封宕昌王梁弥机哥哥的儿子弥承做宕昌王。开始，弥机死了，儿子弥博即位，被吐谷浑逼迫，逃往仇池。仇池镇守的将领穆亮认为弥机侍奉魏一向谨慎，哀悼他的灭国亡身，考虑到弥博凶残悖理，所属部众都厌恶他，弥承被士众拥护，于是上书请求带军队护卫弥承回去，魏主下诏应允。穆亮率领3万骑兵，驻扎在龙鹄，赶走吐谷浑的军队，立弥承为宕昌王，自己才调兵回到仇池。穆亮是穆崇的曾孙。

魏建国之初，民众多数归附豪强人家去要求庇护，这些人都不必为官家服役，但豪强对他们征收的分量比公家的赋敛还重几倍。给事中李安世上书说："年岁歉收，百姓流离失所，田业多数被豪强所掠夺占有；虽说井田制度种桑耕织不易恢复，但也应该好好重新平均丈量，让劳力与产业能相称。而且，人民所争执的田产，应该约定年岁来裁断，事隔许久，难以明了的，都断定归现在的田主所有，也好杜绝欺诈虚妄。"魏主同意他的意见，从此开始商议怎样平均田地。

冬，十月，丁未日（十三日），魏主下令派遣使者巡行州郡，和州郡牧守把天下的田地平均颁发给百姓。所有男人十五岁以上，领受不种树的田地40亩，妇人领20亩，奴婢跟成丁的良人一样；有1头牛，领受30亩田，限制到四头牛为止。所颁给的田，如是隔一年才能耕种的贫瘠田地，大多加倍，三年才轮种一次的田地再加倍，以因应耕种及还田领田的盈余亏欠。每个人到达可以负责耕作的年龄就领田，老了就免，等到死了就收回田地。奴婢与牛只，看有还是没有，决定归还或颁给。起初，领受田地的男丁，公家给予20亩田，要求他种植50株桑树，桑树与田地都是世袭的产业，人死了也不归还。常常是根据当时的丁口来计算，有多余的不再颁田，也不还田；不足够的就再依照前面的办法，发给田地让他们耕种，有盈余的可以把农作物贩卖。那些掌管百姓的官员，各自依照附近颁给公田的等差，轮流替代支付；敢于变卖公有田产的按照律令论罪。

柔然进犯魏的边塞，魏任城王拓跋澄率领军士抵抗，柔然人逃掉了。拓跋澄是任城王拓跋云的儿子。氐、羌背叛，诏令拓跋澄做都督梁、益、荆三州诸军事、梁州刺史。拓跋澄来到梁州等地，征伐反叛的，抚慰顺服的，氐、羌都平定了。

开始，太祖命令黄门郎虞玩之等人检定登录户口的黄册。皇上临位，另外设立校籍官，安排令史，限定每人每日要查得几样违法的奸诈之事，这样连续几年，人民忧虑重重，心内不安。外监会稽人吕文度向皇上启奏：户籍被撤销的都派往远的屯戍地方充军，人民大多逃亡，好避免罪罚。富阳百姓唐祺之于是运用妖术迷惑群众作乱，攻陷了富阳，吴兴、吴郡、会稽被撤销户籍的都去投奔他，军士多到3万人。吕文度与茹法亮、吕文显都凭借奸佞谄媚得到皇上的宠爱。吕文度做外监，专掌兵权，使得领军只有空的名位而已。茹法亮做中书通事舍人，权势尤其庞大。王俭常常说："我虽然有崇高的地位，我掌握的权力那里赶得上茹公呢？"

柔然人

这年，柔然的部真可汗逝世，儿子豆仑即位，称为伏名敦可汗，改年号为太平。

四　年（丙寅、486年）

春，正月，癸亥朔，魏高祖朝会，始服衮冕。

壬午，柔然寇魏边。

唐寓之攻陷钱唐，吴郡诸县令多弃城走。寓之称帝于钱唐，立太子，置百官；遣其将高道度等攻陷东阳，杀东阳太守萧崇之。崇之，太祖族弟也。又遣其将孙泓寇山阴，至浦阳江；浃口戍主汤休武击破之。上发禁兵数千人，马数百匹，东击寓之。台军至钱塘，寓之众乌合，畏骑兵，一战而溃，擒斩寓之，进平诸郡县。

台军乘胜,颇纵抄掠。军还,上闻之,收军主前军将军陈天福弃市;左军将军刘明彻免官、削爵,付东冶。天福,上宠将也,既伏诛,内外莫不震肃。使通事舍人丹阳刘系宗随军慰劳,遍至遭贼郡县,百姓被驱逼者悉无所问。

闰月,癸巳,立皇子子贞为邵陵王,皇孙昭文为临汝公。

氐王杨后起卒,丁未,诏以白水太守杨集始为北秦州刺史、武都王。集始,文弘之子也。后起弟后明为白水太守。魏亦以集始为武都王。集始入朝于魏,魏以为南秦州刺史。

辛亥,帝耕籍田。

二月,己未,立皇弟铄为晋熙王,铉为河东王。

魏无乡党之法,唯立宗主督护;民多隐冒,三五十家始为一户。内秘书令李冲上言:"宜准古法:五家立邻长,五邻立里长,五里立党长,取乡人强谨者为之。邻长复一夫,里长二夫,党长三夫,三载无过,则升一等。其民调,一夫一妇,帛一匹,粟二石。大率十匹为公调,二匹为调外费,三匹为百官俸。此外复有杂调。民年八十已上,听一子不从役。孤独、癃老、笃疾、贫穷不能自存者,三长内迭养食之。"书奏,诏百官通议。中书令郑羲等皆以为不可。太尉丕曰:"臣谓此法若行,于公私有益。但方有事之月,校比户口,民必劳怨。请过今秋,至冬乃遣使者,于事为宜。"冲曰:"'民可使由之,不可使知之。'若不因调时,民徒知立长校户之勤,未见均徭省赋之益,心必生怨。宜及调课之月,令知赋税之均,既识其事,又得其利,行之差易。"群臣多言:"九品差调,为日已久,一旦改法,恐成忧乱。"文明太后曰:"立三长则课调有常准,苞荫之户可出,侥幸之人可止,何为不可!"甲戌,初立党、里、邻三长,定民户籍。民始皆愁苦,豪强者尤不愿。既而课调省费十余倍,上下安之。

三月,丙申,柔然遣使者牟提如魏。时敕勒叛柔然,柔然伏名敦可汗自将讨之,追奔至西漠。魏左仆射穆亮等请乘虚击之,中书监高闾曰:"秦、汉之世,海内一统,故可远征匈奴。今南有吴寇,何可舍之深入虏庭!"魏主曰:"'兵者凶器,圣人不得已而用之。'先帝屡出征伐者,以有未宾之虏故也。今朕承太平之业,奈何无故动兵革乎!"厚礼其使者而归之。

夏,四月,辛酉朔,魏始制五等公服;朱衣,玉佩,大小组绶。

九月，辛卯，魏作明堂、辟雍。

是岁，魏改中书学曰国子学。分置州郡，凡三十八州，二十五在河南，十三在河北。

【译文】
四　年（丙寅、486年）

正月，癸亥朔日（初一），魏高祖召见群臣，开始穿着我国传统的天子的朝服——衮冕。

壬午日（二十日），柔然侵犯魏的边境。

唐祺之进攻钱唐，吴郡几个县的县令大多弃城而逃。祺之在钱唐称帝，册立太子，设立百官；派遣部将高道度等人攻陷东阳，杀了东阳太守萧崇之。萧崇之是太祖的同族弟弟。又调遣部将孙泓侵犯山阴，到了浦阳江，被屯戍浃口的戍主汤休武打垮了。皇上派出几千的禁兵，数百的马匹，往东攻击唐祺之。基禁兵来到钱唐，唐祺之的军队涣散毫无组织，畏惧骑兵，交战一次就垮了。掳获唐祺之，把他杀了，进一步平定几个郡县。禁兵，借着胜利的余威，有点放纵，侵犯掠夺民家。班师回朝后，皇上知道了，就收捕了军主前军将军陈天福，处了死刑；左军将军刘明彻免除官职，削除封爵，交付东冶亭处理。陈天福是皇帝宠爱的将领，他被处死之后，朝廷内外没有不警惕震惊的。皇上派遣通事舍人丹阳人刘系宗跟在军中慰劳，走遍被贼寇侵扰的各郡县，但对于百姓被驱逐威逼的，都没能慰问。

闰月，癸巳日（初一），封皇子萧子贞做邵陵王，皇孙萧昭文做临汝公。

氐王杨后起逝世。丁未日（十五日），下诏任命白水太守杨集始做北秦州刺史、武都王。杨集始是杨文弘的儿子。派杨后起的弟弟后明做白水太守。魏也派杨集始做武都王，杨集始入魏朝贡，魏任命他做南秦州刺史。

辛亥日（十九日），皇帝在农田耕作。

二月，己未日，册封皇弟萧铄做晋熙王，萧铉做河东王。

魏没有乡党邻里的组织法规，只设置宗主督察保护，人民大多隐瞒、假冒别人的户籍，三五十家才算一户。内秘书令李冲上奏说："应当用古法为准：五家设个邻长，5邻设个里长，5里设个党长，由乡人中挑选强壮谨慎的人充当。邻长减免1个壮丁的徭役，里长减免两个壮丁的徭役，党长减免3个壮丁的徭役。3年不犯过失，就晋升一等。人民用调法收税：一夫一妇的缴一匹帛，两石粟，大约10匹交国库，2匹做调外费用，3匹做百官供俸。此外，又有杂税。百姓80岁以上的，允许有一个儿子不服役，孤儿、独老头、残障、病重、贫穷不能自己谋生的，由邻长、里长、党长轮番供养。"文书启奏之后，魏主下诏百官共同商议。中书令郑羲等人都认为不能施行，太尉拓跋丕说："臣认为这个办法如果实行，对公对私都有益处。但目前正是征收租税的月份，核对户口，人民烦恼，一定抱怨。我要求过了今年秋天，到冬天，才打发使者办事，比较合适。"李冲说："'百姓可以让他们按规定行事，没法让他们了解为什么要这么做。'如果不趁征收租税的时令，实行新办法，百姓只知道设置邻、里、党长以及校对户口很辛苦，看不出平均劳役、减轻赋税的好处，心中一定滋生怨恨。应当趁征收赋税的月份，让他们知道赋税的公平。他们既能了解这套办法，又承受利益，实行起来应该会较容易。"群臣多数陈述九品等差的租调法，实行时日已久，一旦改变办法，可能会形成纷乱。文明太后说："设置邻、里、党三长，那么征收赋税有一定的标准，一向被包庇的人家可以查出，侥幸逃脱的人也不会再有，为什么无法推行？"甲戌日（十三日），初步设置党、里、邻三长，确定百姓的户籍。人民起先都忧郁愁苦，有势力的豪强人家更不愿意。不久之后，证明征收赋税节约了10余倍的费用，于是上下都安心地实行新办法了。

三月，丙申日（初五），柔然派遣使臣牟提去魏。此时敕勒背叛柔然，柔然的伏名敦可汗亲率军队去讨伐，追逐到大漠的西边边境。魏的左仆射穆亮等要求趁柔然国内空虚去偷袭，中书监高闾说："秦、汉时代，四海统一，所以可以远征匈奴。如今我们南边有吴地的寇患，怎能不考虑他而深入柔然的核心地带？"魏的君主说："军事，是最凶险的事，圣人迫不得已的时候才用它。先帝数次出兵征伐，是因为蛮人不来朝贡的缘

丝织带绶

故。现在朕承接太平的帝业，为什么无缘无故发动军事行动呢？"用隆重优厚的礼遇对待柔然使者，发送他回去。

夏，四月，辛酉朔日（初一），魏开始制定朱、紫、绯、绿、青五等朝服。朱衣、玉佩、大小有纹彩的丝织带绶，给予尚书及五等爵位以上的臣子。

九月，辛卯日（初三），魏兴建明堂、辟雍。

这年，魏把中书学改为国子学。分别设置州郡，一共38个州，25个州在黄河以南，13个州在黄河以北。

梁纪二　高祖武皇帝二
天监五年（丙戌、506年）

春，正月，丁卯朔，魏于后生子昌，大赦。

杨集义围魏关城，邢峦遣建武将军杨竖眼讨之，集义逆战，竖眼击破之；乘胜逐北，壬申，克武兴，执杨绍先，送洛阳。杨集起、杨集义亡走，遂灭其国，以为武兴镇，又改为东益州。

乙亥，以前司徒谢朏为中书监、司徒。

冀州刺史桓和击魏南青州，不克。

魏秦州屠各王法智聚众二千，推秦州主簿吕苟儿为主，改元建明，置百官，攻逼州郡。泾州民陈瞻亦聚众称王，改元圣明。

己卯，杨集起兄弟相帅降建［魏］。

甲申，封皇子纲为晋安王。

二月，丙辰，魏主诏王公以下直言忠谏。治书侍御史阳固上表，以为"当今之务，宜亲宗室，劝庶政，贵农桑，贱工贾，绝谈虚穷微之论，简桑门无用之费，以救饥寒之苦。"时魏主委任高肇，疏薄宗室，好桑门之法，不亲政事，故固言及之。

三月，丙寅朔，日有食之。

临川王宏使记室吴兴丘迟为书遗陈伯之曰："寻君去就之际，非有他故，直以不能内审诸己，外受流言，沈迷猖獗，以至于此。主上屈法申恩，吞舟是漏，将军松柏不翦，亲戚安居，高台未倾，爱妾尚在。而将军鱼游于沸鼎之中，燕巢于飞幕之上，不亦惑乎！想早励良图，自求多福。"庚寅，伯之自寿阳梁城拥众八千来降，魏人杀其子虎牙。诏复以伯之为西豫州刺史；未之任，复以为通直散骑常侍。久之，卒于家。

初，魏御史中尉甄琛表称：《周礼》，山林川泽有虞、衡之官，为之厉禁，盖取之以时，不使戕贼而已，故虽置有司，实为民守之也。夫一家之长，必惠养子孙，天下之君，必惠养兆民，未有为人父母而吝其醯醢，富有群生而榷其一物者也。今县官鄣护河东盐池而收其利，是专奉口腹而不及四体也。盖天子富有四海，何患于贫！乞驰盐禁，与民共之！"录尚书事毓、尚书邢峦奏，以为"琛之所陈，坐谈则理高，行之则事阙。窃惟古之善治民者，必污隆随时，丰俭称事，役养消息以成其性命。若任其自生，随其饮啄，乃是刍狗万物，何以君为！是故圣人敛山泽之货以宽田畴之赋，收关市之税以助什一之储，取此与彼，皆非为身，所谓资天地之产，惠天地之民也。今盐池之禁，为日已久，积而散之，以济军国，非专为供太官之膳羞，给后宫之服玩。既利不在己，则彼我一也。然自禁盐以来，有司多慢，出纳之间，或不如法。是使细民嗟怨，负贩轻议，此乃用之者无方，非作之者有失也。一旦罢之，恐乖本旨。一行一改，法若奕棋，参论理要，宜如旧式。"魏主卒从琛议，夏，四月，乙未，罢盐池禁。

庚戌，魏以中山王英为征南将军、都督扬、徐二州诸军事，帅众十余万以拒梁军，指授诸节度，所至以便宜从事。

江州刺史王茂将兵数万侵魏荆州，诱魏边民及诸蛮更立宛州，遣其所署宛州刺史雷豹狼等袭取魏河南城。魏遣平南将军杨大眼都督诸军击茂，辛酉，茂战败，失亡二千余人。大眼进攻河南城，茂逃还；大眼追至汉水，攻拔五城。

魏征虏将军宇文福寇司州，俘千余口而去。

五月，辛未，太子右卫率张惠绍等侵魏徐州，拔宿预，执城主马成龙。乙亥，北徐州刺史昌义之拔梁城。

豫州刺史韦叡遣长史王超等攻小岘，未拔。叡行围栅，魏出数百人陈于门外，叡欲击之，诸将皆曰："向者轻来，未有战备，徐还授甲，乃可进耳。"叡曰："不然。魏城中二千余人，足以固守，今无故出人于外，必其骁勇者也，苟能挫之，其城自拔。"众犹迟疑，叡指其节曰："朝廷授此，非以为饰，韦叡法不可犯也！"遂进击之，士皆殊死战，魏兵败走，因急攻之，中宿而拔，遂至合肥。

先是，右军司马胡景略等攻合肥，久未下，叡按山川，夜，帅众堰肥水，顷之，堰成水通，舟舰继至。魏筑东、西小城夹合肥，叡先攻二城，魏将杨灵胤帅众五万奄至。众惧不敌，请奏益兵，叡笑曰："贼至城下，方求益兵，将何所及！且吾求益兵，彼亦益兵，兵贵用奇，岂在众也！"遂击灵胤，破之。叡使军主王怀静筑城于岸以守堰，魏攻拔之，城中千余人皆没。魏人乘胜至堤下，兵势甚盛，诸将欲退还铜湖，或欲保三叉，叡怒曰："宁有此邪！"命取伞扇麾幢，树之堤下，示无动志。魏人来凿堤，叡亲与之争，魏兵却，因筑垒于堤以自固。叡起斗舰，高与合肥城等，四面临之，城中人皆哭，守将杜元伦登城督战，中弩死。辛巳，城溃，俘斩万余级，获牛羊以万数。

叡体素羸，未尝跨马，每战，常乘板舆督厉将士，勇气无敌；昼接宾旅，夜半起，算军书，张灯达曙。抚循其众，常如不及，故投募之士争归之。所至顿舍，馆宇藩墙，皆应准绳。

诸军进至东陵，有诏班师，去魏城既近，诸将恐其追蹑，叡悉遣辎重居前，身乘小舆殿后，魏人服叡威名，望之不敢逼，全军而还。于是，迁豫州治合肥。

壬午，魏遣尚书元遥南拒梁兵。

癸未，魏遣征西将军于劲节度秦、陇诸军。

丁亥，庐江太守闻喜裴邃克魏羊石城，庚寅，又克霍丘城。

六月，庚子，青、冀二州刺史桓和克朐山城。

乙巳，魏安西将军元丽击王法智，破之，斩首六千级。

张惠绍与假徐州刺史宋黑水陆俱进，趣彭城，围高鉾戍，魏武卫将军奚康生将兵救之，丁未，惠绍兵不利，黑战死。

太子统生五岁，能遍诵《五经》；庚戌，始自禁中出居东宫。

丁巳，魏以度支尚书邢峦都督东讨诸军事。

魏骠骑大将军冯翊惠公源怀卒。怀性宽简，不喜烦碎，常曰："为贵人当举纲维，何必事事详细！譬如为屋，但外望高显，榱栋平正，基壁完牢，足矣；斧斤不平，斫削不密，非屋之病也。"

秋，七月，丙寅，桓和击魏兖州，拔固城。

吕苟儿率众十余万屯孤山，围逼秦州，元丽进击，大破之。

兼太仆卿杨椿别讨陈瞻，瞻据险拒守。诸将或请伏兵山蹊，断其出入，待粮尽而攻之，或欲斩木焚山，然后进讨，椿曰："皆非计也。自官军之至，所向辄克，贼所以深窜，正避死耳。今约勒诸军，勿更侵掠，贼必谓我见险不前；待其无备，然后奋击，可一举平也。"乃止屯不进。贼果出抄掠，椿复以马畜饵之，不加讨逐。久之，阴简精卒，衔枚夜袭之，斩瞻，传首。秦、泾二州皆平。

戊子，徐州刺史王伯敖与魏中山王英战于阴陵，伯敖兵败，失亡五千余人。

己丑，魏发定、冀、瀛、相、并、肆六州十万人以益南行之兵。上遣将军角念将兵一万屯蒙山，招纳兖州之民，降者甚众。是时，将军萧及屯固城，桓和屯孤山。魏邢峦遣统军樊鲁攻和，别将元恒攻及，统军毕祖朽攻念。壬寅，鲁大破和于孤山，恒拔固城，祖朽击念，走之。

己酉，魏诏平南将军安乐王诠督后发诸军赴淮南。诠，长乐之子也。

将军蓝怀恭与魏邢峦战于睢口，怀恭败绩，峦进围宿预。怀恭复于清南筑城，峦与平南将军杨大眼合攻之，九月，癸酉，拔之，斩怀恭，杀获万计。张惠绍弃宿预，萧昞弃淮阳，遁还。

临川王宏以帝弟将兵，器械精新，军容甚盛，北人以为百数十年所未之有。军次洛口前军克梁城，诸将欲乘胜深入，宏性懦怯，部分乖方。魏诏邢峦引兵渡淮，与中山王英合攻梁城，宏闻之，惧，召诸将议旋师，吕僧珍曰："知难而退，不亦善乎！"宏曰："我亦以为然。"柳惔曰："自我大众所临，何城不服，何谓难乎！"裴邃曰："是行也，固敌是求，何难之避！"马仙琕曰："王安得亡国之言！天子扫境内以属王，有前死一尺，无却生一寸！"昌义之怒，须发尽磔，曰："吕僧珍可斩也！岂有百万之师出未逢敌，望风遽退，何面目得见圣主乎！"朱僧勇、胡辛生拔剑而起，曰："欲退自退，下官当前向取死。"议者罢出，僧珍谢诸将曰："殿下昨来风动，意不在军，深恐大致沮丧，故欲全师而返耳。"宏不敢违群议，停军不前。魏人知其不武，遗以巾帼，且歌之曰："不畏萧娘与吕姥，但畏合肥有韦虎。"虎，谓韦叡也。僧珍叹曰："使始兴、吴平为帅而佐之，岂有为敌人所侮如是乎！"欲遣裴邃分军取寿阳，大众停洛口，宏固执不听，令军中曰："人马有前行者斩！"于是将士人怀愤怒。魏奚康生驰遣杨大眼谓中山王英曰："梁人自克梁城已后，久不进军，其势可见，必畏我也。王若进据洛水，彼自奔败。"英曰："萧临川虽骏，其下有良将韦、裴之属，未可轻也。宜且观其形势，勿与交锋。"

张惠绍号令严明，所至独克，军于下邳，下邳人多欲降者，惠绍谕之曰："我若得城，诸卿皆是国人，若不能克，徒使诸卿失乡里，非朝廷吊民之意也。今且安堵复业，勿妄自辛苦。"降人咸悦。

己丑，夜，洛口暴风雨，军中惊，临川王宏与数骑逃去。将士求宏不得，皆散归，弃甲投戈，填满水陆，捐弃病者及羸老，死者近五万人。宏乘小船济江，夜至白石垒，叩城门求入。临汝侯渊猷登城谓曰："百万之师，一朝鸟散，国之存亡，未可知也。恐奸人乘间为变，城不可夜开。"宏无以对，乃缒食馈之。渊猷，渊藻之弟。时昌义之军梁城，闻洛口败，与张惠绍皆引兵退。

魏主诏中山王英乘胜平荡东南，逐北至马头，攻拔之，城中粮储，魏悉迁之归北。议者咸曰："魏运米北归，当不复南向。"上曰："不然，此必欲进兵，为诈计耳。"乃命修钟离城，敕昌义之为战守之备。

冬，十月，英进围钟离，魏主诏邢峦引兵会之。峦上表，以为"南军虽野战非敌，而城守有余，今尽锐攻钟离，得之则所利无几，不得则亏损甚大。且介在淮外，借使束手归顺，犹恐无粮难守，况杀士卒以攻之乎！又征南士卒从戎二时，疲弊死伤，不问可知。虽有乘胜之资，惧无可用之力。若臣愚见，谓宜修复旧戍，抚循诸州，以俟后举，江东之衅，不患其无。"诏曰："济淮掎角，事如前敕，何容犹尔盘桓，方有此请！可速进军！"峦又表，以为"今中山进军锺离，实所未解。若为得失之计，不顾万全，直袭广陵，出其不备，或未可知。若正欲以八十日粮取锺离城者，臣未之前闻也。彼坚城自守，不与人战，城堑水深，非可填塞，空坐至春，士卒自弊。若遣臣赴彼，从何致粮！夏来之兵，不赍冬服，脱遇冰雪，何方取济！臣宁荷怯懦不进之责，不受败损空行之罪。锺离天险，朝贵所具，若有内应，则所不知；如其无也，必无克状。苟信臣言，愿赐臣停；若谓臣惮行求还，臣所领兵，乞尽付中山，任其处分，臣止以单骑随之东西。臣屡更为将，颇知可否，臣既谓难，何容强遣！"乃召峦还，更命镇东将军萧宝寅与英同围钟离。

侍中卢昶素恶峦，与侍中、领右卫将军元晖共谮之，使御史中尉崔亮弹峦在汉中掠人为奴婢。峦以汉中所得美女赂晖，晖言于魏主曰："峦新有大功，不当以赦前小事案之。"魏主以为然，遂不问。

晖与卢昶皆有宠于魏主而贪纵，时人谓之"饿虎将军'、'饥鹰侍中"。晖寻迁吏部尚书，用官皆有定价，大郡二千匹，次郡下郡递减其半，余官各有等差，选者谓之"市曹。"

丁酉，梁兵围义阳者夜遁，魏郢州刺史娄悦追击，破之。

北魏佛像

柔然库者可汗卒，子伏图立，号佗汗可汗，改元始平。戊申，佗汗遣使者纥奚勿六跋如魏请和。魏主不报其使，谓勿六跋曰："蠕蠕远祖社苍，乃魏之叛臣，往者包容，暂听通使。今蠕蠕衰微，不及畴昔，大魏之德，方隆周、汉，正以江南未平，少宽北略，通和之事，未容相许。若修藩礼，款诚昭著者，当不尔孤也。"

魏京兆王愉、广平王怀国臣多骄纵，公行属请，魏主诏中尉崔亮穷治之，坐死者三十余人，其不死者悉除名为民。惟广平右常侍杨昱、文学崔楷以忠谏获免。昱，椿之子也。

十一月，乙丑，大赦。诏右卫将军曹景宗都督诸军二十万救钟离。上敕景宗顿道人洲，俟众军齐集俱进。景宗固启求先据邵阳洲尾，上不许。景宗欲专其功，违诏而进，值暴风起，颇有溺者，复还守先顿。上闻之曰："景宗不进，盖天意也。若孤军独往，城不时立，必致狼狈，今破贼必矣。"

初，汉归义侯势之末，群獠始出，北自汉中，南至邛、笮，布满山谷。势既亡，蜀民多东徙，山谷空地皆为獠所据。其近郡县与华民杂居者，颇输租赋，远在深山者，郡县不能制。梁、益二州岁伐獠以自润，公私利之。及邢峦为梁州，獠近者皆安堵乐业，远者不敢为寇。峦既罢去，魏以羊祉为梁州刺史,傅竖眼为益州刺史。祉性酷虐,不得物情。獠王赵清荆引梁兵入州境为寇,祉遣兵击破之。竖眼施恩布信,大得獠和。

十二月,癸卯,都亭靖侯谢朏卒。

魏人议乐,久不决。

【译文】

天监五年（丙戌、506年）

春,正月,丁卯朔日（初一）,魏朝的于皇后生了一个儿子,名为昌,大赦境内。

杨集义围攻魏朝的关城,邢峦派遣建武将军傅竖眼前往讨伐,集义出兵迎战,竖眼把他击败。乘着胜利的余威,追击败北的军队,壬申日（初六）,攻克了武兴,将杨绍先俘虏了,送到洛阳。杨集起、杨集义相继逃走,于是将他们的国家灭掉了。在该地设置武兴镇,后来又改为东益州。

乙亥日（初九）,任命前司徒谢朏为中书监、司徒。

冀州刺史桓和攻打魏朝的南青州,没有攻克。

魏朝秦州屠各王法智聚集党徒2000人,拥戴秦州主簿吕苟儿为首领,改年号为建明,设置百官,攻打州郡。泾州的百姓陈瞻也聚集群众,自封为王,改年号为圣明。

己卯日（十三日）,杨集起兄弟相继投降了魏朝。

甲申日（十八日）,封皇子萧纲为晋安王。

二月,丙辰日（二十一日）,魏主下诏令王公以下直言忠谏,治书侍御史阳固上表,认为:"目前的要务是应该亲近宗室,勤理庶政,重视农桑,贬抑工商,严禁谈论玄虚穷究幽微的议论,减少沙门无用的经费,以救济百姓。"这时魏主信任高肇,疏远宗室,喜好沙门的法术,不亲理政事,所以阳固提及这些。

三月,丙寅朔日（初一）,日蚀。

临川王宏派遣记室吴兴人丘迟作书给陈伯之说:"推考你离开我朝,投奔魏朝,并没有别的缘故,只是因为自己内心不能考虑周详,又在外受到流言的蛊惑,因而思想迷乱,行为乖张,以至造成今天的局面。皇上枉曲法律,伸展恩泽,即使犯了再大的罪,也会加以曲宥的。将军先人的坟墓没有遭到破坏,亲戚都安好地居家，居第不曾摧毁，爱妾还守在家里，而将军像鱼一样，在水煮开了的锅里游泳；又像燕一样，在动荡不安定的帐幕上筑巢，难道不是太不聪明了吗？希望你规劝自己，早一点儿下定决心，自己追求前途的幸福。"庚寅日（二十五日），伯之从寿阳梁城率领八千部众前来归降，魏人杀掉他的儿子虎牙。皇上下诏再次任命伯之为西豫州刺史，尚未就任，又改任他为通直散骑常侍。过了相当长一段时间，在家中去世。

起初，魏朝的御史中尉甄琛上表说："《周礼》一书里，管理山林川泽有虞、衡的官吏，为山林山泽设定厉禁，这是为了让人们在恰当的时节取用，不让山林川泽受到伤害罢了！所以虽然设置了官吏，实际上是为人民啊！一家的家长，一定要养育子孙；天下的君主，一定要长养万民，从来没有为人父母却吝啬他的醯醢，富有群生却对一物掌有专权的。现在县官保护河东盐池而收取其利，这等于是单单奉养口腹而不管四肢啊！既然天子富有四海，何必担心贫穷呢？希望能开放盐禁，同百姓共享。"录尚书事鳃、尚书邢峦上奏章，认为："琛所上陈的，不过是口头上谈论，是陈义很高，推行起来，却有缺点。下臣私底下推想古代善于治理百姓的人，必定顺应时节或者降低或者提高，配合事体或者丰盛或者节俭，管理他们，养育他们，调节有无来保全他们的性命。如果听任他们自由生长，随他们任意取舍，那是将万物当作刍狗，是不仁道的行为，又何必要有国君呢？因而圣人开发山林川泽里面的物资，用以放宽田畴的赋税；收取关市的税捐，用以协助十分取一的田赋储蓄，这两项资税的开征，都不是为了皇上本人，这就是所说的利用天地间所生产的物资，以加惠天地间的百姓呀！现今盐池的禁令，为时已久，将所有的盐收聚起来再分散出去，用来帮助国家军事及其他方面的经费，并不是拿来供给御厨膳馐及供应后宫的衣服玩好。既然利益不在皇帝自己身上，那么百姓与皇上应该是没有区别的。但是自从禁盐以来，负责的官吏往往怠于职守，出入之间，常有不合法令的情形。因而使得小民叹息怨恨，招致来往通有无的商人的批评，这是执行法令的人不善，不是制定法令的人的失误。一旦改变法令，恐会与当初创制法令的本意相违背。一会儿实行，一会儿改掉，政令无定，那是不妥当的。参考各方面的意见来考虑，应该遵行旧法。"魏主到底还是听从了甄琛的建议。夏，四月，乙未日（初一），取消了盐池的禁令。

庚戌日（十六日），魏朝任命中山王英为征南将军，都督扬、徐二州的军事，率领军队十几万人来抗御梁军，指挥各州郡的人马，所到达的地方由他专权办理。

　　江州刺史王茂率兵数万人侵犯魏朝的荆州，引诱魏朝边境上的百姓及各蛮族另外设置了宛州，派他所委任的宛州刺史雷豹狼等人袭取魏朝的河南城。魏朝派遣平南将军杨大眼都督各路大军攻打王茂。辛酉日（二十七日），王茂吃了败仗，损失军士2千多人。大眼进攻河南城，王茂逃回；大眼追赶到了汉水边上，沿路攻占了五座城。

　　魏朝征虏将军宇文福，侵扰司州，俘虏了千余人而离去。

　　五月，辛未日（初七），太子右卫率张惠绍等人侵犯魏朝的徐州，攻占了宿预，俘虏了城主马成龙。乙亥日（十一日），北徐州刺史昌义之攻陷梁城。

　　豫州刺史韦睿派长史王超等人攻打小岘，没有攻下，韦睿出来巡视围栅，魏军派出数百人在门外列阵，睿想向他们发动进攻，诸将都说："我们轻骑简从来到这里，没有作战的准备，慢慢回去发动军队，才能进攻。"睿说："话不能这样说。魏城中只要有2000多人，就足够固守，现在无缘无故派出一些人到外面去，这一定是勇敢善战的军士。如果能将他们打败，那城自然就能攻占了。"众人还在犹豫，睿指着他的令牌说："朝廷将这个令牌颁授给我，不是用来作装饰品的，我韦睿的命令不可以违抗！"于是令牌发动攻势，士兵都拼死作战，魏兵战败逃走了，韦睿乘胜积极攻城，过了一夜就把城攻克了，于是来到了合肥。

　　早先，右军司马胡景略等人围攻合肥，历久不下，睿到达之后，巡看山川地形，夜晚率领部众筑堤堵住肥水。不久，堤堰筑成了，水路打通，船舰相继到达，魏军在合肥的两边构筑东西两座小城，睿先攻打这两座小城，魏朝的将领杨灵胤率领五万部队突然到达，大家害怕无法战胜，请求上奏皇帝加派军队，睿笑着说："敌人已经到达城下，才要求增兵，怎么赶得上呢？况且我要求增兵，他们也会增兵，用兵之道，贵在出奇制胜，哪里在人数众多呢？"于是攻打灵胤，把他打败了。睿派遣军主王怀静在岸边筑城来防守堤堰，魏军将它攻占了，城中的一千多个梁兵都被杀。魏人乘胜来到堤堰之下，兵势非常盛大，诸将想要退回巢湖，有的想保住三叉，韦睿发怒说："哪有此事！"下命拿来伞扇及麾幢，树立在堤堰之下，表示没有搬移的决心。魏人来攻凿堤堰，睿亲自和他们争斗，魏兵退去了，于是在堤上构建营垒来巩固自己。睿发动战舰，高度和合肥城等齐，四面把城包围了，城里的人都哭了起来。守将杜元伦登城监督作战，被弩矢射中而死。辛巳日（十七日），合肥城被攻克了，被俘虏斩首的有一万多具，掳获的牛羊数目以万计。

睿的身体本来羸弱，不会骑马。每当作战时，常乘着板舆监督并激励将士，勇气无人可以相比；白天接待宾客、办理公务，夜半起床，攻读军书，点着灯火一直到天亮。安抚他的部属，常害怕不周到，因此投效军旅的将士争着归附他。所到之处，他驻扎的营舍及围墙都合乎法度。

诸路军马前进到了东陵，皇帝下诏书命令班师，东陵距离魏城很近，诸将深恐魏军追击，睿把辎重部队全部派遣在前面先走，自己乘坐小舆殿后，魏有钦佩睿的威名，远远看着他不敢逼近，终能全师而退。从此把豫州州治迁到合肥。

壬午日（十八日），魏朝派遣尚书元遥南下抗击梁兵。

癸未日（十九日），魏朝派遣征西将军于劲节度秦、陇诸军。

丁亥日（二十三日），庐江太守闻喜人裴邃攻下了魏朝的羊石城，庚寅日（二十六日），又攻克了霍丘城。

六月，庚子日（初七），青、冀二州刺史桓和攻克了朐山城。

乙巳日（十二日），魏朝的安西将军元丽攻打王法智，将他击破了，斩首六千级。

张惠绍与兼徐州刺史宋黑分别从水路及陆路两路进军，直逼彭城，围攻高冢戍。魏朝武卫将军奚康生率军来救，丁未日（十四日），惠绍战事不利，宋黑战死。

太子萧统已经5岁，能够背诵《五经》全文，庚戌日（十七日），开始从禁中搬出居住于东宫。

丁巳日（二十四日），魏朝任命度支尚书邢峦都督东讨诸军事。

魏朝的骠骑将军冯翊惠公源怀去世。源怀为人性情宽厚简易，不喜欢烦琐之事。常说："当贵人应该把握要点，何必每一件事都仔细呢！好比盖房子，只要外面看起来宽敞亮丽，楹柱和栋梁平正，屋基及墙壁完好牢固，那就够了，至于斧斤劈得不平，斫削得不细密，那并不是房屋的毛病。"

秋，七月，丙寅日（初三），桓和攻击魏朝的兖州，攻占了固城。

吕苟儿率领部众10几万人屯驻在孤山，围攻秦州，元丽进兵发动攻击，将吕苟儿打得大败。兼秦州刺史李韶偷袭孤山，俘虏了吕苟儿的父母妻子，庚辰日（十七日），苟儿带领他的部下向元丽投降。

兼太仆卿杨椿另外发兵攻讨陈瞻，陈瞻据守险要抗拒。诸将中有人请求在山路上设伏兵，断绝他的出入之路，待他粮食吃完再发动进攻；有的想砍伐树木，放火烧山，然后再进兵讨伐。椿说："这都不是办法。自从官军来到，所到之处都打胜仗，敌人所以逃入深山，正是为了逃跑罢了。现在约束所有军队，不让他们再行侵犯，寇贼必定认为我军见到险阻不敢前进。等他们没有戒备，然后奋力攻击，可以一下子将他们消灭！"于是停止前进屯驻而不前。贼兵果然出来掠夺，椿又以马畜作诱饵，不加追讨。过了一段时间，暗中选择精兵，趁黑夜衔枚发动偷袭，将陈瞻杀了，将他的首级传送到各地，于是秦、泾两州都平定了。

险要关隘

戊子日（二十五日），徐州刺史王伯敖和魏朝的中山王英在阴陵交战，伯敖的军队打了败仗，伤亡了5000多人。

己丑日（二十六日），魏朝征发定、冀、瀛、相、并、肆6个州的士兵6万人以支援南征的军队。皇上派遣将军角念领兵1万人屯扎在蒙山，招收兖州的百姓，前来投降的很多。此时，将军萧及屯驻在固山，桓和屯驻在孤山。魏朝邢峦派统军樊鲁进攻桓和，别将元恒进攻萧及，统军毕祖朽进攻角念。壬寅日（八月初十），樊鲁在孤山大败桓和，元恒攻克了固城，祖朽攻打角念，把角念赶跑了。

己酉日（八月十七日），魏主下诏令平南将军安乐王诠监督后发的各路兵马前往淮南。诠是长乐的儿子。

将军蓝怀恭与魏朝的邢峦在睢口交战，怀恭打了败仗，邢峦进军包围宿预，怀恭又在清水南边筑城，邢峦和平南将军杨大眼两人合力攻城。九月，癸酉日（十一日），将城攻陷了，杀掉怀恭，梁兵被杀和被俘的数以万计。张惠绍抛弃宿预，萧㫬抛弃淮阳，都逃了回来。

临川王宏让皇帝的弟弟带领军队，器械精良，军容非常严整。北方人认为是数百年来所不曾有过的。军队驻扎在洛口，前锋部队攻克了梁城，诸将想乘胜进军，但是宏生性懦弱而且胆怯，处置不合正道。魏主下诏令邢峦率军渡过淮水，与中山王英合力攻打梁城。宏听到了这个消息，害怕起来，召集诸将商议要回师。吕僧珍说："知道困难而退军，不是很好吗？"宏说："我也认为这样。"柳惔说："自从我们大军来到，哪个城不投降，什么叫做难呢？"裴邃说："这一次行动，本来就是要找到敌人同他周旋一番，有什么困难值得我们躲避呢？"马仙琕说："王怎么可以说出亡国的泄气话？天子将全国的军队交付给王，只有拼死前进，绝不能为苟活而后退！"昌义之大怒，须发全都张开，说："吕僧珍应该斩首！哪有百万雄师开出而尚未遭遇敌人，就望风撤退的？这样，有什么脸可以见圣明的主上呢？"朱僧勇、胡辛生拔出剑而退下，说："要撤退的自个儿撤退吧！下官愿意向前和敌人交锋，即使战死也甘心。"参与商议的人讨论完毕退出来之后，吕僧珍向诸将道歉说："殿下从昨天起风疾发作，心意不在军事，我害怕大军士气低而战败，所以想全师而归罢了。"萧宏不敢马上违背大家的意见，就停止军队而不前进。魏人知道他胆怯，送给他巾帼，并且编一首歌传唱，说："不怕萧娘与吕妈，只怕合肥有韦虎。"韦虎，是指韦睿。僧珍叹息道："如果是始兴王或吴平侯当统帅而当他们的属下，那会这样被敌人羞辱呢？"想让裴邃另率领一部分军队攻打寿阳，其余的大军停扎在洛口，萧宏固执不听，下令于军中说："人马有前进的统统给我斩首！"于是将士人人都怀愤怒之心。魏朝的奚康生派遣杨大眼骑着快马前往，向中山王英说："梁人自从攻陷梁城以后，军队长久不推进，他们的情形可以看得出来，一定是害怕我们。王如果进兵占据洛水，他们一定会溃败逃走。"英说："萧临川虽然愚蠢，但是他有韦睿、裴邃等良将，不能轻视，最好暂且观察形势，不要和他们交战。"

张惠绍号令严明，所到之处，独能克敌制胜，军队驻扎在下邳，下邳人很多想向他投降。惠绍晓谕他们说："我如果得城，诸位就是本国的人；如果不能将城攻下，徒然让诸位失去乡里，无家可归，这并不是朝廷抚慰百姓的本意。现在你们暂且安居，各返你们的旧业，不要胡思乱想。"投降的人都心悦诚服。

己丑日（二十七日），晚上，洛口突有暴风雨，军队士卒受到惊动，临川王萧宏和另外几个人骑着马逃走，将士们找寻不到萧宏，都四散逃走，丢弃的盔甲兵戈填满了河床和陆地，被抛弃的生病的人和老弱之徒，死者将近5万人。宏乘着小船渡过长江，夜晚到达白石垒，敲打城门请求进城，临汝侯渊猷登上城楼对他说："百万的军队，一旦作鸟兽散，国家的存亡，无法预料。恐怕奸邪的人利用这个机会叛变，城门不能在夜晚打开。"宏无语可以回答，于是从城上将食物缒下来给他果腹。渊猷是渊藻的弟弟，这时昌义之驻扎在梁城，听说洛口兵败，和张惠绍都率兵撤退了。

魏主下诏中山王英乘胜平定东南，追逐逃跑的梁军直到马头，将马头攻陷了。魏人将城里所储备的粮食全都运回北方。献计的人都说："魏军把米粮运回北方，应当不会再向南进兵了。"皇上说："不对，这必定是想向南进兵，而故意伪装的一种策略。"于是命令修筑钟离城，同时命令昌义之做防守的准备。

冬，十月，英进兵围攻钟离，魏主下诏邢峦率军来会合。峦上表说："南方的部队虽然在野战方面不是我们的对手，可是在守城方面却有实力，现在发动所有的精锐攻打钟离，得到它没有多少利益，得不到它亏损可就大了。而且钟离隔在淮水南面，即使它不抵抗而归顺我们，都还恐怕因为没有粮食而很难守住，何况折损士兵来进攻它呢！再说征南的士兵从军已经有两个季节了，疲惫死伤严重，不问也可想而知。虽然有乘势进击的军粮，恐怕没有可以使用的兵力。下臣的愚见，认为应该修复旧戍，安抚各州，等待日后的进一步行动，江东的弱点，不愁以后没有。"有诏书说："渡过淮水，和中山王造成掎角之势，这事已像前敕所令，怎么能容许你还在那儿徘徊不前，提出这样的请求呢？可急速进军！"峦又上表，认为："现在中山王进军钟离，我实在不理解其意。如果作冒险的打算，而不作万全的考虑，直接进攻广陵，出其不备，也许能侥幸成功。如果想凭借仅够用80天的粮食攻取钟离城，下臣没听说过有这种事。他们牢牢地守城，不出来和我们交战，城堑的水很深，不是能够填塞的。结果在城下徒然耗到春天，士兵自然疲惫。如派遣下臣到那儿，从哪里得到粮食呢！夏天出动的军队，没有带冬天的服装，假若遇到冰雪，从何处取来御寒！下臣宁可遭受怯懦不敢进兵的责备，也不愿接受损兵折将空跑一次的罪名。钟离是天然险要的地方,这是朝廷贵臣全都知道的。如果城内有内应,那就成败不可知;如果没有内应,必然无法攻克。如果皇上听从下臣的话,希望能让臣停军在这儿;如果皇上认为下臣畏惧前往,那就请求交还下臣所率领的军队,将他们全部交给中山王,任凭他处置,下臣只是以个人的身份跟随他行动。下臣当过几次将帅,很知道何事可行,何事不可行,下臣既然认为是困难的事,怎能够勉强派遣呢?"于是魏主将邢峦召还朝廷,改命镇东将军萧宝寅和中山王英共同围攻钟离。

侍中卢昶向来讨厌邢峦,和侍中、领右卫将军元晖共同诽谤峦,唆使御史中尉崔亮弹劾峦在汉中掳掠百姓当奴婢。峦用在汉中所得到的美女贿赂元晖。晖对魏主说:"峦刚立过大功,不该因大赦前的小事追究他的罪。"魏主认为正确,于是不再追究。

晖与卢昶都受到魏主的宠爱,因而贪污放纵,当时人们称呼他们为"饿虎将军"、"饥鹰侍中"。元晖不久调任吏部尚书,任用官吏都有一定价钱,大郡2000匹,次郡及下郡依次递减一半,其余的官员各有等差,选官的人称他为"市曹"。

丁酉日(初六),围攻义阳的梁军在夜晚逃走,魏朝的郢州刺史娄悦在后面追击,把梁军击破了。

柔然库者可汗病逝,他的儿子伏图嗣立,号佗汗可汗,改年号为始平。戊申日(十七日),佗汗可汗派使者纥奚勿六跋到魏朝请和,魏主不派使者回报,对勿六跋说:"蠕蠕的远祖社仑是魏朝的叛臣,以前宽待予以包容,暂且听任彼此通使往来,而今蠕蠕已经衰弱,不如往日强盛;而大魏的德业,正兴隆得可以和周、汉相比,只由于江南还没平定,所以向北方征伐的事稍为迟缓,两国讲和的事,不能答应。如果修藩臣的礼节,诚心诚意的话,一定不会辜负你们。"

魏朝的京兆王愉及广平王怀两国的臣下多骄纵,公然属请,横行枉法,魏主下诏中尉崔亮彻底地追查,因此株连而被处死的有30多人,没被处死的全都除去名籍成为庶民。唯有广平王右常侍杨昱、文学崔楷两人因为忠谏而获得免罪。昱是杨椿的儿子。

十一月,乙丑日(初四),大赦天下。皇上下诏令右卫将军曹景宗亲率20万军队救援钟离。皇上下命景宗停留在道人洲,等待各路军马齐集以后一起进兵。景宗一再地请求先占领邵阳洲尾,皇上不同意。景宗希望专得功劳,违抗诏命而进兵，刚好遇到暴风吹起，有溺死的人，景宗只好还守道人洲。皇上听说了这事以后，说："景宗不得前进，这是天意。如果孤军前往，城不能够及时建立，必定会狼狈不堪。现在必定能打败敌人。"

起初，到汉归义侯势的末年，群獠才开始从山中出来活动，北从汉中，南到达邛、筰，布满在山谷之间。势去世之后，蜀民多向东边迁移，山谷中的空地都被群獠所占据。那些靠近郡县与华族杂居的，往往还向官府缴纳税租；远居在深山里的群獠，郡县就不能控制了。梁、益两州每年都要讨伐獠族以取利，于公于私都得到好处。等到邢峦做梁州刺史，獠族靠近郡县的都安居乐业，远在山中的也不再敢出来掳掠。峦罢去之后，魏朝任命羊祉为梁州刺史，傅竖眼为益州刺史。祉的性情残酷而暴虐，不得人心。獠王赵清荆引梁兵进入州境劫掠，祉派兵将他们击败了。竖眼施行恩惠，讲求信用，很得獠族的拥护。

十二月，癸卯日（十二日），都亭靖侯谢朏去世。

魏人讨论乐律的事情，经久而没有结果。

梁纪六　高祖武皇帝六
普通五年（甲辰、524年）

三月，魏以临淮王彧都督北讨诸军事，讨破六韩拔陵。

夏，四月，高平镇民赫连恩等反，推敕勒酋长胡琛为高平王，攻高平镇以应拔陵。魏将卢祖迁击破之，琛北走。

卫可孤攻怀朔镇经年，外援不至，杨钧使贺拔胜诣临淮王彧告急。胜募敢死少年十余骑，夜伺隙溃围出，贼骑追击之，腾曰："我贺拔破胡也。"贼不敢逼。胜见彧于云中，说之曰："怀朔被围，旦夕沦陷，大王今顿兵不进；怀朔若陷，则武川亦危，贼之锐气百倍，虽有良、平不能为大王计矣。"彧许为出师。胜还，复突围而入。钧复遣胜出觇武川，武川已陷。胜驰还，怀朔亦溃，胜父子俱为可孤所虏。

五月，临淮王彧与破六韩拔陵战于五原，兵败，彧坐削除官爵。安北将军陇西李叔仁又败于白道，贼势日盛。

魏主引丞相、令、仆、尚书、侍中、黄门于显阳殿，问之曰："今寇连恒、朔，逼近金陵，计将安出？"吏部尚书元修义请遣重臣督军镇恒、朔以捍寇，帝曰："去岁阿那瓌叛乱，遣李崇北征，崇上表求改镇为州，朕以旧章难革，不从其请。寻崇此表，开镇户非冀之心，致有今日之患；但既往难追，聊复略论耳。然崇贵戚重望，器识英敏，意欲遣崇行，何如？"仆射萧宝寅等皆曰："如此，实合群望。"崇曰："臣以六镇遐辞，密迩寇戎，欲以慰悦彼心，岂敢导之为乱！臣罪当就死，陛下赦之；今更遣臣北行，正是报恩改过之秋。但臣年七十，加之疲病，不堪军旅，愿更择贤材。"帝不许。修义，天赐之子也。

壬申，加崇使持节、开府仪同三司，北讨大都督，命抚军将军崔暹、镇军将军广阳王深皆受崇节度。深，嘉之子也。

魏自破六韩拔陵之反，二夏、幽、凉，寇盗蜂起。秦州刺史李彦，政刑残虐，在下皆怨，是月，城内薛珍等聚党突入州门，擒彦，杀之，推其党莫折大提为帅，大提自称秦王。魏遣雍州刺史元志讨之。

初，南秦州豪右杨松柏兄弟，数为寇盗，刺史博陵崔游诱之使降，引为主簿，接以辞色，使说下群氐，既而因宴会尽收斩之，由是所部莫不猜惧。游闻李彦死，自知不安，欲逃去，未果；城民张长命、韩祖香、孙掩等攻游，杀之，以城应大提。大提遣其党卜胡袭高平，克之，杀镇将赫连略、行台高元荣。大提寻卒，子念生自称天子，置百官，改元天建。

秋，七月，甲寅，魏遣吏部尚书元修义兼尚书仆射，为西道行台，帅诸将讨莫折念生。

崔暹违李崇节度，与破六韩拔陵战于白道，大败，单骑走还。拔陵并力攻崇，崇力战，不能御，引还云中，与之相持。

广阳王深上言："先朝都平城，以北边为重，盛简亲贤，拥麾作镇，

破六韩拔陵像

配以高门子弟，以死防遏，非唯不废仕宦，乃更独得复除，当时人物，忻慕为之。太和中，仆射李冲用事，凉州土人悉免厮役；帝乡旧门，仍防边戍，自非得罪当世，莫肯与之为伍。本镇驱使，但为虞侯、白直，一生推迁，不过军主；然其同族留京师者得上品通官，在镇者即为清途所隔，或多逃逸。乃峻边兵之格，镇人不听浮游在外，于是少年不得从师，长者不得游宦，独为匪人，言之流涕！自定鼎伊、洛，边任益轻，唯底滞凡才，乃出为镇将，转相模习，专事聚敛。或诸方奸吏，犯罪配边，为之指踪，政以贿立，边人无不切齿。及阿那瓌背恩纵掠，发奔命追之，十五万众度沙漠，不日而还。边人见此援师，遂自意轻中国。尚书令臣崇求改镇为州，抑亦先觉，朝廷未许。而高阙戍主御下失和，拔陵杀之，遂相帅为乱，攻城掠地，所过夷灭，王师屡北，贼党日盛。此段之举，指望销平；而崔暹只轮不返，臣崇与臣逡巡复路，相与还次云中，将士之情莫不解体。今日所虑，非止西北，将恐诸镇寻亦如此，天下之事，何易可量！"书奏，不省。

诏征崔暹系廷尉；暹以女妓、田园赂元义，卒得不坐。

丁丑，莫折念生遣其都督杨伯年攻仇鸠、河池二戍，东益州刺史魏子建遣将军伊祥等击破之，斩首千余级。东益州本氐王杨绍先之国，将佐皆以城民劲勇，二秦反者皆其族类，请先收其器械，子建曰："城民数经行阵，抚之足以为用，急之则腹背为患。"乃悉召城民，慰谕之，既而渐分其父兄子弟外戍都郡，内外相顾，卒无叛者。子建。兰根之族兄也。

魏员外散骑侍郎李苗上书曰："凡食少兵精，利于速战；粮多卒众，事宜持久。今陇贼猖狂，非有素蓄，虽据两城，本无德义，其势在于疾攻，日有降纳，迟则人情离沮，坐待崩溃。夫飙至风举，逆者求万一之功；高壁深垒，王师有全制之策。但天下久泰，人不晓兵，奔利不相待，逃难不相顾，将无法令，士非教习，不思长久之计，各有轻敌之心。如今陇东不守，青军败散，则两秦遂强，三辅危弱，国之右臂于斯废矣。宜敕大将坚壁勿战，别命偏裨帅精兵数千出麦积崖以袭其后，则青、陇之下，群妖自散。"

魏以苗为统军，与别将淳于诞俱出梁、益，未至，莫折念生遣其弟高阳王天生将兵下陇。甲午，都督元志与战于陇口，志兵败，弃众东保岐州。

东西部敕勒皆叛魏，附于破六韩拔陵，魏主始思李崇及广阳王深之言。丙申，下诏："诸州镇军贯，非有罪配隶者，皆免为民。"改镇为州，以怀朔镇为朔州，更命朔州曰云州。遣兼黄门侍郎郦道元为大使，抚慰六镇。时六镇已尽叛，道元不果行。

秀容人乞伏莫于聚众攻郡，杀太守；丁酉，南秀容牧子万于乞真杀太仆卿陆延，秀容酋长尔朱荣讨平之。荣，羽建之玄孙也。荣神机明决，御众严整。时四方兵起，荣阴有大志，散其畜牧资财，招合骁勇，结纳豪桀，于是侯景、司马子如、贾显度及五原段荣、泰安窦泰皆往依之。显度，显智之兄也。

九月，戊申，成景俊拔魏睢陵。戊午，北兖州刺史赵景悦围荆山。裴邃帅骑三千袭寿阳，壬戌夜，斩关而入，克其外郭。魏扬州刺史长孙稚御之。一日九战，后军蔡秀成失道不至，邃引兵还。别将击魏淮阳，魏使行台郦道元、都督河间王琛救寿阳，安乐王鉴救淮阳。鉴，诠之子也。

宋颖密求救于吐谷浑王伏连筹，伏连筹自将救凉州，于菩提弃城走，追斩之。城民赵天安等复推宋颖为刺史。

河间王琛军至西硖石，解涡阳围，复荆山戍。青、冀二州刺史王神念与战，为琛所败。冬，十月，戊寅，裴邃、元树攻魏建陵城，克之，辛巳，拔曲木；扫虏将军彭宝孙拔琅邪。

魏营州城民刘安定、就德兴执刺史李仲遵，据城反。城民王恶儿斩安定以降；德兴东走，自称燕王。

胡琛遣其将宿勤明达寇幽、夏、北华三州，魏遣都督北海王颢帅诸将讨之。颢，详之子也。

甲申，彭宝孙拔檀丘。辛卯，裴邃拔狄城；丙申，又拔甓城，进屯黎浆，壬寅，魏东海太守韦敬欣以司吾城降。定远将军曹世宗拔曲阳；甲辰，又拔秦墟，魏守将多弃城走。

魏朔方胡反，围夏州刺史源子雍。城中食尽，煮马皮而食之，众无贰心。子雍欲自出求粮，留其子延伯守统万，将佐皆曰："今四方离叛，粮尽援绝，不若父子俱去。"子雍泣曰："吾世荷国恩，当毕命此城；但无食可守，故欲往东州，为诸君营数月之食，若幸而得之，保全必矣。"乃帅羸弱诣东夏州运粮，延伯与将佐哭而送之。子雍行数日，胡帅曹阿各拔邀击，擒之。子雍潜遣人赍书，敕城中努力固守。阖城忧惧，延伯谕之曰："吾父吉凶未可知，方寸焦烂。但奉命守城，所为者重，不敢以私害公。诸君幸得此心。"于是众感其义。莫不奋励。子雍虽被擒，胡人常以民礼事之，子雍为陈祸福，劝阿各拔降。会阿各拔卒，其弟桑生竟帅其众随子雍降。子雍见行台北海王颢，具陈诸贼可灭之状，颢给子雍兵，令其先驱。时东夏州阖境皆反，所在屯结，子雍转斗而前，九旬之中，凡数十战，遂平东夏州，征税粟以馈统万，二夏由是获全。子雍，怀之子也。

魏广阳王深上言："今六镇尽叛，高车二部亦与之同，以此疲兵击之，必无胜理。不若选练兵守恒州诸要，更为后图。"遂与李崇引兵还平城。崇谓诸将曰："云中者，白道之冲，贼之咽喉，若此地不全，则并、肆危矣。当留一人镇之，谁可者？"众举费穆，崇乃请穆为朔州刺史。

贺拔度拔父子及武川宇文肱纠合乡里豪杰，共袭卫可孤，杀之；度拔寻与铁勒战死。肱，逸豆归之玄孙也。

李崇引国子博士祖莹为长史；广阳王深奏莹诈增首级，盗没军资，莹坐除名，崇亦免官消爵征还。深专总军政。

莫折天生进攻魏岐州，十一月，戊申，陷之，执都督元志及刺史裴芬之，送莫折念生杀之。念生又使卜胡等寇泾州，败光禄大夫薛峦于平凉东。峦，安都之孙也。

蜀贼张映龙、姜神达攻雍州，雍州刺史元修义请援，一日一夜，书移九通。都督李叔仁迟疑不赴，昱曰："长安，关中基本，若长安不守，大军自然瓦颓，留此何益？"遂与叔仁进击之，斩神达，余党散走。

乙巳，武勇将军李国兴攻魏平靖关，辛丑，信威长史杨乾攻武阳关，壬寅攻岘关，皆克之。国兴进围郢州，魏郢州刺史裴询与蛮酋西郢州刺史田朴特相表里以拒之。围城近百日，魏援军至，国兴引还。询，骏之孙也。

魏汾州诸胡反；以章武王融为大都督，将兵讨之。

魏魏子建招谕南秦诸氐，稍稍降附，遂复六郡十二戍，斩韩祖香。魏以子建兼尚书，为行台、刺史如故，梁、巴、二益、二秦诸州皆受节度。

是岁，侍中、太子詹事周舍坐事免，散骑常侍钱唐朱异代掌机密，军旅谋仪，方镇改易，朝仪诏敕皆典之。异好文义，多艺能，精力敏赡，上以是任之。

【译文】
普通五年 （甲辰、524年）

三月，魏朝派临淮王彧带领北讨诸军事，攻破六韩拔陵。

夏，四月，高平镇百姓赫连恩等人叛乱，推举敕勒酋长胡琛当高平王，攻打高平镇来回应拔陵。魏朝将领卢祖迁把他们打败了，胡琛向北方逃走。

卫可拔攻打怀朔镇经过一年，增援一直不来，杨钧派遣贺拔胜前往临淮王彧处求救，胜招收了敢死少年十几骑，夜晚趁着空隙突围而出，贼骑追了上来，胜说："我是贺拔破胡。"贼骑不敢靠近。胜在云中见到彧，向他进言说："怀朔被贼党围困，且夕将会沦陷，大王现在却停止不进。怀朔如果攻破，那武川也就危险了，贼党的锐气百倍，即使有张良、陈平，也无法替大王出计了。"彧答应他出师。胜回来，又突围进入城内。后来钧又派遣胜出去探究武川的动静，武川已经失陷。胜奔驰而回，怀朔也已经溃败了，胜父子都被可孤所捉获。

五月，临淮王彧与破六韩拔陵在五原展开激战，战败了，彧因此被削去官爵。安北将军陇西人李叔仁又在白道战败，贼寇的势力一天天强大起来。

魏主召集丞相、令、仆、尚书、侍中、黄门于显阳殿，问他们说："目前贼寇侵占恒、朔二地，靠近金陵，怎么办才好？"吏部尚书元修义建议派遣重臣带领军队镇守恒、朔来抗击敌人。皇帝说："去年阿那瓌叛乱，派遣李崇北征，崇上表请求改镇为州，朕因为旧制难改，不采用他的请求。研判崇这道表，打开了镇户非分想望的心理，因此有今天的祸患；但是已经过去的事无法补救，姑且再说一说罢了。然而崇是贵戚身份，拥有众望，器识聪明，朕计划派遣崇前往，大家觉得怎样？"仆射萧宝寅等人一齐说："这样，实在是符合大家的愿望。"崇说："臣由于六镇位置僻远，与寇戎毗邻，打算抚慰他们的内心，怎敢引诱他们作乱！臣的罪应当接受死刑，陛下赦免了我；现在又命臣北伐，这正是臣报恩改过的时候。但是臣已经七十岁，而且体弱有病，不能胜任军旅的事，希望另外选派贤才。"皇帝没有应许。修义是元天赐的儿子。

壬申日（二十三日），加封崇使持节、开府仪同三司、北讨大都督，命抚军将军崔暹、镇军将军广阳王深都接受崇的管辖。元深是元嘉的儿子。

魏朝自从破六韩拔陵叛反后，二夏、幽、凉等地，寇盗蜂拥而起。秦州刺史李彦，政刑残虐，在下面的人都痛恨他，这个月，城内薛珍等人集结党徒闯进州门，生擒彦，把他杀了，拥立他们的同党莫折大提为统帅，大提自称秦王。魏朝命雍州刺史元志征讨他。

开始，南秦州的豪右杨松柏兄弟，多次当寇盗，刺史博陵人崔游诱降他，任命用他为主簿，以温和的辞色接待他，派他前往劝说群氏投降，不久借着宴会把他们全都逮捕砍头了，因此他的部下莫不猜疑惊恐。游听说李彦死亡，自知处境危险，想要逃走，没有成功。城民张长命、韩祖香、孙掩等人攻击游，把他杀了，拿城池响应大提。大提派遣他的同党卜胡偷袭高平，把城攻克了，杀死镇将赫连略、行台高元荣。不久大提去世，他的儿子念生自称天子，设立百官，改年号为天建。

秋，七月，甲寅日（初六），魏朝命吏部尚书元修义兼尚书仆射，做西道行台，统率诸将讨伐莫折念生。

崔暹不听李崇的节度，与破六韩拔陵在白道展开交战，大败，单身独骑逃回。拔陵合力进攻李崇，崇奋力抗击，抵御不住，退回云中，和他对峙。

广阳王深建议："先朝建都平城，特别重视北边，慎重地挑选亲近而又贤能的人，拥着旗帜担任镇将，用高门子弟相配合，拼死命地防御敌人，不但不废除他们的仕宦资格，还可以免除他的赋役，当时人们，乐于担任。太和年间，仆射李冲掌权，凉州士人全部免除厮役；至于京师的旧族，依然防守边塞，如果不是得罪了当世，没有人肯跟他们在一起。本镇差遣，只是当虞侯、白直，一生晋升的最高职位，超不过军主；然而他的同族留在京师的得上品通官，在镇的却被排除在清流之外，逃亡的很多。于是严整边兵的纪律，镇人不许在外边游荡，因而少年无法跟随老师学习，长大以后无法到外边做事，受到非人的待遇，说起来令人流泪！自从定都伊、洛以来，边疆的职务更加看轻，只有久滞的庸才，才外放为镇将，辗转互相效仿，专门从事于聚敛钱财。有的是各方奸吏，由于犯了罪流放边疆，替他作党羽，边人无不切齿痛恨。等到阿那瓌违背恩德随意抢劫，发动大军追赶，15万军队度穿越沙漠，没几天就班师。边人看见这样的援师，因而心中轻视中原。尚书令臣崇请求改镇为州，可算是先觉，却未获朝廷批准。而高阙戍主统御部下有失和气，拔陵将他杀了，因而作乱，攻城略地，所过之处屠杀无数，朝廷的军队多次战败，贼党日渐强大。这次举兵，可望将他们荡平；可是崔暹片甲不留，臣崇与臣徘徊归路，相与班师驻扎在云中，将士的斗志莫不崩溃。今日所忧虑的，不只是西北，恐怕其余各镇不久也会如此，天下的事情，岂是容易预料的！"书奏呈上去，未获重视。

下诏征召崔暹回朝，拘押在廷尉处，暹用女妓、田园贿赂元叉，终究能够不被判罪。

丁丑日（二十九日），莫折念生派遣他的都督杨伯年进攻仇鸠、河池两个据点，东益州刺史魏子建命将军伊祥等人把他击破了，杀死1000多人。东益州本来是氐王杨绍先的属城，将佐都认为城民强劲勇敢，秦州与南秦州造反的都是他们的族类，请求先收缴他们的器械。子建说："城民屡次经历战争，安抚他们可以为我们所用，威逼他们就会使我们腹背受敌。"于是把城民全都召集来，加以安抚诱导，不久逐渐分散他们的父兄子弟出去诸郡守卫，内外相顾，终于没有背叛的人。子建是魏兰根的族兄。

魏朝员外散骑侍郎李苗上书说："凡是粮少兵精，速战速决比较有利；粮多兵众，就可以进行持久战。现在陇贼猖狂，并没有什么实力，尽管占据了两个城，本来没有德义，他们的优势在于快攻，每天有投降的人；行动迟缓就会人心瓦解，勇气消沉，只等崩溃而已。飚至风举，迎战的人追求万分之一的成功机会，高筑壁垒，王师有万全的策略。但是天下长久平，人民不了解战事，追逐利益时不能相互等待，逃难时又不能相互照顾，将帅没有制度，士卒不练兵，不考虑长久的计策，各自有轻敌的思想。现在陇东不能坚守，青地的军队溃败，于是两秦强盛，三辅危难，国家的右臂因而废掉了。应该敕令大将坚守壁垒，不许出战，另外命令偏裨将领带领精兵几千人从麦积崖偷袭他们的背后，那么青、陇坻，群妖自然瓦解了。"

魏朝派苗做统军，和别将淳于诞共同出兵梁、益，还没到达，莫折念生派遣他的弟弟高阳王天生率兵下陇坻，甲午日（十六日），都督元志与他在陇口大战，志战败，舍弃军队往东边保守岐州。

东部和西部的敕勒都背叛了魏朝，归降破六韩拔陵，魏主这时才想起了李崇和广阳王深的话。丙申日（十八日），下令："所有州镇的军籍凡不是因为有罪而配属的，全部解除成为百姓。"同时改镇为州，把怀朔镇改为朔州，接着又将朔州改名为云州。任命黄门侍郎郦道元做大使，宣抚安慰六镇。这时六镇已经全部背叛，道元终究没有成行。

秀容人乞伏莫于集结群众攻击郡治，杀死太守。丁酉日（十九日），南秀容的牧儿万于乞真杀了太仆卿陆延，秀容酋长尔朱荣将他平灭。荣是羽健的玄孙。荣洞烛先机，明断果决，统御部下纪律严明。这时四方兵起，荣暗中有大志，拿出他的畜牧资财，用来招聚壮士，结交豪杰，于是侯景、司马子如、贾显度以及五原人段荣、太安人窦泰都前往归依他。显度是贾显智的哥哥。

九月，戊申日（初一），成景俊攻克魏朝的睢陵。戊午日（十一日），北兖州刺史赵景悦围攻荆山。裴邃带领骑兵3000人偷袭寿阳，壬戌日（十五日）的晚上，砍破城门冲了进去，占领了外郭。魏朝扬州刺史长孙稚抵抗他，一天里战了9个回合，后援的军队蔡秀成迷失道路，没能及时赶到，邃就率兵退回来。梁朝所派遣的别将攻打魏朝的淮阳，魏朝命行台郦道元、都督河间王琛营救寿阳，安乐王鉴解救淮阳。鉴是元诠的儿子。

宋颖暗中向吐谷浑王伏连筹求救，伏连筹亲自率兵解救凉州，于菩提弃城逃走，伏连筹追上把他杀了。城民赵天安等人又举荐宋颖当刺史。

河间王琛的军队到达西硖石，解除了涡阳的围困，收复了荆山戍。青、冀两州刺史王神念与他大战，被琛击败。冬，十月，戊寅日（初一），裴邃和元树攻打魏朝的建陵城，将它攻陷了。辛巳日（初四），攻下了曲木。扫虏将军彭宝孙攻取了琅邪。

魏朝营州的城民刘安定、就德兴抓获了刺史李仲遵，占据城池造反。城民王恶儿杀了安定而归降，德兴向东边逃走，自称燕王。

吐谷浑

胡琛命他的将领宿勤明达骚扰豳、夏、北华三个州，魏朝命都督北海王颢率领诸将征讨他。颢是元详的儿子。

甲申日（初七），彭宝孙攻取了檀丘。辛卯日（十四日），裴邃攻下了狄城；丙申日（十九日），又攻下了甓城，进兵驻扎在黎浆。壬寅日（二十五日），魏朝东海太守韦敬欣以司吾城投降。定远将军曹世宗攻克曲阳；甲辰日（二十七日），又攻下秦墟，魏朝的守将大多弃城逃走。

魏朝朔方的胡人叛乱，围攻夏州刺史源子雍，城中的粮食吃光了，煮马皮来吃，众人都没有反叛的心理。子雍打算自己出城寻找粮食，留下他的儿子延伯固守统万，将佐们都说：“现在四方都背叛离心，粮尽援绝，不如父子一同离去。”子雍流着眼泪说：“我历代受到国家的厚恩，应该与这座城共存亡，只因为没有粮食可供防守，所以想前往东州，为诸君筹集几月的粮食，如果侥幸地获得了，保全是一定没有问题的。”于是带领病弱士兵前往东夏州筹粮，延伯和诸将哭着送他走。子雍走了几天，胡人的将领曹阿各拔截击他，将他生擒了。子雍暗中派人传送书信，命令城中努力固守。全城的人都担心害怕，延伯晓谕他们说："我父亲吉凶如何还不知道，我的内心十分焦急。只因为奉命守城，责任重大，不敢因私害公。希望诸君能理解我的心情。"于是，大家都被他的义节所感动，无不奋发勉励。子雍虽然被擒，胡人经常以百姓之礼侍奉他，子雍向他们说明利害关系，劝导阿各拔投降。刚好阿各拔去世，他的弟弟桑生终于带领他的部属跟随子雍归降。子雍谒见行台北海王颢，详细陈述贼寇可以被消灭的情形，颢交给子雍一支军队，命令他作先锋。这时东夏州全境都造反了，到处都集结乱党，子雍转战而前进，90天中，一共作战几十次，终于平定东夏州，征收税粟来提供统万粮食，二夏因而获得保全。子雍是源怀的儿子。

魏朝广阳王深向皇上禀告："现在六镇全都反叛，高车两部也和六镇一样，利用这些疲惫的军队攻打他们，必定无法获胜。不如选练精兵防守恒州各重要据点，另作考虑。"于是和李崇带兵回到平城。崇对诸将说："云中是白道的要塞，贼寇的咽喉，如果此地不能保全，那么并、肆两地就危险了。应该留下一人镇守才好，哪一位可以呢？"众人举荐费穆，崇于是奏请穆做朔州刺史。

贺拔度拔父子以及武川人宇文肱集合乡里的豪杰，一起偷袭卫可孤，把他杀了。度拔不久与铁勒交战战死了。肱是宇文逸豆归的玄孙。

李崇起用国子博士祖莹做长史，广阳王元深弹奏祖莹做假多报斩敌人数，侵吞军资，莹因罪除去名籍，崇也被罢免官职，削除爵位，召回京师。元深一个人总揽军政大权。

莫折天生攻击魏朝的岐州。十一月，戊申日（初二），把城攻下了，俘虏了都督元志以及刺史裴芬之，送交莫折念生，念生把他们杀了。念生又派卜胡等人侵扰泾州，在平凉东边把光禄大夫薛峦打败了。峦是凉安都的孙子。

蜀地的贼寇张映龙、姜神达攻打雍州。雍州刺史元修义请求救援，一天一夜里，连续传送了9次告急书信，都督李叔仁迟疑不决，昱说："长安是关中的根本，一旦长安失守，大军就要四散瓦解，留着他们有什么用处呢？"于是和叔仁进兵攻击贼寇，杀了神达，其余的贼党四散溃逃了。

乙巳日（二十九日），武勇将军李国兴进攻魏朝的平靖关，辛丑日（二十五日），信威长史杨乾进攻武阳关。壬寅日（二十六日），攻打岘关，都攻克了。国兴进兵包围郢州，魏朝郢州刺史裴询和蛮酋西郢州刺史田朴特互为表里进行抗拒。围城将近100天，魏朝的援军来到，国兴率兵撤回。询是裴骏的孙子。

魏朝汾州的诸胡族反叛，派章武王融做大都督，率兵征讨他们。

魏朝魏子建招抚南秦州的诸氐族，氐族逐渐投降归顺，于是收复了六郡十二戍，杀了韩祖香。魏朝命子建兼尚书，当行台，刺史的职位不变，梁、巴、二益、二秦各州都接受他的调遣。

这一年，侍中、太子詹事周舍因事被罢官，散骑常侍朱异代替他任枢密使，军旅谋议，方镇改易，及朝仪诏令等都由他主持。异喜欢文义，多才多艺，精力充沛，皇上因而信任他。

卷一五一至卷一八〇

梁纪八　高祖武皇帝八
大通二年（戊申、528年）

　　魏北道行台杨津守定州城，居鲜于修礼、杜洛周之间，迭来攻围；津蓄薪粮，治器械，随机拒击，贼不能克。津潜使人以铁券说贼党，贼党有应津者，遗津书曰："贼所以围城，正为取北人耳。城中北人，宜尽杀之，不然，必为患。"津悉收北人内子城中而不杀，众无不感其仁。

　　及葛荣代修礼统众，使人说津，许以为司徒，津斩其使，固守三年。杜洛周围之，魏不能救。津遣其子遁突围出，诣柔然头兵可汗求救。遁日夜泣请，头兵遣其从祖吐豆发帅精骑一万南出；前锋至广昌，贼塞隘口，柔然遂还。乙丑，津长史李裔引贼入，执津，欲烹之，既而舍之。瀛州刺史元宁以城降洛周。

　　乙丑，魏潘嫔生女，胡太后诈言皇子；丙寅，大赦，改元武泰。

　　萧宝寅围冯翊，未下；长孙稚军至恒农，行台左丞杨侃谓稚曰："昔魏武与韩遂、马超据潼关相拒，遂、超之才，北魏武敌也，然而胜负久不决者，扼其险要故也。今贼守御已固，虽魏武复生，无以施其智勇。不如北取蒲反，渡河而西，入其腹心，置兵死地；则华州之围不战自解，潼关之守必内顾而走，支节既解，长安可坐取也。若愚计可取，愿为明公前驱。"稚曰："子之计则善矣；然今薛修义围河东，薛凤贤据安邑，宗正珍孙守虞坂不得进，如何可往？"侃曰："珍孙行陈一夫，因缘为将，可为人使，安能使人！河东治在蒲反，西逼河滽，封疆多在郡东。修义驱帅士民西围郡城，其父母妻子皆留旧村，一旦闻官军来至，皆有内顾之心，必望风自溃矣。"稚乃使其子子彦与侃帅骑兵自恒农北渡，据石锥壁，侃声言："今且停此以待步兵，且观民情向背。"命送降名者各自还村,"俟台军举三烽,当亦举烽相应;其无应烽者,乃贼党也,当进击屠之,以所获赏军。"于是村民转相告语,虽实未降者亦诈举烽,一宿之间,火光遍数百里,贼围城者不测其故,各自散归;修义亦逃还,与凤贤俱请降。丙子,稚克潼关,遂入河东。

会有诏废盐池税,稚上表以为:"盐池天产之货,密迩京畿,唯应宝而守之,均赡以理。今四方多虞,府藏磬竭,冀定扰攘,常调之绢不复可收,唯仰府库,有出无入。略论盐税,一年之中,准绢而言,不下三十万匹,乃是移冀、定二州置于畿甸;今若废之,事同再失。臣前仰违严旨,不先讨关贼,径解河东者,非缓长安而急蒲反,一失盐池,三军乏食。天助大魏,兹计不爽。昔高祖升平之年,无所乏少,犹创置盐官而加典护,非与物竞利,恐由利而乱俗也。况今国用不足,租征六年之粟,调折来岁之资,此皆夺人私财,事不获已。臣辄符同盐将、尉,还帅所部,依常收税,更听后敕。"

萧宝寅遣其将侯终德击毛遐。会郭子恢等屡为魏军所败,终德因其势挫,还军袭宝寅;至白门,宝寅始觉,丁丑,与终德战,败,携其妻南阳公主及其少子帅麾下百余骑自后门出,奔万俟丑奴。丑奴以宝寅为太傅。

葛荣击杜洛周,杀之,并其众。

魏灵太后再临朝以来,嬖倖用事,政事纵驰,恩威不立,盗贼蜂起,封疆日蹙。魏肃宗年浸长,太后自以所为不谨,恐左右闻之于帝,凡帝所爱信者,太后辄以事去之,务为壅蔽,不使帝知外事。通直散骑常侍昌黎谷士恢有宠于帝,使领左右;太后屡讽之,欲用为州,士恢怀宠,不愿出外,太后乃诬以罪而杀之。有蜜多道人,能胡语,帝常置左右,太后使人杀之于城南而悬赏购贼。由是母子之间,嫌隙日深。

是时,车骑将军、仪同三司、并、肆、汾、广、恒、云六州讨房大都督尔朱荣兵势强盛,魏朝惮之。高欢、段荣、尉景、蔡俊先在杜洛周党中,欲图洛周不果,逃奔葛荣,又亡归尔朱荣。刘贵先在尔朱荣所,屡荐欢于荣,荣见其憔悴,未之奇也。欢从荣之马厩,厩有悍马,荣命欢剪之,欢不加羁绊而剪之,竟不蹄啮,起,谓荣曰:"御恶人亦犹是矣。"荣奇其言,坐欢于床下,屏左右,访以时事,欢曰:"闻公有马十二谷,色别为群,畜此竟何用也?"荣曰:"但言尔意!"欢曰:"今天子闇弱,太后淫乱,嬖孽擅命,朝政不行。以明公雄武,乘时奋发,讨郑俨、徐纥之罪以清帝侧,霸业可举鞭而成,此贺六浑之意也。"荣大悦,语自日中至夜半乃出,自是每参军谋。

并州刺史元天穆，孤之五世孙也，与荣善，荣兄事之。荣常与天穆及帐下都督贺拔岳密谋，欲举兵入洛，内诛嬖倖，外清群盗，二人皆劝成之。

荣上书以"山东群盗方炽，冀、定覆没，官军屡败，请遣精骑三千东援相州。"太后疑之，报以"念生枭馘，宝寅就擒，丑奴请降，关、陇已定。费穆大破群蛮，绛蜀渐平。又，北海王颢帅众二万出镇相州，不须出兵。"荣复上书，以为"贼势虽衰，官军屡败，人情危怯，恐实难用。若不更思方略，无以万全。臣愚以为蠕蠕主阿那瓌荷国厚恩，未应忘报，宜遣发兵东趣下口以蹑其背，北海之军严加警备以当其前。臣麾下虽少，辄尽力命自井陉以北，滏口以西，分据险要，攻其肘腋。葛荣虽并洛周，威恩未著，人类差异，形势可分。"遂勒兵召集义勇，北捍马邑，东塞井陉。徐纥说太后以铁券间荣左右，荣闻而恨之。

魏肃宗亦恶俨、纥等，逼于太后，不能去，密诏荣举兵内向，欲以胁太后。荣以高欢为前锋，行至上党，帝复以私诏止之。俨、纥恐祸及己，阴与太后谋鸩帝，癸丑，帝暴殂。甲寅，太后立皇女为帝，大赦。既而下诏称："潘充华本实生女。故临洮王宝晖世子钊，体自高祖，宜膺大宝。百官文武加二阶，宿卫加三阶。"乙卯，钊即位。钊始生三岁，太后欲久专政，故贪其幼而立之。

尔朱荣闻之，大怒，谓元天穆曰："主上晏驾，春秋十九，海内犹谓之幼君；况今奉未言之儿以临天下，欲求治安，其可得乎！吾欲帅铁骑赴哀山陵，翦除奸佞，更立长君，何如？"天穆曰："此伊、霍复见于今矣。"乃抗表称："大行皇帝背弃万方，海内咸称鸩毒致祸。岂有天子不豫，初不召医，贵戚大臣皆不待侧，安得不使远近怪愕！又以皇女为储两，虚行赦宥，上欺天地，下惑朝野。已乃选君于孩提之中，实使奸竖专朝，隳乱纲纪，此何异掩目捕雀，塞耳盗钟。今群盗沸腾，邻敌窥窬，而欲以未言之儿镇天下，不亦难乎！愿听臣赴阙，参预大议，问侍臣帝崩之由，访侍卫不知之状，以徐、郑之徒付之司败，雪同天之耻，谢远近之怨，然后更择宗亲以承宝祚。"

三月，癸未，葛荣陷魏沧州，执刺史薛庆之，居民死者什八九。

尔朱荣与元天穆议，以彭城武宣王有忠勋，其子长乐王子攸，素有令望，欲立之。又遣从子天光及亲信奚毅、仓头王相入洛，与尔朱世隆密议。天光见子攸，具论荣心，子攸许之。天光等还晋阳，荣犹疑之，乃以铜为显祖诸孙各铸像，唯长乐王像成。荣乃起兵发晋阳，世隆逃出，会荣于上党。

灵太后闻之，甚惧，悉召王公等入议，宗室大臣皆疾太后所为，莫肯致言。徐纥独曰："尔朱荣小胡，敢称兵向阙，文武宿卫足以制之。但守险要以逸待劳，彼悬军千里，士马疲弊，破之必矣。"太后以为然，以黄门侍郎李神轨为大都督，帅众拒之，别将郑季明、郑先护将兵守河桥，武卫将军费穆屯小平津。先护，俨之从祖兄弟也。

荣至河内，复遣王相密至洛，迎长乐王子攸。夏，四月，丙申，子攸与兄彭城王劭、弟霸城公子正潜自高渚渡河，丁酉，会荣于河阳，将士咸称万岁。戊戌，济河，子攸即帝位，以劭为无上王，子正为始平王，以荣为侍中、都督中外诸军事、大将军、尚书令、领军将军、领左右，封太原王。

郑先护素与敬宗善，闻帝即位，与郑季明开城纳之。李神轨至河桥，闻北中不守，即遁还；费穆弃众先降于荣。徐纥矫诏夜开殿门，取骅骝厩御马十匹，东奔兖州，郑俨亦走还乡里。太后尽召肃宗后宫，皆令出家，太后亦自落发。荣召百官迎车驾，己亥，百官奉玺绶，备法驾，迎敬宗于河桥。庚子，荣遣骑执太后及幼主，送至河阴。太后对荣多所陈说，荣拂衣而起，沉太后及幼主于河。

费穆密说荣曰："公士马不出万人，今长驱向洛，前无横陈，既无战胜之威，群情素不厌服。以京师之众，百官之盛，知公虚实，有轻侮之心。若不大行诛罚，更树亲党，恐公还北之日，未渡太行而内变作矣。"荣心然之，谓所亲慕容绍宗曰："洛中人士繁盛，骄侈成俗，不加芟翦，终难制驭；吾欲因百官出迎，悉诛之，何如？"绍宗曰："太后荒淫失道，嬖倖弄权，倖乱四海，故明公兴义兵以清朝廷。今无故歼夷多士，不分忠佞，恐大失天下之望，非长策也。"荣不听，乃请帝循河西至淘渚，引百官于行宫西北，云欲祭天。百官既集，列胡骑围之，责以天下丧乱，肃宗暴崩，皆由朝臣贪虐，不能匡弼，因纵兵杀之，自丞相高阳王雍、司空元钦、仪同三司义阳王略以下，死者二千余人。前黄门侍郎王遵业兄弟居父丧，其母，敬宗之从母也，相帅出迎，俱死。遵业，慧龙之孙也，俊爽涉学，时人惜其才而讥其躁。有朝士百余人后至，荣复以胡骑围之，令曰："有能为禅文者免死。"侍御史赵元则出应募，遂使为之。荣又令军士言："元氏既灭，尔朱氏兴。"皆称万岁。荣又遣数十人拔刀向行宫，帝与无上王劭、始平王子正俱出帐外。荣先遣并州人郭罗刹、西部高车叱列杀鬼侍帝侧，诈言防卫，抱帝入帐，余人即杀劭及子正，又遣数十人迁帝于河桥，置之幕下。

帝忧愤无计，使人谕旨于荣曰："帝王迭兴，盛衰无常。今四方瓦解，将军奋袂而起，所向无前，此乃天意，非人力也。我本相投，志在全生，岂敢妄希天位！将军见逼，以至于此。若天命有归，将军宜时正尊号；若推而不居，存魏社稷，亦当更择亲贤而辅之。"时都督高欢劝荣称帝，左右多同之，荣疑未决。贺拔岳进曰："将军首举义兵，志除奸逆，大勋未立，遽有此谋，正可速祸，未见其福。"荣乃自铸金为像，凡四铸，不成。功曹参军燕郡刘灵助善卜筮，荣信之，灵助言天时人事未可。荣曰："若我不吉，当迎天穆立之。"灵助曰："天穆亦不吉，唯长乐王有天命耳。"荣亦精神恍惚，不自支持，久而方寤，深思愧悔曰："过误若是，唯当以死谢朝廷。"贺拔岳请杀高欢以谢天下，左右曰："欢虽复愚疏，言不思难，今四方多事，须藉武将，请舍之，收其后效。"荣乃止。夜四更，复迎帝还营，荣望马首叩头请死。

荣所从胡骑杀朝士既多，不敢入洛城，即欲向北为迁都之计。荣狐疑甚久，武卫将军泛礼固谏。辛丑，荣奉帝入城。帝御太极殿，下诏大赦，改元建义。从太原王将士，普加五阶，在京文官二阶，武官三阶，百姓复租役三年。时百官荡尽，存者皆窜匿不出，唯散骑常侍山伟一人拜赦于阙下。洛中士民草草，人怀异虑，或云荣欲纵兵大掠，或云欲迁都晋阳；富者弃宅，贫者襁负，率皆逃窜，什不存一二，直卫空虚，官守旷废。荣乃上书，称："大兵交际，难可齐一，诸王朝贵，横死者众，臣今粉躯不足以塞咎，乞追赠亡者，微申私责。无上王请追尊为无上皇帝，自余死于河阴者，王赠三司，三品赠令、仆，五品赠刺史，七品已下白民赠郡镇。死者无后听继，即授封爵。又遣使者循城劳问。"诏从之。于是朝士稍出，人心粗安。封无上王之子韶为彭城王。荣犹执迁都之议，帝亦不能违；都官尚书元谌争之，以为不可，荣怒曰："何关君事，而固执也！且河阴之事，君应知之。"谌曰："天下事当与天下论之，奈何以河阴之酷而恐元谌！谌，国之宗室，位居常伯，生既无益，死复何损，正使今日碎首流肠，亦无所惧！"荣大怒，欲抵谌罪，尔朱世隆固谏，乃止。见者莫不震悚，谌颜色自若。后数日，帝与荣登高，见宫阙壮丽，列树成行，乃叹曰："臣昨愚闇，有北迁之意，今见皇居之盛，熟思元尚书言，深不可夺。"由是罢迁都之议。谌，谧之兄也。

癸卯，以江阳王继为太师，北海王颢为太傅；光禄大夫李延寔为太保，赐爵濮阳王；并州刺史元天穆为太尉，赐爵上党王；前侍中杨椿为司徒；车骑大将军穆绍为司空，领尚书令，进爵顿丘王；雍州刺史长孙稚为骠骑大将军、开府仪同三司，赐爵冯翊王；殿中尚书元谌为尚书右仆射，赐爵魏郡王；金紫光禄大夫广陵王恭加仪同三司；其余起家暴贵者，不可胜数。延寔，冲之子也，以帝舅故，得超拜。

徐纥弟献伯为北海太守，季产为青州长史，纥使人告之，皆将家属逃去，与纥俱奔泰山。郑俨与从兄荥阳太守仲明谋据郡起兵，为部下所杀。

魏郢州刺史元显达请降，诏郢州刺史元树迎之，夏侯夔亦自楚城往会之，遂留镇焉。改魏郢州为北司州，以夔为刺史，兼督司州。夔进攻毛城，逼新蔡；豫州刺史夏侯夔围南顿，攻陈项；魏行台源子恭拒之。

魏汝南王悦及东道行台临淮王彧闻河阴之乱，皆来奔。先是，魏人降者皆称魏官为伪，彧表启独称魏临淮王；上亦体其雅素，不之责。魏北海王颢将之相州，至汲郡，闻葛荣南侵及尔朱荣纵暴，阴为自安之计，盘桓不进；以其舅殷州刺史范遵行相州事，代前刺史李神守邺。行台甄密知颢有异志，相帅废遵，复推李神摄州事，遣兵迎颢，且察其变。颢闻之，帅左右来奔。密，琛之从父弟也。北青州刺史元世俊、南荆州刺史李志皆举州来降。

尔朱荣入见魏主于明光殿，重谢河桥之事，誓言无复贰心。帝自起止之，因复为荣誓，言无疑心。荣喜，因求酒饮之，熟醉；帝欲诛之，左右苦谏，乃止，即以床舆向中常侍省。荣夜半方寤，遂达旦不眠，自此不复禁中宿矣。

荣女先为肃宗嫔，荣欲敬宗立以为后，帝疑未决，黄门侍郎祖莹曰：“昔文公在秦，怀嬴入侍；事有反经合义，陛下独何疑焉！”帝遂从之，荣意甚悦。

荣举止轻脱，喜驰射，性甚严暴，喜愠无常，刀槊弓矢，不离于手，有瞋嫌，辄行击射，左右恒有死忧。

辛酉，荣还晋阳，朝廷要官，悉用其腹心为之。

丙寅，魏主诏："孝昌以来，凡有冤抑无诉者，悉集华林东门，当亲理之。"时承丧乱之后，仓廪虚竭，始诏"人粟八千石者赐爵散侯，白民输五百石者赐出身，沙门授本州统及郡县维那。"

将军曹义宗围魏荆州，堰水灌城，不没者数板。时魏方多难，不能救，城中粮尽，刺史王罴煮粥与将士均分食之，每出战，不擐甲胄，仰天大呼曰："荆州城，孝文皇帝所置，天若不祐国家，令箭中王罴额；不尔，王罴必当破贼。"弥历三年，前后搏战甚众，亦不被伤。癸未，魏以中军将军费穆都督南征诸军事，将兵救之。

魏临淮王彧闻魏主定位，乃以母老求还，辞情恳至。上惜其才而不能违，六月，丁亥，遣彧还。魏以彧为侍中、骠骑大将军，加仪同三司。

魏员外散骑常侍高乾，祐之从子也，与弟敖曹、季式皆喜轻侠，与魏主有旧。尔朱荣之向洛也，逃奔齐州，闻河阴之乱，遂集流民起兵于河、济之间，受葛荣官爵，频破州军。魏主使元欣谕旨，乾等乃降，以乾为给事黄门侍郎兼武卫将军。敖曹为通直散骑侍郎。荣以乾兄弟前为叛乱，不应复居近要，魏主乃听解官归乡里。敖曹复行抄掠，荣诱执之，与薛修义同拘于晋阳。敖曹名昂，以字行。

前幽州平北府主簿河间邢杲帅河北流民十万余户反于青州之北海，自称汉王，改元天统。

魏泰山太守羊侃，以其祖规尝为宋高祖祭酒从事，常有南归之志。徐纥往依之，因劝侃起兵，侃从之。兖州刺史羊敦，侃之从兄也，密知之，据州拒侃。八月，侃引兵袭敦，弗克，筑十余城守之，且遣使来降，诏广晋县侯泰山羊鸦仁等将兵应接。

葛荣引兵围邺，众号百万，游兵已过汲郡，所至残掠，尔朱荣启求讨之。九月，尔朱荣召从子肆州刺史天光留镇晋阳，曰："我身不得至处，非汝无以称我心。"自帅精兵七千，马皆有副，倍道兼行，东出滏口，以侯景为前驱。葛荣为盗日久，横行河北，尔朱荣众寡非敌，议者谓无取胜之理。葛荣闻之，喜见于色，令其众曰："此易与耳，诸人俱办长绳，至则缚取。"自邺以北，列陈数十里，箕张而进。尔朱荣潜军山谷，为奇兵，分督将已上三人为一处，处有数百骑，令所在扬尘鼓噪，使贼不测多少。又以人马逼战，刀不如棒，勒军士赍袖棒一枚，置于马侧，至战时虑废腾逐，不听斩级，以棒棒之而已。分命壮勇所向冲突，号令严明，战士同奋。尔朱荣身自陷陈，出于贼后，表里合击，大破之，于陈擒葛荣，余众悉降。以贼徒既众，若即分割，恐其疑惧，或更结聚，乃下令各从所乐，亲属相随，任所居止，于是群情大喜，登即四散，数十万众一朝散尽。待出百里之外，乃始分道押领，随便安置，咸得其宜。擢其渠帅，量才授任，新附者咸安，时人服其处分机速。以槛车送葛荣赴洛，冀、定、沧、瀛、殷五州皆平。

初，宇文肱从鲜于修礼攻定州，战死于唐河。其子泰在修礼军中，修礼死，从葛荣；葛荣败，尔朱荣爱泰之才，以为统军。

辛巳，以尔朱荣为大丞相、都督河北畿外诸军事。

冬，十月，丁亥，葛荣至洛，魏主御阊阖门引见，斩于都市。

帝以魏北海王颢为魏王，遣东宫直缝将军陈庆之将兵送之还北。

魏费穆奄至荆州，曹义宗军败，为魏所擒，荆州之围始解。

魏行台尚书左仆射于晖等兵数十万，击羊侃于瑕丘，徐纥恐事不济，说侃请乞师于梁，侃信之，纥遂来奔。晖等围侃十余重，栅中矢尽，南军不进。十一月，癸亥夜，侃溃围出，且战且行，一日一夜乃出魏境，至渣口，众尚万余人，马二千匹。士卒皆竟夜悲歌，侃乃谢曰："卿等怀土，理不能相随，幸适去留，于此为别。"各拜辞而去。魏复取泰山。晖，劲之子也。

十二月，庚子，魏诏于晖还师讨邢杲。

葛荣余党韩楼复据幽州反，北边被其患。尔朱荣以抚军将军贺拔胜为大都督，镇中山；楼畏胜威名，不敢南出。

【译文】

大通二年 （戊申、528 年）

魏朝的北道行台杨津驻守定州城，位置在鲜于修礼和杜洛周之间，两人轮流前来围攻；津储备薪粮，修整器械，随机抗御，贼寇无法攻下。杨津暗地里派人用铁券游说贼党，贼党中有响应津的，送信给津说："贼寇之所以围城，只是为了要杀北人罢了。城中的北人，应该将他们全杀掉，否则，必定成为后患。"杨津把北人全部逮捕安置在子城中却不杀害，众人都被他的仁爱之心所感动。

等到葛荣代替修礼统领他的部属，派人游说津，许诺让他做司徒，津杀了他的使者，固守了3年。杜洛周又进行围攻，魏朝无法救援。津命他的儿子遁突围出去，向柔然头兵可汗求援。遁昼夜流着泪请求，头兵派他的从祖吐豆发统领精锐的骑兵一万人向南部进发；前锋到达广昌，贼寇阻截了隘口，柔然就回去了。乙丑日（初七），津的长史李裔带领贼寇进城，抓获了津，打算烹杀他，后来又把他放了。瀛州刺史元宁举城投降洛周。

乙丑日（初七），魏朝的潘嫔生了个女孩，胡太皇假称是皇子；丙寅日（初八），大赦境内，改年号为武泰。

萧宝寅围攻冯翊，没有攻下。长孙稚的军队到达恒农，行台左丞杨侃对稚

定州开元寺塔

说:"当初魏武和韩遂、马超据守潼关相互抗拒,遂和超的才略,不是魏武的对手,然而却久久不能决定胜败,这是因为韩遂、马超控制险要的缘故。现在贼寇的防御已经稳固,就算魏武再生,也无法施展他的智谋和勇气。不如向北攻取蒲反,渡过黄河向西推进,直插他的腹心,置于死地,那么华州的围困不用作战就可以解除,潼关的守兵一定回头往关中逃跑,肢节已经解散,长安可以轻易地攻下。如果明公认为愚臣的计策可行,我愿意做明公的先锋。"稚说:"您的计策是很好,但是现在薛修义围攻河东,薛凤贤据守安邑,宗正珍孙据守虞坂无法前进,像这种情况怎么能够前往?"侃说:"珍孙是战阵中的一名武夫,机缘凑巧让他升到将军,像他这种人只配接受别人的指挥,怎么能够指挥别人呢!河东的治所在蒲反,西面接近黄河边缘,封疆大部分在郡东。修义带领士民到西边围攻郡城,他们的父母妻子都留在旧村,一听说官军来到,大家都有顾虑内部的心理,必定会望风溃散。"稚于是命他的儿子子彦和侃带领骑兵从恒农渡河北进,据守石锥壁,侃发表声明说:"现在暂且停驻在此地等待步兵,同时看看民心的向背。让送投降名册的人各自回到他们的村庄,等台军举三次烽火,方可举烽火呼应;那没有举烽的便是贼党,应该进击消灭他们,拿所获得的财物赏赐军队。"于是村民互相转告,即使实在没有投降的人也举烽火;一夜之间,火光绵延数百里,围城的贼寇不知原因,都各自解散回家了;修义也逃了回去,和凤贤一起请求投降。丙子日(十八日),稚攻取潼关,随即进入河东。

这时恰逢有诏废除盐池税,稚上表认为:"盐池是自然资源,邻近京城,只应当好好地保护它,合理地加以分配。现在四方多难,府藏空虚,冀、定扰攘不安，常时征取的绢无法收取，只有仰给府库，只有支出，没有收入。大致地统计盐税，一年里面收入的，如果以绢当标准来计算，不少于30万匹，这相当于是移置冀、定两州在畿甸；现在如果废除，是再次失策。臣先前违背严厉的圣旨，没有先讨伐潼关的寇贼，直接前往解救河东的围困，并不是认为长安不重要而蒲反重要，的确是因为第一失去了盐池，第二军队缺乏粮食。上天帮助大魏，这个计策定得不错。以前高祖太平的时代，无所缺乏，都设置盐官负责管理，这并不是同百姓争利，而是担心由于利益而乱了风俗。况且现在国用不足，预征6年的谷子，折抵来岁的税租，这都是掠夺百姓的私财，是不得已的措施。臣就会同监守盐池的将、尉，率领部下，照常收税，听取下回的敕令，再命决定解除与否。"

萧宝寅命他的部将侯终德攻击毛遐。刚好郭子恢等人多次被魏军打败，终德因为他们的气势受到挫折，就回转军队偷袭宝寅；到了白门，宝寅才发觉。丁丑日（十九日），和终德交战，大败，带他的妻子南阳公主和他的幼子领部下骑兵100多人从后门逃走，投奔万俟丑奴。丑奴命宝寅做太傅。

葛荣攻击杜洛周，把他杀了，收编了他的部属。

魏朝灵太后二次临朝以来，嬖幸专权，政事懈怠，恩威没有建立，盗贼成群而起，疆土一天比一天缩小。魏肃宗年纪逐渐增长，太后自己觉得行为有失检点，担心左右向皇帝报告，凡是皇帝所宠信的人，太后往往假借事由将他除掉，一味地蒙蔽，不让皇帝知道外面的事。通直散骑常侍昌黎人谷士重新得到皇帝的宠爱，皇帝派他领左右；太后多次用言语暗示他，打算命他做刺史，士恢眷恋皇帝的恩宠，不愿意被外放。太后就诬陷罪名把他杀了。有一个蜜多道人，善于说胡语，皇帝经常让他陪伴左右。太后命人在城南将他杀了，然后悬赏捉拿凶手。因此母子中间，隔阂日益加深。

这时，车骑将军、仪同三司、并、肆、汾、广、恒、云六州讨虏大都督尔朱荣兵强势壮，魏朝畏惧他。高欢、段荣、尉景、蔡俊早先和杜洛周一伙，后来打算暗算洛周没有成功，投奔葛荣，后来又逃往归附尔朱荣。刘贵原先在尔朱荣处，多向荣推荐欢，荣看见欢脸色憔悴，没有重用他。欢跟从荣前往马厩，厩里有悍马，荣命令欢鬋落马鬣，欢不加羁绊就加以鬋銛，那悍马竟然不踢他也不咬他，干完起立，对荣说："驾驭恶人也像这个样子。"荣觉得他的谈吐不凡，让欢坐在床下，命左右退下，向他请教天下大事。欢说："听说明公有马12匹，颜色不同各自成群，明公畜养这些马到底有什么用处？"荣说：

"你只说说你的意见。"欢说:"如今天子懦弱,太后淫乱,嬖宠的小人独断,朝政不予推行。凭着明公的雄壮威武,趁着时机而奋发兴起,声讨郑俨、徐纥的罪状,扫清天子身边的小人,霸业可以举鞭而成就,这是贺六浑的看法。"荣大喜,两人从中午谈到夜半,高欢才离开。自此以后,经常参与军事谋划。

并州刺史元天穆是元孤的五世孙,和荣很友好,荣以兄长之礼侍奉他。荣经常同天穆以及帐下都督贺拔岳秘密商量,准备举兵进入洛阳,对内诛除朝廷的嬖幸,对外肃清各地的贼寇,两人都鼓励他付诸执行。

荣上书认为"山东一带群盗猖獗,冀州及定州同时沦陷,官军多次战败,请求派遣精锐的骑兵3000人前往东边救援相州。"太后对他疑心,回报说:"念生被杀,宝寅遭擒,丑奴请降,潼关、陇坂一带已经平定,费穆大破群蛮,绛、蜀一带逐渐弭平。再加上北海王颢带领军队2万人前往镇守相州,没必要出兵。"荣再度上书,认为"盗贼的势力虽然减弱,但官军多次战败,人人心怀危怯,担心实际上难以派上用场。假如不考虑其他的办法,无法万全。愚臣以为蠕蠕的君主阿那环受到国家的大恩,不应该忘记报答,应该派遣军队东趋下口,在他的背后追赶,北海王的军队严加警备阻截在他的前面。臣的部下虽然不多,当全力效命,从井陉以北,滏口以西,分别占据险要之地,攻打他的肘腋。至于葛荣尽管吞并了洛周,恩威还没有树立,人心彼此不同,应赶紧予以招讨,那么形势自然可以清楚。"于是指挥军队,召集乡勇,向北捍卫马邑,向东堵塞井陉。徐纥向太后进言,使用铁券瓦解荣的左右,荣听到了这消息,对徐纥十分痛恨。

魏肃宗也厌恶俨、纥等人,受到太后的钳制,无法除去他们,秘密诏荣举兵内向,打算用来威胁太后。荣命高欢做前锋,来到上党,肃宗又用私诏阻止他前进。俨、纥担心大祸降到自己身上,偷偷和太后设谋毒杀肃宗,癸丑日(二十五日),肃宗突然驾崩。甲寅日(二十六日),太后立皇女做皇帝,大赦天下。不久又下诏说:"潘充华实际上生的是女孩,因此临洮王宝晖的世子钊,是高祖的后裔,应该继承天子之位。百官文武各进二阶,宿卫加三阶。"乙卯日(二十七日),钊即位。钊才刚3岁,太后打算长期专权,所以贪其幼小立他为天子。

尔朱荣听到这个消息,大怒,对元天穆说:"主上崩殂,年仅19,天下人都还称为幼君。何况如今立还不会说话的小孩来统治天下,想要求得政治安定,这可能吗!我打算率领铁赶去为天子奔丧,剪除奸佞小人,另外拥立年纪大的国君，你看如何？"天穆说："如果能这样做，那就如同是伊尹、霍光重现于今日了。"便上表抗言说："大行皇帝背弃万方，突然驾崩，天下的人都说是被毒杀而死。哪里有天子有病，竟不招请医生，贵戚大臣都不随侍在侧，怎能不使远近的人感到奇怪！又立皇女做储君，虚行赦宥，对上来说是欺骗上苍，对下来说使朝野人士感到怀疑。其后又选立孩提之人做国君，实际上是想要让奸佞专揽朝政，扰乱国家的法纪，这与蒙着眼睛捕捉鸟雀、掩耳盗铃有何不同？现在群盗猖狂，邻敌窥伺，却打算用不会说话的小孩君临天下，这不是很困难吗！希望派臣前往京师，参与国家大计，向侍臣追问皇帝崩殂的原因，调查侍卫不明的情况，把徐纥、郑俨这批人交付司寇，昭雪君父的冤仇，消解远近的怨恨，再另行选择宗亲来继承皇位。"

三月，癸未日（二十六日），葛荣攻克魏朝的沧州，抓获了刺史薛庆之，居民死亡百分之七八十。

尔朱荣和元天穆商议，认为彭城武宣王对国家尽忠，著有功勋，他的儿子长乐王子攸，一直有好名声，打算立他为天子。就派遣侄儿天光和亲信奚毅、仓头王相进入洛阳，和尔朱世隆密谋。天光见了子攸，子攸同意了。天光等人返回晋阳，荣还迟疑不决，于是用铜为显祖诸孙铸像，只有长乐王的像铸好了。荣于是起兵从晋阳出发，世隆逃离了京师，前往上党和荣会合。灵太后听到了这个消息，十分为害怕，把王公贵臣等全部招请入朝商量对策。宗室大臣全痛恨太后的所作所为，谁也不肯发言。只有徐纥说："那尔朱荣小小胡人，居然敢举兵进攻京师，文武宿卫足以制服他。只要守住险要，以逸待劳，他行军千里，士马劳累，必定可以打败他。"太后认为他的话不错，派黄门侍郎李神轨做大都督，带领军队抗拒他，别将郑季明、郑先护率兵防守河桥，武卫将军费穆驻军小平津。先护是郑俨的同一曾祖父的兄弟。

尔朱荣来到河内，又派遣王相秘密来到洛阳，迎接长乐王子攸。夏，四月，丙申日（初九），子攸和他的哥哥彭城王劭、弟弟霸城公子正秘密从高渚渡过黄河，丁酉日（初十），在河阳和荣相会，将士全高呼万岁。戊戌日（十一日），渡过黄河，子攸即皇帝位，封劭为无上王，子正做始平王；派荣为侍中、都督中外诸军事、大将军、尚书令、领军将军、领左右千牛备身，封太原王。

郑先护一向和敬宗相和善相处，听说魏主即位，和郑季明开了城门让他们进城。李神轨到达河桥，听说北中失守，立刻逃回；费穆丢下部下首先向荣投降。徐纥矫诏在夜晚打开殿门，取了骅骝厩中的御马10匹，向东投奔兖州，郑俨也逃回乡里。太后将肃宗的后宫全都召来，命令她们全部出家，太后自己也剪了头发。荣召集百官迎接魏主车驾，己亥日（十二日），百官奉上玺绶，预备法驾，到河桥来迎接敬宗。庚子日（十三日），荣派遣骑兵逮捕太后和幼主，送到河阴。太后对荣苦苦请求；荣拂衣而起，将太后和幼主一起投到黄河里面。

费穆秘密游说荣："明公的兵马不超过万人，现在长驱进军洛阳，丝毫没有受到阻拦，既然没有战胜的威势，大家的内心才向来不太服气。以京师兵马的众多，百官的盛大，知道明公虚实之后，都产生轻慢的态度。如果不严厉地进行惩罚，建立公正廉明的官僚体系，恐怕明公北还的时候，还没有渡过太行山而内部的变乱就会发生了。"荣认为他说得很对，对自己亲近的人慕容绍宗说："洛阳城中人士众多，骄矜奢侈之风很盛，如不进行翦除，永远难以控制。我想趁着百官出来迎接皇帝的机会，全部予以诛杀，你觉得怎样？"绍宗说："太后荒淫无道，宠幸小人掌管权势，淆乱天下，所以明公发动义兵来肃清朝廷。现在无端杀光百官，不分忠佞，恐怕挫伤天下人的厚望，这不是好计策。"荣不听，于是请魏主沿着河西直到淘渚，指引百官到行宫的西北部，说是要祭天。百官到齐以后，散开胡骑包围了他们，指责他们说天下丧乱，肃宗突然崩殂，全是由于朝臣贪婪残暴，不能辅弼匡正的原因，于是放纵士兵杀害他们，从丞相高阳王雍、司空元钦、仪同三司义阳王略以下，死亡的共2000多人。前黄门侍郎王遵业兄弟正在为父亲守丧，他们的母亲是敬宗的姨母，全出来迎接魏主，全都被杀了。遵业是慧龙的孙子，天资英爽，博览典籍，那时人可惜他的才学而嘲笑他的躁动。有朝士100多人随后来到，荣又命令包围他们，下令说："有能写作禅文的赦免他的死。"侍御史赵元则出来应募，于是命他草拟禅文。荣又命令他的军士说："元氏灭亡以后，尔朱氏兴起。"众军士高呼万岁。荣又派遣几十个人拔出刀闯向行宫，魏主和无上王劭、始平王子正一起走出帐外。荣事先派并州人郭罗刹、西部高车人叱列杀鬼随侍魏主身边，谎称防卫，把魏主抱入帐中，其余的人立刻将劭和子正杀了，又派几十个人迁移魏主到河桥，将他安置在幕下。

魏主又担忧又气愤，无计可施，派人向荣宣示旨意说："帝王代兴，盛衰不定。现在四方瓦解，将军奋袖而起，所到之处毫无阻拦，这是天意，不是人力所能办到的。我本是前来投奔，只想保全性命，那敢狂妄地想登天子之位，只是由于将军的逼迫，造成今天的形势。如果天命归于将军，将军应该及时正尊号，登天子之位；如果推让而不愿在位，想保存魏朝社稷，也应当另外选择宗亲有德的人来辅佐他。"这时都督高欢劝荣称帝，左右多表呼吁，荣仍犹疑不决。贺拔岳进言说："将军首先发动义兵，本意在于诛除奸逆，大功还没建立，忽然有此打算，只会加速灾祸到来，没有什么好处。"荣于是铸金为像，共铸了4次，全不成功。功曹参军燕郡人刘灵助擅长卜筮，荣相信他，灵助说天时和人事都不同意。荣说："如果我不吉利，当迎接天穆来立为天子。"灵助说："天穆也不吉得，只有长乐王有天命而已。"荣精神恍惚，无法自持，经过了很久才醒悟过来，深思愧悔说："犯了这么大的过错，只该以死对朝廷谢罪。"贺拔岳请求杀掉高欢向天下人谢罪，左右说："欢虽然愚昧疏漏，说话不考虑困难。但现今四方多事，必须依靠武将，请赦免他，让他今后立功补过。"荣于是放弃。夜晚四更，又迎接魏主回营，荣望着马首叩头请死。

　　荣所带领的胡骑因为杀朝臣很多，不敢进入洛城，就有想向北边迁都的打算。荣犹疑了很久，武卫将军泛礼再三地谏诤。辛丑日（十四日），荣拥护魏主入城。魏主进太极殿，下诏大赦境内，改年号为建义。凡追随太原王的将士，一律加官五阶，在京师的文官加二阶，武官加三阶，百姓免除租役3年。这时百官死亡殆尽，活着的人全逃匿不敢出来，单有散骑常侍山伟一个人在阙下拜受赦命。洛阳城中的士民害怕无故获罪，人人都怀着异心，有的听说荣打算放纵军队进行大掠，有的说打算迁都晋阳；富有的人家丢弃宅第，贫穷的人家背负着儿女，大部分逃亡了，留下来的不足20%，直宿及守卫找不到人，官司空虚，职守旷废。荣于是上书，说："大兵交接的时候，难以号令一致，诸王以及朝廷贵显大臣，遭遇横死的很多，臣现在粉身碎骨不能够补偿罪过，请求追赠死亡的人，稍微尽尽我的职责。无上王请求追尊为无上皇帝，剩下死在河阴的人，王赠三司，三品官赠令、仆，五品官赠刺史，七品以下及没有官职的赠郡镇；死者如果没有后代听凭过继，便授予封爵。又派遣使者到城中各处巡行慰问。"魏主下诏听从了。于是朝臣渐渐露面，人心略为安定。封无上王的儿子韶做彭城王。荣这时还坚持迁都的意见，魏主也无法违背，都官尚书元谌力争，认为不行，荣发怒说："这关你什么事，竟然这么坚持！况且河阴的事情，你应该知道。"谌说："天下的事情应该和天下人商议，为何要用河阴的残酷事件来恐吓我！谌是国家的宗室，位在常伯，活着既然无益，死了又有什么损害，即使今天肝脑涂地，我也无所畏惧！"荣大为发怒，打算治谌的罪，尔朱世隆一再地谏诤，这才算结束。看见的人没有不震动恐惧，而谌却颜色自如。过了几天，魏主和荣一起登高，看到宫阙壮丽，列树成行，于是叹气说："臣前几日因为愚昧无知，有迁都北方的想法，现在看了皇都的美盛，再仔细想想元尚书所说的话，觉得一点儿都不错。"从此放弃了迁都的打算。谌是元谧的哥哥。

癸卯日（十六日），派江阳王继为太师，北海王颢做太傅；光禄大夫李延寔做太保，赐爵濮阳王；并州刺史元天穆做太尉，赐爵上党王；前侍中杨椿为司徒；车骑将军穆超做司空，兼领尚书令，晋爵顿丘王；雍州刺史长孙稚做骠骑大将军、开府仪同三司，赐爵冯翊王；殿中尚书元谌做尚书右仆射，赐爵魏郡王；金紫光禄大夫广陵王恭加仪同三司；其他原来家居无功而突然富贵的不知有多少。延寔是李冲的儿子，因为是皇帝的母舅，才得以超次拜官。

徐纥的弟弟献伯做北海太守，季产做青州长史，纥派人告知他们

北魏佛像

京师所发生的变故，他们都携带着家属逃去，和纥一起投向泰山。郑俨和他的堂兄荥阳太守仲明图谋占据郡治起兵，被部下杀了。

魏朝郢州刺史请求投降，下诏郢州刺史元树前去迎接他，夏侯夔也从楚城前去会合，并留下来镇守。改置魏朝的郢州做北司州，派夔做刺史，同时监督司州。夔攻打毛城，胁逼新蔡；豫州刺史夏侯䰛包围南顿，进攻陈项；魏朝行台源子恭率兵抗拒。

魏汝南王悦和东道行台临淮王彧听说了河阴的乱事，一同前来投奔。在这之前，魏朝人归降的都称魏朝的官为伪，唯独彧的表启称魏临淮王；皇上也体谅他的故旧之恩，不责怪他。魏朝北海王颢将前往相州，来到汲郡，听说葛荣南下入侵以及尔朱荣的放纵残暴，暗自作自保的打算，徘徊不前；命他的舅舅殷州刺史范遵代理相州刺史，取代前刺史李神暂守邺行台。甄密知道颢有贰

心，相继罢黜遵，又举荐李神代理州事，派遣军队迎接颢，同时观察他的反应。颢听说这个消息，带领他的左右亲近前来归顺。密是甄琛的堂弟。北青州刺史元世俊、南荆州刺史李志都举州来归降。

尔朱荣进入明光殿拜见魏主，再次为河桥事件道歉，并发誓说不敢再有二心。魏主亲自起身阻止了他，既而又向荣发誓，说对他没有怀疑。荣一时欢喜，就要酒来喝，喝得烂醉；魏主想杀死他，左右再三地谏诤，这才作罢，就用床把他抬到中常侍省。荣到了半夜才醒过来，到天亮都没敢合眼，自此不再在宫中过夜。

荣的女儿原来当肃宗的嫔妾，荣希望敬宗立她为皇后，魏主迟疑不决，黄门侍郎祖莹说："当初晋文公在秦国，怀嬴侍奉他；有些事违背常道却合乎权宜，陛下何必犹豫呢！"魏主于是听从了荣的意思，荣内心十分高兴。

荣举止轻佻，喜好骑马射箭，性情非常严厉暴虐，喜怒无常，刀槊弓矢，经常不离手，一旦发怒厌烦，就要进行击射，左右经常有死亡的危险。有一回看见两个沙弥合骑一匹马，荣就命他们两人相互撞击，直到力量用尽不能再动，又命令旁人用头相撞，直到死亡才罢休。

辛酉日（初五），荣回到晋阳，朝廷的重要官职全部由他的心腹来担任。

丙寅日（初十），魏主下诏："从孝昌以来，凡是受到冤屈排斥无处申诉的，全部到华林东门集合，朕自当亲自审理。"这时正值丧乱之后，国库空虚，第一次下诏"捐献谷子8000石的赐爵为散侯，没有官爵的平民捐献500石的赐出身，假如是沙门就委任为本州统及郡县维那。"

将军曹义宗围攻魏朝的荆州城，用堰水灌城，只剩下几个墙板没有淹没。这时魏朝正值多难之秋，无法营救，城中的粮食吃完了，刺史王罴煮粥和将士平分食用，每次出战，不穿戴甲胄，仰天大叫说："荆州城，是孝文皇帝所设，上天假使不保佑国家，就让箭射中王罴的头；否则的话，王罴必当击败敌人。"总共经历了3年，前后战斗的次数很多，他也没有受伤。癸未日（二十七日），魏朝命中军将军费穆都督南征诸军事，领兵支持他。

魏朝临淮王彧听说魏主君位已经稳固，就托词母亲年老请求回到魏朝，文辞及情感都很恳切。皇上怜惜他的才华，但是不好违背他的请求，六月，丁亥日（初一），派人送彧回去。魏朝命彧当侍中、骠骑大将军，加仪同三司。

魏朝的员外散骑常侍高乾是佑的侄儿，和他的弟弟敖曹、季式都爱好仗义行侠，和魏主有交情。尔朱荣前去洛阳的时候，投奔齐州，听说了河阴的乱事，就纠合散民在河、济之间起兵，接受葛荣的官爵，多次打败州军。魏主派遣元欣传谕圣旨，乾等人这才投降。命乾做给事黄门侍郎兼武卫将军，敖曹做通直散骑侍郎。荣认为乾兄弟前些时曾经叛乱，不应该再担任皇帝身边的要职，魏主于是让他们辞官回到乡里。敖曹又进行抢劫，荣诱捕了他，和薛修义一同拘押在晋阳。敖曹名昂，以字通行。

前幽州平北府主簿河间人邢杲带领河北的流民十几万户在青州的北海叛乱，自称为汉王，改年号为天统。

魏朝的泰山太守羊侃，由于他的祖父规曾经做宋高祖的祭酒从事，常常有回到南方的念头。徐纥前往归顺他，借此建议他起兵投梁，侃听从了。兖州刺史羊敦，是侃的堂兄，暗地得到了这消息，驻守州城抗拒侃。八月，侃领兵偷袭敦，没有成功，筑了十几座城固守，还派遣使者前来投降，皇上下诏广晋县侯泰山人羊鸦仁等人领兵前往接应。

葛荣领兵围攻邺，号称百万人，游击的部队已经过了汲郡，所过之处，劫掠十分残酷，尔朱荣上奏请求征讨他。九月，尔朱荣召他的侄儿肆州刺史天光留守晋阳，说："我无法身在的地方，只有你能让我放心。"自己带领精锐的骑兵7000人，马都备有副马，每天赶双倍的路程，往东从滏口出去，命侯景做先锋。葛荣做贼寇的日子久了，横行在黄河以北一带，尔朱荣的人数太少，议者认为没有打胜的可能。葛荣听了，喜悦洋溢在脸上，对他的部属下令说："这个仗容易打，你们大家都预备好长绳子，等他们到来就将他们捆绑起来。"从邺地往北，列阵几十里，如同簸箕张开一样向前进。尔朱荣将军队埋伏在山谷中，作为疑兵，分开督将以上的军官3人在一处，每处有几百个骑兵，下令他们到处扬起灰尘，并且擂鼓呐喊，让盗贼无法知道人数多少。由于近距离作战，刀剑不如棍棒，他命令军士各自携带袖棒一根，挂在马侧，到了作战时恐怕会影响跳跃追逐，不让他们斩首级，只用棍棒乱打敌人而已。分别命令壮勇朝各个方向冲击，号令严明，士气振奋。尔朱荣亲自冲锋陷阵，绕到敌人的背后，内外夹击，把盗寇打得大败，并在阵地上捉拿了葛荣，其余的党徒全都投降了。由于贼党众多，如果马上加以分割，担心引起他们的疑惧，为防止他们重结聚在一起，就命各自随他们高兴，亲属相从，由他们的意思居止，因而众人大为欢喜，马上就四散了，几十万的兵众一会儿就散尽。等到离开百里以外，这才分道押解，随意安置，各得其所。选拔他们的头目，按他们的才能授予适当的职位，因而新归附的人都安定下来了，当时的人都佩服他的处置灵活果断。尔朱荣用槛车把葛荣押解到洛阳，冀、定、沧、瀛、殷5个州都安定了。

先前，宇文肱跟随鲜于修礼进攻定州，在唐河战死。他的儿子泰在修礼军中，修礼死后，又跟从葛荣；葛荣战败后，尔朱荣爱惜泰的才华，命他做统军。

辛巳日（二十七日），命尔朱荣做大丞相、都督河北畿外各军事。

冬天，十月，丁亥日（初三），葛荣到达洛阳，魏主亲自驾临阊阖门引见，在都市中把他斩首了。

皇帝加封魏朝北海王颢做魏王，派遣东宫直阁将军陈庆之把他送回北方。

魏朝的费穆忽然到达荆州。曹义宗的军队战败，被魏人俘虏，荆州的围困这才得以解除。

魏朝行台尚书左仆射于晖等人的军队几十万人，在瑕丘攻打羊侃。徐纥担心事情不成功，劝侃向梁朝请求援军。侃相信了他，徐纥便前来投奔。晖等人包围侃几十层，营栅中的箭已经用光了，南方的军队还不见到来。十一月，癸亥日（初十）的晚上，侃突围逃出，边作战边逃走，经过一天一夜，才逃出了魏国的国境。到达渣口，人员还剩1万多人，马2000匹。士卒整夜都悲凉地唱歌，侃便向他们道歉说："你们思念故乡，看来无法再跟从我，希望你们或去或留，各随自己的心意，要离去的就在此地作别吧！"士兵们都各自拜辞走了。魏朝又占领了泰山。晖是于劲的儿子。

十二月，庚子日（十七日），魏朝下诏于晖回师征讨邢杲。

葛荣的余党韩楼又据守了幽州造反，北边受到他的侵扰。尔朱荣命抚军将军贺拔胜做大都督，镇守中山；韩楼害怕贺拔胜的威名，不敢南进。

梁纪十三　高祖武皇帝十三
大同元年（乙卯、535年）

春，正月，戊申朔，大赦，改元。

是日，魏文帝即位于城西，大赦，改元大统，追尊父京兆王为文景皇帝，妣杨氏为皇后。

魏渭州刺史可朱浑道元先附侯莫陈悦，悦死，丞相泰攻之，不能克，与盟而罢。道元世居怀朔，与东魏丞相欢善，又母兄皆在邺，由是常与欢通。泰欲击之，道元帅所部三千户西北渡乌兰津抵灵州，灵州刺史曹泥资送至云州。欢闻之，遣资粮迎候，拜车骑大将军。

道元至晋阳，欢始闻孝武帝之丧，启请举哀制服。东魏主使群臣议之，太学博士潘崇和以为："君遇臣不以礼则无反服，是以汤之民不哭桀，周武之民不服纣。"国子博士卫既隆、李同轨议以为："高后于永熙离绝未彰，宜为之服。"东魏从之。

魏骁骑大将军、仪同三司李虎等招谕费也头之众，与之共攻灵州，凡四旬，曹泥请降。

己酉，魏进丞相略阳公泰为都督中外诸军、录尚书事、大行台，封安定王；泰固辞王爵及录尚书，乃封安定公。以尚书令斛斯椿为太保，广平王赞为司徒。

乙卯，魏主立妃乙弗氏为皇后，子钦为皇太子。后仁恕节俭，不妒忌，帝甚重之。

稽胡刘蠡升，自孝昌以来，自称天子，改元神嘉，居云阳谷；魏之边境常被其患，谓之"胡荒"。壬戌，东魏丞相欢袭击，大破之。

勃海世子澄通于欢妾郑氏，欢归，一婢告之，二婢为证；欢杖澄一百而幽之，娄妃亦隔绝不得见。欢纳魏敬宗之后尔朱氏，有宠，生子浟，欢欲立之。澄求救于司马子如。子如入见欢，伪为不知者，请见娄妃；欢告其故，子如曰："消难亦通子如妾，此事正可掩覆。妃是王结发妇，常以父母家财奉王；王在怀朔被杖，背无完皮，妃昼夜供侍；后避葛贼，同走并州，贫困，妃然马矢自作靴；恩义何可忘也！夫妇相宜，女配至尊，男承大业。且娄领军之勋，何宜摇动！一女子如草芥，况婢言不必信邪！"欢因使子如更鞫之。子如见澄，尤之曰："男儿何意畏威自诬！"因教二婢反其辞，胁告者自缢，乃启欢曰："果虚言也。"欢大悦，召娄妃及澄。妃遥见欢，一步一叩头，澄且拜且进，父子、夫妇相泣，复如初。欢置酒曰："全我父子者，司马子如也！"赐之黄金百三十斤。

甲子，魏以广陵王欣为太傅，仪同三司万俟寿洛干为司空。

己巳，东魏以丞相欢为相国，假黄钺，殊礼；固辞。

东魏大行台尚书司马子如帅大都督窦泰、太州刺史韩轨等攻潼关，魏丞相泰军于霸上。子如与轨回军，从蒲津宵济，攻华州。时修城未毕，梯倚城外，比晓，东魏人乘梯而入。刺史王罴卧尚未起，闻鈚外匈匈有声，袒身露髻徒跣，持白梃大呼而出，东魏人见之惊却。罴逐至东门，左右稍集，合战，破之，子如等遂引去。

魏丞相泰以军旅未息，吏民劳弊，命所司斟酌古今可以便时适治者，为二十四新制，奏行之。

泰用武功苏绰为行台郎中，居岁余，泰未之知也，而台中皆称其能，有疑事皆就决之。泰与仆射周惠达论事，惠达不能对，请出议之。出，以告绰，绰为之区处，惠达入白之，泰称善，曰："谁与卿为此议者？"惠达以绰对，且称绰有王佐之才，泰乃擢绰为著作郎。泰与公卿如昆明池观渔，行至汉故仓池，顾问左右，莫有知者。泰召绰问之，具以状对。泰悦，因问天地造化之始，历代兴亡之迹，绰应对如流。泰与绰并马徐行，至池，竟不设网罟而还。遂留绰至夜，问以政事，卧而听之，绰指陈为治之要，泰起，整衣危坐，不觉膝之前席，语遂达曙不厌。诘朝，谓周惠达曰："苏绰真奇士，吾方任之以政。"即拜大行台左丞，参典机密，自是宠遇日隆。绰始制文案程式朱出、墨入及计帐、户籍之法，后人多遵用之。

五月，魏加丞相泰柱国。

秋，七月，益州刺史鄱阳王范、南梁州刺史樊文炽合兵围晋寿，魏东益州刺史傅敬和来降。范，恢之子；敬和，竖眼之子也。

魏下诏数高欢二十罪，且曰："朕将亲总六军，与丞相扫除凶丑。"欢亦移檄于魏，谓宇文黑獭、斛斯椿为逆徒，且言"今分命诸将，领兵百万，刻期西讨"。

八月，甲午，东魏发民七万六千人作新宫于邺，使仆射高隆之与司空胄曹参军辛术共营之，筑邺南城周二十五里。术，琛之子也。

赵刚自蛮中往见东魏东荆州刺史赵郡李愍，劝令附魏，愍从之，刚由是得至长安。丞相泰以刚为左光禄大夫，刚说泰召贺拔胜、独孤信等于梁，泰使刚来请之。

十一月，丁未，侍中、中卫将军徐勉卒。勉虽骨鲠不及范云，亦不阿意苟合，故梁世言贤相者称范、徐云。

北梁州刺史兰钦引兵攻南郑，魏梁州刺史元罗举州降。

东魏以丞相欢之子洋为骠骑大将军、开府仪同三司，封太原公。洋内明决而外如不慧，兄弟及众人皆嗤鄙之；独欢异之，谓长史薛琡曰："此儿识虑过吾。"幼时，欢尝欲观诸子意识，使各治乱丝，洋独抽刀斩之，曰："乱者必斩！"又各配兵四出，使都督彭乐帅甲骑伪攻之，兄澄等皆怖桡，洋独勒众与乐相格，乐免胄言情，犹擒之以献。

十二月，甲午，东魏文武官量事给禄。

柔然头兵可汗求婚于东魏，丞相欢以常山王妹为兰陵公主，妻之，柔然数侵魏，魏使中书舍人库狄峙奉使至柔然，与约和亲，由是柔然不复为寇。

【译文】

大同元年 （乙卯、535年）

春，正月，戊申朔日（初一），大赦天下，改年号为大同。

当天，魏文帝在长安城西，举行即位大典。大赦境内，改年号为大统，追尊已去世的父亲京兆王为文景皇帝，过世的母亲杨氏为皇后。

魏渭州刺史可朱浑道元早先附属于侯莫陈悦。悦死后，丞相宇文泰就去攻讨他，但无法攻克，于是和他们订了盟约后退兵。道元世世代代都住在怀朔，和东魏丞相高欢来往甚密，而且母亲哥哥都在邺城，因此常和高欢来往。宇文泰想要去攻击他，道元就带领部众3000户往西北渡过乌兰津到达灵州。灵州刺史曹泥资送他到云州。高欢获悉后，遣送资粮去迎接等候，任命道元为车骑大将军。

道元来到晋阳，高欢才听到魏孝武帝崩殂的消息。上奏请求为孝武帝举哀服丧。东魏君主召集群臣共同商议，太学博士潘崇和认为："君主如果不用礼法对待臣子，那么臣子就没必要为君主的去世而服丧，所以商汤时的百姓不必为夏桀而哭哀，周武王时的百姓也没有为商纣服丧。"国子博士卫既隆、李同轨商议认为："高后在孝武帝投奔西方时，虽然没有一起随从，但并没有取消名分，所以高后应该服丧。"东魏君主听从了群臣的建议。

魏骠骑大将军，仪同三司李虎等招告费也头的部众，和他联合一起去攻伐灵州，共用了40天时间，灵州刺史曹泥请求投降。

己酉日（初二），魏任丞相略阳公宇文泰为都督中外诸军、录尚书事、大行台，封为安定王；宇文泰坚辞王爵和录尚书的官职，于是封为安定公。派尚书令斛斯椿为太保，广平王赞为司徒。

乙卯日（初八），魏主立王妃乙弗氏为皇后，儿子钦为皇太子。皇后宽厚仁慈又节俭，不妒忌，魏主非常欣赏她。

稽胡人刘蠡升从魏孝明帝以来，就自称为天子，改年号为神嘉，居住在云阳谷，魏的边境常受到刘蠡升的骚扰，因此叫做"胡荒"。壬戌日（十五日），东魏丞相高欢袭击，大败他们。

勃海世子澄和高欢的妾郑氏私下通奸，高欢攻稽胡回来后，有一位婢女把这件事告诉他，又有两位婢女作证；高欢就杖打勃海世子澄一百下，又把他幽禁起来，他的母亲娄妃也被隔离幽禁起来，不能和他见面。高欢娶魏敬宗的皇后尔朱氏，很受宠幸，生了一个儿子浟，高欢想立他为太子。勃海世子澄求救于司马子如。子如去见高欢，佯装不知道这件事，请求能和娄妃见面，高欢把这件事告诉了他。子如说："我的儿子消难也跟我的妾私通，这种事正应该为他掩饰才是，何况娄妃和王是结发夫妻，常把娘家的财物拿回来帮助王，王在怀朔镇时，曾因触怒了镇帅而被用杖责打，背部受伤，几乎见不到完好的肌肤，娄妃日夜地服侍看护你；后来为了躲避贼人葛荣，娄妃和王一同奔走到并州，沿途穷乏困顿，娄妃亲自燃烧马粪，自己制作靴子，这种恩义怎么可以忘记呢？夫妇相处和睦，女儿匹配天子，儿子承继父亲伟大的基业。况且娄妃弟娄领军的功勋，怎么可以受到动摇！一个卑贱的妇人，不值得为她伤了家中和气，更何况婢女的话也不必相信啊！"高欢因此让子如再深入审查事实真相。子如见了世子澄，责怪他说："男孩子何必为了惧怕威势，甘心自己受诬陷呢？"于是叫作证的两个婢女推翻她们的证词，胁迫那位告密的婢女自杀，就启报高欢说："果真是虚假的谎言！"高欢非常高兴，召见娄妃和世子澄。娄妃远远地看见高欢，走一步行一叩头礼，世子澄一边叩拜一边走向前，父子、夫妇相对哭泣，和好如初。高欢设酒宴，说："成全我们父子和好关系的，是司马子如啊！"然后赏赐给他黄金130斤。

甲子日（十七日），魏派广陵王欣做太傅，仪同三司万俟寿洛干做司空。

己巳日（二十二日），东魏封丞相高欢为相国，借用天子的仪杖，享有特殊的礼遇，高欢坚决辞谢。

东魏大行台尚书司马子如率领大都督窦泰、太州刺史韩轨等攻克潼关，魏丞相宇文泰屯兵在霸上。子如和韩轨回转军队，从蒲津趁夜色偷渡过去，攻打华州。当时修整城墙还未完工，梯子放在城外，等到天一亮，东魏人利用梯子爬进去。刺史王罴睡觉还没起床，听到楼外喧闹的声音，裸露着身子，散着发髻，打着赤脚。手拿白色大杖大吼奔出，东魏人一见吓得往后退逃，王罴把他们追赶到东门，左右的人才逐渐地聚集起来，一起并肩作战，合力击破敌人，子如等人于是带领军队离去。

魏丞相宇文泰认为战事不断，官吏百姓都疲劳困顿，于是命令所属官员斟酌古今可以应变时势，提出适合治理的方法，列出24条新的法规，奏请魏主实施。

宇文泰任用武功人苏绰为行台郎中，做了一年多，宇文泰还不清楚他的才智，而行台里的人却都已称颂他的才能了，什么疑问的事都去请教他，由他做主决定。宇文泰和仆射周惠达商论大事，惠达有回答不出来的地方，就请求退下再议。事后，便去告诉苏绰，苏绰替他分析解决，周惠达再去禀告宇文泰。宇文泰非常赞赏地说："是谁和你共同商议的呢？"惠达就提苏绰前对，并且称赞苏绰有做卿相的才能，宇文泰就晋升苏绰为著作郎。宇文泰和公卿到昆明池观鱼，走到长安城西，看见一个汉时的旧仓池，宇文泰回过头问身旁的人，都没有人能回答。宇文泰召请苏绰来问他，苏绰详尽地把各种情况回答出来。宇文泰很高兴，因此问他有关天地造化万物的开始，历代兴盛灭亡的事迹，苏绰都能对答如流。宇文泰和苏绰并排骑马，慢慢地往前走，到了池边，竟忘了架设渔网捕鱼，便径直回去了。于是留苏绰一起过夜，问他政治上的一些问题，宇文泰就躺着听他说；苏绰陈述处理政事应注意的要点，宇文泰起身整理衣襟，端坐聆听，不知不觉地向前挪动，脚都伸到坐席的前面去了，于是一直谈到天亮都不觉厌倦。第二天上朝时，宇文泰对周惠达说："苏绰真是一位奇才，我将任命他担任重要的职务。"随即任苏绰为大行台左丞，参与国家机要大事。从此，苏绰一天比一天更加受重用。苏绰开始制定各种文书程序、批点公文簿籍以及预算经费、登录户口的簿籍方法等事宜，后来的人多遵循他所制定的许多事宜。

五月，魏加封丞相宇文泰为柱国大将军。

秋，七月，益州刺史鄱阳王范，南梁州刺史樊文炽，联合军队围困晋寿，魏东益州刺史傅敬和前来投降。鄱阳王范，是鄱阳王恢的儿子；傅敬和，即傅竖眼的儿子。

魏主下诏逐一罗列责备高欢的20条罪状，并且说："朕将亲自率领大军，和丞相一起去歼灭你们这些凶恶的叛贼。"高欢也回复公函给魏，说宇文泰、斛斯椿都是叛逆的贼子，并且说："如今我已经分别命令各领兵将军，带领军队百万人，即刻选定日子向西去征讨。"

八月，甲午日（二十日），东魏发动百姓7万6千人到邺城去盖新的宫殿，派仆射高隆之和司空胄曹参军辛术一起负责建造，并建筑在邺的南城，周长25里。辛术，即辛琛的儿子。

赵刚从蛮中去见东魏东荆州刺史赵郡人李愍，劝他去归附西魏，李愍听从了他的意见，赵刚因此才回到长安。丞相宇文泰派任赵刚为左光禄大夫。赵刚说服宇文泰到梁朝去召回贺拔胜和独孤信。宇文泰派赵刚到梁朝请他们回去。

十一月，丁未日（初五），侍中、中卫将军徐勉过世。徐勉虽然耿直比不上范云，但也不会阿谀谄媚，随意附和别人，所以梁朝世代提到贤明的丞相，没有不称颂范云、徐勉的。

北梁州刺史兰钦领兵去攻击南郑，魏梁州刺史元罗拿整个梁州投降。

东魏派丞相高欢的儿子高洋为骠骑大将军，开府仪同三司，封为太原公。高洋非常明智果断，可是外表看起来好像并不贤惠，兄弟和其他的人都讥笑鄙视他，只有高欢对待他不同，对长史薛琡说："这个小孩见识、思虑都超过我。"小时候，高欢曾经想要观察每个儿子的意志识见，教他们每个人去整理杂乱的丝线，只有高洋拔起刀来把丝线砍断，说："乱的就要砍掉。"又教他们各个配备军队分头出去，命令都督彭乐率领装甲骑兵佯装去围攻他们，哥哥高澄等都害怕而屈服求饶，只有高洋统御军队和彭乐

丞相高欢像

相战斗,彭乐取下头盔向他求情,高洋还把他捉去献给丞相。

十二月,甲午日(二十二日),东魏文武官员考评任事的优劣,作为给予俸禄多少的依据。

柔然头兵可汗向东魏求婚,丞相高欢以常山王的妹妹为兰陵公主,嫁给他。柔然数次攻击魏,魏派遣中书舍人库狄峙奉命出使到柔然,和他们订盟约并且结为婚姻关系,从此柔然不再侵犯魏。

二 年(丙辰、536 年)

春,正月,甲子,东魏丞相欢自将万骑袭魏夏州,身不火食,四日而至,缚稍为梯,夜入其城,擒刺史斛拔俄弥突,因而用之,留都督张琼将兵镇守,迁其部落五千户以归。

东魏勃海世子澄,年十五,为大行台,并州刺史,求入邺辅朝政,丞相欢不许;丞相主簿乐安孙搴为之请,乃许之。丁酉,以澄为尚书令,加领军、京畿大都督。魏朝虽闻其器识,犹以年少期之;既至,用法严峻,事无凝滞,中外震肃。引并州别驾崔暹为左丞、吏部郎,亲任之。

司马子如、高季式召孙搴剧饮,醉甚而卒。丞相欢亲临其丧。子如叩头请罪,欢曰:"卿折我右臂,为我求可代者!"子如举中书郎魏收,欢以收为主簿。收,子建之子也。他日,欢谓季式曰:"卿饮杀我孙主簿,魏收治文书不如我意;司徒尝称一人谨密者为谁?"季式以司徒记室广宗陈元康对,曰:"是能夜中暗书,快吏也。"召之,一见,即授大丞相功曹,掌机密,迁大行台都官郎。时军国多务,元康问无不知。欢或出,临行,留元康在后,马上有所号令九十余条,元康屈指数之,尽能记忆。与功曹平原赵彦深同知机密,时人谓之陈、赵。而元康势居赵前,性又柔谨,欢甚亲之,曰:"如此人,诚难得,天赐我也。"彦深名隐,以字行。

三月,戊申,丹杨陶弘景卒。弘景博学多艺能,好养生之术。仕齐为奉朝请,弃官,隐居茅山。上早与之游,及即位,恩礼甚笃,每得其书,焚香虔受,屡以手敕招之,弘景不出。国家每有吉凶征讨大事,无不先谘之,月中尝有数信,时人谓之"山中宰相"。将没,为诗曰:"夷甫任散诞,平叔坐论空,岂悟昭阳殿,遂作单于宫!"时士大夫竞谈玄理,不习武事,故弘景诗及之。

尚书右丞考城江子四上封事,极言政治得失,五月,癸卯,诏曰:"古人有言,'屋漏在上,知之在下。'朕有过失,不能自觉,江子四等封事所言,尚书可时加检括,于民有蠹患者,宜速详启!"

上待魏降将贺拔胜等甚厚,胜请讨高欢,上不许。胜等思归,前荆州大都督抚宁史宁谓胜曰:"朱异言于梁主无不从,请厚结之。"胜从之。上许胜、宁及卢柔皆北还,亲饯之于南苑。胜怀上恩,自是见禽兽南向者皆不射之。行至襄城,东魏丞相欢遣侯景以轻骑邀之,胜等弃舟自山路逃归,从者冻馁,道死者太半。既至长安,诣阙谢罪。魏主执胜手歔欷曰:"乘舆播越,天也,非卿之咎。"丞相泰引卢柔为从事中郎,与苏绰对掌机密。

九月,壬寅,东魏以定州刺史侯景兼尚书右仆射、南道行台,督诸将入寇。

冬,十月,乙亥,诏大举伐东魏。东魏侯景将兵七万寇楚州,虏刺史桓和;进军淮上,南、北司二州刺史陈庆之击破之,景弃辎重走。十一月,己亥,罢北伐之师。

壬申,东魏遣使请和,上许之。

丁丑,东魏丞相欢督诸军伐魏,遣司徒高敖曹趣上洛,大都督窦泰趣潼关。

是岁,魏关中大饥,人相食,死者什七八。

【译文】

二 年 (丙辰、536年)

春,正月,甲子日(二十二日),东魏丞相高欢亲自统领万余骑兵侵袭西魏夏州,一路上不升火煮饭,只吃干粮,4日后到达夏州城下,教兵士绑起长矛当梯子,趁着夜半天黑,潜入城里,擒住刺史斛拔俄弥突,因而任用他,让都督张琼率领军队留守在那儿,并且遣散原有的部落5000户,让他们各自迁回家乡。

东魏勃海王的长子澄,15岁,为大行台、并州刺史,请求入邺城辅佐朝政,丞相高欢不答应;丞相的主簿乐安人孙搴代为请求,才同意。丁酉日(二十六日),任命澄为尚书令,加领军、京畿大都督。魏朝虽然早已听到过他的器度和才识，但认为他年纪小还需等待。等到了朝廷后，他执行法令非常严苛，任何政事都没有拖延停滞的，国内外都非常敬佩。又荐举并州别驾崔暹做左丞、吏部郎，非常亲近信任他。

司马子如、高季式邀请孙搴豪饮，酒醉过度而死。丞相高欢亲自去吊唁，司马子如叩头请罪，高欢说："你已经像是折断了我的右臂一样，你去替我寻觅可以代替孙搴的人才吧！"子如推荐了中书郎魏收，高欢任命魏收为主簿。魏收，即魏子建的儿子。有一天，高欢对高季式说："你喝酒杀了我的孙主簿，魏收办理文书的工作，不能令我满意，司徒高敖曹曾经称赞过有一个人做事非常谨慎，他是谁呢？"季式把司徒记室广宗人陈元康告诉高欢，说："即使晚上也能在黑暗中书写，人家都称他一是快吏。"召唤他前来，高欢一见，即刻颁授他大丞相功曹的官位，掌握机密文件，改迁为大行台都官郎。当时军务国政繁多，但元康对于所问的无所不知。高欢有时出门，临走时，让元康守在他身后，他坐在马上有时发出命令达90多条，元康一个一个地数着，都能记下来。平原人赵彦深和功曹共同担任机密要务，当时人称他们"陈、赵"。而元康的权势超过赵彦深，性情又温柔谨厚，高欢非常欣赏他，说："这样的人才，实在很难得，是上天恩赐给我的。"赵彦深名隐，用他的字行于世。

三月，戊申日（初七），丹阳人陶弘景过世。弘景博学而多艺，喜好养生的方法。在齐做官没有确定的职务，只奉朝会、备召问，后来辞官，隐居在茅山。皇上早年曾和他交游，即位后，对他礼遇非常深厚，每次收到他的书信，都焚香虔诚拜读。常常亲手诏谕招请他出来做官，弘景都不肯出来。国家每有吉、凶或者是征战、讨伐的大事，无不事先咨询他意见的，一个月中曾有数次使者来往传信，当时的人称他为："山中宰相"。他临死前，曾作诗说："夷甫任散诞，平叔坐论空。岂悟昭阳殿，遂作单于宫！"因为当时的士大夫竞相谈论老庄那种非常玄奥的道理，不注重真才实学，所以弘景作这首诗来隐喻朝廷的士大夫。

尚书右丞考城人江子四上加囊密封的奏疏，极力讽刺政治的得失。五月，癸卯日（初三），天子下诏书说："古代人说：'房子一旦漏水，知道的一定是住在屋子里的人。'我有过错，我自己一定不会发觉，江子四在封事上所说的话，尚书可以随时用法度来约束我，若对老百姓有所损害的话，应该立即详细地启奏，让我知道！"

皇上对待魏国降将贺拔胜等非常优厚，贺拔胜请求讨伐高欢，皇上不答应。贺拔胜想回到西魏去，以前的荆州大都督抚宁人史宁对贺拔胜说："朱异的话，皇上无所不从的，你应该跟他结交深厚的情谊。"贺拔胜听了史宁的话，皇上允许贺拔胜、史宁和卢柔都回到北方去。皇上亲自在南苑给他们饯行。贺拔胜非常感激皇上的恩宠，从此以后凡是看见禽兽跑向南方的都不射杀他们。他们走到襄城时，东魏丞相高欢派侯景率轻骑快马迎请他们到东魏。贺拔胜一行丢掉了小船从山路逃回来，随从因为受冻挨饿，路途上死了大半。到了长安，亲自去宫殿向魏主谢罪，魏主拉着贺拔胜的手悲泣抽噎地说："我流亡在外，这是天意，不是你的罪过。"丞相宇文泰荐举卢柔为从事中郎，和苏绰共掌机密。

九月，壬寅日（初四），东魏派定州刺史侯景兼任尚书右仆射、南道行台，率领诸将入侵中原。

冬，十月，乙亥日（初八），皇上下诏令大规模攻打东魏。东魏侯景率领军队7万人侵犯梁的楚州，掳获刺史桓和；进兵淮上，南、北司二州的刺史陈庆之把侯景的军队打败了，侯景抛弃了辎重装备逃跑了。十一月，己亥日（初二），梁撤回北伐的军队。

壬申日（初六），东魏派遣使者到梁请求谈和，皇上答应了。

丁丑日（十一日），东魏丞相高欢率领各路军队征伐西魏，派遣司徒敖曹趋往上洛，大都督窦泰趋往潼关。

这一年，西魏关中遭受大饥荒，人吃人，老百姓死掉了百分之七八十。

梁纪十六　高祖武皇帝十六
太清元年（丁卯、547年）

春，正月朔，日有食之，不尽如钩。

壬寅，荆州刺史庐陵威王续卒。以湘东王绎为都督荆、雍等九州诸军事、荆州刺史。续素贪婪，临终，有启遣中录事参军谢宣融献金银器千余件，上方知其富，因问宣融曰："王之金尽此乎？"宣融曰："此之谓多，安可加也！大王初，湘东王绎为荆州刺史，有微过，续代之，以状闻，自此二王不通书问。大王之过如日月之食，欲令陛下知之，故终而不隐。"上意乃解。

绎闻其死，入阁而跃，屡为之破。

丙午，东魏勃海献武王欢卒。欢性深密，终日俨然，人不能测，机权之际，变化若神。制驭军旅，法令严肃。听断明察，不可欺犯。擢人受任，在于得才，苟其所堪，无问厮养；有虚声无实者，皆不任用。雅尚俭素，刀剑鞍勒无金玉之饰。少能剧饮，自当大任，不过三爵。知人好士，全护勋旧；每获敌

北魏金银器

国尽节之臣，多不之罪。由是文武乐为之用。世子澄秘不发丧，唯行台左丞陈元康知之。

侯景自念己与高氏有隙，内不自安。辛亥，据河南叛，归于魏，颍州刺史司马世云以城应之。

三月，魏诏："自今应宫刑者，直没官，勿刑。"

庚辰，景又遣其行台郎中丁和来，上表言："臣与高澄有隙，请举函谷以东、瑕丘以西，豫、广、郢、荆、襄、兖、南兖、济、东豫、洛、阳、北荆、北扬等十三州内附，惟青、徐数州，仅须折简。且黄河以南，皆臣所职，易同反掌。若齐、宋一平，徐事燕、赵。"上召群臣廷议，尚书仆射谢举等皆曰："顷岁与魏通和，边境无事，今纳其叛臣，窃谓非宜。"上曰："虽然，得景则塞北可清；机会难得，岂宜胶柱！"

是岁，正月，乙卯，上梦中原牧守皆以其地来降，举朝称庆。旦，见中书舍人朱异，告之，且曰："吾为人少梦，若有梦必实。"异曰："此乃宇宙混一之兆也。"及丁和至，称景定计以正月乙卯，上愈神之。然意犹未决，尝独言："我国家如金瓯，无一伤缺，今忽受景地，讵是事宜？脱致纷纭，悔之何及？"朱异揣知上意，对曰："圣明御宇，南北归仰，正以事无机会，未达其心。今侯景分魏土之半以来，自非天诱其衷，人赞其谋，何以至此？若拒而不内，恐绝后来之望。此诚易见，愿陛下无疑。"上乃定议纳景。

壬午，以景为大将军，封河南王，都督河南、北诸军事、大行台，承制如邓禹故事。平西咨议参军周弘正，善占候，前此谓人曰："国家数年后当有兵起。"及闻纳丁亥，上耕藉田。

三月，庚子，上幸同泰寺，舍身如大通故事。

东魏高澄虑诸州有变，乃自出巡抚。留段韶守晋阳，委以军事景，曰："乱阶在此矣！"；以丞相功曹赵彦深为大行台都官郎中。使陈元康豫作丞相欢条教数十纸付韶及彦深，在后以次行之。临发，握彦深手泣曰："以母、弟相托，幸明此心！"夏，四月，壬申，澄入朝于邺。东魏主与之宴，澄起舞，识者知其不终。

高澄遣武卫将军元柱等将数万众昼夜兼行以袭侯景，遇景于颍川北，柱等大败。景以羊鸦仁等军犹未至，乃退保颍川。

韩轨等围侯景于颍川。景惧，割东荆、北兖州、鲁阳、长社四城赂魏以求救。尚书左仆射于谨曰："景少习兵，奸诈难测，不如厚其爵位以观其变，未可遣兵也。"荆州刺史王思政以为："若不因机进取，后悔无及。"即以荆州步骑万余从鲁阳关向阳翟。丞相泰闻之，加景大将军兼尚书令，遣太尉李弼、仪同三司赵贵将兵一万赴颍川。

景恐上责之，遣中兵参军柳昕奉启于上，以为："王旅未接，死亡交急，遂求援关中，自救目前。臣既不安于高氏，岂见容于宇文！但螫手解腕，事不得已，本图为国，愿不赐咎！臣获其力，不容即弃，今以四州之地为饵敌之资，已令宇文遣人入守。自豫州以东，齐海以西，悉臣控压；见有之地，尽归圣朝，悬瓠、项城、徐州、南兖，事须迎纳。愿陛下速敕境上，各置重兵，与臣影响，不使差互！"上报之曰："大夫出境，尚有所专；况始创奇谋，将建大业，理须适事而行，随方以应。卿诚心有本，何假词费！"

东魏韩轨等围颍川，闻魏李弼、赵贵等将至，乙巳，引兵还邺。侯景欲因会执弼与贵，夺其军；贵疑之，不往。贵欲诱景入营而执之，弼止之。羊鸦仁遣长史邓鸿将兵至汝水，弼引兵还长安。王思政入据颍川。景阳称略地，引兵出屯悬瓠。

景复乞兵于魏，丞相泰使同轨防主韦法保及都督贺兰愿德等将兵助之。大行台左丞蓝田王悦言于泰曰："侯景之于高欢，始敦乡党之情，终定君臣之契，任居上将，位重台司；今欢始死，景遽外叛，盖所图甚大，终不为人下故也。且彼能背德于高氏，岂肯尽节于朝廷！今益之以势，援之以兵，窃恐贻笑将来也。"泰乃召景入朝。

景阴谋叛魏，事计未成，厚抚韦法保等，冀为己用，外示亲密无猜间。每往来诸军间，侍从至少，魏军中名将，皆身自造诣，同轨防长史裴宽谓法保曰："侯景狡诈，必不肯入关，欲托款于公，恐未可信。若伏兵斩之，此亦一时之功也。如其不尔，即应深为之防，不得信其诳诱，自贻后悔。"法保深然之，不敢图景，但自为备而已；寻辞还所镇。王思政亦觉其诈，密召贺兰愿德等还，分布诸军，据景七州、十二镇。景果辞不入朝，遗丞相泰书曰："吾耻与高澄雁行，安能比肩大弟！"泰乃遣行台郎中赵士宪悉召前后所遣诸军援景者。景遂决意来降。魏将任约以所部千余人降于景。

高澄将如晋阳，以弟洋为京畿大都督，留守于邺，使黄门侍郎高德政佐之。德政，颢之子也。丁丑，澄还晋阳，始发丧。

丁酉，东魏主为丞相欢举哀，服缌缞，凶礼依汉霍光故事，赠相国、齐王，备九锡殊礼。戊戌，以高澄为使持节、大丞相、都督中外诸军、录尚书事、大行台、勃海王；澄启辞爵位。壬寅，诏太原公洋摄理军国，遣中使敦谕澄。

庚申，羊鸦仁入悬瓠城。

八月，乙丑，下诏大举伐东魏。遣南豫州刺史贞阳侯渊明、南兖州刺史南康王会理分督诸将。渊明，懿之子；会理，续之子也。始，上欲以鄱阳王范为元帅；朱异取急在外，闻之，遽入曰："鄱阳雄豪盖世，得人死力，然所至残暴，非吊民之材。且陛下昔登北顾亭以望，谓江右有反气，骨肉为戎首，今日之事，尤宜详择。"上默然，曰："会理何如？"对曰："陛下得之矣。"会理懦而无谋，所乘襻舆，施板屋，冠以牛皮。上闻，不悦。贞阳侯渊明时镇寿阳，屡请行，上许之。会理自以皇孙，复为都督，自渊明已下，殆不对接。渊明与诸将密告朱异，追会理还，遂以渊明为都督。

辛未，高澄入朝于邺，固辞大丞相，诏为大将军如故，余如前命。

甲申，虚葬齐献武王于漳水之西；潜凿成安鼓山石窟佛寺之旁为穴，纳其柩而塞之，杀其群匠。及齐之亡也，一匠之子知之，发石取金而逃。

东魏静帝，美容仪，旅力过人，能挟石师子逾宫墙，射无不中；好文学，从容沉雅。时人以为有孝文风烈，大将军澄深忌之。

始，献武王自病逐君之丑，事静帝礼甚恭，事无大小必以闻，可否听旨。每侍宴，俯伏上寿；帝设法会，乘辇行香，欢执香炉步从，鞠躬屏气，承望颜色，故其下奉帝莫敢不恭。

及澄当国，倨慢顿甚，使中书黄门郎崔季舒察帝动静，大小皆令季舒知之。澄与季舒书曰："痴人比复何似？痴势小差未？宜用心检校。"帝尝猎于邺东，驰逐如飞，监卫都督乌那罗受工伐从后呼曰："天子勿走马，大将军嗔！"澄尝侍饮酒，举大觞属帝曰："臣澄劝陛下酒。"帝不胜忿，曰："自古无不亡之国，朕亦何用此生为！"澄怒曰："朕？朕？狗脚朕！"使崔季舒殴帝三拳，奋衣而出。明日，澄使季舒入劳帝，帝亦谢焉，赐季舒绢百匹。

帝不堪忧辱，咏谢灵运诗曰："韩亡子房奋，秦帝仲连耻。本自江海人，忠义动君子。"常侍、侍讲颍川荀济知帝意，乃与祠部郎中元瑾、长秋卿刘思逸、华山王大器、淮南王宣洪、济北王徽等谋诛澄。大器，鸷之子也。帝谬为敕问济曰："欲以何日开讲？"乃诈于宫中作土山，开地道向北城。至千秋门，门者觉地下响，以告澄。澄勒兵入宫，见帝，不拜而坐，曰："陛下何意反？臣父子功存社稷，何负陛下邪！此必左右妃嫔辈所为。"欲杀明夫人及李嫔。帝正色曰："自古唯闻臣反君，不闻君反臣。王自欲反，何乃责我！我杀王则社稷安，不杀则灭亡无日，我身且不暇惜，况于妃嫔！必欲弑逆，缓速在王！"澄乃下床叩头，大啼谢罪。于是酣饮，夜久乃出。居三日，幽帝于含章堂。壬辰，烹济等于市。

初，济少居江东，博学能文。与上有布衣之旧，知上有大志，然负气不服，常谓人曰："会于盾鼻上磨墨檄之。"上甚不平。及即位，或荐之于上，上曰："人虽有才，乱俗好反，不可用也。"济上书谏上崇信佛法、为塔寺奢费，上大怒，欲集朝众斩之；朱异密告之，济逃奔东魏。澄为中书监，欲用济为侍读，献武王曰："我爱济，欲全之，故不用济。济入宫，必败。"澄固请，乃许之。及败，侍中杨遵彦谓之曰："衰暮何苦复尔？"济曰："壮气在耳！"因下辩曰："自伤年纪摧颓，功名不立，故欲挟天子，诛权臣。"澄欲宥其死，亲问之曰："荀公何意反？"济曰："奉诏诛高澄，何谓反？"有司以济老病，鹿车载诣东市，并焚之。

上命萧渊明堰泗水于寒山以灌彭城，俟得彭城，乃进军与侯景掎角。癸卯，渊明军于寒山，去彭城十八里，断流立堰。侍中羊侃监作堰，再旬而成。东魏徐州刺史太原王则婴城固守，侃劝渊明乘水攻彭城，不从。诸将与渊明议军事，渊明不能对，但云"临时制宜。"

东魏大将军澄使大都督高岳救彭城，欲以金门郡公潘乐为副。陈元康曰："乐缓于机变，不如慕容绍宗；且先王之命也。公但推赤心于斯人，景不足忧也。"时绍宗在外，澄欲召见之，恐其惊叛；元康曰："绍宗知元康特蒙顾待，新使人来饷金；元康欲安其意，受之而厚答其书，保无异也。"乙酉，以绍宗为东南道行台，与岳、乐偕行。初，景闻韩轨来，曰："啖猪肠儿何能为！"闻高岳来，曰："兵精人凡。"诸将无不为所轻者。及闻绍宗来，叩鞍有惧色，曰："谁教鲜卑儿解遣绍宗来！若然，高王定未死邪？"

澄以廷尉卿杜弼为军司，摄行台左丞，临发，问以政事之要、可为戒者，使录一二条。弼请口陈之，曰："天下大务，莫过赏罚。赏一人使天下之人喜，罚一人使天下之人惧，苟二事不失，自然尽美。"澄大悦，曰："言虽不多，于理甚要。"

绍宗帅众十万据橐驼岘。羊侃劝贞阳侯渊明乘其远来击之，不从，旦日，又劝出战，亦不从；侃乃帅所领出屯堰上。

丙午，绍宗至城下，引步骑万人攻潼州刺史郭凤营，矢下如雨。渊明醉，不能起，命诸将救之，皆不敢出。北兖州刺史胡贵孙谓谯州刺史赵伯超曰："吾属将兵而来，本欲何为，今遇敌而不战乎？"伯超不能对。贵孙独帅麾下与东魏战，斩首二百级。伯超拥众数千不敢救，谓其下曰："虏盛如此，与战必败，不如全军早归。"皆曰："善！"遂遁还。

初，侯景常戒梁人曰："逐北不过二里。"绍宗将战，以梁人轻悍，恐其众不能支，一一引将卒谓之曰："我当阳退，诱吴儿使前，尔击其背。"东魏兵实败走，梁人不用景言，乘胜深入。魏将卒以绍宗之言为信，争共掩击之，梁兵大败，贞阳侯渊明及胡贵孙、赵伯超等皆为东魏所虏，失亡士卒数万人。羊侃结陈徐还。

上方昼寝，宦者张僧胤白朱异启事，上骇之，遽起升舆，至文德殿阁。异曰："韩山失律。"上闻之，恍然将坠床。僧胤扶而就坐，乃叹曰："吾得无复为晋家乎！"

东魏使军司杜弼作檄移梁朝，曰："皇家垂统，光配彼天，唯彼吴、越，独阻声教。元首怀止戈之心，上宰薄兵车之命，遂解絷南冠，喻以好睦。虽嘉谋长算，爰自我始，罢战息民，彼获其利。侯景竖子，自生猜贰，远托关、陇，依凭奸伪，逆主定君臣之分，伪相结兄弟之亲。岂曰无恩，终成难养，俄而易虑，亲寻干戈。衅暴恶盈，侧首无托，以金陵逋逃之薮，江南流寓之地，甘辞卑礼，进孰图身，诡言浮说，抑可知矣。而伪朝大小，幸灾忘义，主荒于上，臣蔽于下，连结奸恶，断绝邻好，徵兵保境，纵盗侵国。盖物无定方，事无定势，或乘利而受害，或因得而更失。是以吴侵齐境，遂得句践之师，赵纳韩地，终有长平之役。矧乃鞭挞疲民，侵轶徐部，筑垒拥川，舍舟徽利。是以援枹秉麾之将，拔距投石之士，含怒作色，如赴私仇。

彼连营拥众，依山傍水，举螳螂之斧，被蛣蜣之甲，当穷辙以待轮，坐积薪而候燎。及锋刃才交，埃尘且接，已亡戟弃戈，土崩瓦解，掬指舟中，衿甲鼓下，同宗异姓，缧绁相望。曲直既殊，强弱不等，获一人而失一国，见黄雀而忘深穽，智者所不为，仁者所不向。诚既往之难逮，犹将来之可追。侯景以鄙俚之夫，遭风云之会，位班三事，邑启万家，揣身量分，久当止足。而周章向背，离披不已，夫岂徒然，意亦可见。彼乃授之以利器，诲之以慢藏，使其势得容奸，时堪乘便。今见南风不竞，天亡有征，老贼奸谋，将复作矣。然推坚强者难为功，摧枯朽者易为力，计其虽非孙、吴猛将，燕、赵精兵，犹是久涉行陈，曾习军旅，岂同剽轻之师，不比危脆之众。拒此则作气不足，攻彼则为势有余，终恐尾大于身，踵粗于股，倔强不掉，狼戾难驯，呼之则反速而衅小，不征则叛迟而祸大。会应遥望廷尉，不肯为臣，自据淮南，亦欲称帝。但恐楚国亡猨，祸延林木，城门失火，殃及池鱼，横使江、淮士子，荆、扬人物，死亡矢石之下，夭折雾露之中。彼梁主者，操行无闻，轻险有素，射雀论功，荡舟称力，年既老矣，耄又及之，政散民流，礼崩乐坏。加以用舍乖方，废立失所，矫情动俗，饰智惊愚，毒螫满怀，妄敦戒业，躁竞盈胸，谬治清净。灾异降于上，怨讟兴于下，人人厌苦，家家思乱，履霜有渐，坚冰且至。传险躁之风俗，任轻薄之子孙，朋党路开，兵权在外。必将祸生骨肉，衅起腹心，强弩冲城，长戈指阙；徒探雀鷇，无救府藏之虚，空请熊蹯，讵延晷刻之命。外崩中溃，今实其时，鹬蚌相持，我乘其弊。方使骏骑追风，精甲辉日，四七并列，百万为群，以转石之形，为破竹之势。当使钟山渡江，青盖入洛，荆棘生于建业之宫，麋鹿游于姑苏之馆。但恐革车之所辚轹，剑骑之所蹂践，杞梓于焉倾折，竹箭以此摧残。若吴之王孙，蜀之公子，归款军门，委命下吏，当即授客卿之秩，特加骠骑之号。凡百君子，勉求多福。"其后梁室祸败，皆如弼言。

侯景围谯城不下，退攻城父，拔之。壬申，遣其行台左丞王伟等诣建康说上曰："邺中文武合谋，召臣共讨高澄，事泄，澄幽元善见于金墉，杀诸元六十余人。河北物情，俱念其主，请立元氏一人以从人望，如此，则陛下有继绝之名，臣景有立功之效，河之南北，为圣朝之邾、莒，国之男女，为大梁之臣妾。"上以为然，乙亥，下诏以太子舍人元贞为咸阳王，资以兵力，使还北主魏，须渡江，许即位，仪卫以乘舆之副给之。贞，树之子也。

慕容绍宗引军击侯景，景辎重数千两，马数千匹，士卒四万人，退保涡阳。绍宗士卒十万，旗甲耀日，鸣鼓长驱而进。景使谓之曰："公等为欲送客，为欲定雌雄邪？"绍宗曰："欲与公决胜负。"遂顺风布陈。景闭垒，俟风止乃出。绍宗曰："侯景多诡计，好乘人背。"使备之，果如其言。景命战士皆被短甲，执短刀，入东魏陈，但低视，斫人胫马足。东魏兵遂败，绍宗坠马，仪同三司刘丰生被伤，显州刺史张遵业为景所擒。

绍宗、丰生俱奔谯城，裨将斛律光、张恃显尤之，绍宗曰："吾战多矣，未见如景之难克者也。君辈试犯之！"光等被甲将出，绍宗戒之曰："勿渡涡水。"二人军于水北，光轻骑射之。景临涡水谓光曰："尔求勋而来，我惧死而去。我，汝之父友，何为射我？汝岂自解不度水南，慕容绍宗教汝也。"光无以应。景使其徒田迁射光马，洞胸；光易马隐树，又中之，退入于军。景擒恃显，既而舍之。光走入谯城，绍宗曰："今定何如，而尤我也！"光，金之子也。

开府仪同三司段韶夹涡而军，潜子上风纵火，景帅骑入水，出而却走，草湿，火不复然。

魏岐州久经丧乱，刺史郑穆初到，有户三千，穆抚循安集，数年之间，至四万余户，考绩为诸州之最；丞相泰擢穆为京兆尹。

【译文】

太清元年（丁卯、547年）

春，正月，初一，日蚀，但日并未完全消失，还残留一部分像钩子一样。

初四，荆州刺史庐陵威王续死了。派湘东王绎做都督荆、雍等九州诸军事和荆州刺史。王续素来贪婪，临死的时候，派中录事参军谢宣融上贡给皇上金银宝器1000多件，皇上才知道他的富有，于是问宣融说："庐陵威王的金银财宝都在这里了吗？"宣融说："如果这些就叫做多，那么还有什么能比这更多的呢！我们大王的过错就像日月蚀一样，大家都知道的，所以临死的时候也不保留他的罪过。"皇上才知晓他的意思。

起先，湘东王绎做荆州刺史时，有小小的过失，由续来代替，并且上表状奏闻，从此两个人不通书信。绎听到续死的消息，回到家里高兴得跳起来，脚上的鞋子都踩破了。

初八，东魏勃海献武王高欢去世了。高欢性情深沉，每天都很严肃的样子，没有人能猜到他的心思，在权衡机要事务上，变化莫测，预测如神。统领军队时，法令严格整肃。听讼断案，明察事理，不可欺骗侵犯。擢升人才，交付重任时，所重在于才能的选择，如果能承担使命的，他从不在乎报酬的多少；如果有人徒有虚名，实际上没有能力的，他就不会任用。高欢风尚高雅，平常节俭，用的刀、剑、马鞍、勒口都没有用金玉来装饰。高欢年少时曾大量喝酒，但自从担当要职后，喝酒不超过3杯。他知人善任，喜好士人，全心保护那些有功劳的老臣，每次俘获敌国能尽心死节的忠臣，他常常不加罪给他们。因此，文武百官乐于被他使用。他死后，长子高澄守密没有发丧讣告，只有行台左丞陈元康知道。

洞屋车（侯景曾使用）

侯景自以为和高澄有矛盾，内心很不自在。十三日，镇守河南背叛，归附西魏，颍州刺史司马世云开城门响应。

三月，西魏下召令说："从今往后应该处宫刑的人，直接免除他的官位，不必再施刑。"

十三日，侯景又遣他的行台郎中丁和来上表说："臣和高澄有怨仇，请准予攻取函谷关以东，瑕丘以西的豫、广、郢、荆、襄、兖、南兖、济、东豫、洛、扬、北荆、北扬等13个州来归顺，惟青、徐几州只要写封信就够了。而且黄河以南的地方，都是我所管辖的范围，要说服易如反掌。如果青州、徐州一平定，再慢慢地去应付河北的燕、赵地方。"皇上召集群臣在朝廷商议这件事。尚书仆射谢举等都说："近年来和东魏和好，边境地方平安无事，现在接纳他们叛乱的臣子，臣私自以为并不适宜。"皇上说："虽然话是不错，但是能得到侯景的效忠，那么塞北地方就可以安定了，机会是很难得的，怎么可以固执而不知变化呢？"

这一年，正月，十七日，皇上梦见中原的州郡长官都拿他们的属地来投降，朝野欢呼庆贺。天亮后，看到中书舍人朱异，就把做梦的事告诉他，并且说："我平常很少做梦，如果有梦必定会成真。"朱异说："这乃是天下统一的征兆。"等到丁和来时，说侯景决定投降就在正月十七日，皇上更加认为他的梦是神异的。然而心中仍然不能决定，曾自言自语说："我们国家的疆土完整坚固，没有一点缺损，现在忽然间接受侯景的土地，难道这事是合宜的吗？如果一时疏略而导致纷乱，后悔又怎么来得及呢？"朱异猜想到皇上的心思，对皇上说："圣明的教化能驾驭天下，使南北全部归顺景仰，正因为没有机会，所以不能实现愿望。现在侯景把魏的土地分一半来，这不正是上天在诱导他的心志，人事在赞成他的计谋，不然何以会如此呢？如果拒绝而不接受，唯恐将要断绝以后的希望了。这实在是很容易了解的事，请陛下不必再犹疑了。"皇上于是决定接纳侯景。

十五日，派侯景做大将军，封为河南王。督察河南、北诸军事、大行台、秉承君命，就像邓禹以前那样。平西谘议参军周弘正，长于就日月蚀及星象的变异来预测吉凶，在这件事以前，他对别人说："国家几年后当有战争发生。"等到他听说接纳了侯景的事后，说："叛乱的关键就在这里啊！"

三月，初三，皇上幸临同泰寺，就像大通年以前一样，发誓不惜牺牲自己身为佛法尽力。

东魏高澄担忧各州有变乱，于是亲自出去巡视安抚。留段韶守住晋阳，把军事托付给他。派丞相功曹赵彦深做大行台都官郎中。教陈元康将丞相高欢所做的条例誊写数十张纸，交给段韶和赵彦深，在以后的日子里依次执行。临出走时，握着赵彦深的手流泪说："我把我的母亲、弟弟交待给你了，希望你能了解我的心意！"夏，四月，初六，高澄到邺去觐见东魏主。东魏主设宴款待他，高澄起来跳舞。有远见的人都知道他不会有好结果的。

高澄派武卫将军元柱等率领几万大军昼夜兼程马不停蹄地去攻击侯景。在颍川北面和侯景相遇，结果元柱等大败。侯景认为羊鸦仁等的军队还没到来，所以仍然退回颍川据守。

韩轨等人在颍川围攻侯景。侯景非常担忧，割东荆、北兖州、鲁阳、长社四城给西魏以便求得援救。尚书左仆射于谨说："侯景年轻时就习于作战，奸巧诈欺很难预测，不如先给他高的爵位观察他的动静，不可以先派兵出去。"

荆州刺史王思政认为："如果不主动进攻，后悔就来不及了。"就派荆州步卒和骑失1万多名从鲁阳关向阳翟进发。丞相宇文泰听到后，加封侯景为大将军兼尚书令，派太尉李弼、仪同三司赵贵带领1万名士兵奔赴颍川。

侯景唯恐皇上会责怪他，派中兵参军柳昕上奏皇上，认为："朝廷派的军队还没到，正值生死关头，于是只好求救于关中，以解决眼前的危难，臣既然在高欢那儿不能安身，怎么可能被宇文泰所接纳！但是蝮蛇螫手，壮士断腕，事情实在不得不如此，本来想为国图谋大计的，希望陛下不要指责加罪我！我获得过西魏的帮助，不能接纳就马上背弃，现在用四州地方做诱敌的资本，已经教宇文泰派人前来接管这些州。从豫州以东，齐海以西，都在臣的掌握中；现在所有的地方，都归于圣朝，悬瓠、项城、徐州、南兖，必须纳入版图。希望陛下能够立刻命令边境各地，派遣众多的军队，来和我互相接应，不要使得彼此发生过失！"皇上回答他说："《春秋》大义：大夫出境，尚且拥有自作主张的权限，何况开始创建奇谋，将要建立伟大基业的人，理当因时制宜，随着需要来变化。卿对本朝的诚心是有根据的，又何必浪费口舌多做解释呢？"

东魏韩轨等包围颍川，听说西魏李弼、赵贵等人率军将要到来，便在乙巳那天，领兵回到邺城。侯景想趁会合拘捕李弼和赵贵，夺取他们的军队；赵贵有点怀疑，没有前往。赵贵想引诱侯景进到他们的营寨再抓他，李弼阻止了这件事。羊鸦仁派长史邓鸿统领军队到汝水，李弼领兵回到长安。王思政进入颍川据守，侯景假装说要去侵略魏地，领兵驻守在悬瓠。

侯景又向西魏乞求救援，丞相宇文泰派同轨郡防卫主帅韦法和都督贺兰愿德等带领军队去救助他。大行台左丞蓝田人王悦对宇文泰说："侯景和高欢，开始是因为同是怀朔镇人，同乡交情深厚，终而有君臣的配合，职任上将，地位高于台司；现在高欢刚死，侯景就立刻在外背叛，实在是他的野心太大，终究不肯居于人下。况且他叛变高氏，怎么可能为我们朝廷坚守节操，现在增强他的势力，再派兵救援，我担心恐怕将来会被人羞辱了！"宇文泰于是派人召请侯景入朝。

侯景暗地里想叛变西魏，背叛的计策没有达成，于是厚赏安抚韦法保，期望能够被自己任用；外表上表现得非常亲热而没有一点怀疑的样子。每次到各路军中，带领的侍从都很少，西魏军中的名将也都亲自前往拜访。同轨访郡防长史裴宽对法保说："侯景很狡猾阴险，一定不肯进入长安，想把沟通的任务交代给你，恐怕不值得相信。如果埋伏军队，把他杀死，这也是一次难得的立功机会。如果你不这样做，就应该加倍对他提防小心，不可以相信他对你的煽动诱惑，免得自己留下后悔的隐患。"法保觉得有理，不敢图谋暗算侯景，只是自己小心防范而已；不久，向侯景请辞回到同轨。王思政也发觉他很狡猾，暗地里集合贺兰愿德等回去，并且分布各路军队，攻取了侯景的七州、十二镇。侯景果然辞谢不敢入朝，给丞相宇文泰致信说："我和高澄同等并进都觉得羞辱，怎么可以和你比肩同坐。"宇文泰于是派行台郎中赵士宪召回前后所派遣的各路去救援侯景的军队。侯景于是决定来投降。西魏将领任约带领他所率的千余名士兵归降侯景。

高澄要到晋阳，教弟弟高洋做京畿大都督，镇守在邺城，派黄门侍郎高德政辅佐他。高德政，是高显的儿子。十二日，高澄回到晋阳，才宣布高欢的死讯，举办丧事。

初二，东魏主为丞相高欢哀吊，服缌缞的丧服，丧礼按照汉霍光的葬礼的规格办理。追赠相国、齐王，备九锡的特殊待遇。初三，派高澄为使持节、大丞相、都督中外诸军、录尚书事、大行台、勃海王；高澄启奏辞谢这些职位。初七，诏令太原公高洋摄理军国大事，派中使诚恳地敦促高澄尽快上任。

二十五日，羊鸦仁进入悬瓠城。

八月，初一，皇上下诏大举进军讨伐东魏。派南豫州刺史贞阳侯渊明、南兖州刺史南康王会理分别督导各将领。渊明，是萧懿的儿子；会理，是萧续的儿子。开始，皇上想用鄱阳王萧范做元帅；朱异正在外面休假，一听到这消息，立刻回朝上奏说："鄱阳王雄豪盖世，深得部下忠心，然而他所到的地方对百姓非常残暴，不是能安抚百姓的人才。而且陛下以前登北顾亭远望的时候，说江右地方有叛乱的迹象，骨肉至亲都会变成仇人，现在这件事，尤其应该详细斟酌而定。"皇上没有说话，停了一下才说："会理这个人怎么样呢？"朱异回答说："陛下已经得到想要的人了。会理软弱而且没有什么计谋，所乘坐杠上有襻带的便轿，施以板屋，上面又盖着牛皮，希望能御兵又能自保。"皇上听了，很不愉快。贞阳侯渊明镇守寿阳，数次请求出行，皇上答应了他。会理认为自己以皇孙的高贵又有都督的宠幸，所以自渊明以下的人都不放在眼里，概不理睬。渊明和几位将领把这件事秘密报告朱异，又把会理追回来，于是任命渊明做都督。

初七，高澄到邺去觐见东魏主，支持辞去大丞相的职位；东魏主下诏命任做大将军和以前一样，其他的也和以前任命的一样。

二十日，假装葬齐献武王在漳水的西边；暗暗地挖成安县鼓山石窟佛寺的旁边做墓穴，把他的灵柩放进去，塞住洞口，然后杀掉所有的匠人。齐国灭亡后，一个匠人的儿子知道这件事，搬开石头，偷走里面的金银财宝逃走了。

东魏静帝有优雅的容貌仪表，体力超过一般人，能夹住石狮子跳过宫中的围墙，射箭百发百中；又喜好文学，做事从容沉稳，态度沉静文雅。当时人们认为他有孝文帝的风范，大将军高澄非常忌妒他。

以前，献武王高欢常自责于追逐孝武帝的过失，所以侍奉静帝，执礼非常恭敬，不管大小政事都要禀报，决定事情的决策完全遵从圣旨，每次侍奉宴会，总是低头伏地向静帝敬酒；静帝设立法会时，乘坐御车出外进香，高欢拿着香炉随车步行，弯曲身子，憋住气息，察言观色，秉承静帝的意思行事，所以下面的人侍奉静帝也不敢不尊重。

等到高澄掌政时，忽然间骄傲怠慢，派中书黄门郎崔季舒观察静帝动静，大小事情都要让季舒知晓。高澄写信给季舒说："那个痴人（孝静帝）比起以前来怎么样了？愚痴的样子好些了吗？要用心仔细地观察。"静帝曾到邺城的东边去打猎，追逐奔驰就像飞的一样，监卫都督乌那罗受工伐从后面呼叫："天子不要驰马，大将军会发火的！"高澄曾陪侍天子饮酒，举起酒杯嘱咐静帝说："臣高澄劝陛下喝酒。"静帝非常不高兴，说："从古以来没有不亡的国家，朕这辈子还活着干什么？"高澄发怒道："什么朕？朕的？是长着狗脚的'朕'！"教崔季舒击打静帝3拳，才振衣而出。第二天，高澄教季舒入宫去向静帝请罪，静帝也向季舒回谢，奖励给季舒绢布百匹。

静帝不堪忍受侮辱，吟咏谢灵运的一首诗："韩亡子房奋，秦帝仲连耻。本自江海人，忠义动君子。"意思是说韩亡国后，张良勇敢奋起，秦称帝，鲁仲连引以为耻。本来都是江海人，忠义可以振奋君子的心。"常侍、侍讲颍川人荀济明白静帝的心意，于是和祠部郎中元瑾、长秋卿刘思逸、华山王大器、淮南王宣洪、济北王徽等计划杀掉高澄。大器，是东魏华山王鸷的儿子。静帝假意下一道敕令问荀济说："想要在什么时候开讲？"于是秘密地在宫中造了土山，开了地道通向北城。挖到千秋门下面时，守门的察觉到地下有响声，就去报告高澄。高澄领兵进宫，看到静帝，不拜就坐下来说："陛下，为什么要叛乱？我们父子对国家的贡献，天下都知道，有什么对不起陛下的地方！这一定是左右妃嫔们出的主意。"想杀掉胡夫人和李嫔。静帝严肃地说：

"从古以来只听到做臣子的叛变国君,从来没听过做国君的背叛臣子。你自己想造反,何必来责备我!我把你杀掉,那么国家就太平了。如果不杀你,国家灭亡的日子一定不会远了,我自己的生命都不足惜,何况是那些嫔妃!必定想要叛变,迟早都在你。"高澄于是下坐叩头,大声啼哭,向静帝谢罪。接着痛快地喝酒,到夜深了才回去。过了3天,把静帝软禁在含章堂。二十八日,把荀济等一批人押到东市上用大锅煮死。

高 澄

当初,荀济年轻时住在江东,博学多才,能诗能文。和皇上是要好的旧交,知道皇上有远大的志向,然而任性而不肯屈居人之下,常常对人说:"如果皇上有不平凡的举动,也应当起兵在盾牌上磨墨作檄文来讨伐皇上的过错。"皇上很生气。等到皇上即位的时候,有人在皇上面前推荐荀济。皇上说:"荀济这个人是有才华,但喜欢悖俗,反道而行,不可以重用他。"荀济上书劝谏皇上不要因为崇信佛法,不要因为盖塔寺而奢侈浪费。皇上很生气,想集结在朝文武百官,当众杀死他。朱异暗中通知他,荀济就逃奔到东魏。高澄当中书临时,想用荀济做侍读。高欢说:"我疼爱荀济,想要保护他,所以不用他,荀济一入宫,必定会坏事。"高澄坚持央求,才允许。等到这次密谋失败,侍中杨遵彦对敬荀说:"你已经年老力衰了,何苦又要做这种事呢?"荀济说:"壮气还在啊!"接着下狱后又辩论说:"因为自伤年纪衰颓,功名都没成就,所以想要挟持天子,杀掉那些权贵。"高澄想饶恕他的死罪,亲自问他说:"荀公到底为什么要造反?"荀济说:"我只是奉天子的命令把高澄杀掉，怎么叫叛乱！"签于荀济年老多病，行刑官便用小车把他载到刑场，并且用火把他烧死。

皇上命令萧渊明在寒山地方筑泗水堰，来灌淹彭城，以便等到取得了彭城后，便可以进军和侯景接应。初九，萧渊明驻军在寒山，离开彭城18里路，于是切断水流，修建防水堰。侍中羊侃监工筑堰，20天完成了。东魏徐州刺史太原人王则环绕着彭城镇守，羊侃劝渊明趁着水势进攻彭城，渊明不同意。各将领和渊明议论军事，渊明不能答复，只说："依照当时情况，适时变化。"

东魏大将军高澄派大都督高岳去援救彭城。想派金门郡公潘乐做副手。陈元康说："潘乐在机智应变上稍慢些，比不上慕容绍宗；而且先王临死有遗命，公对这个人要以诚相待，侯景就不值得担忧了。"当时绍宗在外地，高澄想召见他，又担心他会因为恐惧而生叛变之心；陈元康说："绍宗知道我特别蒙受朝廷照顾，最近派人送来金钱，元康想使他安定心志，所以接受了他的馈金，并且很诚恳地回了他的信，保证不会有违异的事。"乙酉日，派绍宗做东南道行台，和高岳、潘乐一起出行。起初，侯景听到韩轨来，说："笨猪肠能做些什么呢？"听说高岳来了，说："军队是所向无敌的，不过人却是平常的。"各将领没有一个不被他看不起的。等到听说绍宗来了，敲着马鞍，面有畏惧地说："谁叫那个鲜卑小儿派绍宗来的？如果是这样的话，高王一定还没死啊！"

高澄派廷尉卿杜弼做军司，并任行台左丞，临派他出征时，还问他政事的要务，可以作为训诫的，教他抄写一二条，杜弼请求用口叙述，说："天下重大的事务，没有比赏罚更重要的，犒赏一个人，要使得天下人都能高兴；处罚一个人，要使得天下人都会恐惧，如果这两件事没有缺失的话，自然是最完美的。"高澄很高兴，说："话虽不多，但道理却非常中肯，切中要害。"

绍宗率领10万名部众镇守亭橐驼岘，羊侃劝贞阳侯渊明趁着他们远道而来去攻击他们，渊明不肯顺从。第二天早晨，又劝他出战，他也不服从；羊侃只好率领所属的军队出去镇守在堰上。

十三日，绍宗到了城下，率领步卒骑兵1万名进攻潼州刺史郭凤的营地，箭像雨一样落下，渊明正喝醉酒，酣睡不起，好不容易叫醒，命各领去援救，可是大家都不敢出兵。北兖州刺史胡贵孙对谯州刺史赵伯超说："我们这些人率兵前来，本来是要做什么的呢？现在遇到敌兵却不出去对阵？"

赵伯超没话说。胡贵孙单独带领部下去和东魏兵作战，杀了200个敌人。伯超拥有数千名兵丁却不敢前去援助。对他的部下说："敌人的士气这么盛，和他们打仗，我们必定会败，不如我们全部军队早点回去。"大家都说："好。"于是逃回去了。

开始，侯景常训诫梁人说："追剿败兵不可超过2里路。"绍宗将征战时，认为梁人轻躁而勇猛，担心自己的军队无法抵抗，就把将士兵集结过来对他们说："我将假装败退，引诱吴地小子让他们往前跑，你们再从后面攻击他们。"东魏兵真的打败逃走了，梁不中听侯景的劝告，趁着胜利的气势深入敌人阵营。东魏的将士都很信赖绍宗的话，趁敌人不备攻打他们，梁兵大败，贞阳侯渊明和胡贵孙、赵伯超等都被东魏俘获去了，失踪、死亡的士兵有好几万人。羊侃集合士卒列阵慢慢地回去了。

皇上白天刚好在睡觉，太监张僧胤报告朱异要上奏，皇上很害怕，立刻起来登上轿子到文德殿阁。朱异说："寒山的军队出征失败。"皇上一听，恍惚失意地差点从座椅上掉下来，张僧胤扶住皇上坐好，才悲叹地说："我将不再保有王室，而为夷狄所灭吗？"

东魏派军司杜弼作讨伐的檄文送交梁朝，说："我们皇室的光辉垂示统绪于后世，光耀可和上天比较，只有你们吴、越地方，唯独阻止了我们的声名教化，东魏皇帝怀着平息天下干戈的志向，先丞相高欢也讨厌战争而请命，于是释放了你们的俘虏，希望能修和敦睦。虽然好的计划、长远的打算，从我们开始，可是战争停止，百姓安定后，得到好处的却是你们。侯景这个叛逆的小子，自己生怀疑不忠的心，远去投奔关中、陇西、依附奸邪的敌人，叛乱的敌主却以君臣礼待他，和叛贼结为兄弟，难道说我们对他无恩吗？终究还是难以留住他，不久前变化了心，亲自挑起政变，挑起战争。残暴的人恶贯满盈，不能被西魏所接纳，茫然无所托付，于是以金陵做逃亡的聚会处，把江南当成流亡寄居的地方，侯景便甜言蜜语，卑屈行礼，作为容身的打算，他那诡诈的言语、浮华的游说、用意是不难知道的。而西魏逆贼，伪朝廷大小官员，袖手旁观、不顾道义；君主在上位怠荒职责，臣子在下位蒙蔽君上，联合奸诈险恶的人，切断邻国的和睦邦交，在境内征兵，放纵盗匪，侵略邻国。事实上，任何一件东西没有一定的去向，任何事情也没有一定的趋势，有时趁着利势做下去反而蒙受灾难，有时因为得到这里反而那边失去更多。所以以前吴国讨伐齐国，于是兴起勾践军队的入侵，赵国接收了韩国的土地，终于和秦兵在长平交战。何况是鞭打着疲劳的百姓，突然间侵占到我们徐州本部，建筑堡垒，壅塞河川，丢弃船只想求一时之利。所以我们那些拿着鼓槌握着指挥旗的大将，能拔取坚城，英勇过人的士兵，带着愤怒的脸色，就像应付自己的仇敌一样。你们营连着营，拥有部众那么多，不过就像螳螂一样，打起仗来也只是抬起螳螂臂当斧头，被着像蛣蜣爱护翅膀的壳甲，用这些东西来阻挡着车辙、轮轴，就像坐在堆放的薪柴而等待火把燃烧。等到双方刀刃兵锋刚刚交手，尘埃扬起时，已经伤了戟丢了戈，全部土崩瓦解，轻而易举就被敌人抓去当俘虏，不解甲就被绑起来坐在中军的帐下一样受到侮辱。同宗族的人，不同姓名的人统统在监狱里对望。双方差距那么远，强弱又各不相同，何必因为得到一个人而失去了整个国家，见小利而忘大害，就如看见黄雀而忘掉深井一样。这是明智的人不会去做的事，有仁德的人不会向他看齐的。诚然过去的我们就不要再去追查，未来的我们还要去追求。侯景做一个鄙贱的乡野匹夫，因为遇上风云变幻时机，位列于三公的高职，拥有万家的采邑，揣度自身，算算自己的职分，早都可以满意了。然而却让人惊惧于他的倾向与反叛，分散不可收束，难道这只是徒然如此而已吗？他的意向实在是可以知道的。你们却给他权柄，就像收藏财物不小心，以致引起盗贼偷窃的念头一样，使得形势足以容纳奸诈，让他有机会能趁势而起。现在你们梁朝在南边多次失败，这是老天要你们亡国的预兆！侯景这老贼，奸诈的谋划，又将开始了。然而推想坚硬刚强的是很难成功的，反而是几经摧毁将折的更能发挥他的力量。侯景虽然不是像孙子、吴起那样的猛将，也没有像燕、赵一样英勇的士卒，不过仍然是涉足在兵马行阵中阅历很久的人，曾经学习过作战的知识，虽不是那种专事抢劫流窜的军队，但也不是危险脆弱的部队。要和他对抗恐怕气势还不够，要进攻他的话那么形势不余，只是担心他尾巴比身体还要大，脚后跟比大腿还要粗，倔强而难屈服，狠暴乖戾难以顺服，招致他那么反抗快而祸患较小，不征召他，那么他就慢慢地作乱，最后将酿成大祸。可能他会和苏峻一样，居上头遥望廷尉，不肯为臣，自己镇守淮南，想要称帝。恐怕会像楚国一样，猿逃走了，为了找猿，不得不烧掉树，城门失火，殃及池鱼，无端而受祸。迫使江、淮的士子，荆、扬的人物，在箭石中牺牲生命、在雾露中英年早逝，你们梁主，没听说过有什么好品德，平常也是狡诈，教臣子射麻雀来论成绩，摇船来比勇力，年纪已经大了，心思又将愦乱，政事松散，百姓外流，礼乐都崩坏了。再加上任用罢免乖违不明，法令废立失所，矫俗干名，凭恃才智文饰矫情而惊弄愚笨的人，本性暴躁恶毒，却狂妄地努力于佛祖，个性浮躁急进，却胡乱地执守着清静。灾祸异变一定会光临于你们君上，诽谤怨恨的话也会从百姓口中说出，人人厌倦痛苦，家家心思混乱，这种现象不是一朝一夕所造成的，所以会这样就是日积月累渐渐形成的。把这种危险浮躁的习俗流传下去，任意放纵子孙的轻薄行为，让结党营私，掌握兵权大行其道的外人，必定会使灾祸降在骨肉亲人身上，灾祸也必由亲信的人惹起，强劲的弓箭手一定会冲向城堡，长矛也会指向宫阙。如此一来，只能是探寻雏雀而食，无力拯救府藏的危机，就像楚成王白白请求临死食熊掌的期望，希望能拖延时刻，以得外救的请命。现在正是外力崩溃，朝中混乱的时候，你们和西魏两国相争，我趁着空虚以取利。正想派骏马骑兵狂奔南下，优秀甲兵可与日共辉映，豪杰大将并列行阵，百万部众群聚，观察这种形势，正任由我军运转，所以说擅长驾驭别人的战势，就像转贺石在千仞的高山上一样，现在兵威大振，一出兵必像破竹一样，节节迎刃而解，局势必不可阻止。终必使得钟山渡过江，青包车盖的天子座车进入洛阳，梁都建业的宫殿必会因荒芜而荆棘丛生，山上的麋鹿都会跑到姑苏馆去游玩。只怕兵革战车践踏了土地，剑士骑兵摧残践踏过的地方，江南的名产杞梓于是受到倾折，竹箭也因而受到迫害。如果你们南方梁朝的王孙公子都能诚心归附我们，为我们报效，一定会给你们客卿的俸禄，特别再加上骠骑的称号。你们各位君子，多多劝勉以便自求多福。"以后梁朝灾祸灭亡，都和杜弼说的一样。

侯景围攻谯城没办法攻下，退而攻城父，被攻下来了。初九，派行台左丞王伟等到建康游说皇上说："邺中文武官员一起谋划，召请臣一起去征讨高澄，结果事机败露，高澄幽禁了东魏静帝元善见于金墉，杀掉诸元姓宗族60多人。河北地方的人，都企盼着梁主来统治，所以央求先立一位元氏后裔来顺从大家的愿望。那么，陛下就有继绝世的功名，臣侯景也有立功的机会，黄河南北就是大梁圣朝附属的小国，国中的男女，都将成为大梁的臣妾。"皇上真以为如此，十二日，下诏派太子舍人元贞做咸阳王，援助他兵力，使他回到北方去统治魏，等待渡江统一后，才应允他即位，仪卫把皇上坐的副车送给他。元贞，是元树的儿子。

慕容绍宗带领军队攻击侯景，侯景的补给、支援装束、粮草等装了好几千辆车，马有数千匹，士卒4万人，退保涡阳。绍宗的军队有6万人，旌旗铠甲可和日争辉，敲着鼓迅速挺进。侯景派使者去问绍宗说："你们是要送客，还是要决一雌雄呢？"绍宗说："想和你们决一胜负。"于是顺着风势，摆好行阵。侯景关闭营垒，等到风停了才出兵。绍宗说："侯景诡计多端，喜欢趁人不注意从背后攻击。"于是派兵加以防备，果然被绍宗料中。侯景命令战士穿着短的战甲，拿着短刀进入东魏捕阵，只低头看下面，砍人的腿，马的脚。东魏兵因此失败。绍宗从马上掉下来，仪同三司刘丰生被杀伤，显州刺史张遵业被侯景俘虏。

斛律光像

慕容绍宗、刘丰生都投靠到谯城，裨将斛律光，张恃显指责他们兵败的过失。绍宗说："我作战那么多次，从来没见过侯景那么难应付的人。你们试着去和他斗一斗！"斛律光等披铠甲将要出征，绍宗劝告他说："不要渡过涡水。"两人驻军在涡水的北面，斛律光骑着轻便的马往对岸射箭，侯景隔着涡水对斛律光说："你是求功勋才来这里，我是怕被高澄杀死才离开东魏的。我是你父亲的朋友，为什么要射我？你难道自己知晓不可以渡涡水到南边来的吗？一定是慕容绍宗教你的吧。"斛律光不知该怎么回答。侯景派他的侍徒田迁射斛律光的马，穿过马胸；斛律光换了马隐藏在树林中，又被射中，只好退入军阵里。侯景抓住了恃显，随即又把他放了。斛律光逃回谯城，绍宗说："今天仗打得究竟怎么样，还要归咎我啊！"斛律光，是斛律金的儿子。

开府仪同三司段韶是分别在涡水两岸驻军，暗暗地跑到上风地方去放火，侯景则带领骑兵跳进水里，从水中出来再逃走，草湿了，火就不再燃烧。

西魏歧州长久经历战乱，刺史郑穆刚到任时，有3000户人家，郑穆能够安抚百姓，使他们安守法度，安居乐业，才几年的时间，就增加到4万多户，业绩考核在各州中是最好的；丞相宇文泰便提升郑穆做京兆尹。

梁纪十七　高祖武皇帝十七
太清二年（戊辰、548年）

　　春，正月，己亥，慕容绍宗以铁骑五千夹击侯景，景诳其众曰："汝辈家属，已为高澄所杀。"众信之。绍宗遥呼曰："汝辈家属并完，若归，官勋如旧。"被髪向北斗为誓。景士卒不乐南渡，其将暴显等各帅所部降于绍宗。景众大溃，争赴涡水，水为之不流。景与腹心数骑自硖石济淮，稍收散卒，得步骑八百人，南过小城，人登陴诋之曰："跛奴！欲何为邪！"景怒，破城，杀诋者而去。昼夜兼行，追军不敢逼。使谓绍宗曰："景若就擒，公复何用！"绍宗乃纵之。

　　侯景既败，不知所适，时鄱阳王范除南豫州刺史，未至。马头戍主刘神茂，素为监州事韦黯所不容，闻景至，故往候之，景问曰："寿阳去此不远，城池险固，欲往投之，韦黯其纳我乎？"神茂曰："黯虽据城，是监州耳。王若驰至近郊，彼必出迎，因而执之，可以集事。得城之后，徐以启闻，朝廷喜王南归，必不责也。"景执其手曰："天教也。"神茂请帅步骑百人先为乡导。壬子，景夜至寿阳城下；韦黯以为贼也，授甲登陴。景遣其徒告曰："河南王战败来投此镇，愿速开门！"黯曰："既不奉敕，不敢闻命。"景谓神茂曰："事不谐矣"。神茂曰："黯懦而寡志，可说下也。"乃遣寿阳徐思玉入见黯曰："河南王，朝廷所重，君所知也。今失利来投，何得不受？"黯曰："吾之受命，唯知守城；河南自败，何预吾事！"思玉曰："国家付君以阃外之略，今君不肯开城，若魏兵来至，河南为魏所杀，君岂能独存！何颜以见朝廷？"黯然之。思玉出报，景大悦曰："活我者，卿也。"癸丑，黯开门纳景，景遣其将分守四门，诘责黯，将斩之；既而抚手大笑，置酒极欢。黯，睿之子也。

　　朝廷闻景败，未得审问；或云："景与将士尽没。"上下咸以为忧。侍中、太子詹事何敬容诣东宫，太子曰："淮北始更有信，侯景定得身免，不如所传。"敬容对曰："得景遂死，深为朝廷之福。"太子失色，问其故，敬容曰："景翻覆叛臣，终当乱国。"太子于玄圃自讲《老》、《庄》，敬容谓学士吴孜曰："昔西晋祖尚玄虚，使中原沦为胡、羯。今东宫复尔，江南亦将为戎乎！"

甲寅，景遣仪同三司于子悦驰以败闻，并自求贬削；优诏不许。景复求资给，上以景兵新破，未忍移易。乙卯，即以景为南豫州牧，本官如故；更以鄱阳王范为合州刺史，镇合肥。光禄大夫萧介上表谏曰："窃闻侯景以涡阳败绩，只马归命，陛下不悔前祸，复敕容纳。臣闻凶人之性不移，天下之恶一也。昔吕布杀丁原以事董卓，终诛董而为贼；刘牢反王恭以归晋，还背晋以构妖。何者？狼子野心，终无驯狎之性，养虎之喻，必见饥噬之祸矣。侯景以凶狡之才，荷高欢卵翼之遇，位忝台司，任居方伯，然而高欢坟土未干，即还反噬。逆力不逮，乃复逃死关西；宇文不容，故复投身于我。陛下前者所以不逆细流，正欲比属国降胡以讨匈奴，冀获一战之效耳；今既亡师失地，直是境上之匹夫，陛下爱匹夫而弃与国。若国家犹待其更鸣之辰，岁暮之效，臣窃惟侯景必非岁暮之臣；弃乡国如脱屣，背君亲如遗芥，岂知远慕圣德，为江、淮之纯臣乎！事迹显然，无可致惑。臣朽老疾侵，不应干预朝政；但楚囊将死，有城郢之忠，卫鱼临亡，亦有尸谏之节。臣忝为宗室遗老，敢忘刘向之心！"上叹息其忠，然不能用。介，思话之孙也。

己未，东魏大将军澄朝于邺。

魏以开府仪同三司赵贵为司空。

魏皇孙生，大赦。

二月，东魏杀其南兖州刺史石长宣，讨侯景之党也；其余为景所胁从者，皆赦之。

东魏既得悬瓠、项城，悉复旧境。大将军澄数遣书移，复求通好；朝廷未之许。澄谓贞阳侯渊明曰："先王与梁主和好，十有余年。闻彼礼佛文云：'奉为魏主，并及先王'，此乃梁主厚意；不谓一朝失信，致此纷扰，知非梁主本心，当是侯景扇动耳，宜遣使咨论。若梁主不忘旧好，吾亦不敢违先王之意，诸人并即遣还，侯景家属亦当同遣。"渊明乃遣省事夏侯僧辩奉启于上，称"勃海王弘厚长者，若更通好，当听渊明还。"上得启，流涕，与朝臣议之。右卫将军朱异、御史中丞张绾等皆曰："静寇息民，和实为便。"司农卿傅岐独曰："高澄何事须和？必是设间，故命贞阳遣使，欲令侯景自疑；景意不安，必图祸乱。若许通好，正堕其计中。"异等固执宜和，上亦厌用兵，乃从异言，赐渊明书曰："知高大将军礼汝不薄，省启，甚以慰怀。当别遣行人，重敦邻睦。"

僧辩还，过寿阳，侯景窃访知之，摄问，具服。乃写答渊明之书，陈启于上曰："高氏心怀鸩毒，怨盈北土，人愿天从，欢身殒越。子澄嗣恶，计灭待时，所以昧此一胜者，盖天荡澄心以盈凶毒耳。澄苟行合天心，腹心无疾，又何急急奉璧求和？岂不以秦兵扼其喉，胡骑迫其背，故甘辞厚币，取安大国。臣闻'一日纵敌，数世之患'，何惜高澄一竖，以弃亿兆之心！窃以北魏安强，莫过天监之始，钟离之役，匹马不归。当其强也，陛下尚伐而取之；及其弱也，反虑而和之。舍已成之功，纵垂死之虏，使其假命强梁，以遗后世，非直愚臣扼腕，实亦志士痛心。昔伍相奔吴，楚邦卒灭；陈平去项，刘氏用兴；臣虽才劣古人，心同往事。诚知高澄忌贾在翟，恶会居秦，求盟请和，冀除其患。若臣死有益，万殒无辞；唯恐千载，有秽良史。"景又致书于朱异，饷金三百两；异纳金而不通其启。

己卯，上遣使吊澄。景又启曰："臣与高氏，衅隙已深，仰凭威灵，期雪仇耻；今陛下复与高氏连和，使臣何地自处！乞申后战，宣畅皇威！"上报之曰："朕与公大义已定，岂有成而相纳，败而相弃乎！今高氏有使求和，朕亦更思偃武。进退之宜，国有常制，公但清静自居，无劳虑也！"景又启曰："臣今蓄粮聚众，秣马潜戈，指日计期，克清赵、魏，不容军出无名，故愿以陛下为主耳。今陛下弃臣遐外，南北复通，将恐微臣之身，不免高氏之手。"上又报曰："朕为万乘之主，岂可失信于一物！想公深得此心，不劳复有启也。"

景乃诈为邺中书，求以贞阳侯易景，上将许之。舍人傅岐曰："侯景以穷归义，弃之不祥；且百战之余，宁肯束手就絷！"谢举、朱异曰："景奔败之将，一使之力耳。"上从之，复书曰："贞阳旦至，侯景夕返。"景谓左右曰："我固知吴老公薄心肠！"王伟说景曰："今坐听亦死，举大事亦死，唯王图之！"于是始为反计，属城居民，悉召募为军士，辄停责市估及田租，百姓子女，悉以配将士。

屈獠洞斩李贲，传首建康。贲兄天宝遁入九真，收余兵二万围爱州，交州司马陈霸先率众讨平之。诏以霸先为西江督护、高要太守、督七郡诸军事。

甲戌，东魏遣太尉高岳、行台慕容绍宗、大都督刘丰生等将步骑十万攻魏王思政于颍川。思政命卧鼓偃旗，若无人者。岳恃其众，四面陵城。思政选骁勇开门出战，岳兵败走。岳更筑土山，昼夜攻之，思政随方拒守，夺其土山，置楼堞以助防守。

五月，魏以丞相泰为太师。

上遣建康令谢挺、散骑常侍徐陵等聘于东魏，复修前好。

秋，七月，庚寅朔，日有食之。

乙卯，东魏大将军澄朝于邺。以道士多伪滥，始罢南郊道坛。八月，庚寅，澄还晋阳，遣尚书辛术帅诸将略江、淮之北，凡获二十三州。

侯景自至寿阳，征求无已，朝廷未尝拒绝。景请娶于王、谢，上曰："王、谢门高非偶，可于朱、张以下访之。"景恚，曰："会将吴儿女配奴！"又启求锦万匹为军人作袍，中领军朱异议以青布给之。又以台所给仗多不能精，启请东冶锻工，欲更营造。景以安北将军夏侯夔之子譒为长史，徐思玉为司马，潘遂去"夏"称"侯"，托为族子。

上既不用景言，与东魏和亲，是后景表疏稍稍悖慢；又闻徐陵等使魏，反谋益甚。元贞知景有异志，累启还朝。景谓曰："河北事虽不果，江南何虑失之，何不小忍！"贞惧，逃归建康，具以事闻；上以贞为始兴内史，亦不问景。

临贺王正德，所至贪暴不法，屡得罪于上，由是愤恨，阴养死士，储米积货，幸国家有变；景知之。正德在北与徐思玉相知，景遣思玉致笺于正德曰："今天子年尊，奸臣乱国，以景观之，计日祸败。大王属当储贰，中被废黜，四海业业，归心大王。景虽不敏，实思自效，愿王允副苍生，鉴斯诚款！"正德大喜曰："侯公之意，阊与吾同，天授我也！"报之曰："朝廷之事，如公所言。仆之有心，为日久矣。今仆为其内，公为其外，何有不济！机事在速，今其时矣。"

鄱阳王范密启景谋反。时上以边事专委朱异，动静皆关之，异以为必无此理。上报范曰："景孤危寄命，譬如婴儿仰人乳哺，以此事势，安能反乎！"范重陈之曰："不早剪扑，祸及生民。"上曰："朝廷自有处分，不须汝深忧也。"范复请以合肥之众讨之，上不许。朱异谓范使曰："鄱阳王遂不许朝廷有一客！"自是范启，异不复为通。

景邀羊鸦仁同反，鸦仁执其使以闻。异曰："景数百叛虏，何能为！"敕以使者付建康狱，俄解遣之。景益无所惮，启上曰："若臣事是实，应置国宪；如蒙照察，请戮鸦仁！"景又言："高澄狡猾，宁可全信！陛下纳其诡语，求与连和，臣亦窃所笑也。臣宁堪粉骨，投命仇门，乞江西一境，受臣控督。如其不许，即帅甲骑，临江上，向闽、越，非唯朝廷自耻，亦是三公盱食。"上使朱异宣语答景使曰："譬如贫家，畜十客、五客，尚能得意；朕唯有一客，致有忿言，亦朕之失也。"益加赏赐锦彩钱布，信使相望。

戊戌，景反于寿阳，甲辰，诏以合州刺史鄱阳王范为南道都督，北徐州刺史封山侯正表为北道都督，司州刺史柳仲礼为西道都督，通直散骑常侍裴之高为东道都督，以侍中开府仪同三司邵陵王纶持节董督众军以讨景。正表，宏之子；仲礼，庆远之孙；之高，邃之兄子也。

侯景闻台军讨之，问策于王伟，伟曰："邵陵若至，彼众我寡，必为所困。不如弃淮南，决志东向，帅轻骑直掩建康；临贺反其内，大王攻其外，天下不足定也。兵贵拙速，宜即进路。"景乃留外弟中军大都督王显贵守寿阳；癸未，诈称游猎，出寿阳，人不之觉。冬，十月，庚寅，景扬声趣合肥，而实袭谯州，助防董绍先开城降之。执刺史丰城侯泰。泰，范之弟也；先为中书舍人，倾财以事时要，超授谯州刺史。至州，遍发民丁，使担腰舆、缴扇、等物，不限士庶；耻为之者，重加杖责，多输财者，即纵免之，由是人皆思乱。及侯景至，人无战心，故败。

庚子，诏遣宁远将军王质帅众三千巡江防遏。景攻历阳太守庄铁，丁未，铁以城降。因说景曰："国家承平岁久，人不习战，闻大王举兵，内外震骇，宜乘此际速趋建康，可兵不血刃而成大功。若使朝廷徐得为备，内外小安，遣羸兵千人直据采石，大王虽有精甲百万，不得济矣。"景乃留仪同三司田英、郭骆守历阳，以铁为导，引兵临江。江上镇戍相次启闻。上问讨景之策于都官尚书羊侃，侃请"以二千人急据采石，令邵陵王袭取寿阳；使景进不得前，退失巢穴，乌合之众，自然瓦解。"朱异曰："景必无渡江之志。"遂寝其议。侃曰："今兹败矣！"

戊申，以临贺王正德为平北将军，都督京师诸军事，屯丹杨郡。正德遣大船数十艘，诈称载荻，密以济景。景将济，虑王质为梗，使谍视之。会临川太守陈昕启称："采石急须重镇，王质水军轻弱，恐不能济。"上以昕为云旗将军，代质戍采石，徵质知丹杨尹事。昕，庆之之子也。质去采石，而昕犹未下渚。谍告景云："质已退。"景使折江东树枝为验，谍如言而返，景大喜曰："吾事办矣！"己酉，自横江济于采石，有马数百匹，兵八千人。是夕，朝廷始命戒严。

太子见事急，戎服入见上，禀受方略，上曰："此自汝事，何更问为！内外军事，悉以付汝。"太子乃停中书省，指授军事，物情惶骇，莫有应募者。朝廷犹不知临贺王正德之情，命正德屯朱雀门，宁国公大临屯新亭，大府卿韦黯屯六门，缮修宫城，为受敌之备。大临，大器之弟也。

己酉，景至慈湖。建康大骇，御街人更相劫掠，不复通行。赦东、西冶、尚方钱署及建康系囚，以扬州刺史宣城王大器都督城内诸军事，以羊侃为军师将军副之，南浦侯推守东府，西丰公大春守石头，轻车长史谢禧、始兴太守元贞守白下，韦黯与右卫将军柳津等分守宫城诸门及朝堂。推，秀之子；大春，大临之弟；津，仲礼之父也。摄诸寺库公藏钱，聚之德阳堂，以充军实。

庚戌，侯景至板桥，遣徐思玉来求见上，实欲观城中虚实。上召问之，思玉诈称叛景请间陈事，上将屏左右，舍人高善宝曰："思玉从贼中来，情伪难测，安可使独在殿上！"朱异侍坐，曰："徐思玉岂刺客邪！"思玉出景启，言"异等弄权，乞带甲入朝，除君侧之恶。"异甚惭悚。景又请遣了事舍人出相领解，上遣中书舍人贺季、主书郭宝亮随思玉劳景于板桥。景北面受敕，季曰："今者之举何名？"景曰："欲为帝也！"王伟进曰："朱异等乱政，除奸臣耳。"景既出恶言，遂留季，独遣宝亮还宫。

百姓闻景至，竞入城，公私混乱，无复次第，羊侃区分防拟，皆以宗室间之。军人争入武库，自取器甲，所司不能禁，侃命斩数人，方止。是时，梁兴四十七年，境内无事，公卿在位及间里士大夫罕见兵甲，贼至猝迫，公私骇震。宿将已尽，后进少年并出在外，军旅指㧑，一决于侃，侃胆力俱壮，太子深仗之。

辛亥，景至朱雀桁南，太子以临贺王正德守宣阳门，东宫学士新野庾信守朱雀门，帅宫中文武三千余人营桁北。太子命信开大桁以挫其锋，正德曰："百姓见开桁，必大惊骇，可且安物情。"太子从之。俄而景至，信帅众开桁，始除一舶，见景军皆著铁面，退隐于门。信方食甘蔗，有飞箭中门柱，信手甘蔗，应弦而落，遂弃军走。南塘游军沈子睦，临贺王正德之党也，复闭桁渡景。太子使王质将精兵三千援信，至领军府，遇贼，未陈而走。正德帅众于张侯桥迎景，马上交揖，既入宣阳门，望阙而拜，歔欷流涕，随景度淮。景军皆著青袍，正德军并著绛袍，碧里，既与景合，悉反其袍。景乘胜至阙下，城中恟惧，羊侃诈称得射书云："邵陵王、西昌侯援兵已至近路。"众乃小安。西丰公大春弃石头，奔京口；谢禧、元贞弃白下走；津主彭文粲等以石头城降景，景遣其仪同三司于子悦守之。

壬子，景列兵绕台城，幡旗皆黑，射启于城中曰："朱异等蔑弄朝权，轻作威福，臣为所陷，欲加屠戮。陛下若诛朱异等，臣则敛辔北归。"上问太子："有是乎？"对曰："然"。上将诛之。太子曰："贼以异等为名耳；今日杀之，无救于急，适足贻笑将来，俟贼平诛之未晚。"上乃止。

景绕城既匝，百道俱攻，鸣鼓吹唇，喧声震地。纵火烧大司马、东、西华诸门。羊侃使凿门上为窍，下水沃火；太子自捧银鞍，往赏战士；直阁将军朱思帅战士数人逾城出外洒水，久之方灭。贼又以长柯斧斫东掖门，门将

梁朝天监五铢

开，羊侃凿扇为孔，以槊刺杀二人，斫者乃退。景据公车府，正德据左卫府，景党宋子仙据东宫，范桃棒据同泰寺。景取东宫妓数百，分给军士。东宫近城，景众登其墙射城内。至夜，景于东宫置酒奏乐，太子遣人焚之，台殿及所聚图书皆尽。景又烧乘黄厩、士林馆、太府寺。癸丑，景作木驴数百攻城，城上投石碎之。景更作尖项木驴，石不能破。羊侃使作雉尾炬，灌以膏蜡，丛掷焚之，俄尽。景又作登城楼，高十余丈，欲临射城中。侃曰："车高堑虚，彼来必倒，可卧而观之。"及车动，果倒。

景攻既不克，士卒死伤多，乃筑长围以绝内外，又启求诛朱异等。城中亦射赏格出外曰："有能送景首者，授以景位，并钱一亿万，布绢各万匹。"朱异、张绾议出兵击之，问羊侃，侃曰："不可。今出人若少，不足破贼，徒挫锐气；若多，则一旦失利，门隘桥小，必大致失亡。"异等不从，使千余人出战；锋未及交，退走，争桥赴水死者大半。

侃子鷟，为景所获，执至城下，以示侃，侃曰："我倾宗报主，犹恨不足，岂计一子，幸早杀之！"数日，复持来，侃谓鷟曰："久以汝为死矣，犹在邪！"引弓射之。景以其忠义，亦不之杀。

十一月，临贺王正德即帝位于仪贤堂，以景为丞相，妻以女，并出家之宝货悉助军费。

于是景营于阙前，分其兵二千人攻东府；南浦侯推拒之，三日，不克。景自往攻之，矢石雨下，宣城王防阁许伯众潜引景众登城。辛酉，克之；杀南浦侯推及城中战士三千人，载其尸聚于杜姥宅，遥语城中人曰："若不早降，正当如此！"

景声言上已晏驾，虽城中亦以为然。壬戌，太子请上巡城，上幸大司马门，城上闻跸声，皆鼓噪流涕，众心粗安。

江子一之败还也，上责之。子一拜谢曰："臣以身许国，常恐不得其死；今所部皆弃臣去，臣以一夫安能击贼！若贼遂能至此，臣誓当碎首以赎前罪，不死阙前，当死阙后。"乙亥，子一启太子，与弟尚书左丞子四、东宫主帅子五帅所领百余人开承明门出战。子一直抵贼营，贼伏兵不动。子一呼曰："贼辈何不速出！"久之，贼骑出，夹攻之。子一径前，引槊刺贼；从者莫敢继，贼解其肩而死。子四、子五相谓曰："与兄俱出，何面独旋！"皆免胄赴贼。子四中矟，洞胸而死；子五伤腘，还至堑，一恸而绝。

景初至建康，谓朝夕可拔，号令严整，士卒不敢侵暴。及屡攻不克，人心离沮。景恐援兵四集，一旦溃去；又食石头常平诸仓既尽，军中乏食；乃纵士卒掠夺民米及金帛子女。是后米一升至七八万钱，人相食，饿死者什五六。

乙丑，景于城东、西起土山，驱迫士民，不限贵贱，乱加殴捶，疲羸者因杀以填山，号哭动地。民不敢窜匿，并出从之，旬日间，众至数万。城中亦筑土山以应之。太子、宣城王已下，皆亲负土，执畚锸，于山上起芙蓉层楼，高四丈，饰以锦罽，募敢死士二千人，厚衣袍铠，谓之"僧腾客"，分配二山，昼夜交战不息。会大雨，城内土山崩；贼乘之，垂入，苦战不能禁。羊侃令多掷火，为火城以断其路，徐于内筑城，贼不能进。

景募人奴降者，悉免为良；得朱异奴，以为仪同三司，异家赀产悉与之。奴乘良马，衣锦袍，于城下仰诟异曰："汝五十年仕宦，方得中领军；我始事侯王，已为仪同矣！"于是三日之中，群奴出就景者以千数，景皆厚抚以配军，人人感恩，为之致死。

荆州刺史湘东王绎闻景围台城，丙寅，戒严，移檄所督湘州刺史河东王誉、雍州刺史岳阳王詧、江州刺史当阳公大心、郢州刺史南平王恪等，发兵入援。大心，大器之弟；恪，伟之子也。

陈昕为景所擒，景与之极饮，使昕收集部曲，欲用之。昕不可，景使其仪同三司范桃棒囚之。昕因说桃棒，使帅所部袭杀王伟、宋子仙，诣城降。桃棒从之，潜遣昕夜缒入城。上大喜、敕镌银券赐桃棒曰："事定之日，封汝河南王，即有景众，并给金帛女乐。"太子恐其诈，犹豫不决，上怒曰："受降常理，何忽致疑！"太子召公卿会议，朱异、傅岐曰："桃棒降必非谬。桃棒既降，贼景必惊，乘此击之，可大破也。"太子曰："吾坚城自守以俟外援，援兵既至，贼岂足平！此万全策也。今开门纳桃棒，桃棒之情，何易可知！万一为变，悔无所及；社稷事重，须更详之。"异曰："殿下若以社稷之急，宜纳桃棒；如其犹豫，非异所知。"太子终不能决。桃棒又使昕启曰："今止将所领五百人，若至城门，皆自脱甲，乞朝廷开门赐容。事济之后，保擒侯景。"太子见其恳切，愈疑之。朱异抚膺曰："失此，社稷事去矣！"俄而桃棒为部下所告，景拉杀之。陈昕不知，如期而出，景邀得之，逼使射书城中曰："桃棒且轻将数十人先入。"景欲衷甲随之，昕不肯，期以必死，乃杀之。

邵陵王纶行至钟离，闻侯景已渡采石，纶昼夜兼道，旋军入援，济江，中流风起，人马溺者什一二。遂帅宁远将军西丰公大春、新涂公大成、永安侯确、安南侯骏、前谯州刺史赵伯超、武州刺史萧弄璋等，步骑三万自京口西上。大成，大春之弟；确，纶之子；骏，懿之孙也。

景遣军至江乘拒纶军。赵伯超曰："若从黄城大路，必与贼遇，不如径指钟山，突据广莫门，出贼不意，城围必解矣。"纶从之，夜行失道，迂二十余里，庚辰旦，营于蒋山。景见之大骇，悉送所掠妇女、珍货于石头，具舟欲走。分兵三道攻纶，纶与战，破之。时山巅寒雪，乃引军下爱敬寺。景陈兵于覆舟山北，乙酉，纶进军玄武湖侧，与景对陈，不战。至暮，景更约明日会战，纶许之。安南侯骏见景军退，以为走，即与壮士逐之；景旋军击之，骏败走，趣纶军。赵伯超望见，亦引兵走，景乘胜追击之，诸军皆溃。纶收余兵近千人，入天保寺；景追之，纵火烧寺。纶奔朱方，士卒践冰雪，往往堕足。景悉收纶辎重，生擒西丰公大春、安前司马庄丘慧、主帅霍俊等而还。丙戌，景陈所获纶军首虏铠仗及大春等于城下，使言曰："邵陵王已为乱兵所杀。"霍俊独曰："王小失利，已全军还京口。城中但坚守，援军寻至。"贼以刀殴其背，俊辞色弥厉；景义而释之，临贺王正德杀之。

是日晚，鄱阳王范遣其世子嗣与西豫州刺史裴之高、建安太守赵凤举各将兵入援，军于蔡洲，以待上流诸军，范以之高督江右援军事。景悉驱南岸居民于水北，焚其庐舍，大街以西，扫地俱尽。

北徐州刺史封山侯正表镇钟离，上召之入援，正表托以船粮未集，不进。景以正表为南兖州刺史，封南郡王。正表乃于欧阳立栅以断援军，帅众一万，声言入援，实欲袭广陵，密书诱广陵令刘询，使烧城为应，询以告南兖州刺史南康王会理。十二月，会理使询帅步骑千人夜袭正表，大破之；正表走还钟离。询收其兵粮，归就会理，与之入援。

癸巳，侍中、都官尚书羊侃卒，城中益惧。

湘东王绎遣世子方等将步骑一万入援建康，庚子，发公安。绎又遣竟陵太守王僧辩将舟师万人，出自汉川，载粮东下。方等有俊才，善骑射，每战，亲犯矢石，以死节自任。

壬寅，侯景以火车焚台城东南楼。材官吴景，有巧思，于城内构地为楼，火才灭，新楼即立，贼以为神。景因火起，潜遣人于其下穿城。城将崩，乃觉之；吴景于城内更筑迂城，状如却月以拟之，兼掷火，焚其攻具，贼乃退走。

己酉，景土山稍逼城楼，柳津命作地道以取其土，外山崩，压贼且尽。又于城内作飞桥，悬罩二土山。景众见飞桥迥出，崩腾而走；城内掷雉尾炬，焚其东山，楼栅荡尽，贼积死于城下。乃弃土山不复修，自焚其攻具。材官将军宋嶷降于景，教之以玄武湖水以灌台城，阙前皆为洪流。

上徵衡州刺史韦粲为散骑常侍，以都督长沙欧阳頠监州事。粲，放之子也，还，至庐陵，闻侯景乱，粲简阅部下，得精兵五千，倍道赴援。至豫章，闻景已出横江，粲就内史刘孝仪谋之，孝仪曰："必如此，当有敕。岂可轻信人言，妄相惊动！或恐不然。"时孝仪置酒，粲怒，以杯抵地曰："贼已度江，便逼宫阙，水陆俱断，何暇有报！假令无敕，岂得自安！韦粲今日何情饮酒！"即驰马出部分。将发，会江州刺史当阳公大心遣使邀粲，粲乃驰往见大心曰："上游藩镇，江州去京最近，殿下情计诚宜在前。但中流任重，当须应接，不可阙镇。今宜且张声势，移镇湓城，遣偏将赐随，于事便足。"大心然之，遣中兵柳昕帅兵二千人随粲，粲至南洲，外弟司州刺史柳仲礼亦帅步骑万余人至横江，粲即送粮仗赡给之，并散私金帛以赏其战士。

西豫州刺史裴之高自张公洲遣船渡仲礼，丙辰夜，粲、仲礼及宣猛将军李孝钦、前司州刺史羊鸦仁、南陵太守陈文彻,合军屯新林王游苑。粲议推仲礼为大都督,报下流众军;裴之高自以年位,耻居其下,议累日不决。粲抗言于众曰:"今者同赴国难,义在除贼。所以推柳司州者,正以久捍边疆,先为侯景所惮;且士马精锐,无出其前。若论位次,柳在粲下,语其年齿,亦少于粲,直以社稷之计,不得复论。今日形势,贵在将和,若人心不同,大事去矣。裴公朝之旧德,岂应复挟私情以沮大计!粲请为诸军解之。"乃单舸至之高营,切让之曰:"今二宫危逼,猾寇滔天,臣子当戮力同心,岂可自相矛盾!豫州必欲立异,锋镝便有所归。"之高垂泣致谢,遂推仲礼为大都督。

宣城内史杨白华遣其子雄将郡兵继至,援军大集,众十余万,缘淮树栅,景亦于北岸树栅以应之。

裴之高与弟之横以舟师一万屯张公洲。景因之高弟、侄、子、孙,临水陈兵,连锁列于陈前,以鼎镬、刀锯随其后,谓曰:"裴公不降,今即烹之。"之高召善射者使射其子,再发,皆不中。

景帅步骑万人于后渚挑战,仲礼欲出击之。韦粲曰:"日晚我劳,未可战也。"仲礼乃坚壁不出,景亦引退。

东魏大将军澄患民钱滥恶,议不禁民私铸;但悬称市门,钱不重五铢,毋得入市。朝议以为年谷不登,请俟他年,乃止。

魏太师泰杀安定国臣王茂而非其罪,尚书左丞柳庆谏,泰怒曰:"卿党罪人,亦当坐!"执庆于前。庆辞色不挠,曰:"庆闻君蔽于事为不明,臣知而不争为不忠。庆既竭忠,不敢爱死,但惧公为不明耳。"泰寤,亟使赦茂,不及,乃赐茂家钱帛,曰:"以旌吾过。"

丙辰晦,柳仲礼夜入韦粲营,部分众军。旦日,会战,诸将各有据守,令粲顿青塘。粲以青塘当石头中路,贼心争之,颇惮之。仲礼曰:"青塘要地,非兄不可;若疑兵少,当更遣军相助。"乃使直阁将军刘叔胤助之。

【译文】

太清二年（戊辰、548年）

春,正月,初七,慕容绍宗派铁骑5000夹进攻侯景。侯景欺骗他的部众说:"你们的家属,都已经被高澄杀害了。"绍宗远远地叫道:"你们的家属还好好地活着,如果回来的话,仍然可以保存你们的旧官勋。"并且散开头发向北斗星宣誓，以表明他的话不是假话。侯景的士卒不喜欢到南方来，他的将领暴显等带领所属部众向绍宗归顺。侯景的部众于是大乱，争着要抢过涡水，河水因而阻塞不通。侯景和几个心腹骑着马从硖石过了淮水，渐渐地集结了一些逃散的士卒，集合了步骑共800人，向南经过小城时，有人爬到城上的短墙向侯景骂道："跛奴！你还想做什么！"侯景很生气，就攻占了城门，杀掉那个骂他的人后才离去。侯景率部众白天晚上拼命赶路，追军也不敢紧逼。慕容绍宗又派使者对绍宗说："侯景如果被你们抓到，对你们又有什么益处呢！"绍宗于是放了他。

侯景失败后，不知道要往何处。当时鄱阳王范改派南豫州刺史，还没到任。马头戍主刘神茂，平常就和监州事韦黯意见不合，听到侯景来了，就去欢迎他。侯景问他："寿阳离这里不远，城池坚固，我想去投奔那边，韦黯会接收我吗？"神茂说："韦黯虽然镇守城池，只不过是监州罢了。王若奔驰到近郊，他一定会出来欢迎，因而趁机把他抓起来，一定可以成事。等到占了城后，再偷偷地向皇上禀奏，朝廷如果听到王回到南方来，一定很高兴，绝对不会叱责的。"侯景拉着他的手说："这是老天教我的。"神茂央求率领步骑100名先出发做向导。二十日，侯景晚上才到寿阳城下；韦黯以为是贼兵，叫士卒穿上铠甲，登上城头短墙。侯景派他的部下告诉他们说："河南王战败来投奔这个城镇，希望赶快开门。"韦黯说："既没有接到皇上的命令，所以也不敢开城门答复你们的请求。"侯景对神茂说："事情好像不太称心啊！"神茂说："韦黯生性软弱，而且也没有什么才智，可以继续去说服他。"于是派寿阳人徐思玉去见韦黯说："河南王是朝廷的重臣，你也知道的。现在战事不利而来投奔，你为何不接收呢？"韦黯说："我接到的命令，只知道守住城，河南王自己失败，管我什么事！"徐思玉说："国家交付给你的是边外战略要地，现在你不肯开门，如果魏兵来了，河南王被魏兵杀掉，你难道能单独地存活下去吗？到那时

韦睿像

候又有什么面目去向朝廷答复呢？"韦黯深觉有理。徐思玉出去报告，侯景很高兴地说："救我的人，就是你。"二十一日，韦黯打开城门接纳侯景。侯景派他的部将分别守住四个门，责问韦黯，而且要把他杀掉，随即又拍手大笑，很高兴地准备酒。韦黯，是韦睿的儿子。

朝廷听到侯景战败了，没有能审问出原因；有人说："侯景和将士都死了。"朝廷上下都非常担心。侍中、太子詹事何敬容到东宫，太子说："淮北开始又有来信了，信中说侯景必定得以保全性命，不是像传说那样。"敬容说："如果侯景能死，那才是朝廷的福分呢。"太子脸色都变了，惊讶地问明原因，敬容说："侯景是一个变化无常的叛乱臣子，终究会使国家叛乱。"太子在东宫玄圃自己讲授老、庄思想，敬容对学士吴孜说："以前西晋祖崇尚老、庄玄虚的哲学，使得中原沦没在胡、羯手中，现在太子在东宫也是这样，这样下去江南地方恐怕也将变成犬戎的！"

二十二日，侯景派仪同三司于子悦奔驰去把失败的消息奏报朝廷，并且自行请求罢官。诏命却特别优宠他，没有允许。侯景又央求补给，皇上认为侯景的兵刚刚打仗，不忍移转变动。二十三日，就派侯景为南豫州牧，本官还是不变；改派鄱阳王范为合州刺史，把守合肥。光禄大夫萧介上表进谏说："我听说侯景在涡阳打败仗，单马逃命回来，陛下不追究他以前的罪过，又下令接收他。我听人家说过凶人的本性是不会改变的，天下的恶人都一样。以前吕布杀掉丁原去事奉董卓，终于还是杀掉董卓而为贱贼；刘牢反叛王恭归降于晋，还是背弃晋而联合妖邪。是什么缘由呢？俗话说：'狼的儿子毕竟是野兽的心肠，终究没有顺服亲和的习性，以饲养老虎来打比方，最后一定会因为饥饿而发生咬人的惨祸啊！'侯景以阴险狡猾的才智，又得到高欢提拔辅佐，位高在台司，职位居于方伯，然而高欢刚死，坟土未干，随即反过来咬他们一口。叛逆的兵力不够，就又逃到关西救援；宇文泰不肯接收他，所以又来投奔我们。陛下以前所以能包容各方人才，是想联合属国降胡，以便征伐匈奴，希望获得一次战事的胜利罢了！现在侯景既然已经军队失败，土地又失去了，只不过是边境上的匹夫罢了，陛下难道为了爱一个匹夫而抛弃和邻国东魏的友好吗？如果国家仍然等待他再振奋高呼的时刻，贞臣尽死节的功绩，那么我私自认为侯景绝对不是贞节而能尽忠的臣子；他背叛乡国就像脱掉鞋子一样，背弃君亲就像丢掉草芥一样，又怎么能知晓他是远慕我朝圣德，为江、淮地方的忠实臣子呢？事情的迹象已经很显著，没有什么可以疑惑的。臣已经老了，又常受疾病的侵袭，本不应该干涉朝廷政务，但是以前楚国令尹子囊快死的时候，遗言教子庚一定要筑郢城，君子说子囊有忠心，将死还不忘保卫祖国；卫人史鱼，临死前因有感于灵公不用蘧伯玉，不退弥子瑕而数谏不听，所以命儿子死以尸谏，感动了灵公，这是史鱼尸谏的节操。我辱为宗室元老，怎么敢忘记汉成帝时刘向上封事极谏的忠心！"皇上称赞他的忠贞心志，却仍然没有采用他的建议。萧介，是宋元嘉间萧思话的孙子。

初三，东魏大将军高澄到邺觐见。

西魏派开府仪同三司赵贵任司空。

西魏皇孙诞生，大赦境内。

二月，东魏杀掉他们的南兖州刺史石长宣，征讨侯景的余党；其余被侯景胁迫听从的，都豁免他们的罪过。

东魏已经得到了悬瓠、项城，又全部收复了原来的边境，大将军高澄好几次派人送文书到梁，又请求两国通好，梁朝廷没有应允。高澄对贞阳侯渊明说："先王和梁主和好，已经有十几年了，听说梁主在礼佛时祝文说：'为魏主及先王高欢祈福。'这乃是梁主的一番厚爱心意；不料一朝失信，招致现在的祸乱，知道这不是梁主本来的心意，一定是侯景煽动的，应该派使者咨询议论。如果梁主没有忘记以前和先父的交情，那么我也不敢违背先王的意思，被东魏抓来的那些人一定会遣送回国，侯景的家属也一定会一起被遣送到梁地去。"渊明于是派省事夏侯僧辩捧奏书上呈给皇上，说："渤海王是一位弘厚的长者，如果两国再通友好，一定听任渊明回去。"皇上得到奏报，感动得流下眼泪，于是召集朝中大夫共同商议。右将军朱异，御史中丞张绾等都说："使寇仇安宁，安息百姓，只有通和才是适宜的。"只有司农傅岐说："高澄为什么需要通和，一定又有什么计谋，所以教贞阳侯派遣使者前来，想教侯景自己猜忌；侯景如果心意不能安，必会计划祸乱。如果应允通好，正中他的圈套。"朱异等坚持央求通好讲和，皇上也讨厌战争，于是听从朱异的话，赐给渊明书信说："知道高澄大将军礼遇你不薄，看了你的奏报，非常安慰感怀，一定会另外派使者，重新去修敦厚睦邻的友谊。"

僧辩回去后，经过寿阳，侯景私下拜访他，仔细询问他，他都一一回答。于是写了一封给渊明的回信，又上奏给皇上说："高澄心地毒辣，在北面领土上积满了怨恨，高欢的死是每个人所祈愿的，也是老天服从民愿想杀死他的。他的儿子高澄继承了他的恶毒本性，大家都在算计着他的灭亡时日，所以老天罔昧而让他打一次胜仗的缘由,是上天故意要动散他的心,使他积满凶毒罢了。高澄如果行为合于天心,内心没有什么好担心的,又何必急着要拿财宝璧玉来求和呢?这难道不是让西魏的兵扼住他的喉咙,北方柔然的兵骑在他的背上一样吗?所以说甜言蜜语,厚重币帛,都是拿来安抚大国的。臣听说:'一天敌人,就会遗留数代的灾祸。'何必叹惜高澄这一个小子,而丢弃了亿万百姓的心,我私自以为北魏何时最强?没有比天监开始时再强的了,钟离的战役,他们一匹马都没回去。在他们强盛时,陛下尚且要去攻伐战胜他们;等到他们衰弱时,反而想和他们谈和。这是遗弃自己的成功,而放纵了垂死的俘房,让他假借强梁为借口,而遗留给后世忧患。这样不只是我这个愚臣生气,实在是令每个有志的士人都痛心的事。以前伍子胥从楚逃到吴,吴王阖闾接纳他,最后破楚入郢,楚国终被消灭;陈平离开项羽去侍奉刘邦,刘邦用他,终于兴起称帝;臣虽然才华比古人卑劣驽钝,但志向却和他们一样。臣确实知道高澄是忌妒贾季奔翟而翟强;厌烦随会奔秦而使晋人忧患,所以请求订立盟约谈和,希望除掉他的祸患。如果因为臣死而有益于梁,我一定万死不辞;只是担心千年后,会污秽了良史的笔。"侯景又写信给朱异,馈赠给他300两金子,朱异接收了金子而不给他回信。

十七日,皇上派使者去慰问高澄。侯景又启奏说:"臣和高澄之间,不合的裂痕已经很深,我仰仗着圣朝的威德,期望能洗刷仇恨羞辱;现在陛下又和高澄联合,使臣无地自容,只乞求声讨后出战,宣扬我们圣德皇威!"皇上回报他说:"朕对您的大义已经明白了,那里有成功时就互相接纳,失败了就互相背弃的道理!现在高澄派使者来求和,朕也更想要偃息战事。进退的思虑,国家有常制,公尽管清静养身,不必劳神忧虑!"侯景又启奏说:"臣现在贮积粮草,集合部众,喂饱马,藏好武器准备战争,日子是可以计算出来,克敌清除赵、魏地方,但又不可以没有理由地出兵,所以希望陛下做主发令罢了!现在陛下把臣远弃在外,南北再通好往来,将来唯恐我这微臣的性命,不免要丧在高澄的手中。"梁武帝又回报他说:"朕是万乘大国的君主,怎么可以失信在这件小事上?想必你一定能通晓这份用心,请你不必再劳驾启奏了!"

侯景于是假装东魏邺都来信,央求用贞阳侯来换回侯景,皇上应允了。舍人傅岐说:"侯景因为穷困而来归顺,要放弃他是不吉祥的事;而且他是身经百战人,难道他愿意束手就擒吗?"谢举、朱异说:"侯景是逃奔失败的将领,一个供我们使唤的力量罢了。"皇上听从了他们的进谏,又回信说:

"贞阳侯早上送来，侯景晚上送回。"侯景对左右的人说："我就知道这吴地老头儿是个薄心肠的人！"王伟游说侯景说："现在你坐在这儿听命也要死，发动战事也要死，只好由你自己谋划决定了！"于是开始作造反的计划：所统辖郡县的百姓，全部都召集为军士，即刻停止征收商店和田地租收，并把百姓的子女都许配给将士。

李贲在屈獠洞被杀，首级传到建康。李贲的哥哥天宝逃入九真，收拾剩下的士兵2万人围攻梁的爱州。交州司马陈霸先带领部众去讨平他，皇上下诏命陈霸先为西江督护、高要太守、督导七郡诸军事。

十三日，东魏派太尉高岳、行台慕容绍宗、大都督刘丰生等带领步卒骑兵10万人去攻打西魏在颍川的王思政。王思政命令部众藏起鼓，放下旌旗，好像全营都没有人的样子，高岳依赖自己人多，四面侵陵城池。王思政选择刚强英勇的将士开门迎战，高岳被打败后逃走。高岳又筑起土山，不分昼夜地攻打，王思政随着他攻击的方位来抗拒守备，夺取了他们的土山，又安置高楼在城上短墙以便来帮助协防。

五月，西魏派丞相宇文泰为太师。

皇上派建康令谢挺、散骑常侍徐陵等到东魏访问，恢复以前友好的关系。

秋，七月，初一，日蚀。

二十六日，东魏大将军高澄到邺朝觐。认为假的道士太多，甚至有泛滥的势头，才取消南郊道坛。八月，初二，高澄回到晋阳，派遣尚书辛术带领各路将领侵略江、淮的北部，共获得23个州。

侯景自从到寿阳后，不断地提出要求，朝廷也不曾谢绝他。侯景请求娶王、谢宗族的女子，皇上说："王、谢宗族防第很高，不是你匹配的对象，你可以在朱、张宗族以下去找。"侯景愤怒地说："会把吴儿女嫁给我！"又启奏央求赐锦布万匹为军人做战袍，中领军朱异建议用粗布给他。又认为御史台所供给的兵器大多不精纯，奏报请求东野锻工再加炼造。侯景任用安北将军夏侯夔的儿子夏侯譒做长史，徐思玉做司马，譒于是去掉"夏"姓改"侯"姓，并托为侯族的儿子。

皇上既然不用侯景的进谏，而且和东魏谈和亲近，从此以后侯景上表疏时渐渐露出背叛傲慢的态度；又听说派徐陵等出使魏，侯景叛乱的意图更加明显了。元贞知道侯景有不忠的心志，多次启奏请求调回朝廷。侯景对他说："河北的战役虽然没有什么成果，江南这边又何必担忧会失掉，为什么不稍微忍耐些呢？"元贞很恐惧，逃回建康，把这些事都上表报告；皇上认为元贞是始兴内史，也不过问侯景的事。

临贺王正德，所到的地方总是贪暴苛刻，不守正法，多次得罪皇上，于是黜废封爵官位，因此怀恨在心，暗地里蓄养亡命的兵卒，储备粮草，贬藏财货，待国家有变时，趁机造反；侯景知道了这件事。正德在奔魏时曾和徐思玉很有交情，侯景就派徐思玉拿着信笺去给正德说："现在天子年纪大了，常有奸邪臣子扰乱国事，依景看来，衰落败亡的日子是近了。大王本来应该是储君人选，中间又被废除罢黜，天下人心危动，都归心大王。我虽不聪敏，实在诚心想效忠您，希望王允许我达成百姓的心愿，我的诚心，望您能鉴察！"正德大喜说："侯公的意愿，正和我一样，这是天给我的啊！"回信说："朝廷的事，就像公所说的一样，仆有这种打算，已经很久了，现在仆做内应，公在外行事，那里会有不成的道理！机密的事情就必须赶快行动，现在正是时候了。"

鄱阳王范秘密启奏说侯景想谋叛造反，当时皇上正把边陲事专门委派朱异，动静事宜都由他裁决，朱异认为必定不会有这种事情。皇上回范信说："侯景孤弱危殆，现在只是寄命在那儿，就像婴儿一样还要靠人喂奶，以这样的形势，怎么能叛乱？"范重新陈述说："不早一点消灭他，祸患会连累到百姓。"皇上说："朝廷自会处理，不必要你来操这么多的心。"范又央求派合肥的部众去征讨他，皇上不允许。朱异对范的使者说："鄱阳王就是不允许朝廷里有一位外来的客人！"从此范的奏报，朱异都不再通报给梁帝。

侯景邀请羊鸦仁一同造反，鸦仁把侯景派来的使者抓起来，告诉朝廷。朱异说："侯景只有几百个反叛的俘兵，能做得了什么呢？"命令把使者交给建康监狱，不久就放了他，解送回去。侯景更加肆无忌惮，奏报皇上说："如果臣的事是真的，就应该蒙国法处置；但是如果能受到明察，而无罪过的话，就应该把羊鸦仁杀掉！"侯景又说："高澄很狡诈，而却宁愿完全相信他的话！陛下接受了他诡诈的谎言，要求联合，这是臣私自引为笑话。臣难道能粉身碎骨而投奔在仇人的门下吗？请求能得江西一地区，让臣控制督导。如果不允许，我就即刻带领武装骑兵，前往江上，向闽、越出兵，这不只是朝廷的羞辱，也是三公大臣所忧心的事。"皇上派朱异传话回答侯景的使者说："就像穷困的人家养10个客、5个客，都还能得意，朕只养了1个客，就有气愤的言辞，这实在是朕的过失啊！"再加给锦彩钱布等赏赐，希望能使他信服。

初十，侯景从寿阳造反。十六日，下诏令派合州刺史鄱阳王范做南道都督，北徐州刺史封山侯正表做北道都督，司州刺史柳仲礼做西道都督，通直散骑常侍裴之高做东道都督，用侍中开府仪同三司邵陵王纶持节董督众军来征讨侯景。正表，是萧宏的儿子；仲礼就是庆远的孙子；之高就是邃哥哥的儿子。

侯景听说天子派军队攻打他，就向王伟询问对付的计策。王伟说："邵陵王如果带兵来的话，他们人多，我们人少，一定会被他们围困。不如放弃淮南，决心向东走，带领轻便骑兵直接掩护到建康；临贺从里面造反，大王从外面攻进，天下就可以平定了。军队作战，贵在快速，应该马上出发上路。"侯景于是留着表弟中军大都督王显贵守着寿阳；二十五日，欺骗他们说要出去打猎，离开寿阳，别人都没有察觉。冬，十月，初三，侯景传言说要往合肥，而实际上是去袭击谯州，助防董绍先开城投降。把刺史丰城侯泰抓起来。泰，是范的弟弟；起先是中书舍人，倾尽家财去事奉当时政要，没有按常规授予谯州刺史。到了谯州上任，到处征发民间壮丁，教他们扛抬齐腰的车子、扇、伞等物，不管是士人或庶民，如果觉得做这些是羞耻而不做的话，就重重地用刑杖责罚。但是如果多给他财物贿赂，就可以豁免，因此人心都散乱不堪。等到侯景一到，人都没有战备的心，所以只能失败了。

十三日，皇上下诏令遣宁远将军王质带领部众3000人巡视长江防止作乱。侯景攻打历阳，太守是庄铁。二十日，庄铁开城投降。于是劝侯景说："国家太平的时间太久了，人人不习惯作战，听说大王起兵，国内外的人都震惊担忧，应该趁着这个时机立刻前往建康，可以不必让战士流血就完成大功业。如果让朝廷稍为有点准备，内外稍为安定些，只要派羸弱的兵士1000多人直接镇守在采石，大王即使有百万的精兵，也不能成功的！"侯景于是留下仪同三司田英、郭骆据守在历阳，任庄铁做向导，带领军队靠近江边。江上镇守在边成的官员相继地奏报。皇上就向都官尚书羊侃过问讨伐侯景的计策，羊侃请求"派2000人立刻据守采石，命令邵陵王偷袭攻取寿阳，让侯景进没办法进，退又失去了巢穴，像乌鸦集结的部队，自然就会瓦解溃散。"朱异说："侯景必定没有渡江的心志。"于是拒绝用他的建议。羊侃说："这次肯定会失败！"

二十一日，皇上派临贺王正德做平北将军，督察京师的各项军事，驻守丹杨郡。正德派大船数十艘，假装说是载运芦荻，悄悄去接景渡江。侯景将渡时，担心王质会从中作梗，派间谍看着他。刚好临川太守陈昕上奏说："采石急切需要加倍防范，王质的水军兵力弱了些，恐怕没办法完成重任。"皇上就派陈昕做云旗将军，代理王质守卫采石，征召王质去主管丹杨尹的职事。陈昕，是陈庆的儿子。王质离开采石，而陈昕还留在建康没下秦淮渚。密探告诉侯景说："王质已经退走了。"侯景教人折断江东树枝做证明，密探依照他的话做了后回去。侯景大喜说："我的事办成了！"二十二日，从横江渡到采石，有马数百匹，兵士8000人。这天晚上，朝廷才开始命令戒严。

太子看到事态紧急，穿戴军服进朝叩见皇上，禀告指示方法策略。皇上说："这是你自己的事，何必又要问什么呢？内外军事，都交给你了。"太子就留在中书省，指挥军事要务，民情惶恐惊骇，没有人肯依从召募的。朝廷还不知道临贺王正德的实情，派命正德驻守朱雀门，宁国公大临驻守新亭，大府卿韦黯驻守六门，补修宫城，作为迎敌的准备。大临，是大器的弟弟。

二十二日，侯景到了慈湖，建康地区大为惊奇，御街上人们互相抢劫掠夺，不再能通行了。于是豁免了东、西冶炼工厂，尚方钱署和建康被关的囚犯，派扬州刺史宣城王大器督促城内各路军事，派羊侃做军师将军为副手，南浦侯推驻守东府，西丰公大春驻守石头，轻车长史谢禧、始兴太守元贞镇守白下，韦黯和右卫将军柳津等分别驻守宫城各门和朝堂。南浦侯推，是安成王秀的儿子；大春，是大临的弟弟；津，是仲礼的父亲。取各寺库公家的储钱，集聚在德阳堂，用来充实军备。

二十三日，侯景到了板桥，派遣徐思玉来求见皇上，其实是想观察城里的虚实。皇上召见他，并质问他。思玉欺骗皇帝背叛了侯景，并央求能趁隙陈报要事，皇上把左右人都屏退，舍人高善宝说："徐思玉是从贼兵那里来的，情况很难估量，怎么可以让他单独和皇上在殿堂上？"朱异侍候在旁坐，说："徐思玉怎么是刺客呢？"徐思玉拿出侯景的奏报，说："朱异等玩弄权术，请求能带装备盔甲进入朝廷，除掉国君旁边的恶人！"朱异非常羞愧害怕。侯景又请求派遣晓事的舍人出来总录侯景所说的事，且分辨是非，皇上派中书舍人贺季、主书郭宝亮随着徐思玉到板桥犒赏侯景，侯景向北面接受敕令，贺季说："今天的出兵举动是用什么名义？"侯景说："想做皇帝啊！"王伟上前说："朱异等人扰乱政事，所以要除掉奸邪臣子罢了。"侯景已经说出诳妄的话，于是留住贺季，只有派郭宝亮回宫。

百姓听说侯景来了，竞相进城，公私混乱，再也没有顺序了。羊侃划分设计城防，都是用宗室来间隔开。士兵争着进入武器库房，自己取用器具盔甲，主管也无法阻止，羊侃命令杀掉了好几人，才阻止了士兵的争夺。这时候，梁建国已经47年了，境内没有什么事，在位的公卿和闾里士大夫很少见到兵甲军队。贼兵突然来到，官府百姓都吃惊震动。老将都死光了，后进少年都出巡在外，军队的指挥，全由羊侃决策，羊侃胆量力气都勇壮，太子深深倚仗着他。

二十四日，侯景到了朱雀桁南边，太子派临贺王正德镇守宣阳门，东宫学士新野人庾信驻守朱雀门，率领宫中文武官员3000多人扎营在朱雀桁北。太子命庾信打开大浮桥来挫伤他们的锋芒，正德说："百姓看到开浮桥，必定大大惊骇，可先暂且稳定民心。"太子听从了他的建议。不久侯景到了，庾信带领部众打开大浮桥，才刚刚驶出一大舟，看见侯景的军队都戴着铁面具，退后隐身在门外。庾信正在吃甘蔗，有飞箭射中了门柱，庾信手上的甘蔗，应弦声而掉落，于是遗弃了军队，拔腿跑了。南塘游军沈子睦是临贺王正德的同党，又把浮桥关起来让侯景军队渡过去。太子派王质带领精锐兵士3000去援助庾信，到了领军府，遇到了贼兵，还没有布好阵势就逃走了。正德统领军队在张侯桥迎侯景，在马上互相作揖，就进入了宣阳门，然后对着宫阙下拜，忧伤地流下眼泪，随着侯景渡过淮水。侯景的军队都穿着青色战袍。正德的军队都穿着红色的战袍，青色的内里。在与侯景联合后，就把青色内里反过来，也和侯景军队一样都换成青色战袍。侯景趁着胜利的余威打到宫阙下，京城里的军队都喧扰恐惧，羊侃骗人说得到了一封系在箭上射进来的信说："邵陵王、西昌侯的救兵已经到附近的路上了。"大家才慢慢安心。西丰公大春放弃了石头，奔到京口；谢禧、元贞放弃了白下逃走；津主彭文粲等打开石头城投降侯景，侯景派他的仪同三司于子悦镇守着。

二十五日，侯景排列兵阵围着台城，随风飘扬的旌旗都是黑色的，把启奏文书射进城中说："朱异等人轻视皇上，玩弄朝廷政权，行动轻浮，作威作福，臣被他所迫害，想将他杀掉。陛下如果杀掉朱异那批人，那么臣一定收敛马辔带兵回到北边去。"皇上问太子："有这回事吗？"太子回答说："是的。"皇上想把朱异杀掉。太子说："贼人用朱异那些人做借口起兵，现在如果真的把他们杀了，对急迫的形势也没有什么帮助，正好让人留下耻笑罢了，将来等到贼兵平定后，再杀他们也不晚。"皇上这才取消了杀他们的念头。

侯景围绕着整个城一周，所有的道路都加以攻击，打鼓吹号的声音，喧闹吵扰几乎要震动天地了。又放火烧大司马、东、西华各门。羊侃派人在门上掏洞穴，灌进水来扑灭火势，太子自己捧着银鞍，去犒赏战士；直阁将军朱思率领战士好几个人爬过城墙出去外面浇水，很久才把火灭掉。贼兵又用长柄的斧头去砍东掖门，门快被打开了。羊侃在门扇上挖个洞，用长矛刺杀了两个人，砍门的才退走。侯景攻占了公车府，正德把守左卫府，侯景的同党宋子仙把守东宫，范桃棒据守同泰寺。侯景抓了东宫的歌妓好几百名，分送给军士。侯景的部众爬到墙上向城内射箭。到了晚上，侯景在东宫备酒奏乐，太子派人放火烧营，台殿和里面所贮存的图书都被烧光了。侯景又烧掉乘黄厩、士林馆、太府寺。二十六日，侯景制造了数百个木驴去攻城，城上投下石头把它打碎了。侯景又再制作尖顶的木驴，石头打不破，羊侃派人作用苇草绑着像雉尾样子的火把，再把油蜡灌进去，一大把丢下去燃烧，一下子又把它烧光了。侯景又制造了登城楼车，高10几丈，想爬上往城中射箭。羊侃说："车那么高而深坑是空虚的，他们一来一定会倒下去，我们可以躺下来看。"等到车一启动，果然都倒下去了。

　　侯景既然攻不下城来，士卒死伤的又那么多，于是又修造了长的围墙将内外隔绝开来，又请求诛杀朱异等人。城中也射出赏格到城外，说："有能送来侯景首级的，封给他侯景的官位，和1亿万钱，布绢各万匹。"朱异、张绾商议出兵去攻击他们，问羊侃。羊侃说："不可以，现在派出的兵如果太少，不足以打败敌人，只是白白挫伤了军中的锐气罢了；如果太多，一旦失败，城门窄桥小，必定会一大部分人伤亡。"朱异人等不肯顺从，派1000多人出去迎战；还没有来得及交锋，就败走了，而且争着挤桥过水，死了一大半的人。

　　羊侃的儿子鹭，被侯景抓去了，把他绑在城下，让羊侃看，羊侃说："我牺牲宗族生命，效忠主恩，都还恨不够报答的，怎么会计较一个儿子，希望你早点把他杀掉吧！"经过几天，又把他绑出来了，羊侃对鹭说："我以为你早已死了，没想到，你还活着呢！"拉开弓要射他。侯景被他的忠诚感动，也就不杀他儿子了。

　　十一月，临贺王正德即帝位于仪贤堂，派侯景做丞相，把女儿许配给他，并且拿出家中的宝器货财去支援军队。

　　于是侯景在官阙前扎营，分派他的军队2000人去攻打东府；南浦侯推出来顽抵，三天，还是没攻下。侯景自己带兵去攻打，箭、石头像雨一样落下，太子的长子宣城王大器的防阁许伯众，悄悄地带领侯景的部众登上城。初四，占领了东府，杀掉南浦侯推和城中战士3000人，把他们的尸体运到杜姥宅，远远地对城中的人说："如果不早点归降，就会有这样的下场！"

侯景宣布说皇上已经去世了，就是在城中的人也认为这是真的。初五，太子请求皇上出来巡查京城，皇上幸临大司马门。城上的人听到帝王出行时清道的声音，都打鼓喧闹高兴得流眼泪，于是才慢慢安心。

江子一从采石下流败还，皇上责备他，子一谢罪说："臣为国报效，常担心不能为国家牺牲，可是现在所领属的部众，都遗弃臣离开了，臣以一人的力量怎么能去攻击敌人呢？不过如果贼兵敢到这里进犯宫阙，臣立誓一定和敌人拼死命来补偿过去的罪过，不在宫阙前死，也会死在宫阙后。"十八日，子一启奏太子，和他的弟弟左丞子四、东宫主帅子五带领所领属的百余士卒打开承明门出去迎战。子一直冲到贼兵阵营，贼兵按兵不动，子一大叫："贼党为何不赶快出来！"很久了，贼人的骑兵才出来，两边夹击过来。子一直奔到前面，伸出长矛刺向贼兵，跟随的侍从没有人敢承继向前，贼兵把他的肩砍下肢解而死。子四、子五说："和哥哥一起出来，有何面目只让哥哥独自去应战！"都脱下甲胄奔向贼兵。子四被长矛射中，穿过胸膛死了；子五被射中脖子，回到深壕后，也悲痛而死。

侯景刚到建康整齐时，以为很快就可以把城攻下，号令严整，士卒也不敢对百姓进犯施暴。等到每次攻不下来时，人心慢慢沮丧分散了。侯景担心援兵四面聚集过来，一下子，军队就溃败了；而且用以食用的石头常平各仓库也都没有粮食了，军中粮食缺乏；于是放纵士卒去强夺百姓的米粮和金帛、子女。致使以后米1升涨到七八万贯钱，人们饥饿相食，百分之五六十的人都饿死了。

初八，侯景在城东、城西堆起土山，驱使威胁士人和百姓做工，不分富贵贫贱，乱加殴打，疲惫羸弱的就把他杀了填山，号哭声惊天动地。百姓不敢逃避躲藏，都出来归顺他们，十日间，民众达到数万人。在城里面朝廷军队也修建了土山来对应。太子、宣城王以下的人都亲自挑着土，拿着畚箕、圆锹，在山上修造芙蓉花状的层楼高有四丈，又用彩帛织毛来装饰，招收敢死队2000人，穿着厚衣袍带着铠甲，称做"僧腾客"，分布在东土山、西土山，白天晚上双方交战不停。刚好下大雨，城内土山崩溃，贼兵趁机冲入，将要进去时，城内士兵苦战几乎无法阻止了，羊侃命令兵士多丢火把，做一个火城来切断敌人的通路，慢慢地再在里面造城，贼兵始终无法前进。

侯景招募罪奴，归降的，都免除他的罪让他成为清白的人，召得朱异的奴仆，派他做仪同三司，把朱异的家产都给了他。奴仆端坐在一匹良马上面，穿着锦衣锦袍，在城底下抬头骂朱异说："你做了50年的官，才得到中领军的职位；我刚刚侍奉侯王，已经做到仪同三司了。"于是3天内，一大堆奴仆都跑出去跟随侯景，大约上千人，侯景都安服他们，配给军职，人人都感激他的恩德，要为他效命。

荆州刺史湘东王绎听说侯景围攻台城。初九，戒严，发送公函给所督都的湘州刺史河东王誉、雍州刺史岳阳王察、江州刺史当阳大公大心、郢州刺史南平王恪等处，征发军队进入援助。大心，是大器的弟弟，恪，是伟的儿子。

陈昕被侯景捕获，侯景和他一起痛快喝酒，教陈昕集合他的军队，想用他。陈昕没有这样做。侯景派他的仪同三司范桃棒把他抓起来。陈昕于是游说桃棒，教他带领所属部众去偷袭并且杀掉王伟、宋子仙，然后到台城去归顺。桃棒听从他的建议，悄悄地利用晚上时间遣送陈昕到城外，并且用绳子系着让他坠入城中。皇上很高兴，敕令拿了银券赏赐给桃棒说："事情平定后，封你做河南王，让你也和候景一样有这么多的随从，并且赏给你金帛和女歌妓。"太子害怕他有巧诈，犹疑不决，皇上很气愤地说："接受人家的投降是常理，何必忽然间又要怀疑什么！"太子召集公卿开会商讨，朱异、傅岐说："桃棒归降必定不是诈谬的事，桃棒一投降，贼人侯景一定很惊奇，趁着这机会去攻击，必可以大败贼人。"太子说："我们坚固城墙自卫来等待外来的救援，援兵如果到了，贼人难道不能被打败？这是周详的计策，现在如果开门接纳桃棒，桃棒的实情，要知道谈何简单！万一他又起了变化，后悔就来不及了；国家大事重要，必须周密思考。"朱异说："殿下如果认为国家大事急切，就应该接收桃棒，如果一定还要犹豫不定，就不是异所能了解的了。"太子始终还是不能决定。桃棒又叫陈昕启奏说："现在只率领我所领属的500人，如果到了城门，都把铠甲脱掉，恳求朝廷开门恩赐接纳。等事成了之后，一定保证擒获侯景。"太子看到他的诚恳深切，更加怀疑他。朱异拍着胸说："失去了这个机会，国家大事也要失去了！"不久桃棒被部下告密，侯景把他杀掉了。陈昕不知道，按照原定的时间出来了，侯景邀请而扣留了他，并且威逼他写信射入城中说:"桃棒将率领轻便骑兵数十人进城。"侯景想穿上战甲,外面再披上衣服跟随着进入,陈昕不肯顺从,限定时限不从必要处死,最后还是把陈昕杀掉。

邵陵王纶到了钟离,听说侯景已经渡过采石;纶早晚赶路,回师进城援助,渡江时,到中流突然刮起大风,百分之一二十的人马被淹死。于是带领宁远将军西丰公大春、新涂公大成、永安侯确、安南侯骏、原来的谯州刺史赵伯超、武州刺史萧弄璋等人,步卒骑兵3万名从京口向西而上。大成,是大春的弟弟;确,是纶的儿子;骏,是懿的孙子。

侯景派军队到江乘抵挡纶的军队。赵伯超说:"如果由黄城大路,一定和贼兵相遇,不如直接到钟山,突然占领广莫门,让贼人出乎意外,必会解除台城的包围。"纶听从他的意见,晚上行军,走错路,多绕了20多里路,二十三日早上,扎营在蒋山。侯景看到后大为惊骇,把所强夺的妇女、珍货全部送到石头,准备好船想逃走。他把军队分成三路进攻纶,纶和他们交战,并且打败了他们。当时山顶寒冷积雪,就领兵下山住在爱敬寺。侯景在覆舟山北面陈列兵阵。二十八日,纶进军到玄武湖边,和侯景对阵,但没有应战。到了黄昏,侯景又另外约定明天交战,纶应允了。安南侯骏看到侯景的军队退走,以为离开了,就和壮士跑走了。侯景立即回师攻击,骏军败亡逃走,骏赶往纶的军中。赵伯超看见了也带兵逃走,侯景趁着胜势追杀他们,各路军都溃散不堪。纶聚集剩下兵卒大约1000人,跑进天保寺;侯景追他,放火烧掉天保寺。纶投奔到朱方,士卒踩在冰雪上,脚常常陷入冰雪里。侯景把纶的所有供应装备都拿走了,又活捉了西丰公大春、安前司马庄丘慧、主帅霍俊等才回去。二十九日,侯景在京城下罗列出所获得的纶军中将士俘兵、铠仗和大春等。教他们说:"邵陵王纶已经被乱兵杀死了。"只有霍俊说:"邵陵王只是略微失利,已经全军回到京口了,城中只要坚持固守,援军不久就会到了。"贼兵用力殴打他的背,霍俊言辞更加严厉,侯景认为他有骨气,就释放了他,但是临贺王正德却把他杀掉了。

当天晚上,鄱阳王范派他的世子嗣和西豫州刺史裴之高、建安太守赵凤举,各人带领军队入城援救,扎营在蔡洲,来等待上游的各路军队。范派之高督导江右援军事。侯景把南岸的居民都赶到水的北面,把他们的房舍烧毁,大街以西的地方,东西全被扫光了。

北徐州刺史封山侯正表镇守钟离,皇上召请他入城救援,正表用船粮还没召集好做借口推辞，没有带军队前进。侯景派正表做南兖州刺史，封为南郡王。正表于是在欧阳地方树立门栅来阻止求援的军队，带领1万名士兵，称说要入城援救，实际上是想去进袭广陵。秘密写信去诱骗广陵令刘询，教他烧城回应，刘询把这件事告诉南兖州刺史南康王会理。十二月，会理派刘询带领步卒骑兵1000人趁夜偷袭正表，大破正表的军队。正表逃回钟离，刘询收缴他的兵粮，带回去交给会理，然后和他一起入城援救。

初七，侍中、都官尚书羊侃去世，城中官兵更加害怕。

湘东王绎派世子方等率领步卒骑兵1万名进城援助建康的危机。十四日，在公安发兵。绎又派竟陵太太守王僧辩用船统领1万名军队，从汉川出发，载运粮秣向东而下。方等有贤俊才能，善于骑马射箭，每次作战，亲自率兵冒着那些箭和石头作战，以身守死节作为己任。

十六日，侯景用火车去烧台城东南的楼台。材官吴景，想出了巧妙的主意，在城内堆起高地做楼台，火才刚扑灭，新楼又建造起来了，贼兵以为是神力。侯景趁着火燃起的乱势，悄悄地派人从下面去挖凿城墙。城楼快崩塌时才觉察出来；吴景在城内又建造了迂曲的城，形状像缺月形，又丢掷火把到城外去烧贼兵的进攻的兵器，贼兵才败退。

二十三日，侯景建的土山渐渐逼近城楼，柳津命令兵士做地道把土挖走，外面土山崩陷，把贼兵整个压住。又在城内修建飞桥，悬在半空罩着两个土山上，侯景的部众看到飞桥远远地突出来，飞奔似地逃走了；城内又丢掷编制成像野鸡尾巴一样的火把，去烧贼人的东山。楼台门栅都烧光了，烧死在城下的贼兵堆积如山。于是贼人遗弃了土山不再整修，自己把进攻的工具烧掉了。材官将军宋嶷向侯景归降，侯景教他将玄武湖的水灌进台城，于是宫阙前洪水泛滥了。

皇上招募衡州刺史韦粲做散骑常侍，派都督长沙欧阳须监都州事。粲，是韦放的儿子。回来时，到庐陵，听说侯景作乱，韦粲检阅军队后，挑选5000名精兵，加速奔赴援助。到了豫章，听说侯景已经离开横江，韦粲就近和内史刘孝仪商议，孝仪说："一定要去营救的话，也要接到敕令。怎么可以随便相信，就胡妄去惊动！事情也许可能不是这样。"当时孝仪正预备好酒，韦粲很生气，把酒杯丢在地上说："贼兵已经渡江，就要逼近宫阙，水陆交通都截断，那里还有比这更好的机会可以效忠国家的！假如没有敕令就不出兵，怎么能求得心安！我韦粲今天还有什么心事喝酒！"就上马奔驰出去调度军队。将要出发时，刚好江州刺史当阳公大心派使者来邀请，韦粲就奔驰去见大心说："上游的各藩属重镇，江州离开京城最近，就殿下的感情来说诚然应该前往援助，但是中游地方任务也很艰巨，应当响应，不可缺乏把守。现在我们应该暂且虚张声势，把部队移到溢城把守，然后派遣偏将随从在后，在局势上便可补充不足。"大心赞成他的意见，派中兵柳昕带领2000名兵士跟随着韦粲，韦粲到南州，他的表弟司州刺史柳仲礼也率步卒骑兵1万多人到了横江，韦粲就送粮食兵器给他们，并且散发私人的金帛去犒赏那些战士。

西豫州刺史裴之高从张公洲派船只载运仲礼。三十日晚上，韦粲、仲礼和宣猛将军李孝钦、前司州刺史羊鸦仁。南陵太守陈文彻，联合军队驻扎在新林王游苑。韦粲建议推仲礼做大都督，报告下游张公洲的军队。裴之高自认为年纪最长，觉得居下位是件耻辱的事，不肯谦让，商讨了好几天不能决定。韦粲激昂地对大家说："现在是共同奔赴、解决国家的困难，最重要的是要消灭贼兵。推荐柳司州的缘由，正是因为他在边境捍卫国家，时日很长，早先已经使侯景畏惧，而且兵士马匹都很精良，没有人比他更合适。如果论职位次第，柳司州在我韦粲下，说到年岁，也比我小，只是为了国家安危，不要再去计较。从现在局势来看，最重要的是各位将领要先团结，如果人心不同，各怀鬼胎，大好时机就会离去了，裴公是朝廷的有德旧臣，怎么能又为了挟持私情而妨碍国家大计！粲恳请替各位去向他解释。"于是单独乘坐大船到之高的军营，恳切地指责他说："现在帝宫、东宫二宫正陷在危险中，奸狡的寇仇声势盛大就像洪水漫天，做臣子的就应该同心协力，怎么可以因意见相左而自相攻击，你在豫州一定想要和我们作对的话，那么我们的目标就将群起而攻你了。"之高低下头哭泣着向他道歉，于是推仲礼做大都督。

裴之高像

宣城内史杨白华派他的儿子雄带领郡内兵接着也到了，援救的军队大结合，共有10多万名的部众，沿着淮水树立栅栏，侯景也在北岸修建栅栏来对应。

裴之高和弟弟裴之横用小船带领1万名士兵驻守在张公洲。侯景囚禁了之高的弟弟、侄子、儿子、孙子，临着水边陈列兵阵，然后把他们连着锁链一起罗列在兵阵前，把鼎镬、刀锯等拿出来跟随在他们的后面，对裴之高说："裴公不归降，现在就把他们烹杀掉。"之高召集会射箭的能手射他的儿子，射了两次，都没射中。

侯景统领步卒1万人在后渚向对方挑战，仲礼出兵迎击，韦粲说："天已经晚了，我们的士兵也很疲惫，不可以出去作战。"仲礼就坚守营垒不迎战，侯景也只好领兵退回。

东魏大将军高澄忧虑百姓的钱币泛滥，乱铸而造成恶果，建议不必阻碍百姓私自铸造，但是必须先挂出来在城门中称，钱币如果没有重五铢的，不可以拿进市城。朝廷商议结果，认为今年所应收的谷物都还没成熟，央求等待明年，于是停止这项规定。

西魏太师宇文泰要杀安定国臣王茂，而找不出罪名。尚书左丞柳庆建议，宇文泰发怒说："你庇护罪人，也应该连带治罪！"把柳庆抓到前面来。柳庆不改颜色，语气坚决地说："我听说国君在事情上被欺骗的就叫不明，做臣子的明明知道而不劝谏的就叫不忠，庆已经竭尽所能忠于国君，不敢珍惜生命而怕死，只是怕公仍是个不明的人罢了。"宇文泰终于醒悟，立刻派人去豁免王茂的罪，但已经来不及了，就赏赐给王茂的家人钱帛说："只有以这样做来证明我的罪过了。"

三十日，柳仲礼晚上进入韦粲的营区，把众军加以部署分配，天亮后，会战，各将领都有自己镇守的重点，命令韦粲驻扎在青塘。韦粲认为青塘刚好正当着石头的中间路程，是贼兵必夺取的地方，颇为担忧。仲礼说："青塘是个重要地方，非兄镇守不可；如果怀疑兵太少不能对抗的话，我当再派军队来援助。"于是派直阁将军刘叔胤去援助他。